Interkulturelle Literaturwissenschaft

Michaela Holdenried

Interkulturelle Literaturwissenschaft
Eine Einführung

Unter redaktioneller Mitarbeit von Anna-Maria Post

 J.B. METZLER

Michaela Holdenried
Deutsches Seminar
Universität Freiburg
Freiburg, Deutschland

ISBN 978-3-476-02556-2   ISBN 978-3-476-04336-8   (eBook)
https://doi.org/10.1007/978-3-476-04336-8

Die Deutsche Nationalbibliothek verzeichnet diese Publikation in der Deutschen Nationalbibliografie; detaillierte bibliografische Daten sind im Internet über http://dnb.d-nb.de abrufbar.

© Springer-Verlag GmbH Deutschland, ein Teil von Springer Nature 2022
Das Werk einschließlich aller seiner Teile ist urheberrechtlich geschützt. Jede Verwertung, die nicht ausdrücklich vom Urheberrechtsgesetz zugelassen ist, bedarf der vorherigen Zustimmung des Verlags. Das gilt insbesondere für Vervielfältigungen, Bearbeitungen, Übersetzungen, Mikroverfilmungen und die Einspeicherung und Verarbeitung in elektronischen Systemen.
Die Wiedergabe von allgemein beschreibenden Bezeichnungen, Marken, Unternehmensnamen etc. in diesem Werk bedeutet nicht, dass diese frei durch jedermann benutzt werden dürfen. Die Berechtigung zur Benutzung unterliegt, auch ohne gesonderten Hinweis hierzu, den Regeln des Markenrechts. Die Rechte des jeweiligen Zeicheninhabers sind zu beachten.
Der Verlag, die Autoren und die Herausgeber gehen davon aus, dass die Angaben und Informationen in diesem Werk zum Zeitpunkt der Veröffentlichung vollständig und korrekt sind. Weder der Verlag noch die Autoren oder die Herausgeber übernehmen, ausdrücklich oder implizit, Gewähr für den Inhalt des Werkes, etwaige Fehler oder Äußerungen. Der Verlag bleibt im Hinblick auf geografische Zuordnungen und Gebietsbezeichnungen in veröffentlichten Karten und Institutionsadressen neutral.

Umschlagabbildung: © goldnetz/stock.adobe.com

Planung/Lektorat: Ferdinand Pöhlmann
J.B. Metzler ist ein Imprint der eingetragenen Gesellschaft Springer-Verlag GmbH, DE und ist ein Teil von Springer Nature.
Die Anschrift der Gesellschaft ist: Heidelberger Platz 3, 14197 Berlin, Germany

Inhaltsverzeichnis

1 Einleitung......... 1
   1.1 Interkulturelle Germanistik und kulturwissenschaftliche Wende......... 3
   1.2 Interkulturelle Literaturwissenschaft......... 3
   1.3 Kurzüberblick über die Inhalte des Bandes......... 4
   Literatur......... 8

2 Konzepte der Interkulturellen Literaturwissenschaft......... 11
   2.1 Anfänge der Interkulturellen Literaturwissenschaft und gegenwärtiger Stand......... 11
   2.2 Transkulturalität: Das Konzept Wolfgang Welschs und seine Modifikationen......... 17
   2.3 Hyperkulturalität: Byung-Chul Hans ästhetisches Konzept......... 21
   2.4 Interkulturalität in verschiedenen Disziplinen......... 24
   2.5 Interkulturalität/interkulturell: Definitorische Annäherungen......... 28
   Literatur......... 31

3 Interkulturalität: Terminologische Aspekte......... 35
   3.1 Alterität und Fremdheit......... 35
   3.2 Identität und Differenz......... 44
   3.3 Hybridität......... 48
   3.4 Von der ‚Gastarbeiterliteratur' zur interkulturellen Literatur......... 55
   3.5 Interkulturelle Literatur als neue Weltliteratur?......... 62
   Literatur......... 65

4 Interkulturelle Literaturwissenschaft als multidimensionales Konzept. Methodologische und theoretische Fusionen......... 71
   4.1 Poststrukturalismus, Postmoderne und Interkulturelle Literaturwissenschaft......... 71
   4.2 Kulturwissenschaften als methodologischer Rahmen......... 75
   4.3 Einflüsse aus Xenologie, Ethnographie, Cultural Anthropology......... 80

4.4 Postkoloniale Studien und Interkulturelle
Literaturwissenschaft.. 84
4.5 Ergänzende Arbeitsfelder: Stereotypenforschung
(Imagologie, Komik), Mehrsprachigkeit, Medien............... 96
Literatur... 114

5 Interkulturelle Literaturgeschichte – eine Skizze 121
5.1 Hinführung.. 121
5.2 Antike – Barbaren und griechische Hegemonie 122
5.3 Mittelalter und Frühe Neuzeit – agonales Verhalten
zum Fremden und neue Tugenden........................... 123
5.4 Barock – Aufklärung – Sturm und Drang 127
5.5 Goethes Annäherung an den Orient: *Der West-östliche
Divan* (1819) 133
5.6 Romantik und romantische Begeisterung für die Ferne.......... 135
5.7 Bürgerlicher Realismus 142
5.8 Klassische Moderne: Exotismus/Orientalismus/Primitivismus –
Spielarten des Kolonialen?................................. 146
5.9 Exil und erzwungene Fremdheitserfahrung – Nationalsozialismus
als Abwehr des Hybriden.................................. 157
5.10 Interkulturalität in Reiseliteratur, ethnographischem Roman,
postkolonialem Roman und Fluchterzählungen................. 164
Literatur... 175

6 Interkulturelle Literatur der Gegenwart in Einzeldarstellungen 183
6.1 Einleitung... 183
6.2 Deutsch-türkische Literatur am Beispiel von Yadé Karas *Selam
Berlin* (2003) 189
6.3 Ungarisch-schweizerische Literatur am Beispiel von Melinda
Nadj Abonjis *Tauben fliegen auf* (2010) und weitere Beispiele
des interkulturellen Familienromans 202
6.4 Deutsch-rumänische Literatur am Beispiel von Herta Müllers
Reisende auf einem Bein (1989) 213
6.5 Deutsch-japanische Literatur am Beispiel von Yoko Tawadas
Werk.. 220
6.6 Afro-deutsche Literatur am Beispiel von May Ayim
und Sharon Dodua Otoo.................................... 232
6.7 Auswahlliste weiterer Autor/innen der interkulturellen
deutschsprachigen Gegenwartsliteratur in biographischen
Kurzdarstellungen 241
Literatur... 256

**7 Ausblick und zukünftige Arbeitsfelder einer
Interkulturellen Literaturwissenschaft**......................... 263
7.1 Entwicklungen und Perspektiven gegenwärtiger Interkultureller
Literaturwissenschaft..................................... 263

7.2	Arbeitsfelder einer zukünftigen Interkulturellen Literaturwissenschaft........................	269
7.3	Praxisfelder	270
	Literatur...	271

Personenregister 273

Einleitung 1

Literatur ist keine statische Größe, sie befindet sich immer im Übergang. Es finden Kanonbildungen statt, Sedimentierungen und Ungleichzeitigkeiten zwischen bewährten und neuen, innovativen Formen entwickeln sich; der Kanon, der immer nur eine Momentaufnahme dessen sein kann, was als gerade gültige Bestandsliste und als immerwährend scheinende ‚Klassikerbibliothek' schon in sich gewisse tektonische Verwerfungen birgt, ist niemals ein für alle Mal gültig. Das lässt sich in der Kanonforschung leicht an Autor/innen zeigen, welche zu ihrer Zeit berühmt und viel gelesen waren, in den nachfolgenden Generationen aber in Vergessenheit gerieten. Insofern gleichen die immer wieder unternommenen Versuche, einen für alle Zeiten gültigen Kanon in handlicher Form oder doch in einer Auswahl, wie sie in feste Pappschuber passt, zu definieren, einer Sisyphusarbeit. Sobald die Bergspitze in Sicht scheint, machen neue Strömungen oder durchaus auch gefeierte Wiederentdeckungen die Mühe zunichte.

Immer schon wurden Kanonrevisionen auch durch Anstöße von außen befördert; im Mittelalter waren es etwa die französischen *chansons de geste,* die Aufnahme in die Ritterepen fanden, in der Romantik wurden altindische Epen ‚entdeckt', man denke ferner an die Rezeption skandinavischer Literaturen (Ibsen, Strindberg) im ‚deutschen' Naturalismus, ohne die dieser undenkbar wäre, man rufe sich die Begeisterung des Expressionismus für ‚primitive' Kulturen ins Gedächtnis und die Feier eines freien Amerikas der endlosen Highways in der Beatliteratur der 1950er und 1960er Jahre. Das sind nur einige beliebig gewählte Beispiele literarischer und künstlerischer Einflüsse ‚von außen' in der ‚deutschen' Literatur.

Neu ist in der Literaturlandschaft unserer Tage, dass solche Anstöße nicht nur von außen kommen, sondern sich Veränderungen innerhalb der deutschsprachigen Literatur – Literaturen wäre zu ergänzen, denn auch für die Schweiz und Österreich trifft dies zu – durch deutsch schreibende Autor/innen mit familiären Wurzeln außerhalb Deutschlands ergeben. Konzepte wie das einer ‚Nationalliteratur' werden durch solche Konzepte einer sich zunehmend als ‚global' verstehenden

© Springer-Verlag GmbH Deutschland, ein Teil von Springer Nature 2022
M. Holdenried, *Interkulturelle Literaturwissenschaft,*
https://doi.org/10.1007/978-3-476-04336-8_1

Literatur in Deutschland abgelöst. Es ist sicher kein Zufall, dass gerade Goethes Entwurf einer Weltliteratur in den letzten Jahren wieder verstärkte Aufmerksamkeit erhielt (s. Abschn. 3.5). Ein Blick auf die Namen deutschsprachiger Autor/innen, auf Preisvergaben und Stipendien zeigt, wie hoch der Grad einer interkulturell breiten Autor/innenschaft in Deutschland inzwischen ist. Eine Liste mit hundert Autor/innen, die in Kap. 6 integriert ist, vermittelt einen ersten Eindruck von dieser Vielfalt.

Interkulturalität ist indessen keineswegs nur auf Literatur beschränkt, sondern zu einem gesellschaftspolitisch höchst virulenten Thema geworden. Um Integration und kulturelle Eigenwertigkeiten wird immer wieder gestritten, Anerkennung dürfte ebenso ein wichtiges Leitwort der Debatten sein wie deren Infragestellung durch sog. Identitätspolitik. Interkulturelle Kompetenz zählt nicht mehr nur im Management weltweit agierender Konzerne zu den Kernkompetenzen; sie findet Eingang schon in die schulische und betriebliche Ausbildung.

Literatur ist nicht nur ein Vehikel interkultureller Sensibilisierung und Verständigung. Ihr höchst ‚eigensinniger' Wert besteht gerade darin, dass sie sich nicht politisch instrumentalisieren lässt. Die Gegenbeispiele einer Indienstnahme in totalitären Systemen zeigen jedenfalls deutlich ihre geringe kanonische Halbwertszeit. Welche der Werke interkultureller Provenienz auch über ihren Entstehungszeitraum hinaus Bestand haben werden, wird sich erweisen. In einem Zeitalter unendlich rascher medialer Konsumtion und des trotz ungeheurer Datenmengen temporär immer eingeschränkteren kulturellen Gedächtnisses ist selbst die Zuerkennung der höchsten Auszeichnung im literarischen Bereich, des Nobelpreises, kein Garant für eine dauerhafte Kanonisierung. Dass umgekehrt literarische Interkulturalität nicht nur auf ein Nischendasein der sog. **Chamisso-Literatur** (nach dem zur Unterstützung gedachten Adelbert-von-Chamisso-Preis, s. Abschn. 3.4.2) beschränkt bleiben muss, zeigt sich am Beispiel Herta Müllers, die den Nobelpreis 2009 erhielt (zu Herta Müllers Werk s. Abschn. 6.4).

In einer Zeit, in der die letzten weißen Flecken der Erde ebenso zu verschwinden scheinen wie das Phantasma des Fremden, soll dieser Band den Blick darauf lenken, dass weder das eine noch das andere zutrifft. Von der Unermesslichkeit der Welt berichtete der Reiseschriftsteller Sylvain Tesson (*Petit traité sur l'immensité du monde,* 2005; dt. *Kurzer Bericht von der Unermesslichkeit der Welt,* 2013), um zu widerlegen, dass alles schon vermessen sei; das Terrain des Fremden – das mit Interkulturalität zusammen in intrikater Weise aufgerufen wird – ist vielleicht einer der niemals zu tilgenden weißen Flecken menschlichen Daseins. „In dem Maße, in dem das Fremde geschmälert, verpönt oder marginalisiert wird, wächst es ins Imaginäre und wird schließlich unerfahrbar; das Bedürfnis nach Apartheit nimmt zu." (Schütze 2000, S. 45) Interkulturelle Literatur, die stärker als ‚sesshafte' in Fremdsein eingeübt ist, dürfte das stärkste Gegenmittel für solche Bedürfnisse nach Abschottung und Ausgrenzung sein. Angesichts einer zerbrechlichen Welt, angesichts der Zerstörungen der Natur hat der Deutsch-Iraner Navid Kermani in seiner Dankesrede zur Verleihung des Friedrich-Hölderlin-Preises gerade zum Gegenteil aufgerufen: zum „Einssein" mit allem, was lebt (vgl. Kermani 2020).

1.1 Interkulturelle Germanistik und kulturwissenschaftliche Wende

Vor etwa drei Jahrzehnten begannen die Geistes- und Sozialwissenschaften, sich neu zu orientieren, um so eine langanhaltende Krise zu überwinden, die aus der zunehmenden Infragestellung ihrer Legitimität erwachsen war. Kultur wurde nun zum leitenden Paradigma, gewissermaßen zum Oberbegriff für die vielfach zersplitterten Forschungs- und Lehrgebiete. Die **Erweiterung des Kulturbegriffs** war eine wichtige Folge davon. Die Kategorie der ‚**Alterität**' bzw. des Fremden, des anderen wurde zu einem zentralen Terminus des Selbstverhältnisses und zugleich wurde es auf das Verhältnis zu fremden Kulturen bezogen und zum Prüfstein erhoben: „Ein Testfall für Kulturwissenschaft heute ist gerade das Verhältnis zu fremden Kulturen." (Scherpe 1999, S. 19) Zu bedenken ist jedoch, dass die Einbeziehung des Fremden nicht nur den fremden anderen, sondern auch **intrasubjektive Fremdheit** (s. Abschn. 3.1) meinen kann.

Die **Entstehungsgeschichte** der Interkulturellen Germanistik hat in gewisser Weise Entwicklungen vorweggenommen, die mit der hier nur kurz angerissenen ‚**kulturwissenschaftlichen Wende**' zu Beginn der 1990er Jahre die Geisteswissenschaften insgesamt betrafen. Alois Wierlacher beschritt schon in den 1970er Jahren ausbildungsorientiert neue Pfade, indem er eine Unterscheidung von Grundsprachenphilologie und Fremdsprachenphilologie vornahm. 1975 wurde das *Jahrbuch Deutsch als Fremdsprache* als Selbstverständigungsorgan gegründet, ab 1995 erschien es mit dem Untertitel *Intercultural German Studies*. Deutsch als Fremdsprache sollte eine ‚lernerzugewandte' Wissenschaft und eine ‚Fremdkulturwissenschaft' oder Xenologie werden – bzw. die Xenologie sollte die Grundlagen für ein Vermitteln in ‚kulturellen Überschneidungssituationen' bereitstellen.

Als Teilbereiche der Interkulturellen Germanistik werden eine entsprechend ausgerichtete Sprachwissenschaft, Literaturwissenschaft und Landeskunde sowie eine späterhin entwickelte, umfassend und fachübergreifend gedachte Xenologie und Kulturkomparatistik definiert. Das sog. **Bayreuther Modell** hat diese interdisziplinäre Vernetzung im Rahmen curricularer Überlegungen geschaffen, und zwar explizit, um ausländischen und im Zuge globalisierter Berufsfelder auch deutschen Studierenden **interkulturelle Kompetenzen** zu vermitteln.

1.2 Interkulturelle Literaturwissenschaft

Die jüngere Interkulturelle Literaturwissenschaft hat in Absetzung von der Interkulturellen Germanistik Wierlacher'schen Zuschnitts, mit der sie jedoch übergreifende Elemente wie die (Kultur-)Übersetzungsproblematik und medienwissenschaftliche Aspekte teilt, in den letzten Jahrzehnten damit begonnen, eigene Arbeitsfelder abzustecken. Diese beinhalten eine Vielzahl von Gegenständen, mit dem gemeinsamen Nenner, dass sie sich um die Phänomene **Fremdheit, Alterität** und **Differenz** gruppieren. Damit aber sind die Gegenstände, mit denen sich die Interkulturelle Literaturwissenschaft beschäftigen kann, prinzipiell fast unendlich, denn Literatur hat ganz genuin mit diesen Phänomenen zu tun. Dennoch haben sich Bereiche herausgeschält, in denen interkulturelle Herangehensweisen und Interpretationsmethoden näher liegen als in anderen. So leuchtet es unmittelbar ein, dass etwa die Beschäftigung deutscher Schriftsteller/innen mit fremden Kulturen einen prominenteren Platz erhält als bspw. die Naturlyrik, und zwar auch in literaturgeschichtlicher Retrospektive.

Michael Hofmann setzt in seinem Band *Interkulturelle Literaturwissenschaft. Eine Einführung* (2006) mit Goethes *West-östlichem Divan* ein, man könnte aber auch bereits mit den mittelhochdeutschen *âventiure*-Fahrten in die Fremde beginnen oder, wenn man sich auf die Neuzeit beschränken will, mit der Barockliteratur. In einer unlängst erschienenen Einführung in die interkulturelle Literatur wird auf das Desiderat einer umfassenden **interkulturellen Literaturgeschichte** hingewiesen, zu der lediglich einzelne Abschnitte vorliegen (vgl. Hofmann/Patrut 2015, S. 22). Kap. 5 des vorliegenden Bandes liefert eine solche Literaturgeschichte als Skizze eines weiterzuführenden Projekts.

Von zentraler Bedeutung für die Interkulturelle Literaturwissenschaft ist auch die Beschäftigung mit Literatur im Zeichen der **Postkolonialen Studien,** innerhalb derer die Kulturen ganzer (Sub-)Kontinente wie Afrika oder Indien neue Wertigkeiten erhalten haben. So werden sowohl europäische Autor/innen, die sich mit Afrika beschäftigt haben, neu interpretiert – *der* kanonische Text schlechthin ist hier Joseph Conrads *Heart of Darkness* (dt. *Herz der Finsternis,* 1899) – als auch diejenigen Schriftsteller/innen aus Afrika oder Indien mit verstärkter Aufmerksamkeit bedacht, die sich im Konzert der Weltliteratur eine Stimme zu verschaffen gewusst haben, bspw. Chinua Achebe oder Salman Rushdie.

Interkulturelle Literaturwissenschaft umfasst sowohl die **synchrone** Ebene der zeitgenössischen Literatur als auch **diachron** die literaturgeschichtliche Auseinandersetzung mit Fremdheit und Alterität innerhalb der kanonischen Literatur, die sie **Re-Lektüren** unterwirft. Sie bezieht ferner Forschungsansätze und Theorien aus verschiedenen Disziplinen ein, für die **kulturvergleichendes und alteritätsreflektierendes Wissen** grundlegend ist, also etwa aus der Anthropologie und der Ethnologie, die ihrerseits zum Teil schon disziplinäre Ausweitungen vorgenommen hatten: So öffnete sich etwa die US-amerikanische Ethnographie der Theaterwissenschaft (etwa bei Victor Turner). Zudem rekurriert die Interkulturelle Literaturwissenschaft u. a. auf Überlegungen der Sozialwissenschaften sowie der (interkulturellen) Philosophie.

1.3 Kurzüberblick über die Inhalte des Bandes

Im **zweiten Kapitel** wird ein Überblick über die wichtigsten Aspekte der Interkulturellen Literaturwissenschaft als Pool verschiedener Theorien und Methoden gegeben, die überwiegend nicht genuin ‚interkulturell' sind, sondern erst in wechselseitiger Verbindung als innovatives Arsenal literaturwissenschaftlicher Erkenntnis wirksam werden. Vorgestellt werden Geschichte, Tendenzen, Strömungen und Abgrenzungen der Interkulturellen Literaturwissenschaft.

1.3 Kurzüberblick über die Inhalte des Bandes

Die kritische Auseinandersetzung mit der interkulturellen Hermeneutik – die man weiterentwickelt, von der man sich zum Teil aber auch gänzlich abgewandt hat – wird in diesem Kapitel zum Stand der Forschung dargestellt. Genauer erörtert werden dabei die konkurrierenden Ansätze, die mit den Leitbegriffen **Interkulturalität** und **Transkulturalität** verbunden sind. Zwischen beiden Konzepten gibt es Überschneidungen, aber auch erhebliche Divergenzen, die aus der Entgegensetzung der jeweils zugrundeliegenden hermeneutischen bzw. poststrukturalistischen Verfahren resultieren. Zusammengefasst kann man den transkulturellen Ansatz als Amalgamierung von Paradigmen wie Postkolonialismus, Performativität und Medialität verstehen. Interessant ist an diesem Ansatz auch, dass er Parameter wie **Gender** nicht ausblendet, sondern an zentraler Stelle berücksichtigt.

Neben den Konkurrenzbegriffen Interkulturalität und Transkulturalität existiert noch ein dritter, derjenige der **Hyperkulturalität,** der Hinweise auf mögliche Weiterentwicklungen der Interkulturellen Literaturwissenschaft enthält. Wie sich die Auseinandersetzung mit Interkulturalität in anderen Disziplinen gestaltet, wird in kurzen Schlaglichtern beleuchtet. Das Kapitel schließt mit dem Versuch einer Definition von Interkulturalität.

Im **dritten Kapitel** wird es um terminologische Aspekte gehen. Am Beispiel der wechselnden Benennungen von interkultureller Literatur seit ihren Anfängen – von ‚**Gastarbeiterliteratur**' bis hin zu ‚**Literatur im Transit**' – lässt sich zeigen, dass terminologische Bestimmungen jeweils eng mit bestimmten Einstellungen (z. B. zu Integrationsprozessen) zusammenhängen. **Alterität** und **Fremdheit** sind Kernbegriffe der Interkulturellen Literaturwissenschaft. Eigenes und Fremdes wurden, wie schon angesprochen, zunächst in einem eher dichotom angelegten Modell aufeinander bezogen, in dem es eine Art Brückenfunktion geben bzw. eine Relaisschaltung in einem Zwischenraum hergestellt werden sollte. Dass solch ein binäres Denken, dem etwa die Ableitungen ‚**Herkunftskultur**' und ‚**Mehrheitskultur**' entstammen, immer Gefahr läuft, mit Festschreibungen zu argumentieren, wird durch die **Stereotypenforschung** bestätigt.

Dass es heutzutage immer schwieriger wird, den anderen als das *alius* in einer Entgegensetzung zum identischen Selbst zu denken, rührt daher, dass sich solche **Identitätskonzepte** in Auflösung befinden. Selbst und anderes werden in jüngeren Theorieansätzen meist als untrennbar miteinander verbunden gedacht; *cross cutting identities,* also **Mehrfachidentitäten,** sind ins Zentrum der Aufmerksamkeit gerückt. In einer spezifischen philosophischen Perspektive ist der Fremde der „Wandernde, […] der heute kommt und morgen bleibt" (Simmel 1908, S. 509) und der unabdingbar für die Konturierung des Eigenen sowie für eine Philosophie des Identischen ist. In seiner groß angelegten Studie zur *Topographie des Fremden* hat Bernhard Waldenfels (1997) gezeigt, dass das Thema philosophisch noch gar nicht ausgeschritten ist. Emmanuel Lévinas widmete seine ganze philosophische Existenz dem Phänomen des Fremden. Neben diesen philosophischen Ansätzen sind gesellschaftswissenschaftliche Perspektiven auf das Fremde relevant, etwa bei dem Pädagogen Ortfried Schäffter und dem Sozialpsychologen Jürgen Straub, sowie solche der **neueren Ethnographie,** insbesondere in den Cultural Studies und der Writing-Culture-Plattform von James Clifford u. a.

Die Auffassung, dass Fremdheit ebenso wenig eine festgelegte Kategorie ist wie Identität, ist auch für einen weiteren Zentralbegriff grundlegend, nämlich für den der **Hybridität,** der in den Postkolonialen Studien geprägt wurde, für die Interkulturelle Literaturwissenschaft aber ebenso unverzichtbar ist. Homi Bhabhas Konzept ist, näher betrachtet, nur bedingt originell, sind doch Elemente davon wie die **Mimikry,** die Nachahmung des Kolonialherren durch die *subalterns,* Teil der kolonialen Diskurse selbst gewesen, etwa in der Figur des *mimic man.* Dass Kulturen immer schon hybrid waren, dass sie sich unter dem Einfluss anderer Kulturen verändert haben, ist ebenfalls nichts Neues und allenfalls unter dem Aspekt globaler Migration und im Kontext von Theorien wie derjenigen Samuel Huntingtons vom *Clash of Civilizations* (1996; dt. *Der Kampf der Kulturen,* 1996) stärker ins krisenhafte europäische Bewusstsein gedrungen. Was hybride Identitäten eigentlich sind – wie sie funktionieren, ob nicht jede Identität ‚hybrid' ist (und immer schon war) –, bleibt eine Frage, auf die keine apodiktischen Antworten gefunden werden können, sondern die immer wieder neu zu diskutieren ist. Das dritte Kapitel schließt mit einem Blick auf die Entwicklung von den Nationalliteraturen hin zur ‚**Weltliteratur**', einem von Goethe geprägten Begriff, der in jüngerer Zeit eine angesichts globaler Umbrüche wenig erstaunliche Renaissance erlebt.

Das **vierte Kapitel** beginnt mit einem Abschnitt zum Einfluss von Poststrukturalismus und Postmoderne auf die Etablierung der Interkulturellen Literaturwissenschaft sowie zu den Postkolonialen Studien und gibt zunächst einen Überblick über deren Entstehungskontexte. Der akademische Diskurs hat sich einerseits bemüht, nach den Erfolgen der Befreiungsbewegungen in den Kolonien (und den durchaus nicht unproblematischen Konstituierungen neuer Staaten, vgl. das Beispiel Zimbabwe und viele andere) ein theoretisches Fundament für die postkoloniale Ära bereitzustellen, das mit Begriffen wie **Hybridität, Mimikry** und **Dritter Raum** *(third space)* auf Erklärungsansätze zurückgreift, die eine zum Teil längere Vorgeschichte haben. Von Anfang an begleiteten kritische Stimmen *innerhalb* der Postkolonialen Studien diese Bemühungen und griffen besonders Bhabha deshalb an, weil dieser in gewisser Weise die Situation von Migrant/innen ‚auf der Schwelle' romantisiere. Bedingungen wie Zwang und Gewalt würden in seinem utopischen Entwurf eines Dritten Raumes nicht mitbedacht. Die Identität der postkolonialen Subjekte sei zwar in der Tat eine hybride, d. h. durch Vermischungen geprägte, doch habe dies kaum je mit Wahlmöglichkeiten zwischen verschiedenen Kulturen zu tun; vielmehr sei diese Vermischung häufig der schieren Not geschuldet.

Die spezifische Situation der Geisteswissenschaften in Deutschland und der sog. Cultural turn werden in Zusammenhang mit der angloamerikanischen Tradition der Cultural Studies gebracht und durch weitere Einflüsse der Ethnographie und der Cultural Anthropology ergänzt. In einem längeren Abschnitt zur Rezeption der Postkolonialen Studien und deren Situierung im Bereich der Interkulturellen Literaturwissenschaft wird Uwe Timms Roman *Morenga* (1978) als frühes Beispiel einer Konvergenz vorgestellt.

1.3 Kurzüberblick über die Inhalte des Bandes

Ein Überblick über **ergänzende Arbeitsfelder** und damit zu weiteren wichtigen Bereichen der interkulturellen Analyse, insbesondere der Stereotypenforschung, sowie zur Mehrsprachigkeit und zu Medien runden dieses Kapitel über die Multidimensionalität der Interkulturellen Literaturwissenschaft ab. Ebenso wird die Repräsentation von Interkulturalität in anderen Medien als der Literatur in den Blick genommen und ein Überblick über die Entwicklung des deutsch-türkischen Films gegeben, von der düsteren, sozialrealistischen Perspektive der 1970er und 1980er Jahre hin zu den aktuelleren Kinoformen, etwa Fatih Akins, dessen Film *Gegen die Wand* 2004 mit dem Goldenen Bären ausgezeichnet wurde. Mit dieser Auszeichnung hat das Phänomen Interkulturalität auch breitenwirksamere Aufmerksamkeit erfahren. Akin fungierte hier gewissermaßen als Türöffner.

Kapitel fünf ist eine etwas umfassender angelegte Skizze zu einer interkulturellen Literaturgeschichte von der Antike bis hin zur Literatur über die ‚Ränder' Europas sowie zur Literatur von und über Geflüchtete. ‚Diachrone Interkulturalität' ist eines der wichtigen Arbeitsfelder zukünftiger interkultureller Studien – ein ähnlich umfangreiches Projekt wie das einer ‚Frauengeschichtsschreibung' in den 1980er Jahren. Dass hier ein reicher Schürfgrund für interessante Neusichtungen vorliegen dürfte, zeigen schon die bislang vorliegenden Ansätze (etwa auch bei Hofmann/Patrut 2015).

Modellanalysen interkultureller Werke sind Gegenstand des **sechsten Kapitels**. Aus der schier unübersehbaren Fülle interkultureller Literatur, die sich in den letzten zwei Dekaden seit dem Zusammenbruch des ‚Ostblocks' um eine starke Riege von aus Osteuropa stammenden Autor/innen erweitert hat (vgl. Aumüller/ Willms 2020), wird ein repräsentativer Querschnitt von Autorinnen vorgestellt. Tatsächlich handelt es sich ausnahmslos um weibliche Schreibende, die in diesem Feld besonders stark repräsentiert sind, wobei in den Überblicken das Gesamtfeld berücksichtigt wird. Tendenziell wäre dieser Bereich noch weiter auszudehnen gewesen; nur die Gegebenheiten einer knappen Einführung standen dem entgegen. Auch hier dürfte über das vorhandene Handbuch von Chiellino (2000) hinaus eine Arbeit am aktuellen Korpus eines der vielversprechenden Projekte der nächsten Zeit sein.

Den Abschluss bildet **Kapitel sieben** mit einem Ausblick auf die Tragfähigkeit und Problembereiche literaturwissenschaftlicher interkultureller Konzepte ebenso wie auf zukünftige Arbeitsfelder und praktische Anwendbarkeit interkultureller Studien.

Diese Einführung entstand aus der Praxis des universitären Alltags mit einem Masterstudienbereich „Fremdsprache Deutsch/Interkulturelle Sprach- und Literaturwissenschaft" und aus der Notwendigkeit heraus, einen oft allzu eingängig erscheinenden, aber keineswegs selbsterklärenden Terminologiebereich, (scheinbar) rivalisierende Konzepte und wichtige theoretische Referenzen zu erläutern. Eingehende Textanalysen sind für das Studium Interkultureller Literaturwissenschaft unverzichtbar, ebenso die Ausweitung des *rereadings* in diachrone Weiten, die über den bloßen Gegenwartsbezug hinausgehen, wie er allzu oft der Interkulturellen Literaturwissenschaft zugeschrieben wird.

Zum Schluss dieser Einleitung möchte ich denjenigen Dank aussprechen, die am Zustandekommen des Bandes beteiligt waren: Zunächst meinen beiden langjährigen Mitarbeiter/innen, PD Dr. Stefan Hermes und Dr. Anna-Maria Post, deren kritische Gegenlektüren ausgesprochen hilfreich und zielführend waren; hier war wirklich *team work at its best* am Werk. Dazu gehören auch Jeremias Stein und Hanna Rinderle: Herr Jeremias Stein war zunächst als wissenschaftliche Hilfskraft, dann als Mitarbeiter sehr unterstützend, was Literaturbeschaffung und die strenge Überprüfung allzu oft eher kreativer Zitierkünste meinerseits anging. Ebenso war Frau Hanna Rinderle schon als Hilfskraft, dann als Mitarbeiterin in der Zielgeraden ein Fels in der Brandung immer neuer Hindernisse und Abgründe verschwundener Literaturhinweise. Die von Dr. Johannes Görbert begonnene Liste interkultureller Autor/innen, zu der auch Frau Gertraud Lenz einige Einträge beitrug, hat Jeremias Stein erweitert und abgeschlossen. Michael Eßel, Dr. Zakariae Soltani, Robin von Wirén, Nicole Steinsiepen möchte ich ebenfalls für viele Stunden des Recherchierens und Bibliographierens und wertvolle Literaturtipps jenseits des bibliographischen Mainstreams danken. Und schließlich möchte ich Frau Ute Hechtfischer danken, die vonseiten des Metzler-Verlages ganz maßgeblich und mit unendlicher Geduld daran beteiligt war, dass der Band trotz vieler Verzögerungen durch den universitären Alltag und andere Projekte überhaupt erscheinen konnte.

Literatur

Aumüller, Matthias/Willms, Weertje (Hg.): *Migration und Gegenwartsliteratur*. Paderborn 2020.
Bachmann-Medick, Doris (Hg.): *Kultur als Text. Die anthropologische Wende in der Literaturwissenschaft*. Frankfurt a.M. 1996.
Chiellino, Carmine (Hg.): *Interkulturelle Literatur in Deutschland. Ein Handbuch*. Stuttgart/Weimar 2000.
Frühwald, Wolfgang u.a. (Hg.): *Geisteswissenschaften heute. Eine Denkschrift*. Frankfurt a.M. 1991.
Hofmann, Michael: *Interkulturelle Literaturwissenschaft. Eine Einführung*. Paderborn 2006.
Hofmann, Michael/Patrut, Iulia-Karin: *Einführung in die interkulturelle Literatur*. Darmstadt 2015.
Huntington, Samuel P.: *Der Kampf der Kulturen. Die Neugestaltung der Weltpolitik im 21. Jahrhundert*. Frankfurt a.M. 1996 (engl. 1993).
Jauß, Hans Robert: „Die Paradigmatik der Geisteswissenschaften im Dialog der Disziplinen". In: Wolfgang Frühwald u.a. (Hg.): *Geisteswissenschaften heute. Eine Denkschrift*. Frankfurt a.M. 1991, 45–72.
Kermani, Navid: „Der fremde Blick, Navid Kermanis Dankesrede". In: *FAZ*, 07.11.2020.
Mittelstraß, Jürgen: „Die Geisteswissenschaft im System der Wissenschaft". In: Wolfgang Frühwald u.a. (Hg.): *Geisteswissenschaften heute. Eine Denkschrift*. Frankfurt a.M. 1991, 15–44.
Scherpe, Klaus R.: „Kanon – Text – Medium. Kulturwissenschaftliche Motivationen für die Literaturwissenschaft". In: Wendelin Schmidt-Dengler/Anton Schwob (Hg.): *Germanistik im Spannungsfeld zwischen Philologie und Kulturwissenschaft. Beiträge der Tagung der Österreichischen Gesellschaft für Germanistik in Wien 1998*. Wien 1999, 19–35.

Schütze, Jochen: „Global Stranger. Über ein postkoloniales Dilemma". In: Paul Michael Lützeler (Hg.): *Räume der literarischen Postmoderne. Gender, Performativität, Globalisierung.* Tübingen 2000, 37–47.

Simmel, Georg: „Exkurs über den Fremden". In: Ders.: *Soziologie. Untersuchungen über die Formen der Vergesellschaftung.* Berlin ⁷2013, 529–532.

Waldenfels, Bernhard: *Topographie des Fremden. Studien zur Phänomenologie des Fremden 1.* Frankfurt a.M. 1997.

Konzepte der Interkulturellen Literaturwissenschaft

2

2.1 Anfänge der Interkulturellen Literaturwissenschaft und gegenwärtiger Stand

2.1.1 Kulturthemen und Xenologie

Die Interkulturelle Literaturwissenschaft hat sich seit den 1990er Jahren zunächst als Teilbereich der **Interkulturellen Germanistik** in der deutschen universitären Landschaft etabliert. Übergreifende Gemeinsamkeiten mit dem linguistisch-fremdsprachendidaktischen Bereich bestehen in einer kulturkomparatistischen Grundeinstellung sowie im Interesse an Kulturtransfers (über Sprache und/oder Literatur), an der Übersetzungsproblematik in einem weiteren, kulturvermittelnden Sinne und an medienwissenschaftlichen Fragestellungen. Unabhängig jedoch von der Verzahnung mit der Interkulturellen Germanistik als einer Weiterentwicklung des Faches Deutsch als Fremdsprache, wie sie mit dem Namen Alois Wierlacher verbunden ist (vgl. Wierlacher 1993; Wierlacher/Bogner 2003), hat die Interkulturelle Literaturwissenschaft spezifische Arbeitsfelder abgesteckt, die tendenziell weniger didaktisch ausgerichtet sind und ein größeres Spektrum von Gegenständen umfassen. Man kann aber nach wie vor gewisse Verbindungen erkennen, insofern sich diese Arbeitsfelder weiterhin um sog. **Kulturthemen** (vgl. ebd.) gruppieren lassen. Diese reichen von abstrakten Themen wie Fremdheit, Differenz und Kommunikation bis hin zu alltagspragmatischen wie Arbeit, Wohnen, Gesundheit und Essen (was Wierlacher zum Anlass genommen hat, eine ‚interkulturelle Kulinaristik' zu entwickeln).

Einer der Gegenstände, mit denen sich die Interkulturelle Literaturwissenschaft in besonderer Weise beschäftigt, ist Fremdheit. Denn Literatur hat ganz genuin mit Fremdheitsphänomenen zu tun, ja, sie wird selbst „als ein Fremdes" wahrgenommen, „und zwar aufgrund ihrer poetischen Sprache" (Platen 2003, S. 123), wobei Werner Wintersteiner von einer doppelten Fremdheit spricht, von der „Fremdheit *der* Literatur und [der] Fremdheit *in der* Literatur" (Wintersteiner

2006, S. 115; Hervorh. im Orig.). Dennoch haben sich Untersuchungsbereiche herausgeschält, in denen interkulturelle Herangehensweisen (zu denen eine Sensibilisierung für ‚geeignete' Gegenstände gehört, die nicht auch etwa in der Komparatistik ‚abgehandelt' werden könnten) und Interpretationsmethoden näherliegen als in anderen. Die Interkulturelle Literaturwissenschaft beschäftigt sich bislang mit einer **Literaturgeschichte kultureller Differenz(en)** – in Kulturtransfer und Kulturkonflikt –, mit (post-)kolonialen Perspektiven schon in Bezug auf kanonische Literatur und in der sog. Migrationsliteratur (s. Abschn. 2.4).

Interkulturelle Literaturwissenschaft als eigenständiges Forschungsfeld innerhalb der Interkulturellen Germanistik (oder gar als aus dem Herkunftskontext völlig herausgelöste Disziplin) umfasst sowohl diachron literaturgeschichtliche Traditionen der Auseinandersetzung mit **Fremdheit** und **Alterität** auch innerhalb der kanonischen Literatur, die sie Re-Lektüren unterwirft, als auch synchron Analysen zeitgenössischer Literatur. Sie operiert mit einem Textbegriff, der das ‚radikal Fremde' der Literatur sui generis einschließen kann. Damit sind über einer Beschäftigung mit Fremdheit *in* der Literatur hinausgehend umfassende Erweiterungen der Gegenstandsbereiche verbunden. Für ihre Analysen nutzt die Interkulturelle Literaturwissenschaft Forschungsansätze und Theorien verschiedener Disziplinen, in denen kulturvergleichendes und alteritätsreflektierendes Wissen verankert ist.

2.1.2 Zur Entwicklung der Interkulturellen Germanistik

Die Interkulturelle Germanistik ist noch vor dem skizzierten *Cultural turn* als *ein* Arbeitsgebiet unter anderen entstanden, das sich mit den verschiedenen Blickrichtungen auf fremde Kulturen innerhalb der eigenen bzw. von diesen zurück auf die eigene beschäftigt. Im Zentrum stand von Beginn an etwa die Auseinandersetzung mit Autor/innen ‚mit Migrationshintergrund' oder eben auch – das war ein der Disziplin zugrunde liegender Impuls – die „Erforschung [...] deutschsprachiger Kulturen unter der Bedingung und [...] in der Perspektive ihrer Fremdheit und im Handlungsrahmen interkultureller Kommunikation" (Wierlacher/Bogner 2003, S. 17). Die Interkulturelle Germanistik ist also aus dem **Kontext der Fremdsprachenphilologie** hervorgegangen und wurde von Alois Wierlacher, der als ihr Begründer gelten kann, als ‚lernerzugewandte' Wissenschaft und ‚Fremdkulturwissenschaft' entworfen, womit er schon vor 1980 einen Paradigmenwechsel anregte, der in den folgenden Jahren wirkmächtig werden sollte.

Diese Richtungsvorgaben für eine sich modernisierende – und d. h. globalen Entwicklungen Rechnung tragende – Germanistik, *Cultural turn* und *Xenological turn*, führten zu einer Öffnung der Germanistik hin zur Kulturwissenschaft. Interkulturelle Germanistik, wie sie Wierlacher konzipiert hat, versteht sich als „interdisziplinäre germanistische Fremdkulturwissenschaft" (Wierlacher/Bogner 2003, S. IX), zu deren wichtigsten Zielen es gehört, vor dem Hintergrund ‚kulturdivergenter' Perspektiven ein Wechselverhältnis der Verständigung herzustellen. Das ‚Inter', verstanden als reziproker Austausch zwischen der Lernenden- und der Lehrendenkultur, ist jedoch in der Fremdsprachenphilologie und in der interkulturellen Kommunikation eine Idealvorstellung geblieben, anstatt zur Beschreibung eines real existierenden Diskursphänomens zu werden.

In den letzten beiden Jahrzehnten hat sich das Methoden- und Theoriearsenal der Interkulturellen Germanistik erheblich erweitert, nicht zuletzt aufgrund der Kritik an den Essenzialisierungen, die bei Wierlacher und seinen Mitstreitern doch zu einem Festhalten an statischen Entitäten wie ‚Eigenkultur' und ‚Fremdkultur' oder auch zu einer Absetzung der je heimisch geprägten kulturellen Identität von der ‚fremdkulturellen' führten. Daran hat auch die Wierlacher'sche Erfindung der ‚**Kulturthemen**' – Themen, „die in den öffentlichen Diskursen zugleich auf universelle Probleme verweisen, in der interkulturellen Fremderfahrung konstitutive Bedeutung haben und weltweit Anknüpfungsmöglichkeiten bieten" (Wierlacher/ Bogner 2003, S. 14) – nicht viel geändert.

2.1.3 Zum gegenwärtigen Stand der Interkulturellen Literaturwissenschaft

Vergleicht man die beiden ersten Einführungen in die Disziplin, Michael Hofmanns *Interkulturelle Literaturwissenschaft. Eine Einführung* (2006) und den Band *Transkulturalität. Türkisch-deutsche Konstellationen in Literatur und Film* von Hendrik Blumentrath u. a. (2007) – de facto auch eine Einführung –, so lässt sich exemplarisch demonstrieren, wie die Positionen zur/innerhalb der Interkulturellen Literaturwissenschaft differieren und wo jeweils Schwerpunkte gesetzt werden.

Während **Hofmann** ungeachtet der ‚kulturwissenschaftlichen Wende' und der mit ihr einhergehenden Erweiterung des Kultur- wie Literaturverständnisses für eine enge Bindung an die Literatur plädiert, wird im Band von **Blumentrath u. a.** die Theorie privilegiert; darüber hinaus werden die Literatur und andere, audiovisuelle Medien als gleichwertige Gegenstandsbereiche betrachtet. Im konstruktivistischen Sinne sei Kultur als „ein System von Segmentierungen und Einteilungen" zu verstehen, „das unsere Wirklichkeit konstituiert" (Blumentrath u. a. 2007, S. 51), und innerhalb dieser Konstruktion von Wirklichkeit komme Medien eine zentrale Stellung zu: „Treffender als ‚abbildend' könnte man Medien vielleicht ‚welterzeugend' nennen. Denn [...] alles, was wir von der Welt wissen, [ist] Medienwissen, d. h. durch Medien formatiert." (ebd., S. 50) Hofmann wiederum geht vor dem Hintergrund einer durch „Mehrfachcodierung[en]" bestimmten modernen Subjektivität von einer „besondere[n] Affinität von Literatur zu Problemen und Möglichkeiten interkultureller Begegnung" aus, sei doch die Literatur selbst imstande, „multiperspektivische, ambivalente und vieldeutige Texte zu erzeugen und damit der Komplexität einer polyzentrischen Welt gerecht zu werden" (ebd., S. 13).

Hofmann stellt demnach die ‚Anschlussfähigkeit' von Literatur an Diskurse über polyzentrische Subjektivität und Identitätsbildungsprozesse in sich im Zuge der Globalisierung verändernden kulturellen Milieus in den Mittelpunkt seiner Überlegungen und geht dabei von einer Sonderstellung der Literatur aus. Entsprechend widmet er sich einer Revision bzw. Neusichtung der deutschen Literaturgeschichte und zeigt in exemplarischen Re-Lektüren (von Goethes *West-östlichem Divan*, Karoline von Günderrodes Indien- und Carl Einsteins Afrika-Texten sowie von Alfred Döblins Amazonas-Trilogie) das breite Spektrum der Anwendbarkeit interkultureller Analysemethoden auf: Dabei handelt es sich zunächst einmal um eine Lenkung der Aufmerksamkeit auf das interkulturelle Potenzial deutscher Literatur seit der Weimarer Klassik.

In theoretischer Hinsicht bezieht sich Hofmann auf Norbert Mecklenburgs Ausführungen zu poetischer und kultureller Alterität sowie auf Leo Kreutzers Konzept einer „Interkulturellen Literaturwissenschaft als vergleichende[r] Entwicklungsforschung" (ebd., S. 56). Daran anschließend benennt er literarische Verfahren, an denen sich das Zusammenspiel von interkultureller Erfahrung des Fremden/anderen und poetischer Alterität besonders gut zeigen lasse, nämlich an Satire, Parodie, Groteske, Komik und Phantastik (vgl. ebd., S. 59). Dem Aufweis des interkulturellen Potenzials in der deutschen Literaturgeschichte lässt Hofmann, dem Umfang nach fast gleichrangig, „Perspektiven einer postkolonialen Literaturgeschichte" (ebd., S. 148) folgen, komparatistisch ausgreifende Analysen grundlegender Texte wie Joseph Conrads *Heart of Darkness*, Rudyard Kiplings *Kim*, Salman Rushdies *The Satanic Verses*, aber auch Chinua Achebes *Things fall apart* und Uwe Timms *Morenga*, vielleicht der erste deutsche postkoloniale Roman. Hofmann betont, dass „im Falle der deutschen Kultur [...] die postkolonialen Konstellationen differenzierter zu betrachten [sind]" (ebd., S. 150), und verweist damit auf ein ‚**Transfer-Problem**' der Postkolonialen Studien in den deutschen Zusammenhang, wie es mehrere Beiträge des von **Axel Dunker** (2005) herausgegebenen Sammelbandes *(Post-)Kolonialismus und Deutsche Literatur* reflektieren. Damit spricht Hofmann ein Problem an, das zunächst in der amerikanischen Germanistik erkannt wurde; stellvertretend für viele Arbeiten sei hier Susanne Zantops (1999) mentalitätsgeschichtlich orientierte Studie zu ‚Kolonialphantasien' im vorkolonialen Deutschland genannt. Die besondere Pointe an Hofmanns Postkolonialismus-Abschnitt besteht in einer Volte, mit der die deutsch-türkische Literatur und Kultur zum „Analogon zu der postkolonialen Literatur und Kultur in den ehemaligen Kolonialländern" erklärt wird, und zwar insofern, als diese (ebenfalls) als „ein Testfall für die Fähigkeit der deutschen Gesellschaft zu begreifen [sei], den ‚Kampf der Kulturen' zu verhindern" (Hofmann 2006, S. 151). Die deutsch-türkische Literatur bildet auch den Gegenstand des vierten Abschnitts, der als einziger genauere Analysen interkultureller Literatur enthält.

Diese Schwerpunktsetzung verbindet Hofmanns Band mit dem von Blumentrath u. a., in dem die **deutsch-türkische Literatur** den schon im Untertitel genannten Hauptuntersuchungsgegenstand darstellt. Ansonsten jedoch zeigt die Selbstpositionierung Blumentraths und der übrigen Autor/innen aus dem Münsteraner Kreis um Martina Wagner-Egelhaaf, dass Ortrud Gutjahrs ältere Einschätzung, Interkulturalität sei zu einem „vielbeachteten Forschungsparadigma avanciert" (Gutjahr 2003, S. 15), zwar mittlerweile zuzustimmen ist, dass

2.1 Anfänge der Interkulturellen Literaturwissenschaft

es aber keineswegs ein allgemein geteiltes Verständnis von Interkulturalität in der germanistischen Literaturwissenschaft gibt. Stattdessen finden sich divergierende Positionen, angesichts derer das Paradigma Interkulturalität als weiterer Kampfplatz verschiedener theoretischer Entwicklungen erscheinen mag.

Sehr pointiert gesagt, stehen sich eine hermeneutisch orientierte Textwissenschaft und dekonstruktivistisch-poststrukturalistisch orientierte, über bloße Textwissenschaft hinausgehende Ansätze gegenüber. Diesen Unterschied markiert auch der Band von Blumentrath u. a.: Während die darin vertretene Position „die differenzbestimmenden Denkansätze des Poststrukturalismus in sich aufgenommen" habe, sei „die interkulturelle Germanistik letztlich weitgehend einem hermeneutischen Selbstverständnis verpflichtet" (Blumentrath u. a. 2007, S. 56). Obgleich betont wird, dass es durchaus eine Reihe von Gemeinsamkeiten gibt, vollziehen die Autor/innen bereits mit dem Titel *Transkulturalität* eine Absetzungsbewegung: Als **Transkulturalität** wollen sie im Anschluss an **Wolfgang Welsch** „ein von einem Ensemble neuer Theorieansätze instruiertes Forschungs- und Analysekonzept" verstanden wissen, „das den Blick auf die Problematisierung vermeintlicher kultureller Einheiten, auf Differenzen, Veränderungen und Übergänge richtet" (ebd., S. 54). Von dieser Position aus werden an der Interkulturellen Germanistik (in der Wierlacher-Nachfolge) deren essenzialistische Zuschreibungen kritisiert, die nolens volens zu binären Oppositionen führen würden.

Wie dieses Denken in „Operation[en] des Vergleichens" (Straub 1999, S. 33) vor sich gehen soll, ohne das Eigene mitzureflektieren, stellt indes eines der Grundprobleme dieser Spielart der **Polyperspektivität** und der Mehrfachcodierungen dar. Jürgen Straub hat in einem Grundlagentext zum Verstehen dazu festgehalten:

> „Das ‚Eigene' lässt sich auch im Fortgang des Vergleichens nicht restlos aus der Interpretation und ihrem Resultat tilgen. [...] Interpretationen bewegen sich, wenn sie tatsächlich etwas vermitteln, in jenem Zwischenraum, der Eigenes und Fremdes nicht nur voneinander trennt, sondern auch die Chancen zur relationalen Bestimmung des Differenten bereithält." (ebd., S. 52)

Was in der Rede von der Polyperspektivität meist nur postuliert wird – dass das andere in seiner Eigenwertigkeit interpretiert werden solle –, wird von Straub als Dilemma, ja als Aporie der Erkenntnisbildung dekuvriert:

> „Interpretationen vermitteln Differentes auf eine explizite, transparente, nachvollziehbare Weise. Sie relationieren Verschiedenes, ohne den Vorgang der diskursiven Konstruktion von Alterität zu verschweigen. Diese Relationierung ist eben keine Identifizierung, Verstehen keine Verschmelzung von Differentem, bei der das Eigene auf der Strecke bleibt, verleugnet wird. Differentes bleibt noch in der Vermittlung nebeneinander bestehen." (ebd., S. 53)

Neben einer grundsätzlichen Privilegierung von ‚Differenz' – im umfassenden Sinne der Derrida'schen *différance,* des Bedeutungsaufschubs, der metonymischen Sinnschleife (s. Abschn. 3.2) – ist es eine weitere Kritik an der (frühen) Interkulturellen Literaturwissenschaft, die den Transkulturalitätsansatz charakterisiert:

„[D]ie auffallende Nichtthematisierung des Parameters ‚Geschlecht'" (Blumentrath u. a. 2007, S. 57) soll theoretisch revidiert werden.

Norbert Mecklenburg hat lange schon an einem Projekt Interkulturelle Literaturwissenschaft geforscht, dessen Quintessenz er in einem Band mit dem Titel *Das Mädchen aus der Fremde* (2008) veröffentlichte. In den einzelnen Beiträgen versucht Mecklenburg nicht nur, die Interkulturelle Literaturwissenschaft genauer zu umreißen, er warnt auch immer wieder vor Vereinfachungen und ebenso vor Grabenkämpfen (etwa zwischen trans- und interkulturellen Richtungen). Diese Kompilation ist deshalb neben anderen einführenden Bänden für ein Studium der Interkulturellen Literaturwissenschaft zu empfehlen, weil Mecklenburg bestimmte Themenkreise, definitorische Probleme und disziplinäre Erweiterungen in einer Denkbewegung vorstellt, die immer auch kritische Einwände mitberücksichtigt. Und schließlich enthält seine Sammlung eine umfassende Skizze zur interkulturellen Literaturgeschichte anhand einzelner Autor/innen und Texte. **Hofmann/Patrut** haben 2015 das Desiderat einer interkulturellen Literaturgeschichte ebenfalls aufgegriffen und bis in die Gegenwart fortgesetzt (vgl. Hofmann/Patrut 2015).

Wenn **Karl Esselborn** schon in einem 2002 gehaltenen Vortrag konstatiert hat, dass die Literatur- als Kulturwissenschaft „inzwischen Teil des literaturwissenschaftlichen Mainstreams wird" (Esselborn 2009, S. 290), trifft dies heute in einem Maße zu, dass das Interkulturalitätsparadigma fast schon als Kongruenzbildung zu Kulturwissenschaft empfunden wird. Esselborn selbst spricht ausdrücklich von der institutionellen Konkretisierung der ‚kulturwissenschaftlichen Wende' mit ihren verschiedenen methodischen Zugängen (Diskursanalyse, New Historicism, Cultural Studies, kulturgeschichtliche Germanistik mit ihren anthropologischen Traditionslinien, Systemtheorie, Genderforschung). Virulent bleibt jedoch trotz aller Weiterentwicklungen, wie Esselborn im Nachsatz festhält, der unklare „disziplinäre[] Status" (ebd., S. 290) ‚der' Kulturwissenschaft und damit auch derjenige der Interkulturellen Literaturwissenschaft. Dabei geht es neben den bereits aufgezeigten theoretischen Divergenzen um die daraus ableitbaren Gegenstandsbereiche, die gemäß einer eher an dem Differenzaspekt orientierten Position prinzipiell unabschließbar sind, während Ortrud Gutjahr festhält,

> „dass sich Interkulturalitätsforschung theoretisch und methodisch an Disziplinen orientiert, die sich der Untersuchung von Formen und Prinzipien der Kulturentwicklung und Differenzkonstruktionen widmen wie die Ethnographie oder die Kultur- und Sozialanthropologie. Als Untersuchungsbasis werden Texte und Gattungen privilegiert, in denen die ästhetische Inszenierung unterschiedlicher Formen und Konflikte der Kulturbegegnung konstitutiv sind." (Gutjahr 2003, S. 17)

Das Korpus **kulturreflexiver Texte,** das Gutjahr aufführt, deckt denn auch nur ein überschaubares Spektrum ab: Reise-, Kolonial-, Exil-, Migrations- oder postkoloniale Literatur (vgl. ebd.). Allerdings bieten sich für die Interkulturelle Literaturwissenschaft (als Kulturwissenschaft), nicht zuletzt durch die Implementierung ethnologischer Ansätze, erheblich darüber hinausgehende Erweiterungsmöglichkeiten (vgl. Holdenried 2001, S. 79), deren unausgeschöpfte Potenziale noch gar nicht vollständig zu überblicken sind. Analog zur Ausweitung des Untersuchungsmaterials ist auch eine Erweiterung der theoretischen und methodischen Ansätze sinnvoll (s. Abschn. 2.4 und 4.5).

Im Gegensatz zur Auffassung Wierlachers, der in *Kulturthema Fremdheit* (1993) Problemfelder wie das der Selbstentfremdung als für die kulturwissenschaftliche Xenologie nicht einschlägig bewertet, dürfte eine möglichst weitgehende, wenn auch nicht beliebige Ausweitung für die Fortentwicklung der Interkulturellen Literaturwissenschaft essenziell sein. Demgegenüber würde eine forschungstheoretische wie curriculare Selbstbeschränkung bald zur Erschöpfung derjenigen Gegenstandsbereiche führen, mit der sich die Disziplin beschäftigen ‚darf'. Dazu hat die slowenische Germanistin **Andrea Leskovec** in ihrer Einführung (2011) einen eher pragmatischen Vorschlag zur Integration der divergenten Ansätze der Interkulturalitätstheorie vorgelegt. Unter Einbeziehung des Waldenfels'schen Konzeptes von Fremdheit (s. Abschn. 3.1) plädiert sie für einen handlungstheoretisch orientierten alternativen hermeneutischen Ansatz (vgl. Leskovec 2011, S. 8) und zugleich für eine Überbrückung der theoretischen Gegensätze innerhalb der Interkulturellen Literaturwissenschaft.

Im **institutionellen Bereich** hat sich die Interkulturelle Literaturwissenschaft in den letzten zwanzig Jahren weiter etabliert (vgl. die sehr kritische Einschätzung dazu von Herbert Uerlings 2011). An einigen Universitäten wurden Professuren in diesem Bereich eingerichtet, was u. a. den steigenden Bedarf an der Vermittlung interkultureller Kompetenz spiegelt. Interkulturelle Literaturwissenschaft ist keine Trainingseinheit im Rahmen des Kompetenzerwerbs, sie trägt aber qua Literaturanalyse sicher zur Kompetenzförderung bei.

2.2 Transkulturalität: Das Konzept Wolfgang Welschs und seine Modifikationen

In Abschn. 2.1 war bereits von der Gegenstellung zwischen den theoretischen Konzepten der Interkulturalität und der Transkulturalität die Rede, wie sie sich anhand der beiden Einführungsbände von Hofmann und Blumentrath u. a. zeigt. Im letztgenannten Band werden die **Differenzen zwischen den Paradigmen** deutlich markiert, aber auch verbindende Elemente benannt. Hofmann hingegen unterstellt offensichtlich eine Deutungshoheit der Interkulturellen Literaturwissenschaft und blendet das Konzept der Transkulturalität aus.

Welsch und seinen transkulturellen Anhängern zufolge resultiert die Bezugnahme auf die je eigene Kultur, wie sie für das Interkulturalitätskonzept konstitutiv ist, in der „Fiktion inkommensurabler Kulturen" (Welsch 2010, S. 50). Im Folgenden werden einige der von Welsch stammenden Aspekte der Transkulturalitätstheorie ausführlicher aufgegriffen und kritisch erörtert.

2.2.1 Wolfgang Welschs Kritik am Interkulturalitätskonzept

Welsch geht in seinen einschlägigen Aufsätzen, die ab 1991 erschienen und stark rezipiert worden sind, von einem **Kulturbegriff** aus, wie er zuerst vom

Naturrechtsphilosophen Samuel von Pufendorf im 17. Jh. verwendet wurde: Dieser verstand unter Kultur „das Insgesamt derjenigen Tätigkeiten, durch welche die Menschen ihr Leben als spezifisch menschliches – im Unterschied zu einem bloß tierischen – gestalten" (zit. n. Welsch 2000, S. 328). Anders als zuvor bezog sich der Kulturbegriff, laut Welsch, nun nicht mehr auf spezifische Tätigkeitsbereiche, sondern wurde zum Kollektivsingular für ‚die' Kultur eines Volkes, einer Nation, einer Gesellschaft. Johann Gottfried **Herder** habe diesen Kulturbegriff dann zu einem homogenisierenden zugespitzt, so Welschs verkürzende Darstellung, die er später etwas zurechtzurücken versucht hat (vgl. Welsch 2010, S. 41). Herders Kulturkonzept sei vereinheitlichend, volksgebunden und ‚separatistisch' – womit gemeint ist, dass es auf der Abgrenzung von Kulturen anderer Völker basiere. In der Moderne und vor allem in der Postmoderne muteten all diese Züge im höchsten Maße fragwürdig an, doch müsse gefragt werden, ob Kulturen jemals homogen gewesen seien. So führt Welsch auch mit Blick auf das antike Griechenland Belege für eine starke kulturelle Durchmischung an.

Nach Welschs Auffassung sind Kulturen niemals ‚rein'; vielmehr habe man von einer vertikalen und horizontalen Differenzierung auszugehen: **Vertikal** differenzierten sich moderne Gesellschaften in nur noch lose an soziale Schichten gebundene ‚Kulturen' aus, **horizontal** sei eine Vielzahl je spezifischer Lebensstile zu beobachten. „Unterschiede von weiblicher und männlicher, heterosexueller, lesbischer oder schwuler Orientierung können einschneidende Differenzen in den kulturellen Mustern und Lebensformen begründen." (Welsch 2000, S. 330) Hier wie an vielen anderen Stellen sind Welschs Darlegungen allerdings wenig präzise. So ist die vertikale von der horizontalen Schichtung nicht plausibel unterschieden, da kulturelle Muster und Lebensstile sich doch gemeinhin überlappen.

Die Annahme, eine Kultur sei an *ein* Volk gebunden, betrachtet Welsch ebenfalls als äußerst problematisch. Das Herder'sche Konzept schreibe einer jeden Kultur gleichsam eine geschlossene ‚**Kugelform**' zu – und suggeriere die Autonomie eines solchen Gebildes. „Jede Nation", so zitiert Welsch Herder, „hat ihren *Mittelpunkt* der Glückseligkeit in sich wie jede Kugel ihren Schwerpunkt!" (ebd., S. 330; Hervorh. im Orig.) Diese Vorstellung sei jedoch „hochgradig fiktiv" (ebd.) und zudem ethisch inakzeptabel, denn Herder grenze das Andere als das ‚nicht Gleichartige' aus: „Alles was mit meiner Natur noch *gleichartig* ist, was in sie *assimiliert* werden kann, beneide ich, strebs an, mache mirs zu eigen; darüber hinaus hat mich die gütige Natur mit *Fühllosigkeit, Kälte* und *Blindheit* bewaffnet; sie kann gar *Verachtung* und *Ekel* werden." (zit. n. ebd., S. 331; Hervorh. im Orig.) Andernorts zeige sich noch deutlicher, dass Herder Vorurteile nicht notwendig negativ bewertet: Diesem zufolge dränge es alle Völker, gewissermaßen von Natur aus, zu ihrem Mittelpunkt, sprich: Erst durch Abgrenzung entsteht kulturelle Identifikation, was für Welsch gleichbedeutend mit „kulturelle[m] Rassismus" (ebd.) ist. Seine Zuspitzung trifft sich mit denjenigen Deutungen, die den Kulturphilosophen Herder immer wieder in die Nähe nationalchauvinistischen Gedankengutes gerückt haben – eine Sichtweise, die durch seine Instrumentalisierung im ‚Dritten Reich' weiter befestigt wurde. Allerdings muss man Herders Schriften im Kontext ihrer Zeit sehen, und generell steht sein

2.2 Transkulturalität: Das Konzept Wolfgang Welschs

überaus starkes Interesse an anderen, auch ‚exotischen' Kulturen keineswegs nur im Dienste eines kruden Abgrenzungsdenkens.

Jedenfalls betrachtet Welsch den in der Aufklärung geprägten Kulturbegriff als eine Hypothek, die auch auf neueren Konzepten lastet, deren Schwäche darin bestehe, dass sie Kulturen nach wie vor als einheitliche denken. Das gelte selbst für ein des Homogenisierungs- oder Rassismusverdachts vermeintlich enthobenes Konzept wie das des **Multikulturalismus:** In der Tat haben ja Theoretiker wie Bhabha u. a. die in den USA schon lange geführten Multikulturalismusdebatten (vgl. etwa Asante/Ravitch 1991/92) zum Ausgangspunkt für einen Neuansatz genommen. Insofern kann man die Postkolonialen Studien durchaus als Gegenentwurf zum Konzept des Multikulturalismus verstehen. Letzterem liegt Welsch zufolge immer noch die Vorstellung von Kulturen als Kugeln zugrunde, die nun für die ‚Partialkulturen' *innerhalb* einer Gesellschaft in Anschlag gebracht werde. Das aber leiste politisch regressiven Tendenzen Vorschub, indem aus dem deskriptiven Moment ein normatives werde: Die Anderen verfügen angeblich über eine andere, inkommensurable Kultur, daher müssen die Kulturen sich voneinander abgrenzen bzw. die Kugeln sich gegenseitig abstoßen.

Dasselbe Problem erkennt Welsch mit Blick auf die Bemühungen um einen ‚interkulturellen Dialog', die ebenfalls auf der „Primärthese von der Insel- oder Kugelverfassung der Kulturen" (Welsch 2010, S. 334) basierten. Diese These aber sei „deskriptiv falsch und normativ irreführend" (ebd., S. 335):

> „Weil die Interkulturalisten die Kulturen von Grund auf wie Kugeln konzeptualisieren, kaprizieren sie sich auf das Verstehen eines ‚Anderen', von dem sie zugleich annehmen, dass es ob seiner Inkommensurabilität eigentlich nicht verstanden werden könne – so dass die Erfolgslosigkeit des Unternehmens schlicht aus der Verfehltheit und Widersprüchlichkeit der Ausgangsvorstellung resultiert. Das Interkulturalitätskonzept verfügt durch seinen ersten Zug – die Unterstellung einer ganz anderen, eigenartigen und homogenen Verfasstheit der anderen Kulturen – die Erfolgsunmöglichkeit all seiner weiteren, auf interkulturellen Dialog zielenden Schritte. Die antiquierte Fiktion inkommensurabler Kulturen ruft den Wunsch nach interkulturellem Dialog hervor und verurteilt ihn zugleich zum Scheitern." (Welsch 2010, S. 50)

Noch 2010 vertritt Welsch die wenig überzeugende Ansicht, dass sich an dieser Position der ‚Interkulturalisten' auch in jüngster Zeit nichts geändert habe (vgl. ebd., S. 49 f.). Zu diesen Entwicklungen der Interkulturalitätsforschung nimmt er in einem neueren Beitrag Stellung (Welsch 2020), in dem von einem nur noch graduellen Unterschied zu Transkulturalitätsansätzen die Rede ist. Im Prinzip aber behält er seine kritische Position weiterhin bei. Daher plädiert er für ein übergreifendes Kulturkonzept, das sich auch retrospektiv anwenden lasse, das aber insbesondere im Zeitalter der Globalisierung das einzig adäquate sei, weil es Migrationsprozesse, Kommunikationsströme, Verflechtungen und Interdependenzen begrifflich unter dem gemeinsamen Aspekt des **Hybriden** fasse: „Zeitgenössische Kulturen sind generell durch Hybridisierung gekennzeichnet. Für jede einzelne Kultur sind tendenziell alle anderen Kulturen zu Binnengehalten oder Trabanten geworden." (Welsch 2000, S. 337) Es gebe daher nichts „schlechthin Fremdes" mehr, aber auch nichts „schlechthin Eigenes" (ebd.). Diese transkulturelle Verfasstheit sei sowohl auf der Makroebene der Gesellschaft als auch auf der Mikroebene des Individuums zu erkennen: „Wir sind kulturelle Mischlinge." (ebd., S. 339)

In diesem Zusammenhang verweist Welsch auf ähnliche Konzepte wie das der ‚**Kreolisation**' von Ulf Hannerz. Auch Hannerz war 1992 davon ausgegangen, dass ‚kreolische Kulturen' ein Zukunftsmodell darstellen, insofern sie vielfältigen kulturellen Begegnungen – freilich auch gewaltförmigen – entsprungen sind und eine zukunftsweisende Art von Durchmischung darstellen (vgl. Hannerz 1992). Darüber hinaus wird Michel Serres als verwandter Denker aufgerufen, der Kulturen ebenfalls in Begriffen der „Kreuzung, Mischung und Durchdringung" (Welsch 2000, S. 341) denke. Was als erkenntnistheoretisches Problem erscheinen mag – es muss ja weiterhin ‚monokulturelle Verfassungen' geben, damit es überhaupt zu Hybridisierungen kommen kann –, greift Welsch als möglichen Einwand auf: Er kontert mit der Feststellung, es handle sich bei der Transkulturalitätsdiagnose um „eine temporäre Diagnose" (ebd., S. 341). Sie werde in einer Übergangsphase gestellt, in der zwar noch das alte Konzept von Kulturen mitzureflektieren sei, aber bereits „eine gegenwärtige und künftige Verfassung der Kulturen" in den Blick genommen werde, „die nicht mehr monokulturell, sondern transkulturell ist" (ebd., S. 341). Die Diagnose impliziere also „*beide* Momente: die fortdauernde Existenz von Einzelkulturen […] und den Übergang zu einer neuen, transkulturellen Form der Kulturen" (ebd.).

Diese Darlegungen ergänzt Welsch um Hinweise auf historische Formen von Transkulturalität, wobei er sich unter anderem auf Edward Said und den indischen Philosophen Jitendra N. Mohanty bezieht. Mohanty betont, dass Hybridisierung für die indische oder hinduistische Kultur seit jeher selbstverständlich gewesen sei: „Eine ganz homogene Subkultur findet man nicht." (Mohanty 1993, S. 118) Außerdem werde die gesellschaftliche Wirklichkeit, so Welsch, dem **radikalen Konstruktivismus** zufolge durch subjektive Auffassungen von dieser Wirklichkeit gesteuert. Auszugehen sei daher nicht von ihrer einfachen objektiven Gegebenheit (vgl. dazu Ernst von Glasersfeld, Humberto Maturana u. a.). Wenn also das ‚Kugelkonzept' durch andere Kulturmodelle ersetzt werde, so verändere dies die Wirklichkeit selbst. Nach Auffassung von Welsch sind speziell Vorstellungen wie die des **Netzes** der heutigen Verfasstheit von Kulturen deutlich angemessener.

Problematisch ist Welschs Ansatz unter anderem aufgrund der plakativen Wiedergabe eines durchaus differenzierten Kulturkonzeptes wie desjenigen Herders, das auf einen einzigen Aspekt reduziert wird. In aller Regel aber lassen sich Kulturkonzepte nicht derart reduktiv deuten, zumal es immer auch Gegenbewegungen zu ihren unilinearen Auslegungen gab, an denen nicht zuletzt die Literatur gewichtigen Anteil hat. Gerade seit der Aufklärung sind diese Gegenbewegungen besonders zahlreich, man denke nur an Gotthold Ephraim Lessing, an Denis Diderot und die französischen Enzyklopädisten (s. Kap. 5). Die vielfältigen Strömungen innerhalb der Aufklärung, in der etliche, nicht immer kongruente Beiträge zu einer Philosophie der Geschichte der Menschheit entstanden, sind ein Paradebeispiel für die **Selbstkorrekturfähigkeit** kulturtheoretischer Entwürfe.

Überdies hat Welsch ganz offenkundig keine Antwort auf jene Stimmen der Gegenwart, die ‚kulturelle Mannigfaltigkeit' gerade nicht als Bereicherung, sondern als Bedrohung beschreiben – was zu einem „komplementäre[n] Erstehen [sic] von Partikularismen" (Welsch 2000, S. 348) beiträgt, wie es im Deutschland des Jahres 2015 anlässlich der ‚Flüchtlingsströme' zu beobachten war. Auf welche Weise mit dem Verlangen nach einer spezifischen, regional, national oder auch religiös ausgerichteten Identität umzugehen ist, damit es nicht zur Restituierung von ‚Kugelkonzepten' bis hin zu Gewalttaten kommt, weiß Welsch nicht zu sagen – es bleibt bei der euphemistischen Behauptung, dass „[d]ie Individuen […] über ihre Zugehörigkeit selbst entscheiden [können]" (ebd., S. 350). An dieser Stelle wird sein deskriptiv gehaltenes Konzept normativ bzw., wie Welsch lieber verstanden sein möchte, empfehlend. Dabei geht er davon aus, dass unser „Kulturverständnis […] auch ein Wirkfaktor in unserem Kulturleben" (ebd., S. 344) ist, dessen spezifischer Einfluss von einer wachsenden gesellschaftlichen Akzeptanz und/oder Durchdringung bestimmter Kulturkonzepte abhängt. Insofern habe man es mit einem pädagogisch und überdies medial zu steuernden Prozess zu tun:

„Sagt man uns – wie der alte Kulturbegriff es tat –, dass Kultur eine Homogenitätsveranstaltung zu sein habe, so werden wir uns entsprechend verhalten […]. Sagt man uns – oder den Heranwachsenden – hingegen, dass Kultur gerade auch Fremdes einbeziehen […] müsse, dann werden wir […] diese Aufgabe in Angriff nehmen." (ebd.)

Ein ausgesprochen fragwürdiges pädagogisches Konzept wird hier unter dem Deckmantel der Fortschrittlichkeit angeboten – schon der Wortlaut dieses Satzes ist entlarvend: Wer ist ‚man'? Hier fehlt es an jeglicher Problematisierung dieser angenommenen Lenkung in die ‚richtige' Richtung.

Zusammenfassend ist festzuhalten, dass sich das Transkulturalitätskonzept durchaus als Anstoß nehmen lässt, als Empfehlung, über die Rückwirkungen von ‚Theoriedesign' auf die Gestaltung von Wirklichkeit nachzudenken: Dazu könnten etwa die Untersuchung der gesellschaftsdurchdringenden Karriere des Begriffs ‚Multikulti' und von dessen Auswirkungen auf soziale Selbstreflexion hilfreich sein. Wie wir unsere Wirklichkeit konstruieren und wie sie mithilfe eines bestimmten Konzeptes veränderbar wird, ist eine Frage von großer Bedeutung. Allerdings wäre eben auch zu fragen, was man gewinnt, wenn man sämtliche Kulturen für prinzipiell hybrid erachtet – und somit kaum mehr von verschiedenen Kulturen sprechen kann. Wie lassen sich kulturelle Fremdheitserfahrungen dann noch erklären?

2.3 Hyperkulturalität: Byung-Chul Hans ästhetisches Konzept

In der anhaltenden Auseinandersetzung zwischen ‚Interkulturalisten' und ‚Transkulturalisten' geht es unter anderem um die Deutung von Globalisierung als entweder bereichernde oder, konträr dazu, angsterzeugende Veränderung unserer Lebenswelt. Hierzu hat sich Byung-Chul Han in einer kleinen Schrift mit dem Titel *Hyperkulturalität* (2005) zu Wort gemeldet. Unter dem Etikett ‚Hyperkulturalität' wird darin eine positivierende Umdeutung der Verlusterfahrungen in der globalisierten Welt vorgenommen. Han versucht damit, eine **Position des Dritten** in die Debatte einzubringen, die insbesondere von sozioästhetischen Überlegungen geprägt ist.

Zentral ist auch für Han der Hybriditätsgedanke. Methodisch zugespitzt nimmt er jedoch eine Korrektur der Positionen Bhabhas auf dem Hintergrund von dessen Heidegger-Lektüre vor. Hybridität werde nicht nur von Bhabha zu einer „kulturbildenden Kraft" (Han 2005, S. 25) erhoben.

Der Begriff ist von anderen Forschern schon vor Han diskutiert worden. In einer **Definition des Hybriden,** die ebenfalls eine starke Affinität zum Ästhetischen aufweist, hatten Elisabeth Bronfen und Benjamin Marius erklärt: „*Hybrid* ist alles, was sich einer Vermischung von Traditionslinien oder von Signifikantenketten verdankt, was unterschiedliche Diskurse und Technologien verknüpft, was durch Techniken der *collage,* des *samplings,* des *Bastelns* zustandegekommen ist." (Bronfen/Marius/Steffen 1997, S. 14; Hervorh. im Orig.) Vom Basteln ist hier nicht abwertend die Rede, sondern in losem Anschluss an den Begriff der *bricolage* des strukturalistischen Ethnologen Claude Lévi-Strauss, der das Rekombinieren vorfindlichen Materials meint – also eine Technik kultureller und ästhetischer Vermischung (zu weiteren Definitionen s. Abschn. 3.3).

Bhabhas Hybriditätskonzept stelle ebenfalls die ‚Reinheit' von Kulturen infrage, so Han, und verweise darauf, dass diese niemals in sich ursprünglich und damit keine ‚Wesenheiten' seien. Stattdessen markiere jede Kultur einen **Übergang** *(interstitial passage)* bzw. bilde einen **Zwischenraum,** in dem „Identitäten prozessual immer neu definiert" (Han 2005, S. 26) würden. Eben hier sieht Han das Problem: Mit dem Topos der **Zwischenräumlichkeit** rekurriere Bhabha auf Heideggers **Figur der ‚Brücke',** doch sei dieser Rekurs bruchstückhaft und sinnentstellend. Im Folgenden arbeitet Han nämlich heraus, dass die Brücke bei Heidegger gerade nicht dazu geeignet sei, Hybridität zu veranschaulichen. Vielmehr sei sie eine „*theologische* Figur" (ebd., S. 28; Hervorh. im Orig.) – man kann dies im nicht leichten Sprachduktus Hans wohl schlicht durch eine Denkfigur ersetzen –, die eine dialektische Spannung aufbaue zwischen Hier und Dort, Drinnen und Draußen, Eigenem und Fremdem: Es ergebe sich also eine streng symmetrische Konstellation und gerade keine „Hybridität, die asymmetrische Gebilde erzeugt[]" (ebd., S. 27). Eine Kreuzung des Verschiedenen gebe es bei Heidegger keineswegs; nicht umsonst sei dieser ja ein Philosoph der ‚Eigentlichkeit', der ‚Echtheit', des ‚Ursprungs' und des ‚Wesens'. Mit seinen Klarstellungen, die eigentlich längst stärker in die Bhabha-Kritik hätten einfließen müssen, weist Han Bhabha als einen noch immer in einer dialektischen Konfiguration ‚Befangenen' aus, als einen Denker der Unterschiede und nicht der ‚Vielheit', ganz entgegen seiner landläufigen Rezeption. In dieser Klarheit hatte man das vor dem Erscheinen von Hans kleiner Schrift noch nicht gelesen:

2.3 Hyperkulturalität: Byung-Chul Hans ästhetisches Konzept

> „Auch der Zwischenraum, zu dem Bhabha die Grenze verräumlicht, ist insofern dialektisch, als er von der Gegenwendigkeit beherrscht ist. So ist Bhabha noch weitgehend in der agonal-dialektischen Spannung zwischen dem Kolonisator und dem Kolonisierten, zwischen dem Beherrschenden und dem Beherrschten, zwischen Herr und Knecht gefangen." (ebd., S. 29)

Inwieweit dies ein substanzieller Einwand gegen Bhabhas Ansatz ist, wäre anhand genauer Lektüren der Bhabha'schen Ausführungen nachzuvollziehen. Hans Plädoyer gilt demgegenüber jedenfalls der ‚**Hyperkultur**', die durch eine spielerische Vielfalt gekennzeichnet sei – und nicht mehr durch Binarismen, wie sie in den Texten der antikolonialen Befreiungsbewegungen und eben auch noch bei Bhabha eine Rolle spielen. „Die Hyperkultur ist gewiß kein machtfreier Raum. Aber das Besondere der hyperkulturell verfassten Welt ist der Zuwachs an Räumen, die nicht machtökonomisch, sondern ästhetisch zugänglich wären." (ebd., S. 30) Han will also den Bereich des Machtökonomischen verlassen und Hyperkultur als einen privilegierten **Raum der Ästhetik** begreifen – ganz im Schiller'schen Verständnis des Spiels als Reich der Freiheit und des eigentlich Humanen. Seine kulturphilosophischen Überlegungen setzen sich dementsprechend von Bhabhas letztlich noch politisch akzentuiertem Denken ab und führen zu dem Versuch, die kulturelle Dynamik der Gegenwart zu erfassen. Dazu seien Konzepte wie die der Postkolonialen Studien, die Han zufolge noch immer ‚essenzialistisch' sind, nicht geeignet.

Han konstatiert somit kein Gegeneinander, sondern geht vom „hyperkulturellen Nebeneinander des Verschiedenen" (ebd., S. 32) aus, wofür er den Begriff des *Windowing* (vgl. ebd., S. 49) verwendet. Die Hyperkultur sei offener als die Bhabha'sche Hybridkultur – als Modell könne ihr am ehesten Gilles Deleuzes Rhizom-Struktur dienen. Denn das Rhizom ist „ein offenes Gebilde, dessen heterogene Elemente unaufhörlich ineinander spielen, übereinander gleiten und im ständigen ‚Werden' begriffen sind. […] Die Hyperkultur als entinnerlichte, entwurzelte, entortete Kultur verhält sich in vielfacher Hinsicht rhizomatisch." (ebd., S. 33)

Han versteht unter Hyperkultur eine Kultur, die

> „zunehmend jene Struktur, die der eines konventionellen Textes oder Buches gleicht [verliert]. Keine Geschichte, keine Theologie, keine Teleologie läßt sie als eine sinnvolle, homogene Einheit erscheinen. Die Grenzen oder Umzäunungen, denen der Schein einer kulturellen Authentizität oder Ursprünglichkeit aufgeprägt ist, lösen sich auf. Die Kultur platzt gleichsam aus allen Nähten, ja aus allen Begrenzungen oder Fugen. Sie wird entgrenzt, ent-schränkt, ent-näht zu einer Hyper-Kultur. Nicht Grenzen, sondern Links und Vernetzungen organisieren den Hyperraum der Kultur." (ebd., S. 16 f.)

Wie die hypertextuelle Welt die Leser/innen nicht durch ein „vorgegebenes, gleichsam monochromes Sinn- oder Ordnungsgefüge" zur Passivität zwinge, sondern ihnen eine aktive Lesehaltung ermögliche, in der sie „selbständig Pfade durch den vielfarbigen Raum des Hypertextes" legen (ebd., S. 48), bestehe auch die hyperkulturell verfasste Welt aus verschiedenen ‚Fenstern', die „Zugänge zum hypertextuellen Universum" ermöglichen. „*Windowing* ist also der hypertextuelle Modus der Erfahrung. Es eröffnet die Welt." (ebd., S. 49) Gleichzeitig eröffnet sich hinter keinem dieser Fenster ein absoluter Horizont, genau dies aber ermögliche neue Sichtweisen, indem man spielerisch von einem Fenster zum nächsten gleite. Das habe Auswirkungen auf hyperkulturelle Identitäten: An die Stelle eines ‚monochromen' Selbst trete ein vielfarbiges, ein *colored self*. Der Ferne Osten, und hiermit erinnert Han an seine südkoreanische Herkunft, denke anders als die westliche Welt, nämlich überwiegend „netzförmig" (ebd., S. 57) und damit ‚hyperkulturell' – ein Vorbild für ein Denken in globalen Zusammenhängen.

2.4 Interkulturalität in verschiedenen Disziplinen

In den **Literatur- und Kulturwissenschaften** hat sich Interkulturalität als Paradigma inzwischen in vielfältiger Weise durchgesetzt. Die Berücksichtigung von und Sensibilisierung für Kategorien des Anderen, für Alterität und Übersetzung (von Sprache und Wissen, im übertragenen Sinne auch von Wertvorstellungen) sowie die Erkenntnis, dass es sich bei der Generierung von Bedeutung um einen von kulturellen Kontexten abhängigen Prozess handelt, spielen in vielen, nicht nur geisteswissenschaftlichen Fächern eine äußerst wichtige Rolle. Auch in den **Naturwissenschaften** dürfte Interkulturalität in Zukunft stärkere Beachtung erfahren, zumindest als Rahmenbedingung für internationale Netzwerke und global arbeitende Forschergruppen, zunehmend aber wohl auch in Bezug auf die Generierung von Wissen selbst. Nicht nur Fächerkulturen differieren, sondern auch Wissenschaftskulturen sind schon innerhalb Europas unterschiedlich ausgestaltet. Gerade in **Grenzbereichen zwischen Natur- und Geisteswissenschaften,** bspw. in der Psychiatrie, werden interkulturelle Positionen zunehmend wahrgenommen und führen zu Gründungen von Instituten, etwa für interkulturelle Medizin (in Wien), und von wissenschaftlichen Plattformen, auf denen interkulturelles Wissen verhandelt wird. Auch in ökonomischen Handlungszusammenhängen, insbesondere in der **Wirtschaftskommunikation,** hat Interkulturalität einen hohen Stellenwert erlangt, der sich in Lehrfächern wie der **Interkulturellen Kommunikation** widerspiegelt (vgl. Barmeyer 2012, vor allem das Stichwort „Kommunikation, interkulturelle").

In einer **kulturwissenschaftlich ausgerichteten Germanistik** wiederum sind Arbeitsfelder etabliert worden, welche über die Komponente Xenologie – als Wissenschaft vom Fremden – Methoden und Konzepte anderer Disziplinen integrieren (s. im Einzelnen Kap. 4). So bilden die speziell aus der Anglistik und Amerikanistik übernommenen postkolonialen Ansätze mittlerweile auch für die germanistische Interkulturelle Literaturwissenschaft ein bedeutsames Theoriearsenal. **Methodenkritische Selbstreflexion,** wie sie in der Ethnologie seit den weitreichenden Revisionen des Fachs durch den Kulturhermeneutiker Clifford Geertz und die disziplinäre Selbstinfragestellung durch die Writing-Culture-Plattform vorherrscht, ist zu einem Baustein interkultureller Sensibilisierung

2.4 Interkulturalität in verschiedenen Disziplinen

geworden. Die Interkulturelle Literaturwissenschaft schöpft derzeit verstärkt aus den ‚Anrainer'-Disziplinen, neben der Ethnologie und (Kultur-)Anthropologie etwa aus der Ethnopsychoanalyse (Mario Erdheim), der interkulturellen Philosophie (Hinrich Fink-Eitel, Franz Martin Wimmer) sowie der interkulturellen Soziologie (Ortfried Schäffter). Eine nochmalige Erweiterung könnte dieses disziplinäre Ausgreifen künftig durch den Rekurs auf unausgeschöpfte Potenziale, etwa der Debatte um Wildnis und Zivilisation (Norbert Elias, Hans Peter Duerr), und der transgressiven Sozialpsychologie (Dietmar Kamper, Christoph Wulf) erfahren. Zudem sind medienwissenschaftliche Überlegungen einzubeziehen, wenn es etwa um die Frage nach einer spezifischen Narration im interkulturellen Film geht. Für interkulturelles Arbeiten sind außerdem Felder wie die Stereotypenforschung und die Imagologie – die sich als „komparatistische Imagologie" von den positivistischen Anfängen, wie Manfred Schmeling (2000, S. 194) zu Recht feststellt, emanzipiert hat – unverzichtbar. Interkulturell ausgerichtete Forschungen zu Komik und Polyglossie sind weitere ausbaufähige Gegenstandsbereiche (s. Kap. 4).

Von theoretischen Fusionen wie den genannten profitieren innerhalb der Germanistik insbesondere die ethnomethodologisch ausgerichtete Reiseliteraturforschung sowie Studien zur interkulturellen Literatur, zum Orientalismus und zum Exotismus, aber auch Re-Lektüren der Literaturgeschichte. Die Infragestellung überkommener Zentrum-Peripherie-Koordinaten durch eine wirklich multilinguale oder polyglotte Weltliteratur, die nicht mehr auf das Etikett ‚Migrationsliteratur' reduziert werden kann, hat schließlich den geisteswissenschaftlichen **Schwellen- und Grenzdiskurs** insgesamt befördert, der auch in anderen Disziplinen für eine Reorganisation der Arbeitsfelder und eine Neuverhandlung des Kanons gesorgt hat.

Neben der jüngeren Germanistik ist ihrem tradierten Selbstverständnis gemäß auch und gerade die **Komparatistik** interkulturell orientiert: Schon die Fachbenennung transportiert ja das Moment des Vergleichs zwischen verschiedenen Literaturen. Nach wie vor notwendig ist die Vergleichende Literaturwissenschaft auch im Zeitalter zunehmender Globalisierung insofern, als dass der Begriff ‚Weltliteratur' keineswegs die Einschmelzung ästhetischer Unterschiede impliziert – von einer vollständigen Nivellierung aller Literaturen ist aus mehreren Gründen weiterhin nicht auszugehen. So wird jeweils nur ein Bruchteil der ‚nationalen' Literaturen überhaupt übersetzt; zudem entstehen immer neue literarische Produkte in bisher nicht literatur(markt)affinen Kulturen. (Beispielsweise äußern sich nationale Minderheiten wie die Inuit oder die Aborigines zunehmend selbst literarisch, anstatt wie bisher nur Gegenstand literarischer Werke zu sein.)

Insgesamt ist Schmeling (2000) darin zuzustimmen, dass es gravierende Alteritätserfahrungen trotz aller kulturellen Globalisierung und Homogenisierung noch immer gibt – sie sind womöglich nur nicht mehr auf ganze Ethnien gerichtet, und sie werden von beiden Seiten literarisch gestaltet. Die Fremden blicken zurück – und sie schreiben zurück: ‚*Writing back*' ist ein Aspekt zunehmender kultureller Selbstverständigung von globalem Ausmaß (s. Abschn. 4.4). Entsprechend sind auch stereotype Vorstellungen vom Anderen nicht ausschließlich westlichen Kulturen inhärent, sondern werden in ‚Dritten Räumen' artikuliert, etwa wenn arabische Journalist/innen oder Kulturwissenschaftler/innen mit iranischem ‚Migrationshintergrund' als ‚Kulturübersetzer/innen' in europäischen Ländern fungieren (wie Armin Nassehi oder Navid Kermani). Stephen Greenblatt (1994) hat solche Phänomene des Kulturtransfers für die Frühe Neuzeit beschrieben; sie sind heute aber in weit größerem Ausmaß Teil der Globalisierung.

In der **Philosophie** wird seit einiger Zeit und ausgehend von verschiedenen Positionen eine Debatte um die Berechtigung universalistischer Grundannahmen geführt. Hinrich Fink-Eitel hat in seiner groß angelegten, 1994 erschienenen Habilitationsschrift *Die Philosophie und die Wilden* einen eigenständigen Beitrag zu einer **Philosophie der Alterität** geleistet, indem er die Funktionen des Fremden für die europäische Selbstverständigung offengelegt hat. Dabei geht er so weit, die ‚Wilden' bzw. deren Repräsentationen als zentrales Moment für eine Ethnologie der jeweils eigenen Kultur zu begreifen. Die manichäische Aufspaltung des Fremden in ‚edle' und ‚böse Wilde' wird von ihm als basales Charakteristikum von Alteritätsvorstellungen definiert, die sich durch die gesamte Geschichte des europäischen Denkens ziehen. Zuvor hatte schon Franz Martin Wimmer zahlreiche Arbeiten zur Kritik des Ethnozentrismus publiziert und schließlich 1990 einen Band zur Geschichte und Theorie interkultureller Philosophie vorgelegt. Darin plädiert er für ein Umdenken in der Philosophie(geschichte), um die Gefahr epistemischer Ungleichgewichtigkeit zu bannen: Eine universalistisch operierende ‚Metakultur' lehnt Wimmer ab und setzt stattdessen auf ein wahrhaft interkulturell angelegtes, dialektisches Denken (vgl. zu ähnlichen Positionen Funk 2000, S. 103–105). In diesem Zusammenhang wäre etwa Heinz Kimmerle zu nennen, der versucht hat, für das europäische Denken eher periphere Traditionen, z. B. afrikanische, in den europäischen philosophischen Diskurs zu integrieren.

Die Kritik an solchen Dialogversuchen folgte stets auf dem Fuße: So sieht Robert Elekes (2011) in Kimmerles Unternehmen einen weiteren Versuch der Einebnung von Differenzen, nicht aber das Bemühen um ein gleichberechtigtes Nebeneinander. Wahrhaft postmodern sei Philosophie aber nur dann, so Elekes, wenn sie für eine „[ö]kologische[] Interkulturalität" (ebd., S. 126) eintrete. Darin gehe es gerade nicht um die Harmonisierung von Unterschieden, sondern um die Entdeckung von deren „emanzipatorische[m] Potential" (ebd., S. 127). Im Gegensatz zu Hamid Reza Yousefi (2005) oder Jacob Emmanuel Mabe (2010) plädiert Elekes für ein radikales Bejahen von Differenz, bis hin allerdings zu einer fragwürdigen Diffamierung von Feminismus, Umweltschutz etc. als westliche „Ideologien" (Elekes 2011, S. 124), die zu Recht von manchen Kulturen abgelehnt würden. Léopold-Joseph Bonny Duala-M'bedy hingegen legte in seiner Schrift zur Xenologie von 1977 einen Prozess der Entfremdung im europäischen Denken frei (vgl. dazu ausführlicher Funk 2000, S. 105). In ähnlichen Bahnen verläuft der mit dem Denken von Emmanuel Lévinas verwandte Ansatz von Bernhard Waldenfels (s. dazu Abschn. 4.3), dessen Arbeit an einer Phänomenologie des

2.4 Interkulturalität in verschiedenen Disziplinen

Fremden im Rekurs auf Edmund Husserl und die französische Phänomenologie einen sehr bewussten Versuch zur Wiederbelebung europäischer Traditionen darstellt. Ähnlich wie die **interkulturelle Soziologie** Schäffters, der im Kontext seiner Überlegungen zu verschiedenen Modi des Fremderlebens für einen ‚bewussten Eurozentrismus' plädiert, gerade um der Gefahr der „assimilativen Vereinnahmung des Fremdkulturellen" (Schäffter 1991, S. 21) zu entgehen, setzt auch Waldenfels auf einen Ausgangspunkt im Eigenen und die Feststellung einer „unaufhebbare[n] *Präferenz* des Eigenen, [...] nicht im Sinne eines Besseren oder Höheren, sondern im Sinne eines *Sich*-unterscheidens" (1997, S. 74; Hervorh. im Orig.). Seine daraus folgende Annahme einer „unaufhebbaren *Asymmetrie*" (ebd.; Hervorh. im Orig.) nähert sich ebenfalls Schäffters Position an.

Insgesamt sind die xenologischen Diskussionen in den Sozialwissenschaften und in der Philosophie durch den **Gegensatz von Universalismus und Kulturrelativismus** geprägt. Während die universalistische Position auf der Prämisse fußt, dass alle menschlichen Daseinsformen auf ein gemeinsames, übergeordnetes Prinzip zurückgeführt werden können, geht die relativistische Sichtweise von der Eigengesetzlichkeit und vom Eigenwert jeder einzelnen Kultur aus. Jedenfalls vollzieht sich die Annäherung an das Andere stets in **Modi des Vergleichens** sowie im Ausgang vom Eigenen: Dies kann den Wunsch nach einem tieferen Verstehen des Anderen hervorbringen, aber auch seine Ablehnung begründen. Als ein relationaler Akt, als ein Beziehungsgeschehen, pendelt die Zuschreibung von Alterität zwischen im Grunde unvereinbaren Positionen: zwischen Abwehr und Einverleibung.

Interkulturelles Denken bzw. Philosophieren versucht nun ein universalistisches Denken durch eine ‚Philosophie der Offenheit' zu ersetzen, wie sie etwa bei Lévinas vorliegt (vgl. Funk 2000, S. 106). Idealiter wäre diese durch die Anerkennung der ‚epistemischen Gleichrangigkeit' unterschiedlicher, wenn nicht gar unvereinbarer Positionen gekennzeichnet (vgl. Wimmer 1990). Alterität wäre dann als „ein relationales Konstrukt" zu beschreiben, „und jeder rechte Vergleich endet mit dem ‚Zwischenergebnis' einer prinzipiell vorläufigen Beziehung, die sich in einem ‚wechselseitig geteilten' Diskursuniversum vollzieht" (Straub 1999, S. 50 f.). Allzu häufig jedoch erfolgt selbst der um Verstehen bemühte Annäherungsakt als „nostrifizierendes Angleichen des Fremden an das Eigene" (ebd., S. 37) – und dies ist erst recht der Fall, wenn das Fremde lediglich für die eigene Kultur instrumentalisiert wird. Niemals aber bleibt diese Funktionalisierung folgenlos: Die Konzeptualisierung des Fremden für die eigene Episteme verändert diese nolens volens. Waldenfels hat denn auch in seinem umfassenden phänomenologischen Entwurf das Paradox jeder Xenologie benannt, welches darin besteht, dass sie das Fremde, auf das sie doch antwortet, nie einzuholen vermag: „Holt die Erfahrung das Fremde ein, so ist das Fremde nicht mehr, was es zu sein beansprucht." (Waldenfels 1997, S. 109).

Zusammenfassen lässt sich, dass interkulturelles Denken in der Philosophie sowohl als Bezugsherstellung wie auch als ‚Zwangsuniversalisierung' und Harmonisierung von existierenden Unterschieden zu wirken vermag, wobei es im letztgenannten Fall zu deren Einebnung und Nostrifizierung kommen kann. Vor diesem Hintergrund wird interkulturelles Denken (nicht nur in der Philosophie) bisweilen vonseiten der Postkolonialen Studien angegriffen, weil der Bezug auf ‚andere' Kulturen, ein kulturgebundenes Denken überhaupt angesichts allgegenwärtiger Hybridisierungen ‚überholt' sei (vgl. Schirilla 2014, S. 162). Der **Kulturbegriff** müsse also neu verhandelt, die Zuordnung von Philosophien zu geographischen Regionen infrage gestellt werden. Meist mündet derlei Kritik in die Forderung nach einer „Dekolonisierung von Philosophie" (ebd., S. 163).

Dennoch: In vielen Wissenschaftsfeldern und auch in der **Interkulturellen Kommunikation** als einem handlungspragmatischen Anwendungsbereich setzt sich Interkulturalität als Konzept immer mehr durch. Die interkulturelle Psychiatrie – zu denken wäre an die Forschungen von Thomas Stompe zum Wahn in unterschiedlichen Kulturen (Stompe/Ritter 2014) –, die interkulturelle Religionswissenschaft und andere Disziplinen stellen zunehmend universalistische oder allzu simple kulturvergleichende Denkformen infrage. Der Kulturbegriff als solcher wird überdacht und Einheitsvorstellungen werden hinterfragt. Ob es eine Lösung darstellt, statt der Makroebene von Kulturen Meso- und Mikroebenen zu berücksichtigen, wie von Nausikaa Schirilla und anderen vorgeschlagen wird, muss die wissenschaftliche Praxis zeigen. Der erste Ansatz zu einer umfassenden Revision, wenngleich eben nicht unterschiedslosen Nivellierung existierender Kulturkonzepte dürfte jedoch gewiss die „eigenkulturelle Sensibilisierung" (Schirilla 2014, S. 165) sein.

2.5 Interkulturalität/interkulturell: Definitorische Annäherungen

Der Begriff ‚Interkulturalität' besteht aus zwei Komposita: Inter aus dem Lateinischen, übersetzbar als ‚zwischen', ‚miteinander', ‚vermittelnd', und Kultur(alität). Er bezieht sich somit auf einen Prozess des Austausches zwischen zwei oder mehreren Kulturen. In dieser Prozesshaftigkeit sind Aspekte der neutralen **Interaktion** ebenso mitbeinhaltet wie solche der **Konstruktion** (des Gegenübers der anderen Kultur oder des einer anderen Kultur angehörenden Menschen) und je nach Vorgeschichte oder Verlauf des Prozesses auch **konflikthafte Elemente**.

Schon der Begriff als **Relationsbegriff birgt Probleme,** auch das Ausgangskompositum ‚Kultur' ist keineswegs selbsterklärend, sondern setzt voraus, was im Vergleich dann gegeneinandergestellt werden kann: mindestens zwei miteinander vergleichbare Entitäten – wenn man den Begriff Interkulturalität auf der Ebene von Gruppen benutzt, also Kulturen im Plural verwendet. Diese sind zwar niemals in sich homogen, sondern im Verlauf ihres historischen Werdens immer schon (durch Aufnahme ‚fremdkultureller' Elemente) heterogene Gebilde. Um überhaupt vergleichen oder auch nur in interkulturellen Bezug setzen zu können, muss eine gewisse Homogenität aber vorausgesetzt werden. Oder wie Mecklenburg es ausdrückt: „Um Intra-, Inter- und Transkulturalität beobachten zu können, muss man

2.5 Interkulturalität/interkulturell: Definitorische Annäherungen

Kulturen als bis zu einem gewissen Grad konstant voraussetzen; und umgekehrt: um Kulturen [...] zu definieren, d. h. durch Abgrenzung zu bestimmen, muss man sie aus einem vorgegebenen multi-, inter- und transkulturellen Geflecht herausheben." (Mecklenburg 2008, S. 92) Für die Relationierung ist demzufolge eine gewisse Konstanz und Homogenität vorauszusetzen, im Bewusstsein dessen, dass es sich um eine Setzung handelt.

Im und durch den interkulturellen Prozess wird eine interkulturelle Situation oder **„Begegnungssituation"** (Müller-Jacqui, zit. n. Barmeyer 2012, S. 82) erzeugt. Diese Situation kann temporär sehr unterschiedlich angelegt sein. Zeitlich begrenzte interkulturelle Begegnungssituationen können aber zu einem gefestigten Muster interkultureller Begegnung kondensieren, wenn sie sich immer wieder ergeben und damit in gewisser Weise regelhaft werden. Das Manko einer schematischen Darstellung solcher ‚Begegnungssituationen' besteht darin, dass es einem aus der Mathematik vertrauten Muster der Schnittmenge gleicht (vgl. die Abbildung bei Barmeyer 2012, S. 82), die Bestandteile der Schnittmenge aber ebenso unklar sind wie die der Ausgangsmengen. Kurz gefasst muss man davon ausgehen, dass alle Komponenten entschieden vielschichtiger, mehrdimensionaler sind.

Interkulturalität als Substantiv wird **sowohl als Theorie wie auch als Praxis**, bezogen auf das „Verhältnis aller Kulturen und der Menschen als deren Träger" (Yousefi/Braun 2011, S. 29), definiert. Damit sind zwei weitere wichtige Aspekte benannt: Interkulturalität ist nicht nur (unbewusst gelebte) Praxis des Austausches, sondern wird zugleich ‚theoriefähig', indem solche Prozesse beobachtet, beschrieben, analysiert werden. Interkulturalität ist also auch eine Wissenschaftspraxis.

Verhaltensnormen werden oder sind im Austausch stets vorausgesetzt; sie werden aber auch verändert bzw. neu geschaffen – durch den Dialog und durch ständiges ‚Aushandeln'. Dadurch haben wir es bei Interkulturalität auch mit einem **handlungstheoretischen Konzept** zu tun: „Durch Handeln, Verhandeln, Annäherung kann es zu Grenzüberschreitungen im Sinne von Auflösung und Neubestimmung von Grenzziehungen, Relativierung und Innovationen kommen." (Leskovec 2011, S. 45) Es kann allerdings auch zu Konflikten kommen, was durch die Vorgaben des Wierlacher'schen Verständnisses von Interkulturalität als einem auf Toleranz und harmonisches Miteinander zielenden Austauschprozess lange nicht im Fokus war. Spätestens seit Huntingtons Kulturkampfthesen, seit 9/11, den Debatten über Leitkultur und Zuwanderung ist jedoch deutlich geworden, dass Konflikthaftigkeit und Nichtwissen/Nichtverstehen (wollen) in die Beschreibung und Analyse dieser Prozesse miteinbezogen werden müssen. Ob es wirklich stimmt, dass „[d]ie ethnomethodologische ‚Normalität' von Kulturbegegnungen [...] wechselseitiges Nicht-Verstehen" (Müller, zit. n. Herzog 2005, S. 130) ist, sei dahingestellt. Klar ist aber, dass soziokulturelle Aspekte der Dominanz (durch die sog. Leitkultur) und Machtasymmetrien entscheidenden Anteil an der Ausgestaltung interkultureller Begegnungssituationen haben.

Interkulturalität zielt als Relationsbegriff auf den **Vergleich von Kulturen** und ist damit eher binär angelegt. Allerdings wird in neuerer Zeit nach anderen Modellen gesucht, etwa indem das Paradigma ‚Ähnlichkeit' Formen nicht binären Vergleichens zu schaffen sucht. Interkulturalität zielt auf Verständigung und letztlich Akzeptanz. Dass diese an Grenzen stoßen, wenn Universalien berührt werden, zeigen eben die erbitterten Debatten um deren Allgemeingültigkeit. Viel dürfte indes schon gewonnen sein, wenn die *cultural awareness* – also „ein geschärftes Eigenkulturbewusstsein" (Wierlacher 2003, S. 258) – für kulturelle Unterschiede sensibilisierte. Es waren in den letzten Jahrzehnten neben den kaum noch überschaubaren Werken interkultureller Autor/innen nicht zuletzt auch Formen interkultureller Komik (etwa im Kabarett oder durchaus auch in populärer Literatur), die diesen Wahrnehmungseffekt verstärkt und breiter verankert haben.

In der Begegnungssituation ist eine **Figur des Dritten** bereits mit enthalten; Wierlacher spricht von einer ‚dritten Ordnung'; unter diese subsumiert er Modelle von Zwischenwelten (aus der Ethnologie, der Hermeneutik, der Phänomenologie). Damit ist auch eine Brücke zu postkolonialen Auffassungen eines Dritten Raumes vorgezeichnet. Auch hier (ähnlich wie in Bezug auf die Konkurrenz der Begrifflichkeiten inter- vs. transkulturell) wäre es nützlich, die Gemeinsamkeiten all dieser Konzepte eines Dritten zu betonen, statt sie als Konkurrenzmodelle zu verstehen.

Die bisher benannten Definitionsmomente sind nicht disziplinär eingeschränkt; sie kommen in interkultureller Philosophie ebenso zum Tragen wie in interkultureller Soziologie, Theologie, Kommunikationswissenschaften, Ethnologie und Pädagogik. **Interkulturelle Literaturwissenschaft** macht sich den ursprünglich aus der interkulturellen Kommunikation stammenden Begriff zu eigen, indem sie das Spezifische literarischer Vermittlungspraxis zu ihrem Gegenstand macht. Interkulturelle Literaturwissenschaft zielt also zum einen auf Sensibilisierung gegenüber der Konstruktion interkulturellen Begegnungswissens in der Literatur (z. B. die Wahrnehmung, dass Schwarze Menschen auch in mittelalterlicher Literatur vorhanden sind), sie zielt auf Reflexion, *cultural awareness* (welche Stereotypen werden historisch und aktuell für Schwarze verwendet?) und sie zielt auf ein Bewusstmachen und Verändern dieses (historischen) Wissens in der Literaturvermittlung – in der Diskussion, in literaturwissenschaftlicher Analyse und Praxis des Unterrichts.

Interkulturelle Literaturwissenschaft untersucht das der Literatur eigene interkulturelle Potenzial, sie befasst sich mit der Konstruktion interkulturellen ‚Wissens'. Besonders in der narrativen Gestaltung von Begegnungssituationen, von Konfliktfeldern und Kampfzonen, auch im historischen Kontext, kann sie so dazu beitragen, interkulturelle Kompetenz zu erweitern.

Literatur

Asante, Molefi Kete/Ravitch, Diane: „Multiculturalism. An Exchange". In: *American Scholar* 60 (1991/92), 267–276.
Barmeyer, Christoph: *Taschenlexikon Interkulturalität*. Göttingen 2012.
Blumentrath, Hendrik u.a.: *Transkulturalität. Türkisch-deutsche Konstellationen in Literatur und Film*. Münster 2007.
Bronfen, Elisabeth/Marius, Benjamin: „Einleitung". In: Elisabeth Bronfen/Benjamin Marius/Therese Steffen (Hg.): *Hybride Kulturen. Beiträge zur anglo-amerikanischen Mulitkulturalismusdebatte*. Tübingen 1997, 1–29.
Duala-M'bedy/Bonny, Léopold-Joseph: *Xenologie. Die Wissenschaft vom Fremden und die Verdrängung der Humanität in der Anthropologie*. Freiburg i.Br./München 1977.
Dunker, Axel (Hg.): *(Post-)Kolonialismus und Deutsche Literatur. Impulse der angloamerikanischen Literatur- und Kulturtheorie*. Bielefeld 2005.
Elekes, Robert: „Interkulturelle Philosophie und Kulturtheorie im Spannungsfeld von Moderne und Postmoderne". In: *Germanistische Beiträge* 29 (2011), 119–128.
Esselborn, Karl: „Aktuelle Ansätze zu einer Germanistik als transnationaler Kulturwissenschaft und die Vermittlung deutschsprachiger als fremdkultureller Literatur". In: Ernest Hess-Lüttich (Hg.): *Differenzen? Interkulturelle Probleme und Möglichkeiten in Sprache, Literatur und Kultur*. Frankfurt a.M. u.a. 2009, 281–296.
Fink-Eitel, Hinrich: *Die Philosophie und die Wilden. Über die Bedeutung des Fremden für die europäische Geistesgeschichte*. Hamburg 1994.
Funk, Julika: „Forschungsrichtungen in der Anthropologie: Philosophische Anthropologie, Historische Anthropologie, Interkulturalität und Kulturanthropologie; Überblick und Auswahlbibliographie". In: *Historical Social Research* 25/2 (2000), 54–138.
Greenblatt, Stephen: *Wunderbare Besitztümer. Die Erfindung des Fremden: Reisende und Entdecker*. Berlin 1994 (engl. 1992).
Gutjahr, Ortrud: „Einleitung zur Teilsektion ,Interkulturalität und Alterität'". In: Peter Wiesinger u.a. (Hg.): *Akten des X. Internationalen Germanistenkongresses Wien 2000: „Zeitenwende – Die Germanistik auf dem Weg vom 20. ins 21. Jahrhundert"*, Bd. 9. Bern u.a. 2003, 15–20.
Gutjahr, Ortrud (Hg.): *Literaturwissenschaft als Kulturwissenschaft. Interkulturalität und Alterität*. Bern 2003.
Han, Byung-Chul: *Hyperkulturalität*. Berlin 2005.
Hannerz, Ulf: *Cultural Complexity. Studies in the Social Organization of Meaning*. New York 1992.
Herzog, Anreas: „Holitschers Reisebericht ,Das unruhige Asien'. Möglichkeiten und Grenzen der Untersuchung interkultureller Aspekte". In: Tom Kindt/Katalin Teller (Hg.): *Narratologie interkulturell. Studien zu interkulturellen Konstellationen in der deutschsprachigen und ungarischen Literatur 1880–1930*. Frankfurt a.M. 2005, 127–156.
Hofmann, Michael: *Interkulturelle Literaturwissenschaft. Eine Einführung*. Paderborn 2006.
Hofmann, Michael/Patrut, Iulia-Karin: *Einführung in die interkulturelle Literatur*. Darmstadt 2015.
Holdenried, Michaela: „Verhandlungen mit dem Fremden? Zur Ethnologisierung der Literaturwissenschaft". In: Christa Grimm/Ilse Nagelschmidt/Ludwig Stockinger (Hg.): *Mannigfaltigkeit der Richtungen. Analyse und Vermittlung kultureller Identität im Blickfeld germanistischer Literaturwissenschaft*. Leipzig 2001, 63–81.
Leskovec, Andrea: *Fremdheit und Literatur. Alternativer hermeneutischer Ansatz für eine interkulturell ausgerichtete Literaturwissenschaft*. Berlin/Münster 2009.
Leskovec, Andrea: *Einführung in die interkulturelle Literaturwissenschaft*. Darmstadt 2011.
Mabe, Jacob Emmanuel: *Zur Theorie und Praxis interkultureller Philosophie*. Nordhausen 2010.
Mecklenburg, Norbert: *Das Mädchen aus der Fremde. Germanistik als interkulturelle Literaturwissenschaft*. München 2008.

Mohanty, Jitendra N.: „Den anderen verstehen". In: Ram Adhar Mall/Dieter Lohmar (Hg.): *Philosophische Grundlagen der Interkulturalität*. Amsterdam 1993, 115–122.
Platen, Edgar: „Der literarische Text als ‚radikal Fremdes' (Gustafsson). Verstehen jenseits des Vorgeschriebenen". In: Peter Wiesinger u.a. (Hg.): *Akten des X. Internationalen Germanistenkongresses Wien 2000: „Zeitenwende – Die Germanistik auf dem Weg vom 20. ins 21. Jahrhundert"*, Bd. 9. Bern u.a. 2003, 123–129.
Schäffter, Ortfried: „Modi des Fremderlebens. Deutungsmuster im Umgang mit Fremdheit". In: Ders. (Hg.): *Das Fremde. Erfahrungsmöglichkeiten zwischen Faszination und Bedrohung*. Opladen 1991, 11–42.
Schirilla, Nausikaa: „Postkoloniale Kritik an Interkultureller Philosophie als Herausforderung für Ansätze interkultureller Kommunikation". In: Elias Jammal (Hg.): *Kultur und Interkulturalität. Interdisziplinäre Zugänge*. Wiesbaden 2014, 157–167.
Schmeling, Manfred: „Literarischer Vergleich und interkulturelle Hermeneutik. Die literarischen Avantgarden als komparatistisches Forschungsparadigma". In: Peter V. Zima (Hg.): *Vergleichende Wissenschaften. Interdisziplinarität und Interkulturalität in den Komparatistiken*. Tübingen 2000, 187–199.
Stompe, Thomas/Ritter, Kristina (Hg.): *Krankheit und Kultur. Einführung in die kulturvergleichende Psychiatrie*. O.A. 2014.
Straub, Jürgen: *Verstehen, Kritik, Anerkennung. Das Eigene und das Fremde in der Erkenntnisbildung interpretativer Wissenschaften*. Göttingen 1999.
Uerlings, Herbert: „Interkulturelle Germanistik/Postkoloniale Studien in der Neueren deutschen Literaturwissenschaft". In: *Zeitschrift für interkulturelle Germanistik* 2/1 (2011), 27–38.
Waldenfels, Bernhard: *Topographie des Fremden. Studien zur Phänomenologie des Fremden 1*. Frankfurt a.M. 1997.
Welsch, Wolfgang: „Transkulturalität. Zwischen Globalisierung und Partikularisierung". In: *Jahrbuch Deutsch als Fremdsprache* 26 (2000), 327–351.
Welsch, Wolfgang: „Was ist eigentlich Transkulturalität?". In: Lucyna Darowska/Claudia Machold (Hg.): *Hochschule als transkultureller Raum? Beiträge zu Kultur, Bildung und Differenz*. Bielefeld 2010, 39–66.
Welsch, Wolfgang: „Transkulturalität: Realität und Aufgabe". In: Hans W. Giessen/Christian Rink (Hg.): *Migration, Diversität und kulturelle Identitäten. Sozial- und kulturwissenschaftliche Perspektiven*. Berlin 2020, 3–18.
Wierlacher, Alois (Hg.): *Kulturthema Fremdheit. Leitbegriffe und Problemfelder kulturwissenschaftlicher Fremdheitsforschung*. München 1993.
Wierlacher, Alois: „Interkulturalität". In: Ders./Bogner, Andrea (Hg.): *Handbuch interkulturelle Germanistik*. Stuttgart/Weimar 2003, 257–263.
Wierlacher, Alois/Bogner, Andrea (Hg.): *Handbuch interkulturelle Germanistik*. Stuttgart/Weimar 2003.
Wimmer, Franz Martin: *Interkulturelle Philosophie. Geschichte und Theorie*. Wien 1990.
Wintersteiner, Werner: *Poetik der Verschiedenheit. Literatur, Bildung, Globalisierung*. Klagenfurt 2006.
Yousefi, Hamid Reza: *Grundpositionen der interkulturellen Philosophie*. Nordhausen 2005.
Yousefi, Hamid Reza/Braun, Ina: *Interkulturalität. Eine interdisziplinäre Einführung*. Darmstadt 2011.
Zantop, Susanne M.: *Kolonialphantasien im vorkolonialen Deutschland (1770–1870)*. Berlin 1999.

Weiterführende Literatur

Bhabha, Homi K.: *Die Verortung der Kultur*. Tübingen 2000 (engl. 1994).
Deleuze, Gilles/Guattari, Félix: *Rhizom*. Berlin 1977 (frz. 1976).
Duerr, Hans-Peter: *Traumzeit. Über die Grenzen zwischen Wildnis und Zivilisation*. Frankfurt a.M. 1978.

Duerr, Hans-Peter: *Der Mythos vom Zivilisationsprozeß*. 5. Bde. Frankfurt a.M. 1988–2002.
Elias, Norbert: *Über den Prozess der Zivilisation*. 2 Bde. Frankfurt a.M. 1976.
Erdheim, Mario: *Psychoanalyse, Wissenschaft und Kultur.* Frankfurt a.M. 1986.
Kamper, Dietmar: *Soziologie der Imagination*. München/Wien 1986.
Kimmerle, Heinz: „Intermedialität, Interdisziplinarität, Interkulturalität". In: Elias Jammal (Hg.): *Kultur und Interkulturalität. Interdisziplinäre Zugänge*. Wiesbaden 2014, 127–140.

3 Interkulturalität: Terminologische Aspekte

3.1 Alterität und Fremdheit

In der Schweiz wurde 2021 in bewährt basisdemokratischer Manier mit knapper Mehrheit für ein Verhüllungsverbot gestimmt. Dafür war wohl weniger eine tatsächliche Bedrohungserfahrung mit in der Schweiz ansässigen Muslimas ausschlaggebend als vielmehr das Bedürfnis nach einer Grenzziehung gegen ein ‚irgendwie' unheimliches anderes, als das ‚der Islam' und sein ‚Machtanspruch' gesehen werden. Aktuell zeigt die öffentliche Diskussion über die ‚Flüchtlingsproblematik' in Deutschland ähnliche Muster. Die Einsicht, dass **interkulturelle Fremdheit** mit Projektionen zu tun hat, auf die mit Abgrenzungen reagiert wird, ist ein Ansatzpunkt für die folgenden Überlegungen. Ein weiterer besteht darin, dass die Wahrnehmung interkultureller Fremdheit sowohl mit **intrakulturellen** als auch mit **intrasubjektiven Fremdheitserfahrungen** gekoppelt sein kann, meist mit beidem. Intrakulturelle Fremdheitserfahrungen konnte man in Deutschland im Zuge der Wiedervereinigung beobachten; intrasubjektive Fremdheitserfahrungen bleiben lange nach den Thesen Sigmund Freuds virulent – auch für eine Interkulturelle Literaturwissenschaft mit psychoanalytischem Einschlag (vgl. Gutjahr 2015).

3.1.1 Grenzen als kulturelle Konstrukte

Grenzziehungen kultureller, nationaler, politischer, wirtschaftlicher, ethnischer, religiöser oder konfessioneller Art sind nicht naturgegeben, sondern nur als je spezifische geschichtliche Konstrukte zu verstehen. Dass sich Grenzen indessen nicht nur als Abschottungen gegen das jeweils andere verstehen lassen, dass die Muster von Exklusion und Inklusion in einem von kontinentalen und interkontinentalen Bewegungsströmen erfassten Europa nicht mehr auf die althergebrachte Weise funktionieren, also nicht mehr auf dem Konstrukt nationaler Besonderheit und ethnischer ‚Reinheit' aufruhen können, ist Ausgangspunkt vieler Überlegungen zur Konstitution des Fremden – umso mehr als realpolitische Strömungen nach wie vor das Gegenteil behaupten. Derlei Beobachtungen waren schon Anlass für Homi Bhabhas Ausführungen in *The Location of Culture* (1994; dt. *Die Verortung der Kultur,* 2000), wo er sich auf die Re-Definition nationaler Kulturen bezieht und deren Kehrseite, das rigide Festhalten an Homogenitätsfiktionen, am Beispiel des serbischen Nationalismus scharf verurteilt:

> „Der scheußliche Extremismus des serbischen Nationalismus beweist, daß die bloße Idee einer reinen, ‚ethnisch gesäuberten' nationalen Identität nur durch den Tod – im wortwörtlichen und übertragenen Sinn – der komplexen geschichtlichen Verflechtungen und der kulturell kontingenten Grenzen der modernen Erscheinungsform der Nation *(nationhood)* zu erzielen ist." (Bhabha 2000, S. 7)

Das Phänomen der **Grenze** ist seit einigen Jahren vermehrt in den Blickpunkt der Kulturwissenschaften gerückt. Grenzen haben mit Schwellen zu tun, mit **Transitionen,** sie stellen Bruchlinien dar. Als solche sind sie – wie umstritten ihre Verläufe in früheren geschichtlichen Phasen auch gewesen sein mögen – lange Zeit unverrückbare Befestigungslinien der Ost-West-Teilung gewesen, aber auch Scheidelinien zwischen Nord und Süd. **Eigen- und Fremdverständnis** konstituieren sich wesentlich über Grenzen, wobei der Ausgang vom Eigenen Conditio sine qua non des Fremdverständnisses bleibt. Das Ausgreifen über die eigenen Grenzen hat der Anthropologe Helmut Plessner als Voraussetzung jener exzentrischen Positionalität verstanden, in der der Mensch sich erst zu sich selbst verhalten kann, was als anthropologisches Faktum wohl kaum zu bestreiten ist (vgl. Plessner 1975).

Weniger in anthropologischer denn in kulturwissenschaftlicher Hinsicht interessiert das Konstrukt der Grenze, seit in den Postkolonialen Studien der imaginäre Charakter mentaler Kartographierungen *(mental maps)* in den Fokus der Betrachtungen gerückt ist: Mit Edward Saids Studie zum *Orientalismus* (*Orientalism* 1978; dt. 1981) setzte die Forderung nach einem *remapping* ein, welches die *mind maps* unserer Eigen- und Fremdpositionierungen anhaltender Kritik unterziehen sollte. Nicht nur ist ‚der Orient', so lässt sich feststellen, eine Erfindung des Westens, auch ‚der Westen' ist in seinen eigenen In- und Exklusionen kein homogenes und auch kein statisches Gebilde. Und gerade deshalb, das demonstriert die Geschichte antipodischen Denkens bis heute, bedarf es der imaginativen Alterität: *Etrangers à nous-mêmes* betitelte Julia Kristeva (1988; dt. *Fremde sind wir uns selbst,* 1990) ihre Geschichte der Fremdheit, und angesichts des Zusammenwachsens Europas bewahrheitet sich diese Formel auch als eine, die über die individualpsychologische Dimension hinaus nationale und regionale Kollektive betrifft.

Befassten sich die Postkolonialen Studien primär mit den Grenzmarkierungen und den Grenzregionen zwischen den großen Kulturräumen, so können die von ihnen hervorgebrachten Ergebnisse – mit gewissen Variationen – auch auf die europäischen Verhältnisse übertragen werden. Bhabha hat in *The Location of Culture* die entscheidenden Stichworte für die unerlässlichen ‚Verhandlungen' *(negotiations)* über Neuverortungen innerhalb eines neuen Internationalismus geliefert: „Das Treppenhaus als Schwellenraum zwischen den Identitätsbestimmungen wird zum Prozeß symbolischer Interaktion, zum Verbindungsgefüge, das den Unterschied zwischen Oben und Unten, Schwarz und Weiß konstruiert." (Bhabha 2000, S. 5) Inwiefern diese metaphorischen Begriffe (Treppenhaus, Schwellenraum) – zusammen mit den theoretischeren Termini der kulturellen Hybridität und der Entortung *(displacement)* (s. Abschn. 3.3) – auch zu einem genaueren Verständnis dessen beitragen können, was die Spezifik des durch Migrationen geprägten Neuen (nicht nur) in Europa ausmacht, wird ebenfalls das Ergebnis von ‚Verhandlungen' sein. Eines der wichtigsten Medien dieses Dialogs ist die Literatur.

3.1.2 Grenzüberschreitungen

Dass gerade Grenzregionen besonders fruchtbare kulturelle ‚Begegnungsräume' sind, ist nicht erst eine Erkenntnis der Postkolonialen Studien zu *contact zones* (vgl. Pratt 1992) oder *spaces of transition,* sondern war schon lange zuvor in Bezug auf bestimmte Grenzregionen Europas wie Galizien und die Bukowina oder auch auf multiethnische Städte wie Prag gängiges Wissen. Wenn heute von Grenzräumen gesprochen wird, dann weisen diese neben geopolitisch bestimmbaren Konturen auch und vor allem metaphorische Dimensionen auf: **Transitionalität** meint nicht nur das tatsächliche Überschreiten der Grenze zur Nachbarregion, sondern betrifft auch viel weiter reichende interkulturelle Phänomene, die den Begriff der Grenze selbst transzendieren. **Hybridität** (s. Abschn. 3.3) wiederum bezeichnet nicht allein ein dauerhaftes Sich-Einrichten in transitionalen Räumen, sondern impliziert darüber hinaus Ambivalenzen und Chancen kultureller Vermittlungspositionen, wie sie gerade von inter- bzw. transkulturellen Schriftsteller/innen eingenommen werden. Was Pico Iyer auf die globalen Kulturräume und die Bewegungen zwischen ihnen bezogen hat, gilt auch für die Bewegungsströme innerhalb Europas: Aus ihrer „Bindestrich-Existenz", so Iyer, schlagen die Autor/innen lebenspraktisch und literarisch Kapital: „Die Position auf der Schwelle ist für sie nicht nur Thema, sondern auch literarisches Instrument." (1996, S. 13)

Damit hat sich in der Literatur seit Längerem ein Perspektivenwechsel vollzogen, der die Position der **Peripherie** in die Metropolen transponiert hat. Dass Literatur nun vielfach von den (ehemals als solchen definierten) Rändern her geschrieben wird – von Rändern, die statt auf ein machtvolles Zentrum Westeuropa nun auf ein möglicherweise neu zu definierendes Mitteleuropa verweisen –, ist eine der vielen kulturellen Bereicherungen, die aus Grenzüberschreitungen resultieren. Wenn aber, wie György Konrád konstatiert, „[e]uropäisch ist, was vielsprachig ist, was viele Gattungen hat, was mehrdimensional ist" (1992, S. 96), dann muss die **Idee Europa** tatsächlich die „eines stärker kulturell definierten Europas" (Brix 2010, S. 188) werden.

Die Literatur, und darauf wird immer wieder zurückzukommen sein, ist ein zentraler Bereich **kultureller Alterität.** In diesem Zusammenhang betont Norbert Mecklenburg in Abgrenzung von der formal-strukturalistischen Theorie, welche die ‚Alterität' der Literatur aufgrund der Differenzqualität ihrer Zeichen als Abweichung von der normalen Alltagssprache beschreibt, dass es vielmehr ihr spezifischer Modus an sich sei, durch die uns die Literatur ‚anders verstehen' lässt. „Genauer: Verstehen hat im Hinblick auf das Lesen poetischer Texte einen anderen Status: wir verstehen nicht etwas Fremdes oder Verfremdetes, sondern das Verstehen selbst wird im literarischen Lesen verfremdet." (Mecklenburg 1991, S. 23) Das heißt, unsere gewöhnliche Wahrnehmungsweise der Wirklichkeit wird eine andere.

3.1.3 Definitionen

Was aber genau unter ‚Alterität' (im Verhältnis zu **Identität**) verstanden wird – und was unter ‚Fremde' und wie sich beides zueinander verhält –, lässt sich von der Semantik aus erschließen: **Alterität/andere(r)** (lat. *alter:* der andere). Im dichotomischen Schema von Identität und Alterität bezeichnet *alter* in einer Gleichung mit zwei Elementen das zweite, ohne dass dieses weiter markiert wäre; es wird vielmehr auf das erste als bestimmt gesetzte Element bezogen.

Eine Analogie aus dem Bereich der Gendertheorie mag dies veranschaulichen: Lange Zeit – seit der Antike – war eine historische Denkfigur vorherrschend, welche Geschlechteridentitäten als binär und grundsätzlich different auffasste. In der Nachfolge der Kirchenväter wie auch noch bei Rousseau galt die Frau als das ‚Partikuläre', während der Mann als ‚gesetzt' und als wesenhaft ‚vollständig', als Mensch, galt. Die Frau hingegen war als Mängelwesen definiert und auf den Mann bezogen (aus dessen Rippe sie ja nach der Bibel stammte). Das ‚andere' Geschlecht (Beauvoir) wird „relational auf den Mann bezogen, bei dem Geschlechtsidentität und menschliche Natur idealtypisch zusammenfallen" (Holdenried 2002, S. 7).

Ein Selbstverhältnis, welches wesentlich durch Abgrenzung nach außen geprägt ist, zeigt sich auch heute noch häufig, bspw. in der Metapher von der ‚Festung Europa'. Allerdings kontrastieren damit Auffassungen, wonach eben gerade nicht mehr binäre Identitäten – und entsprechend ‚abhängige' Alteritäten – existieren, sondern plurale, in sich differente Identitäten. Solche Auffassungen der neueren Identitätstheorien wirken sich auch auf die Auffassung von Alterität aus. Beides, Identität wie Alterität, werden – ebenso wie „Race, Class, Geschlecht [...] als soziale Konstrukte verstanden, [...] ihre Funktion innerhalb der Machtsphäre hegemonialer, zentrierter Subjektpositionen" (Holdenried 2002, S. 8) gilt es zu untersuchen.

Intrasubjektive Fremdheit
Die obigen Ausführungen weisen darauf hin, dass Zuschreibungen wie Selbstdefinitionen für die gängigen Konzeptionen von Alterität eine erhebliche Rolle spielen. Dass die Fremdheit auch intrasubjektiv empfunden werden kann, darüber gibt Literatur oftmals beunruhigende Auskunft:

„Passiert es mir nicht, zu vergessen, wer ich bin und wo ich bin? Ich komme aus einem anderen Land; offenbar kommt es daher. Und doch erinnere ich mich, daß ich, als ich noch in der Heimat meiner Kindheit lebte, das Gefühl hatte, von anderswo herzukommen, aus einer anderen Stadt, von einem anderen Kontinent, ohne je genau sagen zu können, woher. Nicht zu wissen, woher man kommt, ist fast schon das Eingeständnis, von nirgendwo zu kommen […]. Ein Fremder war ich, nur eine fremde Welt konnte die meine sein." (Jabès 1993, S. 26 f.)

Die Fremden unserer Tage haben längst damit begonnen, selbst Antworten auf die Frage zu geben, was eigentlich ein Fremder sei, und kommen oft zu in sich widersprüchlichen Selbstdefinitionen. Die zitierte Passage stammt aus *Un étranger avec, sous le bras, un livre de petit format* (1989; dt. *Ein Fremder mit einem kleinen Buch unterm Arm,* 1993) von Edmond Jabès, einem ägyptischen Juden im französischen Exil. Das im Titel genannte Buch ist vielleicht in dem wenigen Gepäck gewesen, das aus der Welt der Kindheit in die Fremde hinübergerettet werden konnte; es ist ein Kleinod, aufs Engste verbunden mit dem, der es mit sich trägt, als materialisierte Erinnerung, als Stütze, als das Ureigenste, das einem niemand entreißen wird. Es ist „Samen und Asche" (ebd., S. 67) zugleich, die einzige ephemere Hinterlassenschaft.

3.1.4 Repräsentationen des Fremden in der Geschichte

Das Bild des Fremden, wie es Jabès in die ihn umgebende fremde Welt eingezeichnet und Julia Kristeva in historischer Perspektive rekonstruiert hat, steht am vorläufigen Ende eines Prozesses, der mit dem neugierig erstaunten, abwehrenden, gierig verschlingenden, auf jeden Fall aber offensiven Blick auf das zum Objekt erstarrende Fremde begonnen hatte. Unter diesem kategorischen Blick wurde der Nichtgrieche dem Griechen zum Barbaren, zu demjenigen, der nur unartikulierte oder unverständliche Geräusche von sich gab. Wer kein lupenreines Griechisch sprach, war ein ‚Bastard', auch wenn er durch Geburt sogar Grieche war. Wie Kristeva zeigt, änderte sich das Verhältnis zum Fremden infolge der Persischen Kriege im 5. Jahrhundert v. Chr. (vgl. Kristeva 1990, S. 59). Genossen die **Metöken,** also die ortsansässigen Fremden, oft sogar Vorrechte (etwa Steuerfreiheit), weil sie für die Polis wertvolle Fähigkeiten besaßen, so wurden die **Barbaren** durch Euripides und andere Dichter immer mehr mit den Bedeutungen versehen, die sich noch heute mit dem Wort verbinden – nicht einheimisch, exzentrisch, zurückgeblieben und schließlich: Feind der Demokratie. Fremdartiges Verhalten wurde jedoch allmählich auch unabhängig von der Herkunft als anstößig markiert: Auch Griechen konnten sich als barbarisch erweisen. Das Barbarische verlor seine ausschließlich politisch abgrenzende Funktion. ‚Echte' Barbaren konnten qua Aneignung griechischer Kultur allenfalls ‚gute' Barbaren werden, aber niemals ‚richtige' Griechen. Zur Festigung der Gemeinschaft blieb die Abgrenzung weiterhin notwendig.

In diesen historisch frühen **Ausgrenzungsbewegungen,** für die Faktoren wie Sprache, Bildung und Kultur von zentraler Bedeutung waren, ist bereits all das angelegt, was noch heute das Verhältnis zum Fremden bestimmt:

- die **kriegerische Abwehr** und
- die selektive **Integration** von Fremden;
- die **Einteilung** in gute und schlechte Fremde, wobei die guten die integrationswilligen sind;
- die **Marginalisierung** derjenigen, die zwar zum eigenen Volk gehören, sich aber fremdartig verhalten;
- die **diskursive Verknüpfung** von Fremdheit mit moralischer Unterlegenheit.

Gelegentlich aber kann diese Verbindung auch in die selbstkritische Betrachtung der eigenen Gruppenidentität, ja, in Kulturrelativismus umschlagen: Bei Euripides erscheinen die Griechen oftmals selbst als Barbaren, während in einer späteren Phase kulturrelativistischer Betrachtung bei Michel de Montaigne die europäischen Tötungsmethoden die Riten der edelmütigen Kannibalen an Grausamkeit weit übertreffen. Das Rohe, Wilde, Barbarische der anderen verweist auf Korrespondenzen im Inneren – sei es in dem der Gruppe, der Gemeinschaft oder der eigenen Psyche. Sigmund Freud war es, der für diese existenzielle Erfahrung den Begriff des „inneren Auslands" geprägt hat:

> „So war es auch mit der Psychoanalyse: Für die Entwicklung, die sie nahm, für die Aufnahme, die sie fand, ist es nicht gleichgültig gewesen, daß sie ihre Arbeit am Symptom begann, am Ichfremdesten, das sich in der Seele vorfindet. Das Symptom stammt vom Verdrängten ab, ist gleichsam der Vertreter desselben vor dem Ich, das Verdrängte ist aber für das Ich Ausland, inneres Ausland, so wie die Realität – gestatten Sie den ungewohnten Ausdruck – äußeres Ausland ist." (Freud 1991, S. 60)

Die Verbindungen zwischen der Sehnsucht nach dem verdrängten innersten Selbst und dem Exotismus konnten erst mit der Psychoanalyse erklärt, die Wechselwirkungen zwischen Eigenem und Fremdem auch als Funktionen der eigenen Psyche erfahren werden.

3.1.5 Interkulturelle Xenologie in der Fremdprachendidaktik

Einige wesentliche Ansatzpunkte für ein umfassendes Alteritätskonzept sind bereits benannt worden, ihren Vertreter/innen wie Freud, Kristeva, Butler, Said oder Bhabha wird man in dieser Einführung immer wieder begegnen. In eine andere Richtung gingen, wie oben angedeutet, die Bemühungen um eine interkulturelle Xenologie im deutschsprachigen Bereich, die eng mit dem **Bayreuther Modell** (s. Abschn. 1.2) verknüpft sind.

Wierlacher hat in seinen Veröffentlichungen für ein ‚Fremdheitswissen' der Germanistik plädiert, das diese jedoch erst generieren müsse: Diese **Xenologie** sei nicht zuletzt Voraussetzung für Toleranz und demokratischen Pluralismus.

3.1 Alterität und Fremdheit

Interkulturelle Kompetenzen zielen Wierlacher zufolge auf das „kritische Geltenlassen kulturell verschiedener und verschieden begründeter Verstehenspositionen, Annäherungsweisen (Methoden), Gegenstandskonstitutionen und Erkenntnisinteressen" (1993, S. 49). Auch hier spielt der Begriff der Grenze eine entscheidende Rolle „als Bedingung [der] wechselseitigen Konturierung" (ebd.) von Eigenem und Fremdem:

> „Dabei werden Grenzen weniger als Abwehrlinien oder als limes, sondern als Brücken zwischen Identitäten und in Rücksicht auf deren Abhängigkeiten von Alteritäten als Bedingungen kultureller Eigenheit zu verstehen sein, die die unaufhebbare Differenz zwischen Eigenem und Fremdem überspannen und das Gemeinsame verbinden. Wer die Interdependenz von Eigenem und Fremdem betont, muß auf ihrer sie vereinigenden Scheidung bestehen und darauf beharren, daß auch alle kulturelle und kommunikative Assimilation ihre Grenzen hat: weder ist das Eigene dem Fremden, noch das Fremde dem Eigenen zu opfern." (ebd., S. 50)

Wierlacher hat stets betont, dass es ihm mit der interkulturellen Xenologie zwar immer um pragmatische, zugleich aber auch um ethische Zielorientierungen ging – namentlich darum, ein **Verstehen-Wollen** des Fremden und eine weitreichende Toleranz zu fördern. Was er damit jedoch implizit voraussetzt, sind klar abgrenzbare, strikt voneinander geschiedene Einheiten bzw. Entitäten: Das Eigene steht dem Fremden gegenüber; Fremdheit wird also nicht als relationaler, sondern als absoluter Terminus verstanden. Wobei Wierlacher selbst in späteren Schriften diese Grenze nicht mehr so eindeutig zieht (vgl. den Eintrag zu Fremdheit im *Handbuch interkulturelle Germanistik,* in dem Corinna Albrecht diese Entwicklung nachzeichnet [2003, S. 232]).

Ferner gilt: Fremdheit ist in dieser Sichtweise ausschließlich ein interkulturelles Phänomen, nicht etwa ein intrasubjektives – im Sinne jener Fremdheit in uns selbst, von der Freud oder auch Kristeva ausgehen. Hier zieht Wierlacher eine klare Grenze: „[D]en zentralen Gegenstandsbereich kulturwissenschaftlicher Xenologie bildet nicht die Frage nach der Unverständlichkeit von Leben oder Tod und der Fremdheit unseres Selbst […], sondern die Erscheinungsformen kultureller Andersheit als Fremdheit." (Wierlacher 1993, S. 87) Insgesamt privilegiert Wierlacher den hermeneutischen Akt multiperspektivischen Sehens; man könnte auch sagen, es ist das immer schon der Hermeneutik inhärente Moment der Einfühlung, mitsamt der Anerkennung des anderen.

3.1.6 Xenologie in der psychoanalytischen Diskursanalyse

Kristeva hat – anders als es in Wierlachers eher synchron angelegter Xenologie üblich ist – zunächst die Figurationen des Fremden in historischer Perspektive untersucht, um zu einer tragfähigen Definition zu kommen:

> „Wer ist Fremder? Derjenige, der nicht Teil der Gruppe ist, der nicht ‚dazu gehört', der andere. Von dem Fremden gibt es […] nur eine negative Definition. Negativ zu was? Anders als welche Gruppe? […] Mit der Entstehung der Nationalstaaten gelangen wir

zu der einzig akzeptablen und klaren, modernen Definition des Fremden: Der Fremde ist derjenige, der nicht zu dem Staat gehört, in dem wir sind, ist der, der nicht die gleiche Nationalität wie wir hat." (Kristeva 1990, S. 104)

Die Bildung der Nationalstaaten und die damit einhergehenden Exklusionsprozesse, die Kristeva etwa bei Herder und in der Romantik ausmacht, haben ihr zufolge zur Definition des Fremden als dem Nichtintegrierten, dem Außerhalb-Stehenden geführt. Mit diesem Konzept sind die heutigen ‚anderen' innerhalb der ‚eigenen' Kultur indes nicht mehr fassbar – ein Problem, das Kristeva jedoch nicht weiterverfolgt. Vielmehr bildet Freud ihren Hauptbezugspunkt, weil dieser nicht um eine Erkenntnis des Fremden bemüht ist, die auf ‚imaginierte Gemeinschaften' (*imagined communities*, vgl. Anderson 1983; dt. *Die Erfindung der Nation*, 1988) wie Nationen abzielt. Für Freud ist nicht die außerpsychische Realität einer Nation oder gar ‚Rasse' das Ausschlaggebende, sondern die **Andersheit im Innern** des Menschen:

„Mit dem Begriff des Freudschen [sic] Unbewussten verliert die Einbindung des Fremden in die Psyche ihren pathologischen Aspekt und integriert eine zugleich biologische *und* symbolische *Andersheit* ins Innere der angenommenen Einheit der Menschen: sie wird integraler Teil des Selbst. […] Als Unheimliches ist das Fremde in uns selbst: Wir sind unsere eigenen Fremden – wir sind gespalten." (Kristeva 1990, S. 197 f.; Hervorh. im Orig.)

Damit begibt sich Kristeva auf eine Diskursebene, auf der von real existierenden Fremden kaum mehr die Rede ist, sondern nur mehr vom ‚Fremden in uns': Im Anschluss an Freud ist das Unheimliche für sie gerade nicht das ganz Unbekannte, sondern das Vertraute, das Unbewusste – jenes Vertraute also, das man verdrängt hat. Nicht zuletzt die eigene Sterblichkeit stellt für Kristeva, ebenso wie für Freud, das schlechthin andere dar.

Die Gewissheit der Hermeneutik, wir könnten uns in den anderen einfühlen, von der Wierlacher zweifelsfrei ausgeht, ist nach Ansicht Kristevas ein Trugschluss. Das Gegenteil sei der Fall: Wir sind uns selbst fremd, und der andere verdoppelt diese Fremdheit noch.

„Sie ist in der Tat seltsam, die Begegnung mit dem anderen […]. Der andere lässt uns getrennt, zusammenhanglos zurück […]. Angesichts des Fremden, den ich ablehne und mit dem ich mich identifiziere, beides zugleich, lösen sich meine fest gefügten Grenzen auf." (ebd., S. 203)

3.1.7 Topographie des Fremden

In mehreren Bänden hat sich der Philosoph Bernhard Waldenfels einer **Phänomenologie des Fremden** angenähert: *Topographie des Fremden* (1997), *Grenzen der Normalisierung* (1998), *Sinnesschwellen* (1999a), *Vielstimmigkeit der Rede* (1999b). An Kristevas Deutungsversuch kritisiert er, dass in ihrer begrifflich vagen Darstellung ein gleichsam ungreifbarer Fremder durch die Geschichte geistere. Der im historischen Teil ihrer Arbeit vorherrschende Fremdheitsbegriff sei ein soziologischer, der nur ex negativo bestimme, *wer* der Fremde eben *nicht* sei. Dennoch entdeckt Waldenfels auch Übereinstimmungen mit seinem eigenen Ansatz, etwa in den psychoanalytischen Deutungen der Fremdheit in uns.

Waldenfels unternimmt es, im Rekurs auf Edmund Husserl Ansatzpunkte zu einer Phänomenologie des Fremden als einem „originär Unzugehörige[n]" (Waldenfels 1997, S. 27) zusammenzutragen. Daraus kann man einzelne Bestandteile eigentlich kaum herauslösen, da sein Operieren mit Paradoxien den Kontext erfordert. Jedenfalls spricht Waldenfels deshalb von einer **Topographie,** weil das Fremde eine Örtlichkeit voraussetze, obwohl es sich nach Husserl (bzw. dessen Gewährsmann Maurice Merleau-Ponty) um einen nicht zugänglichen Ort handle: „Der Ort des Fremden in der Erfahrung ist streng genommen ein Nicht-Ort. Das Fremde ist nicht einfach anderswo, es *ist* das Anderswo." (ebd., S. 26; Hervorh. im Orig.) Aus dieser Paradoxie ergeben sich zahlreiche weiterführende Überlegungen, etwa zum Reisen als Erfahrungsmodus des Fremden, zur Unbehaustheit (vgl. Augé 2010).

Waldenfels legte bereits in seiner Vorgängerstudie *Der Stachel des Fremden* (1990) Wert darauf, dass das Fremde keiner negativen Bestimmung entspreche, sondern *vor* binären Entscheidungen zwischen Ja und Nein, Subjekt und Objekt anzusiedeln sei. *Was* ist das Fremde also? Zentral ist für Waldenfels der phänomenologische Begriff der **Erfahrung.** In *Der Stachel des Fremden* geht er sogar so weit, eine Korrektur des subjektzentrierten neuzeitlichen Denkens seit Descartes einzufordern: Eine Alternative zum Konstrukt eines autonomen Subjekts – das als Akteur handelt, Objekte be-handelt, auf diese einwirkt – bestehe darin, Erfahrung als etwas zu begreifen, das eine *„Auseinandersetzung mit anderem und mit anderen* im Rahmen einer *Zwischensphäre"* (ebd., S. 64; Hervorh. im Orig.) ermöglicht.

Für diesen Bereich der **Zwischensphäre** nimmt Waldenfels verschiedene **Differenzierungsgrade** in der Erfahrung von Fremdheit als etwas dort prozesshaft Entstehendem an. Zu unterscheiden seien eine alltägliche, ‚normale' Fremdheit (etwa die Fremdheit des Nachbarn), eine strukturelle Fremdheit (etwa fremde Sprachen, fremde Rituale usw.) und schließlich, als höchste Steigerung, eine radikale Fremdheit. Hier bezieht sich Waldenfels auf den Ethnologen Clifford Geertz, wie er überhaupt immer wieder auf die Ethnologie als Wissenschaft vom kulturell Fremden rekurriert. Als radikal Fremdes werden **Grenzphänomene** wie Eros, Rausch, Schlaf und Tod aufgefasst, auch „Umbruchphänomene wie Revolution[en]": „Das radikal Fremde lässt sich nur fassen als Überschuß, als Exzeß, der einen bestimmten Sinnhorizont überschreitet." (ebd., S. 37) Waldenfels' philosophische Überlegungen korrespondieren mit Vorstellungen der Interkulturalitätsforschung, die ihre Paradigmen nicht als etwas Gesetztes verstehen will, sondern als etwas in der Kommunikation, im Diskurs erst Entstehendes. Eine strikte Entgegensetzung von „schlechthin Eigene[m]" und „schlechthin Fremde[m]" wäre nach Meinung des Phänomenologen ein „purifikatorische[r] Gewaltakt" (ebd.).

3.2 Identität und Differenz

Differenz ist ohne den **Gegenbegriff Identität** nicht zu denken. Norbert Mecklenburg betont über alle Variationen des Differenzbegriffs in der postmodernen Philosophie hinweg dessen grundlegende Notwendigkeit für jeden Erkenntnisakt – zurückgreifend auf Platon und Immanuel Kant weist er Identität und Differenz als „Grundbegriffe aller Erkenntnis" (Mecklenburg 2008, S. 100) aus. Im Streit um Differenzkonzepte innerhalb des Postkolonialismus und der interkulturellen Studien ist es nicht unwichtig, diese kategoriale Qualität eines Begriffspaares hervorzuheben, mit dem sich schon die antike Philosophie beschäftigt hat: „Die Identität eines Gegenstandes ist seine Differenz von anderen, und das Verschiedene ist ein solches immer und notwendig ‚in Beziehung auf ein anderes'" (ebd.), stellt Mecklenburg im Rekurs auf Platons Dialog *Sophistes* fest.

Definitionen von Differenz interessieren in der interkulturellen Philosophie vor allem vor dem Hintergrund angenommener kultureller Identität(en); aufzufächern gilt es ferner Verwendungen des Begriffs in sozialen und politischen Feldern. Zu unterscheiden sind grundsätzlich personale und kulturelle Identität – jedenfalls heuristisch, muss doch auch hier von einer Interdependenz ausgegangen werden. Personale Identität entsteht nicht außerhalb sozialer Bezüge (wie es der prominente Fall Kaspar Hausers belegt), und kulturelle Identität bildet sich nicht jenseits von Person und Subjekt.

Im Bereich der Interkulturellen Literaturwissenschaft ist naheliegenderweise eine theoretische Konzentration auf **kulturelle Identität** festzustellen. Im Gegensatz zu dem der personalen Identität ist dieser Begriff auf ein Kollektiv bezogen und meint insbesondere die gemeinsame Verbindung zu bestimmten kulturellen Praktiken, Werten und Normen (vgl. Barmeyer 2012, S. 72). In dieses Geflecht von **Kultur** als „semiotisch und kollektiv verfügbares sowie medial repräsentiertes Wissen [...], das in Interaktion mit Objekten und mit Anderen entsteht und stets in soziale Beziehungen und Praktiken eingebettet ist" (Feldmann 2010, S. 60 f.), wächst der Einzelne durch seine Sozialisation hinein. Das geht nicht immer ohne Konflikte, denn Individuum und Kollektive (von der Familie bis zur Gesellschaft und zum Staat) können hinsichtlich der Bewertung kultureller Praktiken, Werte und Normen durchaus grundsätzlich divergieren. Aus diesen Divergenzen, speziell im familiären, aber auch im gesellschaftlichen Kosmos, schöpft insbesondere der **Adoleszenzroman** seine Themen und Motive.

Enkulturation, das Hineinwachsen in eine verbindende kulturelle Identität, wird also zum einen bereits ‚**intrakulturell**' durch Prozesse von Zugehörigkeit und Ausschließung gesteuert. ‚**Anerkennung**' ist ein wesentlicher Faktor von gruppenkultureller Identifikation schon innerhalb eines Kollektivs. Im **interkulturellen Kontakt** wird die Identitätsbildung einer weiteren, oft konfliktreichen Dynamik ausgesetzt: „Sowohl auf individueller als auch auf kollektiver Ebene läuft der fortdauernde Identitätsbildungsprozess immer in Auseinandersetzung mit dem Anderen ab und schließt somit stets den Umgang mit (konstruierter) *Fremdheit* mit ein." (Barmeyer 2012, S. 73; Hervorh. im Orig.)

3.2 Identität und Differenz

Sowohl personale als auch kulturelle Identität sind neueren Ansätzen zufolge durch eine eher ‚fluide' Verfasstheit gekennzeichnet: Identität wird im Zuge der Weiterentwicklung von Identitätskonzepten in den Sozialwissenschaften (Lothar Krappmann, Heiner Keupp, Jürgen Straub, Gabriele Lucius-Hoene) nicht mehr als etwas ein für alle Mal Festgelegtes, im Durchgang durch verschiedene psychosexuelle Zyklen Erworbenes (vgl. Erikson 1973) begriffen, sondern als ein ‚Konstrukt', an dem der Einzelne ebenso mitwirkt wie die kulturellen Narrative. Identität werde, so Hendrik Blumentrath u. a. im Anschluss an den britischen Kulturwissenschaftler Stuart Hall, „im Prozess des Redens, Handelns und Nachdenkens über sich selbst erst erzeugt", Identität sei mithin „eine Erzählung" (Blumentrath u. a. 2007, S. 23). Eine solche Sichtweise betont gegenüber älteren Konzepten das Dynamische von Identität, und auch das teleologische Verständnis von Entwicklungsprozessen, wie es etwa dem klassischen Bildungsroman zugrunde lag, erscheint dadurch zweifelhaft. Diskutiert wird nun (auch in der Revision von Theorien *über* den Bildungsroman), ob hier nicht eher von einander ablösenden, sich wechselseitig infrage stellenden narrativen Versuchsanordnungen über ein Selbst gesprochen werden sollte als von einer Zielorientierung auf das ‚reife' Individuum.

Übertragbar ist die identitätstheoretische Auffassung vom Selbst als einem diskursiv erzeugten Konstrukt auf die **kulturelle Identität.** Auch für diese gilt, dass ihre Praktiken, Werte und Normen sich maßgeblich aus der Tradierung speisen, welche über das kulturelle und kollektive Gedächtnis (vgl. die Forschungsbeiträge von Jan und Aleida Assmann) erfolgt. So fungiert Nationenzugehörigkeit nach wie vor als ein wesentlicher Aspekt von kultureller Identifizierung und ist stets als Abgrenzung von einem differenten anderen, einer anderen Nation zu verstehen. Jedoch ist etwa die Nation ‚der' Türken ein Gemisch aus „Tscherkenen, Tschetschenen, Laz, Kurden, Armenier[n], Albaner[n], Bulgaren" (Eder/Ekinci-Kocks 2009, S. 223); Nationen sind also mitnichten als homogene Einheiten zu betrachten. Die Hervorhebung offener Prozessualität, im Sinne eines nicht auf ein anvisierbares Ziel (nämlich gelingende Identität) gerichteten Vorgangs, sowie die Berücksichtigung einer Vielfalt von identitätsbildenden Elementen anstelle der Beschränkung auf eine fest umrissene Größe sind die wichtigsten Charakteristika postmodernen Identitäts- und Differenzdenkens.

3.2.1 Differenzdenken in der Postmoderne

In postmodernen Denkansätzen ist versucht worden, den Differenzbegriff aus einem essenzialistischen Verständnis zu lösen. Differenz soll nicht mehr als ein wesenseigenes Unterscheiden des Eigenen vom anderen aufgefasst werden, sondern als etwas permanent im Fluss Befindliches. Der Ausgangspunkt dieses Denkens besteht in der Feststellung, dass die Zuordnung bestimmter ‚Wesenseigenschaften', bspw. zu nationalen oder ethnischen Gruppierungen, zutiefst problematisch ist. So finden sich etwa in Kants anthropologischen

Schriften diverse Völkerkataloge, die etliche bis heute gängige Stereotypen – etwa der Spanier als stolz, der Franzose als frivol – versammeln. Zudem hat Kant mit Äußerungen zur ‚Rassenfrage' zur Entstehung des Rassismus als einer vermeintlich wissenschaftlich begründeten Ideologie biologischer Differenz beigetragen.

Während der Strukturalismus, insbesondere durch die Zeichentheorie Ferdinand de Saussures, Differenz als das Identität erst Hervorbringende verstehbar machte, wird dieses Denkmodell in seiner poststrukturalistischen Überbietung bei Jacques Derrida und anderen gänzlich umgekehrt. Nach Saussure war man davon ausgegangen, dass jedes Zeichen seine ‚Identität' erst durch seine jeweilige Position in einer Signifikantenkette erhält, man sah also gewissermaßen die ‚Struktur' als das Identität Generierende an. Derrida aber legte mit seinem Entwurf der *‚différance'* einen Ansatz vor, der grundstürzend neue Vorschläge für ein Denken jenseits der Präsenz des Zeichens, für ein Denken der Nachträglichkeit unterbreitet. Im Kern unternimmt der in diesem Zusammenhang maßgebliche Vortrag den Versuch, gegen alle Festschreibungen von Begriffen deren ‚Temporisieren' zu setzen (vgl. Derrida 1990, S. 83), das Aufschieben der Präsenz: „Jeder Begriff ist [...] in eine Kette oder in ein System eingeschrieben, worin er durch das systematische Spiel von Differenzen auf den anderen, auf die anderen Begriffe verweist. Ein solches Spiel, die *différance,* ist nicht einfach ein Begriff, sondern die Möglichkeit der Begrifflichkeit, des Begriffsprozesses und -systems überhaupt." (ebd., S. 88) Das Subjekt bzw. die „Selbstidentität" ist in diesem ‚Spiel der Nachträglichkeiten' nichts anderes als eine „‚Funktion' des Sprachsystems" (ebd., S. 94). Mit seinem Neologismus, in dem die Differenz zwischen den Phonemen ‚a' und ‚e' aufgehoben wird, machte Derrida darauf aufmerksam, dass jegliche Bedeutung im Prozess begriffen ist, in einer Art „verallgemeinerten Verweisungsstruktur" (ebd., S. 107). Das aber bedeutet, dass das ‚Spiel' nie zu einem die Bedeutung fixierenden Ende kommen kann. Statt ein Denken in binären Gegensätzen – welches die „Herrschaft des Seienden" (ebd., S. 103) charakterisiere – fortzuführen, will Derrida mit seiner Denkfigur der *différance* auf die prozessuale Unabschließbarkeit jeglicher Bedeutungsfixierung hinweisen.

3.2.2 Differenz als Kategorie der Interkulturellen Literaturwissenschaft

Mit diesem wie mit anderen Versuchen, Festschreibungen von Eigenem und Fremdem herauszufordern (etwa dem Rhizom-Modell von Gilles Deleuze, s. Abschn. 2.3), hat sich im Anschluss an die Postkolonialen Studien auch die Interkulturelle Literaturwissenschaft beschäftigt. Dynamische Identitätskonzepte von Stuart Hall bis Homi Bhabha berufen sich auf die dekonstruktivistischen Theorien der Differenz und denken sie weiter (oder hinterfragen sie kritisch).

Der Grundgedanke aller variierenden Fortführungen der Differenzmodelle ist, dass ein Denken in Binaritäten nicht etwa zwei gleichwertige Elemente beinhaltet, sondern eine **Hierarchisierung** vornimmt. So wird in der Orient-Okzident-Binarität in langen Traditionslinien die angebliche Unterlegenheit des Orients befestigt; aufgrund des Wissens um ‚den' Orient bildet sich ein Konstrukt heraus, das dessen ‚Essenz', sein Wesen, charakterisieren soll. Vor allem Edward Said hat das Zustandekommen solcher Zuschreibungen im Orientalismus dargestellt und analysiert. Demgegenüber versuchen dynamische Identitätskonzepte im Anschluss an dekonstruktive Verfahren nicht über verabsolutierte, essenzialistisch gedachte Differenzannahmen zu einer Definition von Identität zu gelangen, sondern betonen die Rolle des (biographischen) Erzählens sowie der Performanz. In dieser Perspektive ist Identität ebenso wie vermeintliche Kulturdifferenz eine Konstruktion, deren prozessualen und sich immer wieder verändernden Charakter es hervorzuheben gilt. (Die Annahme solcher Veränderungen ist allerdings nichts gänzlich Neues: Schon die Rollensoziologie kennt die Vorstellung einer situativen, von Außenfaktoren stark beeinflussten Identität.)

Einer insbesondere in ‚transkulturellen' Spielarten (s. Abschn. 2.2) der Literaturwissenschaft vorherrschenden Ablehnung binären Denkens als „kontingente Konstruktion gesellschaftlicher Machtverhältnisse" (Blumentrath u. a. 2007, S. 35) entspricht im Umkehrschluss die Konzentration auf Irritationen dieses Denkens. Dafür wurde der Neologismus **Transdifferenz** gesetzt – er entstammt dem Erlanger Graduiertenkolleg *Kulturhermeneutik im Zeichen von Differenz und Transdifferenz* –, der das Bewussthalten der Konstruiertheit jeglicher Differenz (und Identität) gewährleisten soll: „Der Begriff der Transdifferenz strebt […] gerade keine Synthese oder Überwindung von Differenzen an, sondern betont die Grenzen eines Denkens in binären Oppositionen ebenso wie die Unvermeidbarkeit des Denkens von Differenz bei gleichzeitigem Bewusstsein für die vielfältigen Überlagerungen, Mehrfachzugehörigkeiten und Zwischenbefindlichkeiten, welche die Komplexität der Lebenswelt ausmachen." (Feldmann 2010, S. 59) Damit sei Differenz eher als ‚Methode' denn als Gegenstand gemeint und diese Methode sei „durchaus zirkulär" (ebd.).

Kritik an dekonstruktivistischer ‚Differenzpolitik' wird von zwei einander ideologisch entgegengesetzten Positionen aus artikuliert: Während das Recht auf Differenz einerseits zu einem Schlagwort der Neuen Rechten geworden ist (vgl. Eder/Ekinci-Kocks 2009, S. 228 f.), die statt von Kulturkonvergenz von Kulturdivergenz ausgeht – als Faktor nationaler Selbstidentifikation *und* entschlossener Abwehr von ‚Überfremdung' –, nutzen andererseits eher links stehende Gruppen den Differenzbegriff „zur (Wieder-)Aneignung von Handlungsmacht, um politisch-soziale Forderungen" (Feldmann 2010, S. 62) durchzusetzen. Auch im *ethnic lobbying* werden solche „strategischen Essentialismen" (ebd.) eingesetzt, um Partikularinteressen Geltung zu verschaffen. **Kulturalismus,** hier nicht als Forschungsmethode (vgl. Barmeyer 2012, S. 96), sondern als ethisch-politische Einstellung verstanden, überbetont kulturell determinierte Faktoren von Differenz wie von Identität und setzt sie handlungsorientiert (bzw. lobbyistisch) ein. Die Forschung hierzu nennt vor allem amerikanische Beispiele, etwa das American Indian Movement (Native Americans).

Sowohl gegen diesen Kulturalismus als auch gegen den oft mit differenzkritischen Ansätzen verbundenen Kulturrelativismus haben Kritiker wie Mecklenburg eingewandt, dass mit den Begriffen Differenz, Identität und Fremdheit zum einen relationale Größen gemeint seien und es sich zum anderen um soziale Konstrukte handle – was aber nicht heiße, dass man es mit bloßen ‚Fiktionen' zu tun habe. Diese Verwechslung gelte es aufzuzeigen: Kulturelle Differenz sei gerade nicht rein im Sinne des Kulturalismus zu bestimmen; vielmehr müssten auch soziopolitische Faktoren berücksichtigt werden (vgl. Mecklenburg 2008, S. 104). Nur indem immer wieder auf ihre ‚Gemachtheit' verwiesen werde, könnten holistische (ganzheitliche) Konzepte von Kultur und identitätspolitische Fundamentalismen vermieden werden. Als ein Beispiel für die Unvereinbarkeit bestimmter ‚Eigenrechte' von Gruppen und Individuen nennt Mecklenburg die Inkongruenz des indischen Kastensystems und der Rechte von Frauen (vgl. ebd., S. 109 f.). Gerade in ‚multikulturellen' Gesellschaften werde Kultur häufig als ‚*identity marker*' instrumentalisiert (vgl. ebd., S. 105). Inklusion und Exklusion verliefen genau entlang der damit verbundenen Markierungen. Angesichts dessen fordert Mecklenburg im Rekurs auf Jürgen Habermas und Seyla Benhabib eine Erneuerung der Diskursethik in (post-)modernen Gesellschaften.

Jenseits der Differenzkonzepte sieht Anil Bhatti in der Kategorie der **Ähnlichkeit** einen Ausweg aus den Aporien der aktuellen Kulturdebatten. Denn mit ihr sei ein „Suchbegriff" (Bhatti 2011/12, S. 352) vorhanden, der einen Ausweg aus Kulturalismus und Kulturrelativismus eröffnen könne: Da es sich bei Ähnlichkeit um eine Kategorie handle, mit der eine nicht hermeneutische Position denkbar wird, ermögliche sie es, eine Homogenisierung des kulturell anderen zu vermeiden; mehr denn eine feste Position bezeichne Ähnlichkeit einen „Habitus oder eine Disposition" (ebd., S. 353). Der Ähnlichkeitsgedanke ist Bhatti zufolge aus der historischen Forschung herleitbar, die gezeigt habe, dass es seit jeher kulturelle „Überlappungen" (ebd., S. 350) gab, welche durch Praktiken der Übersetzung als „Möglichkeit der Verwandlung" (ebd., S. 349) sichtbar gemacht werden könnten (vgl. auch Bhatti 2015).

3.3 Hybridität

3.3.1 Definitionen des Hybriden und Anwendungsbereiche

Der Begriff des **Hybriden** wurde bereits im 19. Jahrhundert aus der Biologie „in die Evolutions- und Kulturtheorie übernommen und spielte schließlich in verschiedenen Rassenlehren eine wichtige Rolle" (Goetsch 1997, S. 135; vgl. Schwarz 2015). Während er in diesem Ursprungskontext – neutral bis abwertend – die Kreuzung differenter Erbmerkmale bezeichnete, hat ihn die postkoloniale Theorie aufgewertet und zum Sammelbegriff für Vermischungen von Identitätsbestandteilen, Kulturen, Sprachen, Lebensstilen usw. erhoben. Dass es jedoch nicht unproblematisch ist, einen derart negativ konnotierten Begriff kontextuell

3.3 Hybridität

anders verorten zu wollen, hat schon Robert Young unterstrichen: „He notes how influential the term ‚hybridity' was in imperial and colonial discourse in negative accounts of the union of disparate races." (Ashcroft u. a. 2013, S. 127)

Hybridisierung ist in kolonialen Diskurszusammenhängen gleichbedeutend mit ‚Bastardisierung', also unerwünschter ‚Rassenmischung', die wiederum mit einer ganzen Palette negativer Folgen verbunden wurde: mit moralischer Verworfenheit, zügelloser Sexualität, Degeneration und Unfruchtbarkeit. Nicht allein in den eindeutig kolonialen Texten findet sich dies deutlich gespiegelt, wenn dort von ‚Bastarden' die Rede ist (etwa bei Hans Grimm). ‚Bastarde', das war die Überzeugung der ‚Rassentheoretiker', tendieren angeblich dazu, zur ‚niedrigeren Rasse' ‚zurückzufallen' und damit – so müsste man ergänzen – zur Bedrohung der kolonialen Machtordnung zu werden. Insgesamt sei Hybridisierung eine Voraussetzung für „raceless chaos" (Young 1995, S. 25).

Heute wird der Hybriditätsbegriff meist im Kontext von Identitätsfragen verwendet: Man spricht etwa von den hybriden Identitäten von Migrant/innen oder von Räumen der Hybridität. Dabei wird davon ausgegangen, dass Identität nicht ein für alle Mal als etwas Ganzes ‚erworben' wird, sondern im diskursiven Handeln immer wieder neu herzustellen ist. Allerdings besteht bezüglich des Verständnisses von hybriden Identitäten bislang ebenso wenig Einigkeit wie hinsichtlich des Konzepts des Dritten Raums; man könnte versucht sein zu sagen, dass es sich bei Letzterem vornehmlich um eine Redefigur handelt, um eine Trope.

Jochen Dubiel hat etliche Anwendungsbereiche des Terminus ‚Hybridität' identifiziert und damit bestätigt, dass der Begriff zum wenig eindeutigen „catch-all term" (Shohat 1992, S. 110), zu einem vagen Schlüsselbegriff geworden ist:

> „Es wird [...] nicht mehr nur in der Literaturwissenschaft von hybriden Erzählstrategien, in der Biologie weiterhin von hybriden Züchtungen und im Rassismus nach wie vor von Hybridität als Verunreinigung, sondern auch in der Kulturwissenschaft von hybriden Kulturen, in der Sozialwissenschaft von hybriden Institutionen, in der Marktforschung von hybridem Konsumverhalten, im Managementwesen von organisatorischer Hybridität, in der Pädagogik von hybrider Erziehung, in der Psychologie von hybrider Identität, in der Technik von hybriden Antriebsverfahren, in der Architektur von hybriden Baukonzepten, in der Medizin von hybrider Medikation und allgemein von Hybridität im Sinne wissenschaftlicher Interdisziplinarität gesprochen." (Dubiel 2007, S. 151)

Gemäß Bill Ashcrofts grundlegender Definition bezieht sich der Hybriditätsbegriff

> „commonly [...] to the creation of new transcultural forms within the contact zone produced by colonization. [...] Hybridization takes many forms: linguistic, cultural, political, racial, etc. Linguistic examples include pidgin and creole languages, and these echo the foundational use of the term by the linguist and cultural theorist Mikhail Bakhtin, who used it to suggest the disruptive [...] power of multivocal language situations and, by extension, of multivocal narratives." (Ashcroft u. a. 2013, S. 118)

Die hier thematisierte Polyphonie der Stimmen erinnert an Michail Bachtins Theorem des widerständigen Karnevalesken, das gegen den ernsten Ton der mittelalterlichen kirchlich-feudalen Kultur in Stellung gebracht wurde (vgl. Bachtin 1969). Hieran lässt sich ablesen, wie eng der Postkolonialismus mit einer (post-)modernen Ästhetik zusammenhängt – was Paul Michael Lützeler in seinen Arbeiten wiederholt betont hat (vgl. etwa Lützeler 2005). Entscheidend ist es dabei, wiederkehrende Theoreme wie das der Mehrstimmigkeit in den Blick zu nehmen.

Im postkolonialen Diskurs, so Bill Ashcroft, werde der Begriff ‚Hybridität' häufig benutzt, „to mean simply cross-cultural ‚exchange'" (Ashcroft u. a. 2013, S. 119).

3.3.2 Hybridität in der postkolonialen Theorie

Als theoretisches Konzept wird **Hybridität** vor allem mit dem Werk von Homi Bhabha in Verbindung gebracht, wo der Begriff ein „utopisches Programm" (Wägenbaur 1996, S. 27) bezeichne. Was damit zuallererst einhergehe – mit den entsprechenden Konsequenzen –, sei „die Ersetzung der dialektischen Identitätslogik durch die dekonstruktive oder im weiteren Sinne poststrukturale Logik" (ebd.). Als zentrales Problem der Postmoderne wird oftmals die Frage betrachtet, ob bzw. wie nach der Verabschiedung sämtlicher Gewissheiten (und Autoritäten) noch ethische Maßstäbe gesetzt werden können. Bhabha versucht dies dadurch, dass er den „Dritten Raum" (2000, S. 55), einen zutiefst widersprüchlichen, ambivalenten und auch konfliktreichen Raum, positiv wertet. Die **Differenz** wird gegenüber der Einheit privilegiert, Reinheit von Kulturen abgelehnt, deren (immer schon vorhandene) **Vielheit** positiv gewertet.

Bhabhas Begriffe, etwa derjenige der Enunziation oder auch der Einzeläußerung – im Gegensatz zum *enoncé,* der hervorgebrachten Äußerung –, sind Jacques Derridas *Grammatologie* entlehnt; dies gilt auch für die Überzeugung von der unaufhebbaren Ambivalenz der Schrift. Derrida hat dies im Begriff der *différance* gefasst, ins Deutsche übertragen als *Differaenz* (vgl. Toro 2002, S. 36). Derridas Reflexionen führen in der Konsequenz „nicht zu einer Konzeption des Anderen als Unterschied/Ausschluss, sondern zu einer Andersheit, einem differ*a*enten Anderen (Différance)" (ebd., S. 37). Alterität wiederum (s. Abschn. 3.1) sei eine „operationale Kategorie" (ebd.), die im Gegensatz zur *différance* auf konkrete Begegnungen ziele und das Aushandeln kultureller Differenzen impliziere (s. Abschn. 3.2).

Hybridität im Bhabha'schen Sinne ist also an Derrida orientiert eng mit Schrift, mit ‚Vertextung' verbunden, wobei eine Übertragung des Konzepts in den Raum des Kulturellen auf (kultur-)semiotischem Wege erfolgt. Alfonso de Toro meint, dass Hybridität als ein „Archilexem verstanden werden [kann], das ethnische, soziale und kulturelle Elemente der Andersheit in ein kulturelles und politisches Handeln einbindet, in dem Macht und Institutionen eine zentrale Rolle spielen" (ebd.). Unter einem Archilexem versteht man einen Begriff, der den Kern eines ganzen Wortfeldes ausmacht, etwa ‚Dichtung' für Lyrik, Dramatik, Epik usw. Der Begriff der ‚Hybridität' geht aber wohl über ein einzelnes Wortfeld hinaus – seine Reichweite ist ausgesprochen groß.

Die postmoderne Zeichentheorie, so kann knapp zusammengefasst werden, hat einen bestimmenden **Einfluss auf die postkoloniale Ästhetik der Hybridisierung.** Dabei geht es aber keineswegs ausschließlich um ästhetische Phänomene. Vielmehr ist der Übergang von der Zeichen- auf die kulturelle Ebene von entscheidender Bedeutung: „Ebensowenig wie das sprachliche Zeichen lässt sich Kultur als Sinn-Einheit […] fassen. Kultur wird […] vielmehr betrachtet als ein nie zu sich selbst findendes offenes System, oder vielmehr als ein strukturelles Dilemma, als eine sich perpetuierende Unentschiedenheit zwischen Identität und Alterität." (Schmeling 1999/2000, S. 11)

Es ist diese Verbindung zu Überlegungen der Dekonstruktion, die es schwierig macht, eine präzisere Definition von Hybridität vorzulegen als hier geschehen. Insofern muss im Rahmen konkreter Textlektüren über den Nutzen des Konzepts entschieden werden, wie dies im Folgenden geschehen soll. In welchem Maße sich das generelle Manko des Hybriditätsbegriffs, „ein unpräziser Sammelbegriff" oder gar ein „Modekonzept" (Dubiel 2007, S. 152) zu sein, dadurch ausgleichen lässt, muss der Überzeugungskraft solcher Einzelanalysen überantwortet werden.

3.3.3 Wilhelm Raabes *Stopfkuchen* in der kontrapunktischen Analyse

Während es bei vielen postkolonialen Gegenwartsromanen sehr naheliegt, sie auf ihre ‚hybride' narrative Struktur hin zu untersuchen, ist dies bei einem Text des bürgerlichen Realismus wie Wilhelm Raabes *Stopfkuchen* jedenfalls auf den ersten Blick nicht der Fall. Entsprechend hat man diese *See- und Mordgeschichte* von 1891 erst in jüngster Zeit als Beispiel für ‚**strukturale Hybridität**' interpretiert (vgl. Dunker 2005). Als Novelle angelegt, handelt Raabes Text von dem „Kajüten-Gekritzel" (Raabe: Stopfkuchen, S. 8), das der Protagonist Eduard auf einer dreißigtägigen Fahrt von Deutschland zurück nach Südafrika an Bord des Schiffes Hagebucher zu Papier bringt. Die Aufzeichnungen betreffen insbesondere einen Mord in seiner alten Heimat. Eduard ist bei seinem alten Schulfreund Heinrich Schaumann, genannt Stopfkuchen, zu Besuch gewesen, der als begnadeter Redner mit ausgiebigen Erzählungen von der Eroberung der Roten Schanze aufwartete, eines von ihm seit frühen Tagen begehrten Bauernhofs. Diesen eroberte der stets Daheimgebliebene über die Tochter des Bauern Quakatz. Auf Spaziergängen hat nun Eduard immer mehr von der Geschichte erfahren; Valentine, Stopfkuchens Frau, steuert ihre Perspektive bei, und schließlich stellt sich heraus, dass nicht Quakatz, der wegen des erwähnten Mordes geächtet wurde, der Täter war, sondern der Landbriefträger Störzer. Mit diesem aber war Eduard einst befreundet, und Störzer war auch derjenige, der mit seinen Erzählungen über François Levaillants *Voyage […] dans l'Intérieur de l'Afrique* (1790) die Sehnsucht Eduards nach diesem Kontinent geweckt hatte.

Jochen Dubiel stellt in seiner Studie zur *Dialektik der postkolonialen Hybridität* (2007) mehrere gelungene Beispielinterpretationen thematisch wie ästhetisch hybrider Texte vor. So wählt er Axel Dunkers an Edward Said orientierte ‚kontrapunktische Lektüre' des Raabe'schen Werks als Modell für eine gelungene Analyse aus. Zwar sei auf die antikoloniale Perspektive der Novelle *Stopfkuchen* schon mehrfach hingewiesen worden, doch stelle Dunkers Interpretation insofern ein Novum dar, als sie beide Textebenen, auf die ja der Titel ausdrücklich verweist – also die See- und die Mordgeschichte –, miteinander in Beziehung setzt, deren strukturale Hybridität unter dem Blickwinkel einer ‚kontrapunktischen Lektüre' erfasst und sie so als Kolonialgeschichte(n) zu deuten vermag.

Das ***contrapuntal reading,*** also die Said'sche Methode einer Re-Lektüre von Texten, die auf den ersten Blick scheinbar nichts mit Doppelperspektiven im Sinn haben, bürstet die Texte ‚gegen den Strich' und fördert das in ihnen Verschwiegene zutage: „Die Lektüre eines Textes muß ihn für das öffnen, was darin Eingang gefunden, *und* für das, wogegen sein Autor ihn abgedichtet hat." (Said 1994, S. 113; Hervorh. im Orig.) Dabei gilt es allerdings, graduelle Unterschiede zu beachten, denn nicht in jedem Text manifestiert sich der „unheimliche Doppelblick" (Dubiel 2007, S. 214) auf die gleiche Weise. So ist eine die (mutmaßlichen) Intentionen eines Autors gleichsam ‚unterlaufende' subtextuelle Perspektive (etwa in Joseph Conrads *Heart of Darkness*) von der beabsichtigten Einfügung einer weiteren Textebene zu unterscheiden, auf die im Falle Raabes dessen Selbstäußerungen schließen lassen. In diesen artikuliert er seinen Stolz darauf, den außereuropäischen Blick in die deutsche Literatur eingeführt zu haben – wie dies Rudyard Kipling in Bezug auf die englische getan habe (vgl. Dunker 2005, S. 149).

Tatsächlich ist der bereits auf der ersten Seite erfolgende intertextuelle Verweis nicht zu übersehen:

> „‚Geben wir den Beweis aus der ‚Verhängnisvollen Gabel', Eduard, daß wir immer noch unsere Literaturkunde am Bändchen haben!' Eduard ist nämlich mein Taufname und Mopsus heißt bei August von Platen der Schäfer in Arkadien, welcher ‚Auf dem Vorgebürg der guten Hoffnung mit der Zeit ein Rittergut zu kaufen wünscht und alles diesem Zwecke erspart.' ‚Wie kam er drauf?', fragt Damon, der Schultheiß von Arkadien, und dieselbe Frage an mich zu stellen, ist die Welt vollauf berechtigt." (Raabe: Stopfkuchen, S. 7)

Und auch, dass Eduard *seine* südafrikanische Geschichte anschließend gar nicht erzählen kann, ist verdächtig. Mehr als dass er in Südafrika als Farmer, also als Großgrundbesitzer, zu Reichtum gekommen ist, erfahren wir kaum: „Nämlich ich habe es in Südafrika zu einem Vermögen gebracht, und das bringen Leute ohne tote Sprachen, Literatur, Kunstgeschichte und Philosophie eigentlich am leichtesten und besten zustande." (ebd.) Jedenfalls sind intertextuelle Verflechtungen selbst **hybride Strukturelemente** – oder sie verweisen auf solche. In diesem Fall wird August von Platens Lustspiel *Die verhängnisvolle Gabel* (1826) aufgerufen, in dem ein Schäfer Frau und Kinder ermordet, um dadurch zu Geld zu kommen. Damit sei, so Dunker, die Geschichte Eduards und seines Reichtums von Anfang an „mit Mord und Totschlag konnotiert" (2008, S. 133). Ausgehend von dieser Lektürelenkung (die Raabe nicht einfach ‚unterläuft', sondern von ihm

3.3 Hybridität

gezielt eingesetzt wird) lassen sich immer mehr Elemente ‚strukturaler Hybridität' entziffern, die in **topographische, personale, temporale, aktionale Hybridität** aufzufächern ist.

So ist die Rote Schanze, der Bauernhof, nicht nur mit der heimischen Gewaltgeschichte, dem Siebenjährigen Krieg (1756–1763), verbunden, sondern über weiterführende Assoziationen auch mit kolonialer Gewalt. Heiß war es dort einst wie in Afrika – „O Eduard, in der Tertiärzeit soll es hier noch so heiß gewesen sein wie heute bei dir zu Hause im heißesten Afrika" (Raabe: Stopfkuchen, S. 100) –, und Stopfkuchen sammelt Fossilien, die auf eine graue Vergangenheit verweisen, „die man im kolonialen Diskurs mit Vorliebe auf entfernte Gebiete projiziert hat" (Dubiel 2007, S. 226). Kombiniert ist diese **temporale Hybridität** mit einer **topographischen Hybridität,** die sich daraus ergibt, dass ein (verschwiegenes) Afrika mit der heimatlich-spießbürgerlichen Idylle assoziiert ist, wie die „Spitzweg-Bilder über dem Sofa und Fotografien von der Beschaulichkeit des ‚kleinen Manns' – des weißen und deutschen natürlich im Fotoalbum" (Dunker 2008, S. 133) belegen.

Gleichzeitig werden Stopfkuchens Eroberungen mit der **personalen Hybridität** des Bauern Quakatz und seiner Tochter, der nachmaligen Gattin der Titelfigur, legitimiert: Beide sind durch Wildheit geprägt und Stopfkuchens Eroberung der Roten Schanze geht mit derjenigen Valentines einher. Diese ist ihrem Mann für die zwangsweise Akkulturation sogar noch dankbar; die Domestizierung der Quakatz-Tochter zum „Quakätzchen" – die Löwin mutiert zum Haustier – wird von ihr selbst ausdrücklich bejaht. Sie bekundet, „daß ich mich gern und willig nun in meinen jetzigen Jahren in alles füge [...], obgleich das eigentlich leider Gottes gar nicht in meiner Natur liegt" (Raabe: Stopfkuchen, S. 153).

Stopfkuchen selbst wird in einer sehr schwer zu deutenden Textstelle mit dem Kolonialismus in Beziehung gebracht. Sein Lebensmotto, so behauptet er, der ja nie aus der Provinz hinausgekommen ist, sei die über seine Haustür gemalte Aufforderung Gottes an Noah: „*Gehe aus dem Kasten!*" (ebd., S. 75; Hervorh. im Orig.) – und, so wäre kontextuell zu ergänzen: Mache dir die Länder untertan. Stopfkuchen kann also, das schlussfolgert Dunker, trotz seiner Verwurzelung in der Heimat als Konterpart der kolonialen Aktivitäten Eduards gesehen werden (vgl. 2005, S. 151 f.). Nicht zufällig gründet sich sein Reichtum auf Zucker – eine begehrte Kolonialware –, er ist ein Eroberertypus, der selbst auf James Fenimore Coopers Roman *The Last of the Mohicans* (1826) verweist, als er die Geschichte der ‚kolonialen' Beziehung zu seiner Frau erzählt (vgl. Raabe: Stopfkuchen, S. 121). **Aktionale Hybridität** gemäß der Terminologie Dubiels ergibt sich hier also aus der Nähe zwischen Stopfkuchens Handlungsweisen und denen eines Kolonisators.

Zusammengenommen ergeben die benannten Formen der Hybridität bei Raabe eine **übergeordnete Hybridität,** nämlich die seiner **narrativen Perspektive.** Paradoxerweise ist es gerade ein externer Blickwinkel, der in der Novelle des bürgerlichen Realisten betont und strukturell vorgeführt wird. Verbunden sind alle hybriden Elemente durch eine rahmende ‚Textklammer'. Die von Eduard auf See niedergeschriebene Geschichte privilegiert eine ‚exterritoriale' Sichtweise, wobei damit im Falle Eduards keineswegs eine antikoloniale oder auch nur kolonialismuskritische Perspektive gemeint sein kann. Eduard ist eine zutiefst ambivalente Figur, an deren rassistischer Einstellung keine Zweifel bestehen: So spricht er bspw. von einem „besoffene[n] Niggersteward" (Raabe: Stopfkuchen, S. 101). Ungeachtet dessen verzichtet Dunker auf eine eingehende Analyse der intertextuellen Bezüge zum Reisebericht Levaillants; überdies könnte man über den Begriff des ‚inneren Afrika' (s. Abschn. 3.1) und seine psychoanalytischen Implikationen womöglich noch eine weitere hybride Textdimension „ins hermeneutische Spiel" (Dunker 2005, S. 152) bringen. Wie sehr das ‚koloniale Abenteuer' seit jeher mit dem Aufbruch ins erotisch vermeintlich Andersartige verbunden war, ist mittlerweile in einer Vielzahl von Untersuchungen gezeigt worden (vgl. etwa Akashe-Böhme 1993; Hölz/Schmidt-Linsenhoff/Uerlings 2001, 2004; Uerlings 2005). Und der überdeutliche Verweis auf die „doppelschlächtige deutsch-holländische Brut" (Raabe: Stopfkuchen, S. 207) am Schluss der Novelle *Stopfkuchen* ist nur ein Indiz mehr für eine Hybridisierung, die trotz allem noch biologistisch gedacht wird.

3.3.4 Kritik am Konzept der Hybridität

Die Hauptkritik an der „Holy Trinity of Postcolonialism" (Young 1995, S. 163), also Bhabha, Said, Spivak, bezieht sich insbesondere auf Bhabhas Betonung von „synergy and transculturation" (Ashcroft u. a. 2013, S. 119), insofern damit oppositionelle politische Verhältnisse verschleiert und (post-)koloniale Abhängigkeiten perpetuiert werden, so Ashcroft in seiner pointierten Zusammenfassung. Er hebt zwar hervor, dass Bhabha nirgends behaupte, dass von einem *„equal exchange"* (ebd., S. 119; Hervorh. im Orig.) auszugehen sei, weist aber auch auf kritische Stimmen hin, die „the textualist and idealistic basis of such analysis" (ebd.) monieren und feststellen, dass ein Ansatz wie derjenige Bhabhas lokale Differenzen vernachlässige.

Dass Bhabha **Gender-Aspekte** nicht hinlänglich einbezieht, ist bekannt (vgl. die Kritik von Blumentrath u. a. 2007); Young ist darüber hinaus zu einer These gelangt, wonach jedes Modell von Hybridität implizit eine „politics of heterosexuality" (1995, S. 25) in sich trägt – eine etwas vertrackte Argumentation, die hier nicht weiterverfolgt werden soll (vgl. ausführlich dazu: Schwarz 2015).

Den lautesten Widerspruch provozierte aber die angebliche Tendenz zur ‚universalistischen Verabsolutierung' des Hybriditätsbegriffs und dessen daraus resultierende **Wirklichkeitsferne.** Aus dem epistemologischen Problem der behaupteten Universalität resultiert ein politisches, wie in der Einführung von María Do Mar Castro Varela und Nikita Dhawan nachzulesen ist: „Wenn jede Kultur hybrid und keine selbstidentisch wäre, dann würde das Postkoloniale logischerweise seine spezifische Handlungsmacht, die Bhabha behauptet, verlieren." (2005, S. 101) Daran, dass Oppositionen gegen eine Kolonialmacht von

Bhabha als einem ‚binären' Denken verpflichtet abgelehnt würden, weil sie innerhalb der ‚Logik' des Nationalen handelten (und nicht außerhalb stünden), zeige sich die Wirklichkeitsferne seines Begriffs der ‚Handlungsmacht' *(agency)*: Zu einem bestimmten historischen Zeitpunkt gebe es eben keine andere Form des Widerstands als die Opposition. Im Übrigen sei Bhabha an präkolonialen Phasen nicht interessiert (etwa an der historisch vorgängigen Unterdrückung niederer Kasten in Indien) und könne daher das Interesse lokaler Eliten an einer Zusammenarbeit mit den Kolonialherren nicht richtig ausdeuten.

Die **Appelle der Kritiker/innen** zielen also wesentlich darauf ab, verschiedene Hybriditätsmodelle voneinander zu unterscheiden, so bspw. erzwungene Assimilation, internalisierte Selbstablehnung, kulturelle Mimikry etc., und diese historisch konkret zu situieren. In dieselbe Kerbe schlägt die Kritik an der einseitigen Deutung von Mimikry als einer ‚subversiven' Strategie – Bhabha unterschätze damit schlicht die Handlungsmacht der Kolonialherren (vgl. ebd., S. 106). Was verabsolutierte Konzepte von Hybridität aufgrund der Positivierung des Dezentralen übersähen, so lautet ein weiterer Einwand, sei der Umstand, dass migrierende Subjekte „konstant neue Formen essentialistischer Identitäten hervorbringen" (ebd., S. 104) – anstatt sich selbst als ‚fragmentiert' zu begreifen. Marxistische Kritiker/innen wie Aijaz Ahmad haben genau an diesem Punkt ironisch darauf verwiesen, dass sich eine solche Attitüde wohl nur ein „sehr moderner, sehr wohlhabender, äußerst entwurzelter Intellektueller" (Ahmad 1992, S. 68) leisten könne. Ahmad und andere Autor/innen (u. a. Bayart 2010) werfen den postkolonialen Theoretiker/innen vom Schlage Bhabhas sogar vor, sich aufgrund ihres politisch unfruchtbaren theoretischen Eklektizismus – der noch dazu einzig und allein westlicher Provenienz sei – zum ‚Erfüllungsgehilfen' des global agierenden Neokolonialismus zu machen (vgl. z. B. Moore-Gilbert 2000, S. 435; Loomba 1998, S. 178).

Zusammenfassend kann man sagen, dass es sich hierbei um bedenkenswerte Interventionen handelt, die zu Recht für eine systematische Differenzierung und historische Kontextualisierung des Hybriditätskonzepts und insbesondere für eine Unterscheidung zwischen empirischer und normativer Hybridität plädieren.

3.4 Von der ‚Gastarbeiterliteratur' zur interkulturellen Literatur

3.4.1 Entwicklungen der Terminologie

Historische Rückblicke, die ausgehend von der gegenwärtigen **Migrationsliteratur** nach deren Beginn Ausschau halten, reichen selten weiter zurück als bis zur sogenannten **Gastarbeiterliteratur.** Karl Esselborn hat festgestellt, dass dieses Anfang der 1980er Jahre „noch neue Phänomen" recht bald „zu einem, wenn auch marginalen, Thema der Germanistik, speziell in ihrer interkulturellen und xenologischen Variante" (1997, S. 47), geworden ist. Damit wird die jüngste literarische Produktion von Autor/innen mit Migrationshintergrund in eine bestimmte Traditionslinie eingeordnet: Zu dieser gehören dokumentarische, autobiographische und bekenntnishafte Werke, die mit dem Begriff der engagierten Literatur *(littérature engagée)* oder mit dem der ‚Literatur der Betroffenheit' gekennzeichnet werden können und von den Verfassern (darunter Franco Biondi und Rafik Schami) auch selbst so etikettiert wurden (vgl. ebd., S. 51). Obgleich diese literaturgeschichtliche Sichtweise ihre Berechtigung hat, insofern sie das Augenmerk auf eine in Deutschland entstandene Literatur richtet, deren Produzenten zwar keine Muttersprachler des Deutschen waren, es aber als Literatursprache zu nutzen begannen, ist damit doch auch eine **Blickverengung** verbunden.

Des Weiteren sind die in diesem Zusammenhang aufkommenden, teils **einander ablösenden Termini** nicht allesamt auf der gleichen Ebene anzusiedeln: „Bezeichnungen wie ‚Gastarbeiterliteratur', ‚Emigranten-' und ‚Immigrantenliteratur', ‚Migrationsliteratur', ‚Ausländerliteratur', ‚Gastliteratur', ‚eine nicht nur deutsche Literatur', ‚Literatur der europäischen Arbeitsmigration', ‚Minderheiten-Literatur', ‚inter-/multi-/mehrkulturelle Literatur', ‚Literatur im interkulturellen Kontext', ‚Literatur der Fremde – Literatur in der Fremde', ‚Literatur(en) in Deutschland'" (ebd., S. 49) zeigen vor allem, wie schwer sich die germanistische Literaturwissenschaft mit dem Phänomen ‚Interkulturalität' tut. Einerseits ist man in den letzten Jahren von zu stark auf die Biographien der Autor/innen bezogenen Begrifflichkeiten abgerückt, um sich stattdessen auf Phänomene wie Migration, Globalisierung und kulturelle Hybridisierung zu konzentrieren; andererseits werden immer wieder Versuche unternommen, ‚politisch korrekte' Termini neu zu prägen. So schlägt Laura Peters (2011) das Konzept ‚**Literatur der Postmigration**' vor und betont damit, dass auch zweite und dritte Generationen von Einwanderern von der Migration der Eltern oder Großeltern noch betroffen sind – jedoch verabsolutiert ein solches Konstrukt einmal mehr den Migrationsaspekt und vernachlässigt die ästhetisch-thematische Eigenständigkeit der Schriftsteller/innen. Zu Recht merkt Volker C. Dörr an, dass „,Migrant der zweiten Generation' [...] eigentlich ein Oxymoron" (2006, S. 148) sei – ohne allerdings Konsequenzen daraus zu ziehen und den Begriff eben, und sei es aus ‚pragmatischen Gründen', nicht zu verwenden. Auch die im Allgemeinen durchaus differenzierten Überlegungen Esselborns weisen einen zwischen Interkulturalität und Transkulturalität schwankenden Begriffsgebrauch auf: Bereits 1997 findet sich bei ihm etwa die Kategorie einer „interkulturellen literarischen Szene von internationaler Geltung" neben der einer „transkulturellen neuen Weltliteratur" (Esselborn 1997, S. 66), die auf Wolfgang Welschs einseitige ‚Transkulturalitäts'-Terminologie zurückgreift (s. dazu Abschn. 2.2). Auch zu dieser Zeit konnte man schon kaum mehr sagen, dass „[d]ie deutsche Literatur [...] wohl insgesamt zu national und zu ‚provinziell'" (ebd.) sei.

In Abwägung des terminologischen Für und Wider spricht vieles für die Verwendung des Terminus ‚**interkulturelle Literatur**', gestattet er es doch, sowohl die **diachrone Entwicklung** ‚nationaler' Literaturen wie der deutschen unter dem

3.4 Von der ‚Gastarbeiterliteratur' zur interkulturellen Literatur

Blickwinkel der Interkulturalität zu betrachten als auch das Phänomen der neueren Migrationsliteratur als etwas zu begreifen, das mit analogen Phänomenen literaturgeschichtlich verbunden werden kann und also nicht als losgelöste Erscheinung zu begreifen ist. So sind Themen wie die Begegnung mit dem Fremden, dessen Erkundung, Kategorisierung und Bewertung seit jeher integraler Bestandteil aller ‚nationalen' Literaturen. Es ändert sich jedoch episodisch die Blickrichtung: War der Blick ins Innere einer (national geprägten) Kultur lange Zeit eher die Ausnahme – oder wurde von Angehörigen dieser Kultur unter der Vorgabe eines ‚fremden Blicks' gewagt, etwa in Montesquieus *Lettres persanes* (1721) oder Erich Scheurmanns *Der Papalagi. Die Reden des Südseehäuptlings Tuiavii aus Tiavea* (1920) –, so wird diese Blickumkehr in der neueren interkulturellen Literatur zum Normalfall. Und nicht nur das: Durch Veränderungen des Kanons wird sie zum unabtrennbaren Teil der Literatur eines Landes.

Die Einführung in die interkulturelle Literatur von Michael Hofmann und Iulia-Karin Patrut verzichtet erstaunlicherweise auf eine genaue Definition, liefert dafür aber eine Ersatzkonstruktion, mit der sie bestimmte Aspekte stärker als andere hervorhebt. Man könnte angesichts dessen von einer ‚**Aufmerksamkeitslenkung**' sprechen: „In der interkulturellen Literatur aus den letzten, stark von Migration und Transmigration geprägten Jahrzehnten rückt die Auseinandersetzung mit dem Stellenwert von Fremdheit für den eigenen Selbstentwurf, aber auch mit Heterogenität, hybriden Äußerungen, Dialog und Anerkennung unübersehbar ins Zentrum der deutschsprachigen Literatur." (Hofmann/Patrut 2015, S. 8) Dies jedoch sind Aspekte von Interkulturalität, die generell in zahllosen literarischen Werken zu finden sind – nicht nur in der ‚Literatur von außen', also in der Migrationsliteratur. So wird denn auch eine diachrone Revision der ‚national' eingehegten Literaturen möglich, mithin eine erst in Ansätzen vorhandene **interkulturelle Literaturgeschichte** (vgl. ebd., S. 22).

3.4.2 Eigenständigkeit und Einheitlichkeit interkultureller Literatur?

Kategorisierungen haben den Vorteil, auf ein literarisches Feld überhaupt aufmerksam zu machen und Gemeinsamkeiten herauszustellen. Diese aber erweisen sich bei näherem Hinsehen – und das ist der damit verbundene Nachteil – meist als bloß heuristische Konstruktionen. Zwischen Texten von Autor/innen des interkulturellen literarischen Feldes existieren ebensolche Unterschiede wie insgesamt in der Literatur, und diese Unterschiede sind keineswegs nur durch zeitgebundene Veränderungen bedingt. Sie bestehen nicht allein zwischen Werken, die der älteren ‚Gastarbeiterliteratur' zugeordnet werden, und solchen, die zur gegenwärtigen interkulturellen Literatur zählen. Gewiss liegen zwischen einem frühen Text von Aras Ören oder Franco Biondi über Gefühle des Verlusts (von Familie, Sprache, Heimat) und einer Erzählung von Terézia Mora über eine Außenseiterin in einem archaisch anmutenden Dorf (*Der Fall Ophelia*, 1999)

Jahrzehnte der Zuwanderung. Möglich wäre es indes, bestimmte Blickachsen der Deutung zu bestimmen, auf denen Gemeinsamkeiten beschreibbar bleiben, etwa die eher provinzieller Herkunftsräume oder die der Entfremdungsgefühle und Selbstbehauptungsversuche in einer als feindlich empfundenen Umwelt. Zugleich aber sind die Unterschiede unübersehbar: Die ästhetischen Verfahren Moras sind wesentlich komplexer, sie arbeitet mit stark durchgeformten Visualisierungen, nicht etwa nur mit vergleichsweise konventionellen Bildern und Symbolen. Doch auch zwischen Angehörigen ein und derselben Schriftstellergeneration sind oft mehr Unterschiede als Gemeinsamkeiten zu konstatieren. Eine Kategorisierung nach georäumlicher Herkunft, wie sie das Handbuch der interkulturellen Literatur (vgl. Chiellino 2000) und auch noch der Band von Hofmann und Patrut vornehmen, kann allenfalls eine vorläufige Orientierung bieten.

Das Phänomen interkultureller Gegenwartsliteratur war immer schon durch Vielfältigkeit und Differenzen geprägt. Esselborn hat deshalb mit Recht die Frage gestellt: „Handelt es sich überhaupt um eine eigenständige Literatur […]?" (1997, S. 48) **Vereinheitlichungsbestrebungen** gab es jedenfalls zunächst vonseiten der Autor/innen selbst: In programmatischen Äußerungen zum Selbstverständnis der ‚Gastarbeiterliteratur' als einer ‚Literatur der Betroffenheit' stellte eine Gruppe von überwiegend männlichen Schriftstellern ihr Programm einer durch die Arbeitsmigration bestimmten Literatur vor (vgl. ebd., S. 51). Durch Zusammenschlüsse zu Plattformen wurden also Homogenisierungen befördert, mit denen eine ähnliche Rezeption insbesondere im Feuilleton korrespondierte, wie Dörr (2008) herausgearbeitet hat. Dabei verstand man die Herkunft als entscheidenden Parameter und installierte eine poetologische Norm: Zum einen wurde eine Art „kollektive Identität" (ebd., S. 27) entworfen, die auf Vorstellungen einer vorrangig kulturellen Zusammengehörigkeit aufruhte, was nicht selten zu exotistischen Rezeptionsmustern führte. Zum anderen wurde eine Authentizitätsnorm festgeschrieben, wobei man ein Gefühl der ‚Zerrissenheit' für essenziell erklärte: Gegen eine solche Position des Dazwischen als zentrale Rezeptionskategorie hat Leslie Adelson (2006) mit ihrem Manifest *Against between* protestiert, denn damit war **Migrationsliteratur** stets nur als defizitär zu beschreiben. Sehr zutreffend weist auch Dörr darauf hin, dass die enormen „Beharrungstendenzen" (2008, S. 27) vereinseitigender Kategorisierungen geradezu groteske Züge annehmen, wenn sie Autoren wie Feridun Zaimoglu, die ganz offenkundig aus dem Raster fallen, diesem unverdrossen weiterhin einschreiben.

Auf einen nicht unwesentlichen Aspekt der ‚Zwangsvereinheitlichung' hat Petra Günther hingewiesen. Erst auf dem Umweg über die ‚Auslandsgermanistik' habe sich ‚Migrantenliteratur' als Forschungsfeld etabliert, um schließlich von der ‚Inlandsgermanistik' ‚kolonisiert', d. h. vereinnahmt und ihren Maßstäben unterworfen zu werden. Hier schließt Günther an die Kritik von Arlene Akiko Teraoka an, die davon gesprochen hatte, dass man es mit einer „new pseudocolonial literature" zu tun habe, einer Literatur, die als Claim abgesteckt werde, „managed, controlled and ministered by its white experts" (zit. n. Günther 2002, S. 152). Eine ähnliche Entwicklung befürchtet Günther hinsichtlich der Postkolonialen Studien, die Gefahr liefen, ihren Gegenstand selbst zu ‚kolonisieren'.

Harald Weinrich hat mit der Etablierung des **Adelbert-von-Chamisso-Preises,** der von 1985 bis 2017 vergeben wurde, ein wichtiges Instrument zur Wahrnehmung von Schriftsteller/innen ‚nicht deutscher Muttersprache' geschaffen: Mit dem Adelbert-von-Chamisso-Preis ehrte die Robert Bosch Stiftung „herausragende auf Deutsch schreibende Autoren, deren Werk von einem Kulturwechsel geprägt ist und die ein außergewöhnlicher, die deutsche Literatur bereichernder Umgang mit Sprache eint", heißt es auf der Website der Stiftung (https://www.bosch-stiftung.de/de/projekt/adelbert-von-chamisso-preis-der-robert-bosch-stiftung). Die **Ambivalenz dieser Auswahlkriterien** wurde immer wieder diskutiert, unter Beteiligung jener Autor/innen, die den Preis selbst erhalten hatten und doch den Aspekt einer ‚Ghetto-Bildung' kritisch hervorhoben. Weinrichs Ausgangspunkt war die Vorstellung einer Bereicherung der deutschen Literatur durch „eine deutsche Literatur von außen" (Weinrich 1983, S. 911) gewesen. Dieser „Ausländerliteratur" (ebd., S. 917) wurden bestimmte Funktionen zugeschrieben: Vor allem sollte sie als „kunstvoll erschwerte [...] Sprache" (ebd., S. 918) eingefahrene Routinen der literarischen Rezeption durchbrechen. Ausgegangen wurde also davon, dass entsprechende Werke bereichernd auf den Kernbestand der deutschen Literatur einwirken können – einer Literatur, der immer wieder eine gewisse ‚Sterilität' vorgeworfen wurde und die daher dringend einer Auffrischung zu bedürfen schien.

In seinem Plädoyer hebt Weinrich zwei Aspekte besonders hervor, welche die obigen Beobachtungen zu einer ‚gut gemeinten' Instrumentalisierung der Migrationsliteratur für eine Kanonerweiterung unterstützen: Die so entstandene Literatur der Betroffenheit sieht Weinrich mit einem im Kern sehr deutschen „Modus der existentiellen Betroffenheit" (ebd., S. 916) verbunden, dem sich die Autor/innen seiner Ansicht nach verpflichtet fühlen. Ferner wird bei den Schreibenden nicht nur eine positive Einstellung zur deutschen Sprache wahrgenommen, sondern ihnen sogar attestiert, in ihrer Mehrheit „ein unvermischt reines und ganz korrektes Deutsch" (ebd., S. 919) zu schreiben. Ketzerisch gesagt, könnte man hinter solcher Anerkennungspolitik sprachpflegerische Bestrebungen erkennen: Nur wer als ‚Kulturwechsler' ein lupenreines, ‚unvermischtes' Deutsch spreche, gehöre zur deutschen Kultur, die als ‚Leitkultur' nicht infrage gestellt wird. Analog zu jener Denkfigur, welche die Philosophie als Magd der Theologie begreift *(philosophia ancilla theologiae)*, wird die ‚ausländische' Literatur somit als Magd der deutschen verstanden. Dass sie sich jemals einen eigenständigen Platz *innerhalb* der deutschsprachigen Literatur erobern könnte, weshalb Leslie Adelson überpointierend von einem *turkish turn* gesprochen hat (vgl. Adelson 2005), konnte man sich zu Beginn der 1980er Jahre offenbar noch nicht vorstellen – und doch ist genau dies passiert.

Die Entscheidung die Preisvergabe einzustellen, begründet die Robert Bosch Stiftung damit, dass die Werke der ausgezeichneten auf Deutsch schreibenden Autor/innen mit Migrationsgeschichte „[...] heute selbstverständlicher und unverzichtbarer Bestandteil deutscher Gegenwartsliteratur" seien, womit der Preis „seine Zielsetzung erreicht" habe (https://www.bosch-stiftung.de/de/presse/2016/09/ziel-erreicht-robert-bosch-stiftung-beendet-chamisso-preis). Die Vergaberichtlinien des Chamisso-Preises wirkten in diesem Prozess der ‚Normalisierung' von Migrationsliteratur als ein zweischneidiges Schwert, weil sie einerseits den Parameter der Betroffenheit, ja Zerrissenheit und damit auch der autobiographischen Selbstbezüglichkeit aufrechterhielten und eine Erwartungshaltung an eine Gruppe von Autor/innen, weniger aber an deren literarische Produktion formulierten, die gleichfalls zur ‚Zwangsvereinheitlichung' führte. Andererseits richtete sich der Fokus damit doch auf Autor/innen, deren Werke von großer Vielfalt geprägt waren. Gleichwohl bleibt, das dokumentiert auch Carmine Chiellinos Handbuch zur interkulturellen Literatur aus dem Jahr 2000, Herkunft ein wichtiges Kriterium der Kategorisierung, mit dem jedoch keine normativen und homogenisierenden Vorannahmen verbunden werden sollten.

Nach großer Kritik an der Aufgabe des Literaturpreises durch die Robert Bosch Stiftung wurde im Jahr 2019 die Preisvergabe durch Förderer aus Wirtschaft und Zivilgesellschaft unter dem Namen **Chamisso-Preis/Hellerau** mit deutlich politischer Stoßrichtung wiederaufgenommen. Der Namenszusatz ‚Hellerau' verweist auf die ehemalige Gartenstadt vor den Toren Dresdens, die als ‚Laboratorium der Moderne' um 1910 gilt, und an deren Tradition der Moderne und Weltoffenheit der Literaturpreis anknüpfen möchte. Die Stadt Dresden, die in den vergangenen Jahren mit Pegida-Aufmärschen von sich reden machte, setzt mit der Wiederaufnahme des Literaturpreises somit ein deutliches politisches Zeichen für „gesellschaftliches Engagement und Mitwirken bei der Suche nach einer Zukunft für ein Deutschland, das sich nicht abschottet" – ohne dieses politische Engagement von den gewürdigten Autor/innen oder deren Werken dezidiert einzufordern. Vielmehr wird davon ausgegangen, dass die Literatur von Migrant/innen „dem Einwanderungsland wider Willen Deutschland einen Weg in die Zukunft gemeinsamer Vielfalt" zeigen könne, da sie uns „eine Fülle an Erfahrungen" schenke und diese „mit einem ästhetischen Rang" verbinde, „der inzwischen Maßstäbe im Schreiben der Gegenwart setzt" (https://www.chamissopreishellerau.de).

3.4.3 Modelle und Methoden des Umgangs mit interkultureller Literatur

Von der „Zuordnung zu Traditionen und Funktionen der Arbeiter-Literatur" (Kreuzer 1984, S. 7) hat sich interkulturelle Literatur längst emanzipiert (wenn sie denn jemals ganz zur Arbeiterliteratur zu zählen war). Des Weiteren hat sich mit ihren Gegenständen auch die Literaturwissenschaft ‚internationalisiert'. Aus einer traditionell ausgerichteten, am Kulturvergleich interessierten Komparatistik und den diversen ‚Nationalphilologien' sind im Zuge der Globalisierung, die das „‚Leben in Zwischenräumen'" (Esselborn 2004, S. 13) zusehends zum Normalzustand hat werden lassen, kulturwissenschaftliche Disziplinen entstanden, die mit einem erweiterten Kulturbegriff operieren und eher deskriptiv als normativ verfahren. Mobilität und ‚Nomadismus' als Daseinsformen im Transit werden indessen nicht nur theoretisch zu erfassen versucht, sondern erlangen gelegentlich sogar den Status einer Utopie – angeregt etwa durch Vilém Flusser, der den Status des Exilanten in seiner ‚Nomadologie' positivierte (vgl. Flusser 1990).

Hatte Weinrich noch um eine ‚Literatur von außen' bitten müssen, so sah sich die Literaturwissenschaft der 1990er und 2000er Jahre mit der Aufgabe konfrontiert, die Fülle der Erscheinungen zu ordnen, sie kategorial handhabbar zu machen. Dies geschieht bspw. mit dem **Modell der ‚kleinen Literaturen'**, wie es Gilles Deleuze und Félix Guattari am Beispiel Kafkas entwickelt haben (vgl. Deleuze/Guattari 1983). Immacolata Amodeo (1996) hat es in der ersten Überblicksdarstellung zur Literatur ausländischer Autor/innen in der Bundesrepublik als Beschreibungsmodell übernommen. Wie Deleuze und Guattari sieht sie die Partizipation einer *littérature mineure* an der ‚großen Sprache' als durch verschiedene Faktoren bestimmt an, etwa durch die deterritorialisierte Position der ‚kleinen Sprache', den zwingenden Bezug des Einzelnen auf das unmittelbar Politische und die zwangsläufig kollektive Form der individuellen Äußerung (vgl. Immacolata 1996). Wenngleich es deskriptiv gedacht ist, verbinden sich mit dem Modell der ‚kleinen Literaturen' aber doch fast zwangsläufig wieder Elemente einer normativen **Poetik der Alterität** wie die Bevorzugung von Heterogenität, Amalgamierung, Fragmentarität und Polyglossie. Dagegen hat Aglaia Blioumi in ihren Publikationen Wert auf ein Raster gelegt, das interkulturelle Literatur definierbar machen soll, ohne sie poetologisch zu normieren. So seien ein dynamischer Kulturbegriff, kulturelle Selbstreflexion, das Ausstellen von Hybridität und ein ‚doppelter Blick' Merkmale der interkulturellen Literatur (vgl. Blioumi 2001).

Auch wenn die genannten Arbeiten dezidiert nicht normative Deutungsmodelle anzubieten beanspruchen, bleibt der Umschlag von deskriptiver Analyse in normative Vorgaben im skizzierten Zusammenhang ein Problem. Denn stets geht es um das Verhältnis einer Minderheitenliteratur zur ‚Nationalliteratur' – und damit um Fragen der Kanonbildung. Welche Werke in welcher Form zum ‚deutschen' Kanon gehören, ist eine Frage, die die Literaturwissenschaft immer wieder umtreibt, so schon in Bezug auf die **Exilliteratur,** die **Literatur aus multikulturellen Regionen** wie der Bukowina oder auf Texte von Angehörigen **deutschsprachiger Minderheiten** in Tschechien, Rumänien etc.

Ein Gedankenmodell Dörrs aufgreifend, das dieser jedoch selbst als problematisch charakterisiert (vgl. Dörr 2008, S. 23), sei zuletzt darauf hingewiesen, dass interkulturelle Literatur tatsächlich, ähnlich wie die Autobiographik, wesentlich durch ihre **paratextuelle Verortung** bestimmt wird. Dörr brachte deshalb in Analogie zum Begriff des ‚autobiographischen Pakts' von Philippe Lejeune (vgl. Lejeune 1994) den des ‚**interkulturellen Paktes**' ins Spiel. Was interkulturelle Literatur ist, so könnte man stipulativ formulieren, wird von einem Set an Merkmalen bestimmt: Zu diesen gehören der (nicht deutsch klingende) Name einer Autorin oder eines Autors und die Erwartungshaltung der

Rezipient/innen an eine mit diesem Namen verbundene, nationalkulturell verankerte Erzählweise (etwa eine ‚ornamentale', ‚orientalische' Oralität) – sowie aufseiten der Autorin bzw. des Autors die Bereitschaft zur ‚Einlösung' dieses Paktes. Obwohl diese Elemente des Paktes sehr traditionell anmuten, sind sie doch noch immer wirksam – hier ist Dörr (vgl. 2008, S. 22) unbedingt zuzustimmen. Erst wenn sowohl die automatisierte Verbindung von Namen und kultureller Zugehörigkeit verschwinden, wird es zu einer **Selbstaufhebung interkultureller Literatur** kommen: Erkennt man, dass Namen wie derjenige Herta Müllers, der gerade nicht auf den Migrationshintergrund der Autorin verweist, orientalisierende ‚Selbstethnisierungen' wie diejenigen Rafik Schamis oder rebellische Absetzungen von kollektiven Erwartungen wie in Feridun Zaimoglus Debütband *Kanak Sprak* (1995) die Paktkonstruktion als solche fragwürdig machen, so ist dies schon als Ergebnis eines bewussteren Umgangs mit Interkulturalität zu werten. Würde man schließlich in einer experimentellen Studie Texte wie Goethes „Buch Suleika" aus dem *West-östlichen Divan* (1819) oder Sten Nadolnys *Selim oder Die Gabe der Rede* (1990) unter andere interkulturelle Literatur mischen, so würde rasch deutlich, wie die Mechanismen solcher Zuordnungen funktionieren. Denn könnten Leser/innen, denen diese Werke bislang unvertraut sind, wirklich erkennen, dass sie nicht von ‚Orientalen' stammen?

3.5 Interkulturelle Literatur als neue Weltliteratur?

3.5.1 Renaissance des Goethe'schen Begriffs der Weltliteratur unter neuen Vorzeichen

Es liegt nahe, das gegenwärtige Zeitalter der Globalisierung als Erfüllung der Goethe'schen Vision einer „Epoche der Welt-Literatur" (Eckermann 1986, S. 207) zu begreifen. Postkoloniale Theoretiker knüpfen denn auch häufig an Goethe an – mit einem allerdings rezeptiv verengten Verständnis des Kunstwortes ‚**Weltliteratur**', wie etwa Dieter Lamping (2010, S. 130–135) hervorhebt. Insofern ist es berechtigt, danach zu fragen, ob die Renaissance des Terminus nicht womöglich auf einem Missverständnis beruht bzw. in welcher Form die fortgesetzte Begriffsverwendung neue Aspekte integriert, an die Goethe noch nicht denken konnte – auch wenn er einer derjenigen war, die sich mit (Zwangs-),Migration' (z. B. in *Iphigenie auf Tauris* von 1787 und in den *Unterhaltungen deutscher Ausgewanderten* von 1795), mit nomadischem Dasein, etwa im *West-östlichen Divan* (vgl. Lützeler 2007, S. 239 f.), und mit einem (elitär geprägten) Weltbürgertum gedanklich stark befassten.

Die Idee der Weltliteratur, welche von Goethe an verstreuten Stellen entwickelt wurde und deshalb nicht den Charakter eines klar umrissenen Konzeptes besitzt, weist doch einige herausragende, in der Rezeption jeweils unterschiedlich akzentuierte Merkmale auf: „Im Zentrum seiner Überlegungen […] stehen Vorstellungen von einem Austausch zwischen Autoren." (Lamping 2014, S. 171)

Diese Zentrierung auf den direkten kommunikativen Austausch wird meist zugunsten anderer Facetten hintangestellt, tatsächlich aber war es das Ideal eines „freien geistigen Handelsverkehr[s]", das dem alten Goethe (1996, S. 181) besonders wichtig war, wie man bspw. an Goethes eigener ‚dialogischen' Auseinandersetzung mit Hafis im *Divan* sehen kann.

Im Fortgang der in Wellen verlaufenden Karriere des Begriffs hat man diesen entweder qualitativ oder quantitativ gewichtet, wie Lamping (2010) zeigen konnte; bezogen wurde er auf bedeutsame, hochstehende Literatur, also auf den Kanon, oder auf die Gesamtheit aller Literaturen der Welt. Bei Goethe spielen neben dem direkten Austausch freier Geister über ihre Werke – worin man durchaus einen Nachklang der Gruppenbildung seiner Straßburger Zeit sehen kann – das **Verhältnis zwischen Nationalliteratur und Weltliteratur** sowie (mit dem qualitativen Moment eng zusammenhängend) die **Abwehr literarischer Massenware** eine entscheidende Rolle. Trotz seines oft zitierten Wortes von der „Epoche der Welt-Literatur", in der Nationalliteratur „nicht viel sagen" (Eckermann 1986, S. 207) soll, ging es Goethe aber nicht um das Verschwinden(lassen) von Nationalliteratur. Vielmehr, so Lamping, war Weltliteratur für ihn „ein Austausch zwischen mehreren Nationalliteraturen, nicht die Literatur, die einmal an deren Stelle treten könnte" (2010, S. 127).

Als literaturpolitisches Agens wurde der Weltliteratur-Begriff immer dann wieder aufgebracht, wenn die mit ihm verbundenen Konzepte des Weltbürgertums und der Völkerverständigung durch Kriege und Krisen heftig diskreditiert worden waren – nach dem Ersten Weltkrieg, nach dem Zweiten Weltkrieg und im ebenfalls alles andere als konfliktfreien Zeitalter der Globalisierung.

3.5.2 (Re-)Aktualisierungen des Konzeptes in postkolonialer Theorie

Zu den utopischen Visionen einer dekolonisierten, dehierarchisierten Welt passt die jüngere Rezeption des Begriffs der Weltliteratur in den Postkolonialen Studien – bzw. dessen Anverwandlung als „herrschaftsfreies Medium interkulturellen Ausgleichs oder […] politikkritische Reflexionsinstanz der Globalisierung" (Lamping 2014, S. 171). Nicht nur Lamping hat eine solche **Instrumentalisierung** unter Verweis auf die ursprüngliche Konzeption Goethes kritisiert und nachgewiesen, dass die freien Auslegungen Saids und Bhabhas weit vom bei Goethe Gemeinten entfernt sind. Zudem stellt Paul Michael Lützeler zutreffend fest, dass der globale Literaturmarkt weitgehend monolingual ist, nämlich vom Englischen als Lingua franca beherrscht wird (vgl. 2007, S. 242). Damit könne von Gleichberechtigung nicht mehr die Rede sein, und doch werde so eine äußerst vielfältige, monolinguale – aber eben nicht monokulturelle – Literaturrezeption ermöglicht. Auch Goethe hätte wohl durch die Existenz einer größeren Zahl von Übersetzungen aus dem Chinesischen ein anderes Bild der chinesischen Literatur gewonnen, welche er, so die interessante Behauptung Ning Wangs, zwar als Inspiration wahrnahm, aber falsch gewichtete, indem er ausgerechnet nur „some marginal Chinese literary works of minor importance" (Wang 2011, S. 296) intensiver rezipierte. Durch **Übersetzungen** also, das lässt sich festhalten, wird das quantitative Moment von Weltliteratur in verstärktem Maße Realität.

Wenn Anil Bhatti mit Blick auf den *West-östlichen Divan* emphatisch von Goethes ‚Schweben' zwischen den Kulturen spricht (vgl. 2009, S. 118 f.), benennt er damit ungeachtet der bildhaften Formulierung einen gewichtigen Aspekt des Spannungsverhältnisses zwischen dem ‚Über-Setzen' (in einem Sinne, wie er etwa bei Yoko Tawada vorzufinden ist, s. Abschn. 6.5) in eine fremde Kultur einerseits und deren universalistischer Aneignung andererseits, wie sie sich am durchaus vorhandenen Eurozentrismus Goethes zeigen ließe. Auch Hofmann und Patrut beziehen sich auf den *Divan,* an dem sie die Möglichkeit demonstrieren, „zwischen der eigenen und der fremden Kultur hin- und herzupendeln und damit den [...] ‚dritten Raum' zu besetzen" (2015, S. 28). Gewiss operieren derlei Adaptionen eines ‚Großbegriffs' beinahe zwangsläufig mit Vereinfachungen, ja mit Instrumentalisierungen. Und dennoch: Aktualität gewinnt das Konzept der Weltliteratur heutzutage durch die Aneignung in einem interkulturellen Sinne, wie er dem Goethe des *West-östlichen Divans* keineswegs fremd war. Übersetzen wird dabei verstanden als eine Art von interkulturellem Probehandeln; das imaginierte Wechseln in eine andere Kultur verweist auf Kernelemente des geistigen Austauschs.

3.5.3 Plädoyer für einen offenen Begriff von Weltliteratur

Ohne damit einen ‚Rechtsanspruch' auf die Goethe'sche Begriffsnachfolge erheben zu wollen, lässt sich doch eine Rezeptionslinie ausmachen, die interkulturelle Literatur als Weltliteratur im oben skizzierten Verständnis in den Blick rückt. Interkulturelle Literatur als nicht national limitierte, als auch in kommunikativen Zusammenhängen entstehende und gegen belletristische Massenware gerichtete Literatur kann *eine* mögliche Version von Weltliteratur sein. Die Frage, ob interkulturelle Literatur in toto Weltliteratur ist, muss hingegen differenzierter beantwortet werden.

So lässt sich beobachten, dass im Zuge der Beschäftigung mit der neuen Weltliteratur heute vielfach eher auf Johann Gottfried Herders ursprüngliches Verständnis des Begriffs zurückgegriffen wird, das „infolge von Goethes Diskursdominanz [...] zweihundert Jahre lang" (Mecklenburg 2012, S. 121) relativ geringe Beachtung fand. Herder hat den Begriff der Weltliteratur, ohne ihn selbst zu verwenden, bereits auf vielfältige Weise vorbereitet (vgl. Gaier 2007). Im Gegensatz zu Goethes liberaler Utopie einer kommunikativen Völkerverständigung durch Literatur hat Herder jedoch bereits die von Europa ausgehende Gewalt des Kolonialismus bei seinen Überlegungen zur Weltliteratur im Blick gehabt. Auf der Basis seines Humanitätsideals und ‚Geschichtspantheismus' sieht er die Literatur aller Völker als gleichberechtigt an – nicht in einem kulturrelativistischen Sinne, sondern als „Stimme der zerstreueten Menschheit" (zit. n. Mecklenburg 2012, S. 120). Sein Verständnis von Weltliteratur ist ausdrücklich gegen nationale und eurozentrische Arroganz gerichtet und antikolonialistisch gedacht; er plädiert vielmehr für ein interkulturelles Verstehen, für „Sinn und Mitgefühl für die gesamte Menschheit" (zit. n. ebd.). Der Prozess der Weltliteratur ist bei Herder daher nicht nur, wie bei Goethe, als eine Parallel-, sondern gar als eine „Gegenbewegung zu Welthandel und Kolonialismus" (ebd.) zu verstehen, die als Widerstand gegen hegemoniale Globalisierung sowohl interkulturelles als auch kritisches Potenzial hat (vgl. ebd., S. 119 ff.).

Wie Herder richte sich, laut Mecklenburg, der gegenwärtige Diskurs über Weltliteratur auf „Aspekte von ökonomischer und politischer Macht und kultureller Hegemonie, auf die Asymmetrien der Globalisierung, in welche die kolonialen bzw. postkolonialen eingelagert sind" (ebd., S. 122). Dies ist einerseits zu pointieren, ohne andererseits einen **weltliterarischen Gegen-Kanon** aufstellen zu wollen, der statt auf ästhetischer Qualität in erster Linie auf politischen Erwägungen basiert – auch hier sollte eine Diskussion des Konzeptes und seiner Anwendung ohne Zwang zur Vereinheitlichung vonstattengehen.

Zu jedem **Kanon** gehören immer schon die Debatten um seine grundsätzliche Berechtigung, ebenso wie die um die Kriterien der Kanonwürdigkeit. Auch hinsichtlich des Kanons ‚der' Weltliteratur gilt es, sich beständig neu über den **literarischen Wert** von Werken zu verständigen, wie es Norbert Mecklenburg (2012) gefordert hat. Eine Synonymisierung von interkultureller und Weltliteratur behauptet deren Kanonwürdigkeit lediglich aufgrund kollektiver Merkmale (vgl. den problematischen Ansatz von Rösch 2004, S. 107–109) und ist daher abzulehnen. Was zum Kanon gehört, erweist sich oft erst in der historischen Rückschau; wie problematisch dies ist, wurde in der Kanonforschung wiederholt nachgewiesen (vgl. Heydebrand 1998). Dementsprechend ist es unumgänglich, Urteilskategorien für ästhetische Valenz zu entwickeln. Denn allein darüber kann sich ‚Weltliteratur' im qualitativen Sinne definieren.

Literatur

Adelson, Leslie: *The Turkish Turn in Contemporary German Literature. Toward a New Critical Grammar of Migration.* New York u.a. 2005.
Adelson, Leslie: „Against between – Ein Manifest gegen das Dazwischen". In: Heinz Ludwig Arnold (Hg.): *Text + Kritik: Literatur und Migration.* München 2006, 36–46.
Ahmad, Ajiaz: *In Theory. Classes, Nations, Literatures.* Oxford 1992.
Akashe-Böhme, Farideh: *Frausein – Fremdsein.* Frankfurt a.M. 1993.
Albrecht, Corinna: „Fremdheit". In: Alois Wierlacher (Hg.): *Handbuch interkulturelle Germanistik.* Stuttgart 2003, 232–237.
Amodeo, Immacolata: *„Die Heimat heißt Babylon". Zur Literatur ausländischer Autoren in der Bundesrepublik Deutschland.* Opladen 1996.
Anderson, Benedict: *Die Erfindung der Nation. Zur Karriere eines folgenreichen Konzepts,* Frankfurt a.M. 1988 (engl. 1983).
Ashcroft, Bill/Griffith, Gareth/Tiffin, Helen (Hg.): *Postcolonial Studies. The Key Concepts.* London/New York [3]2013.

Augé, Marc: *Nicht-Orte*. München 2010 (frz. 1992).
Bachtin, Michail: *Literatur und Karneval. Zur Romantheorie und Lachkultur*. München 1969.
Barmeyer, Christoph: *Taschenlexikon Interkulturalität*. Göttingen 2012.
Bayart, Jean-François: *Les Études postcoloniales. Un carnaval académique*. Paris 2010.
Bhabha, Homi K.: *Die Verortung der Kultur*. Tübingen 2000 (engl. 1994).
Bhatti, Anil: „Der Orient als Experimentierfeld. Goethes ‚Divan' und der Aneignungsprozess kolonialen Wissens". In: *Goethe-Jahrbuch* 126 (2009), 115–128.
Bhatti, Anil: „‚Ähnlichkeit bedeutet nicht, daß unsere Hemden gleich sind.' Ähnlichkeiten und Differenzen in Kultur und Kulturtheorie". In: *Zeitschrift für Kulturphilosophie* 5 (2011/12), 343–356.
Bhatti, Anil: „Heterogenität, Homogenität, Ähnlichkeit". In: *Zeitschrift für interkulturelle Germanistik* 6/1 (2015), 119–133.
Blioumi, Aglaia: *Interkulturalität als Dynamik. Ein Beitrag zur deutsch-griechischen Migrationsliteratur seit den siebziger Jahren*. Tübingen 2001.
Blumentrath, Hendrik u.a.: *Transkulturalität. Türkisch-deutsche Konstellationen in Literatur und Film*. Münster 2007.
Brix, Emil: „Die Zukunft Europas. Anmerkungen zur europäischen Integrationsdebatte seit 1989". In: Roman Pfefferle/Nadja Schmitt/Gerd Valchars (Hg.): *Europa als Prozess – 15 Jahre Europäische Union in Österreich. Festschrift für Peter Gerlich* (Austria: Forschung und Wissenschaft – Politikwissenschaft). Wien 2010, 187–194.
Castro Varela, María Do Mar/Dhawan, Nikita: *Postkoloniale Theorie. Eine kritische Einführung*. Bielefeld 2005.
Chiellino, Carmine (Hg.): *Interkulturelle Literatur in Deutschland. Ein Handbuch*. Stuttgart/Weimar 2000.
Deleuze, Gilles/Guattari, Félix: *Kafka. Für eine kleine Literatur*. Frankfurt a.M. 1983 (frz. 1976).
Derrida, Jacques: „Die différance". In: Peter Engelmann (Hg.): *Postmoderne und Dekonstruktion. Texte französischer Philosophen der Gegenwart*. Stuttgart 1990, 76–113.
Dörr, Volker: „‚Gastarbeiter' vs. ‚Kanakstas'. Migranten-Biographien zwischen Alterität, Hybridität und Transkulturalität". In: Christian Moser (Hg.): *Autobiofiktion. Konstruierte Identitäten in Kunst, Literatur und Philosophie*. Bielefeld 2006, 145–165.
Dörr, Volker: „Deutschsprachige Migrantenliteratur. Von Gastarbeitern zu Kanakstas, von der Interkulturalität zur Hybridität". In: Karin Hoff (Hg.): *Literatur der Migration – Migration der Literatur*. Frankfurt a.M. 2008, 17–33.
Dubiel, Jochen: *Dialektik der postkolonialen Hybridität. Die intrakulturelle Überwindung des kolonialen Blicks in der Literatur*. Bielefeld 2007.
Dunker, Axel: „Gehe aus dem Kasten". Modell einer postkolonialen Lektüre kanonischer deutschsprachiger Texte des 19. Jahrhunderts am Beispiel von Wilhelm Raabes Roman ‚Stopfkuchen'". In: Ders. (Hg.): *(Post-)Kolonialismus und Deutsche Literatur. Impulse der angloamerikanischen Literatur- und Kulturtheorie*. Bielefeld 2005, 147–160.
Dunker, Axel: „‚Gehe aus dem Kasten'. Willhelm Raabe: ‚Stopfkuchen', ‚Zum wilden Mann'". In: Ders. (Hg.): *Kontrapunktische Lektüren. Koloniale Strukturen in der deutschsprachigen Literatur des 19. Jahrhunderts*. München 2008, 129–150.
Eckermann, Johann Peter: „Gespräche mit Goethe in den letzten Jahren seines Lebens". In: Goethe, Johann Wolfgang: *Sämtliche Werke nach Epochen seines Schaffens. Münchner Ausgabe*. Hg. von Karl Richter, Bd. 19, hg. von Heinz Schlaffer. München 1986.
Eder, Annemarie/Ekinci-Kocks, Yüksel: „Identität und Differenz im interkulturellen Dialog". In: Ernest Hess-Lüttich (Hg.): *Differenzen? Interkulturelle Probleme und Möglichkeiten in Sprache, Literatur und Kultur*. Frankfurt a.M. u.a. 2009, 219–248.
Erikson, Erik H.: *Identität und Lebenszyklus. Drei Aufsätze*. Frankfurt a.M. 1973 (engl. 1968).
Esselborn, Karl: „Von der Gastarbeiterliteratur zur Literatur der Interkulturalität. Zum Wandel des Blickes auf die Literatur kultureller Minderheiten in Deutschland". In: *Jahrbuch Deutsch als Fremdsprache* 23 (1997), 45–75.

Esselborn, Karl: „Deutschsprachige Minderheitenliteraturen als Gegenstand einer kulturwissenschaftlich orientierten ‚interkulturellen' Literaturwissenschaft". In: Manfred Durzak (Hg.): *Die andere deutsche Literatur*. Würzburg 2004, 11–22.

Feldmann, Doris: „Differenzen ohne Ende? Möglichkeiten und Grenzen der Differenzkategorie aus kultur- und literaturwissenschaftlicher Sicht". In: Cristian Alvarado Leyton (Hg.): *Identität und Unterschied. Zur Theorie von Kultur, Different und Transdifferenz*. Bielefeld 2010, 59–72.

Flusser, Vilém: „Nomaden". In: Horst Gerhard Haberl (Hg.): *Auf, und, davon. Eine Nomadologie der Neunziger*. Graz 1990, 13–38.

Freud, Sigmund: „Die Zerlegung der psychischen Persönlichkeit" [1932]. In: Ders.: *Neue Folge der Vorlesungen zur Einführung in die Psychoanalyse*. Frankfurt a.M. 1991, 60–81.

Gaier, Ulrich: „Volkspoesie, Nationalliteratur, Weltliteratur bei Herder". In: Michael Knoche/Lea Ritter-Santini (Hg.): *Die europäische République des lettres in der Zeit der Weimarer Klassik*. Göttingen 2007, 101–115.

Goethe, Johann Wolfgang: „[Einleitung zu:] Thomas Carlyle: Leben Schillers […]". In: Ders.: *Sämtliche Werke nach Epochen seines Schaffens. Münchner Ausgabe*. Hg. von Karl Richter, Bd. 18.2, hg. von Johannes John u.a. München 1996, 179–193.

Goetsch, Paul: „Funktionen von ‚Hybridität' in der postkolonialen Theorie". In: *Literatur in Wissenschaft und Unterricht* 30 (1997), 135–145.

Günther, Petra: „Die Kolonialisierung der Migrantenliteratur". In: Christof Hamann (Hg.): *Räume der Hybridität. Postkoloniale Konzepte in Theorie und Literatur*. Hildesheim 2002, 151–159.

Gutjahr, Ortrud: *Interkulturalität. Konstruktionen des Anderen*. Würzburg 2015.

Heydebrand, Regine von (Hg.): *Kanon, Macht, Kultur. Theoretische, historische und soziale Aspekte ästhetischer Kanonbildungen*. Stuttgart/Weimar 1998.

Hofmann, Michael/Patrut, Iulia-Karin: *Einführung in die interkulturelle Literatur*. Darmstadt 2015.

Holdenried, Michaela: „Alterität". In: Renate Kroll (Hg.): *Metzler-Lexikon Gender Studies / Geschlechterforschung*. Stuttgart/Weimar 2002, 7–8.

Hölz, Karl/Schmidt-Linsenhoff, Viktoria/Uerlings, Herbert (Hg.): *Das Subjekt und die Anderen. Interkulturalität und Geschlechterdifferenz vom 18. Jahrhundert bis zur Gegenwart*. Berlin 2001.

Hölz, Karl/Schmidt-Linsenhoff, Viktoria/Uerlings, Herbert (Hg.): *Weiße Blicke. Geschlechtermythen des Kolonialismus*. Marburg 2004.

Iyer, Pico: „The Empire Writes Back: Am Beginn einer neuen Weltliteratur?". In: *Neue Rundschau* 107/1 (1996), 9–19.

Jabès, Edmond: *Ein Fremder mit einem kleinen Buch unterm Arm*. München/Wien 1993 (frz. 1989).

Konrád, György: Der verbale Kontinent (1989). In: Ders. (Hg.): *Melancholie der Wiedergeburt*. Frankfurt a.M. 1992, 95–106 (ungar. 1991).

Kreuzer, Helmut: „Gastarbeiter-Literatur, Ausländer-Literatur, Migranten-Literatur? Zur Einführung". In: *Zeitschrift für Literaturwissenschaft und Linguistik* 14 (1984), 7–11.

Kristeva, Julia: *Fremde sind wir uns selbst*. Frankfurt a.M. 1990 (frz. 1988).

Lamping, Dieter: *Die Idee der Weltliteratur. Ein Konzept Goethes und seine Karriere*. Stuttgart 2010.

Lamping, Dieter: „Die Welt der Weltliteratur. Denotationen und Konnotationen eines suggestiven Begriffs". In: Christian Moser (Hg.): *Figuren des Globalen. Weltbezug und Welterzeugung in Literatur, Kunst und Medien*. Göttingen 2014, 169–179.

Lejeune, Philippe: *Der autobiographische Pakt*. Frankfurt a.M. 1994 (frz. 1975).

Loomba, Ania: *Colonialism/Postcolonialism*. London u.a. 1998.

Lützeler, Paul Michael: *Postmoderne und postkoloniale deutschsprachige Literatur. Diskurs – Analyse – Kritik*. Bielefeld 2005.

Lützeler, Paul Michael: „Goethes Konzept der ‚Weltliteratur' aus heutiger Sicht". In: Young Eun Chang u.a. (Hg.): *Universal-, Global- und Nationalkulturen*. Berlin u.a. 2007, 235–242.

Mecklenburg, Norbert: „Poetik der Alterität". In: Eijirō Iwasaki (Hg.): *Akten des VIII. internationalen Germanisten-Kongresses Tokyo 1990: Begegnungen mit dem ‚Fremden'. Grenzen – Traditionen – Vergleiche*, Bd. 6. München 1991, 20–26.

Mecklenburg, Norbert: *Das Mädchen aus der Fremde. Germanistik als interkulturelle Literaturwissenschaft*. München 2008.

Mecklenburg, Norbert: „Kanon und Weltliteratur auf interkulturellem und postkolonialem Prüfstand". In: Herbert Uerlings (Hg.): *Postkolonialismus und Kanon*. Bielefeld 2012, 113–133.

Montaigne, Michel de: „Über die Menschenfresser". In: Ders.: *Essais*. Erstes Buch. Hg. von Hans Stilett. München 2011, 314–333.

Moore-Gilbert, Bart: *Postcolonial Theory. Contexts, practices, Politics*. London 2000.

Peters, Laura: „Zwischen Berlin-Mitte und Kreuzberg. Szenarien der Identitätsverhandlung in literarischen Texten der Postmigration nach 1989 (Carmen-Francesca Banciu, Yadé Kara und Wladimir Kaminer)". In: *Zeitschrift für Germanistik* 21/3 (2011), 501–521.

Plessner, Helmut: *Die Stufen des Organischen und der Mensch. Einleitung in die philosophische Anthropologie*. Berlin u.a. ³1975.

Pratt, Mary Louise: *Imperial Eyes. Travel Writing and Transculturation*. London u.a. 1992.

Rösch, Heidi: „Migrationsliteratur als neue Weltliteratur?" In: *Sprachkunst. Beiträge zur Literaturwissenschaft* 35/1 (2004), 89–109.

Said, Edward: *Orientalismus*. Frankfurt a.M./Berlin/Wien 1981 (engl. 1978).

Said, Edward: *Kultur und Imperialismus. Einbildungskraft und Politik im Zeitalter der Macht*. Frankfurt a.M. 1994 (engl. 1993).

Schmeling, Manfred: „Poetik der Hybridität – hybride Poetik? Zur ästhetischen Präsentation von Kulturkonflikten im multikulturellen Roman". In: *Komparatistik* (1999/2000), 9–17.

Schwarz, Thomas: „Hybridität. Ein begriffsgeschichtlicher Aufriss". In: *Zeitschrift für interkulturelle Germanistik* 6 (2015), 163–180.

Shohat, Ella: „Notes on the ‚Post-Colonial'". In: *Social Text* 31/32 (1992), 99–113.

Toro, Alfonso de: „Jenseits von Postmoderne und Postkolonialität. Materialien zu einem Modell der Hybridität und des Körpers als transrelationalem, transversalem und transmedialem Wissenschaftskonzept". In: Christof Hamann/Cornelia Sieber (Hg.): *Räume der Hybridität. Postkoloniale Konzepte in Theorie und Literatur*. Hildesheim 2002, 15–44.

Uerlings, Herbert: „Kolonialer Diskurs und deutsche Literatur. Perspektiven und Probleme". In: Axel Dunker (Hg.): *(Post-)Kolonialismus und Deutsche Literatur. Impulse der angloamerikanischen Literatur- und Kulturtheorie*. Bielefeld 2005, 17–44.

Wägenbaur, Thomas: „Hybride Hybridität. Der Kulturkonflikt im Text der Kulturtheorie". In: *Arcadia* 31 (1996), 27–38.

Waldenfels, Bernhard: *Der Stachel des Fremden*. Frankfurt a.M. 1990.

Waldenfels, Bernhard: *Topographie des Fremden. Studien zur Phänomenologie des Fremden 1*. Frankfurt a.M. 1997.

Waldenfels, Bernhard: *Grenzen der Normalisierung. Studien zur Phänomenologie des Fremden 2*. Frankfurt a.M. 1998.

Waldenfels, Bernhard: *Sinnesschwellen. Studien zur Phänomenologie des Fremden 3*. Frankfurt a.M. 1999a.

Waldenfels, Bernhard: *Vielstimmigkeit der Rede. Studien zur Phänomenologie des Fremden 4*. Frankfurt a.M. 1999b.

Wang, Ning: „‚Weltliteratur'. From a Utopian Imagination to Diversified Forms of World Literatures". In: *Neohelicon* 38/2 (2011), 295–306.

Weinrich, Harald: „Um eine deutsche Literatur von außen bittend". In: *Merkur* 37 (1983), 911–920.

Wierlacher, Alois: „Ausgangslage, Leitbegriffe und Problemfelder". In: Ders. (Hg.): *Kulturthema Fremdheit. Leitbegriffe und Problemfelder kulturwissenschaftlicher Fremdheitsforschung*. München 1993, 19–114.

Wierlacher, Alois (Hg.): *Kulturthema Fremdheit. Leitbegriffe und Problemfelder kulturwissenschaftlicher Fremdheitsforschung*. München 1993.
Wierlacher, Alois/Stötzel, Georg (Hg.): *Blickwinkel. Kulturelle Optik und interkulturelle Gegenstandskonstitution*. München 1996.
Young, Robert: *Colonial Desire. Hybridity in Theory, Culture and Race*. London 1995.

Weiterführende Literatur

Assmann, Aleida: *Der lange Schatten der Vergangenheit: Erinnerungskultur und Geschichtspolitik*. München 2006.
Assmann, Aleida: *Erinnerungsräume: Formen und Wandlungen des kulturellen Gedächtnisses*. München ³2006.
Assmann, Jan: „Kollektives und kulturelles Gedächtnis. Zur Phänomenologie und Funktion von Gegen-Erinnerung". In: Ulrich Borsdorf/Heinrich Theodor Grütter (Hg.): *Orte der Erinnerung. Denkmal, Gedenkstätte, Museum*. Frankfurt a.M./New York 1999, 13–32.
Assmann, Jan: *Das kulturelle Gedächtnis: Schrift, Erinnerung und politische Identität in frühen Hochkulturen*. München ⁶2007.
Deleuze, Gilles/Guattari, Félix: *Rhizom*. Berlin 1977 (frz. 1976).
Derrida, Jaques: *Grammatologie*. Frankfurt a.M. 1983 (frz. 1967).
Grimm, Hans: *Südafrikanische Novellen*. München 1933.
Hall, Stuart: „Alte und neue Identitäten, alte und neue Ethnizitäten". In: Ulrich Mehlen u.a. (Hg.): *Rassismus und kulturelle Identität*. Ausgewählte Schriften Bd. 2. Hamburg 1994, 66–87.
Kant, Immanuel: *Anthropologie in pragmatischer Hinsicht*. Hg. von Karl Vorländer. Hamburg 1980.
Keupp, Heiner: *Identitätskonstruktionen. Das Patchwork der Identitäten in der Spätmoderne*. Reinbek bei Hamburg ⁴2008.
Krappmann, Lothar: *Soziologische Dimensionen der Identität. Strukturelle Bedingungen für die Teilnahme an Interaktionsprozessen*. Stuttgart 1971.
Lucius-Hoene, Gabriele/Deppermann, Arnulf: *Rekonstruktion narrativer Identität. Ein Arbeitsbuch zur Analyse narrativer Interviews*. Opladen 2002.
Saussure, Ferdinand de: *Grundfragen der allgemeinen Sprachwissenschaft*. Berlin/New York ³2001 (frz. 1916).
Straub, Jürgen: *Die Macht negativer Affekte. Identität, kulturelle Unterschiede, interkulturelle Kompetenz*. Gießen 2019.
Platon: *Sämtliche Dialoge – 6: Timaios und Kritias. Sophistes. Politikos. Briefe*. In: Ders.: *Sämtliche Dialoge*. Hg. von Otto Apelt, Band 6. Hamburg 2004.

Interkulturelle Literaturwissenschaft als multidimensionales Konzept. Methodologische und theoretische Fusionen

4.1 Poststrukturalismus, Postmoderne und Interkulturelle Literaturwissenschaft

4.1.1 Postmoderne als Voraussetzungssystem

In Bezug auf die Postmoderne als einer weitreichenden Denkbewegung westlicher Provenienz, mit Auswirkungen auf die Felder Politik, Philosophie und Ästhetik/Kunst, herrscht verbreitet Unklarheit über die Verflechtungen mit dem Poststrukturalismus, der Dekonstruktion und der Posthistoire. Es kann im Rahmen dieser Einführung nicht darum gehen, umfassende und in sich durchaus heterogene Konzepte herzuleiten, sondern es soll versucht werden, deren Verbindungen und ‚Interrelationen' aufzuzeigen.

Mit der **Postmoderne** liegt dabei ein vielfach als ‚Epochenbegriff' verstandener Denkansatz vor, den man für den Zeitraum zwischen den 1960er Jahren und dem Ende des Jahrtausends ansiedeln kann; möchte man konkreter werden, so wären die Jahrzehnte zwischen 1968 und dem Ende des politischen Block-Antagonismus damit in Deckung zu bringen, also etwa 1989/90. Als einige herausragende Vertreter postmodernen Denkens wären für den angloamerikanischen Raum Leslie Fiedler („Cross the Border – Close the Gap", 1969; dt. „Überquert die Grenze, schließt den Graben!", 1988), Richard Rorty (*Philosophy and the Mirror of Nature,* 1979; dt. *Der Spiegel der Natur. Eine Kritik der Philosophie,* 1981), Frederic Jameson (*Postmodernism, or, The Cultural Logic of Late Capitalism,* 1991) zu nennen, für den französischen Jean-François Lyotard (*La condition postmoderne,* 1979; dt. *Das postmoderne Wissen,* 1982). Die deutsche Postmoderne-Diskussion bezieht sich zustimmend oder kritisch auf die genannten Positionen. Da postmodernes Denken aus vielen Quellen gespeist wird, ist es sinnvoll, als gemeinsamen Nenner zunächst die kritische Abkehr von der Moderne festzuhalten.

Bei **Lyotard** kommt es wegweisend zur Engführung von Dekonstruktion, Infragestellung der ‚großen Erzählungen' und der Fokussierung auf Pluralität. Konkreter orientiert sich Lyotard zunächst sprachphilosophisch an Ludwig Wittgensteins Sprachspieltheorie – Bedeutung entsteht bei Wittgenstein im Gebrauch von Sprache, nicht durch ein strukturgebundenes, stabiles und für immer festgelegtes Verständnis von Zeichen. Ganz grundsätzlich kennzeichnet Lyotards Denken die skeptizistische Infragestellung der sogenannten *grands récits* (der großen Erzählungen der Moderne wie der aufklärerische Fortschrittsglaube, die großen Helden, die Nation, große menschheitliche Fortschrittsziele etc.) und die Betonung pluraler Konzepte anstelle homogener Welterklärungsmodelle (zu denen auch politische Bewegungen wie etwa der Marxismus gehören). Fasst man die unterschiedlichen Stoßrichtungen der Postmoderne etwas pointiert zusammen, so zielt diese ab auf Pluralismus anstelle von Homogenität, auf Differenz statt Reinheit und Uniformität, auf die Verneinung ein für alle Mal feststehender Bedeutungen und ist insgesamt auch als gesellschaftspolitisches Plädoyer für die Anerkennung heterogener Lebensstile zu verstehen.

In der Wissenschaftskultur haben sich diese Denkrichtungen mit der Ausweitung des Kulturbegriffs, der auch als *Cultural turn* bezeichnet wird, in fast allen (geisteswissenschaftlichen) Disziplinen durchgesetzt. Eine Folge neuer wissenschaftlicher Methoden, die mit den angloamerikanischen **Cultural Studies** (seit 1964) entstand und mit signifikanter Verspätung im deutschsprachigen Raum als **kulturwissenschaftliche Wende** Eingang in den Fächerkanon fand (s. Abschn. 4.2), ist etwa die grundsätzliche Frage nach der Berechtigung von Kanones, deren Revision und die Ersetzung fester Orientierungsgrößen, wie sie zur ‚Hochliteratur' gehören, durch immer neu verhandelbare, transgressive, sich je weiterentwickelnde Konzepte. So wird etwa die Gültigkeit einer überdies oft auf die nationalen Literaturen eingeengten ‚Höhenkammliteratur' und deren unbezweifelbarer Wert infrage gestellt. An die Stelle eines stabilen Systems ‚Literatur' treten Verhandlungen über den als gesetzt geltenden Wert von ‚Hochliteratur' – bis hin zu deren Infragestellung. Berühmt geworden ist in diesem Zusammenhang Leslie Fiedlers Aufforderung **„Cross the border, close the gap",** mit dem er sich in einem (Freiburger) Vortrag 1968 für die Überwindung des Grabens zwischen Hochkultur und Populärkultur aussprach. Insgesamt ist von einer Aufwertung der Peripherie gegenüber dem als Kernbestand von Kultur verstandenen Zentrum auszugehen. Dies gilt nicht nur für das literarische System, sondern auch für die bildende Kunst, für Architektur und Medien.

Dabei ist die Wechselwirkung zwischen wissenschaftlichen Neuausrichtungen wie der kulturwissenschaftlichen Wende oder dem *Cultural turn* und den Veränderungen der künstlerischen (und gesellschaftlichen) Praxis nicht unidirektional. Paul Michael Lützeler meint, der *Cultural turn* sei eine Folge der Revisionen, nicht ihr Ursprung (vgl. 2000, S. 6). Präziser wäre es wohl, von einer Interdependenz auszugehen. Für die Interkulturelle Literaturwissenschaft liegen hier Denkansätze und Denkelemente vor, welche sie erst ermöglichen: Transgressivität, Perspektivenwechsel, (Neu-)Verhandlungen und Revisionen von kulturellen Mustern sind dabei vorrangig zu nennen.

4.1.2 Poststrukturalistische Revisionen

Im Kapitel zu den Begrifflichkeiten (s. Abschn. 3.2) haben wir uns ansatzweise schon mit **poststrukturalistischen Konzepten** beschäftigt, etwa in Zusammenhang mit der *différance,* Jacques Derridas Versuch, Differenz als einen Prozess unendlichen Bedeutungsaufschubs zu verstehen. Diese Konzepte sind ebenso unabdingbar für ein Verständnis von Interkulturalität wie die postmodernen Ansätze.

Der Prozess der Generierung von Bedeutung qua Sprache ist prinzipiell unabschließbar. Man hat diese Denkrichtung der Postmoderne daher auch **Dekonstruktion** genannt – und zwar deshalb, weil vermeintliche Sinn-Entitäten wie Wahrheit, Essenz und ein Denken in binären Oppositionspaaren (wie Orient/Okzident, Mann/Frau etc.) infrage gestellt, dekonstruiert und durch ein prozessuales Sich-Verständigen, Verhandeln sowie durch Performanz ersetzt werden sollten. Das geht – wie den Studien Judith Butlers zu entnehmen ist (*Gender trouble,* 1990; dt. *Das Unbehagen der Geschlechter,* 1991) – bis hin zur Neudeutung von vermeintlich biologisch determinierten Größen, etwa Mann/Frau. Allerdings zeigt sich auch an solchen Theoremen, dass sie nicht im luftleeren Raum entstehen, sondern, so originell sie auch erscheinen, in bestimmten Traditionslinien zu verorten sind: Das sogenannte dritte Geschlecht ist keine Erfindung der Moderne; um 1900 war es ein höchst wirkmächtiger Diskurs in der Literatur und bildenden Kunst, z. B. bei Elsa Asenjieff (*Aufruhr der Weiber und das Dritte Geschlech*t, 1898) oder bei Ernst von Wolzogen (*Das dritte Geschlecht,* 1899). Zu konstatieren ist jedoch eine erheblich größere Radikalität des Denkens bei Butler, mit der sie den Gedanken der Performativität von *gender* philosophisch untermauert.

4.1.3 Verwandte Diskurse, Annäherungen und Abgrenzungen mit Blick auf den Multikulturalismus

Paul Michael Lützeler denkt in seinen Überblicksdarstellungen (2000; 2005) **Postmoderne** und **Postkolonialismus** erstmals zusammen, indem er aufzeigt, dass Kanonrevisionen, Infragestellung von fixen Subjektpositionen/Hybridität und ‚Anerkennung' von Vielfalt wesentliche Elemente der Postmoderne sind, wie er sie in der Pluralisierung von Erzählungen bei Jean-François Lyotard, in der *historiographic metafiction* bei Linda Hutcheon und in Charles Taylors Multikulturalismus vorfindet. Die Verflechtungen zwischen den Diskursen fasst er wie folgt zusammen:

> „Die Postmoderne ist viel stärker als die Moderne mit den Diskursen des Feminismus, der Multikultur und des Postkolonialismus verbunden. Sie schuf ein Klima, in dem sich diese Diskurse erst eigentlich entfalten konnten. Feminismus, Multikultur und Postkolonialismus wiederum hatten Rückwirkungen auf das Verständnis der Postmoderne […]" (Lützeler 2005, S. 20).

So würden Lyotards Überlegungen etwa in Bhabhas Drittem Raum Resonanz finden. Lyotards Grundthese ist ja nicht nur, dass die ‚großen Erzählungen' der Moderne mit ihrem Vertrauen in die Vernunftförmigkeit des Wissens gescheitert seien – an ihre Stelle treten vielmehr (lokale) Einzelerzählungen, Zersplitterung, eine Vielzahl von Diskursen, die je situationsspezifisch interagieren.

Während Lützeler nachzeichnen kann, inwiefern von Lyotard ausgehende Impulse (in seinem *Patchwork der Minderheiten,* 1977) „in die Richtung einer Anerkennung kultureller Hybridbildungen" (Lützeler 2000, S. 9) gehen, erstaunt es doch, dass die **Multikulturalismusdebatte** bei ihm nicht kritisch akzentuiert wird. Monika Albrecht hinterfragt hingegen in ihrem Beitrag zu Multikulturalismus im 2017 erschienenen *Handbuch Postkolonialismus und Literatur* ausgesprochen kritisch die Tendenz im deutschsprachigen Raum, von einer Kontinuitätslinie zwischen Kolonialismus und Multikulturalismus auszugehen. So werde vielfach in den Debatten um **Integration** und **Assimilation** ein „koloniale[s] Denkmuster" (Albrecht 2017, S. 189) vermutet. Zu Recht wird von ihr aber herausgearbeitet, dass so konstruierte Verbindungen zwischen Postkolonialismus und Multikulturalismus historische Unterschiede vernachlässigen und falsche Bezüge herstellen, die in eine Art angenommene Kontinuität zwischen historischem Kolonialismus und ‚Kolonialisierung' des anderen in einer multiethnischen Gesellschaft münden. Es dürfte kein Zufall sein, dass nach der sogenannten Flüchtlingskrise in Deutschland 2015 vermehrt eine Orientierung an Einwanderungsländern wie Kanada gefordert wurde. Die gesellschaftliche Selbstverständlichkeit von Plurikulturen als gesellschaftlichem Fundament ist etwas, das sich historisch erst entwickeln muss. In einer vergleichsweise jungen Einwanderungskultur, wie sie in Deutschland unter wirtschaftspolitisch anderen Vorzeichen als in klassischen Einwanderungsländern wie Kanada oder den USA entstanden ist – es wurden Gastarbeiter für die boomende deutsche Wirtschaft gebraucht –, fehlen immer noch Orientierungsmodelle für eine pauschal geforderte ‚Integration'. Sprachkurse allein sind dafür kein Allheilmittel.

Am Beispiel des **Multikulturalismus** lässt sich seismographisch ablesen, wohin sich Gesellschaften entwickeln: Ist die Abschottungspolitik der ‚Festung Europa' schon an sich ein klarer Indikator dafür, dass wir es mit sich verschärfenden globalen Ungleichgewichten zu tun haben (vgl. Lawson, Max u. a. 2018), so ist die unübersehbar größer werdende innersoziale Ungleichheit gerade in den reichsten Ländern Europas (vgl. Datenreport 2018) ein Faktor auch sich verschärfender ethnischer Auseinandersetzungen. Albrecht leitet daraus die Frage ab, inwiefern tatsächlich ein „post-multikulturelles Zeitalter" eingeläutet ist (Albrecht 2017, S. 188). Dass die Spielräume für ein multikulturelles Miteinander seit Längerem geringer zu werden drohen, spiegelt sich auch in der Literatur, so bspw. bei Yadé Kara, die in ihrem Roman *Selam Berlin* (2003) die Wiedervereinigung als ein nationales Paradigma über den Berliner Lebensstil eines auch multikulturellen Laisser-faire triumphieren sieht (s. Abschn. 6.1).

Die Postmoderne als *cultural logic of late capitalism,* wie sie der Neo-Marxist Frederic Jameson definierte (vgl. Jameson 1991), scheint gegenwärtig in ihr Endstadium eingetreten zu sein, in dem auf der einen Seite Forderungen nach einer

Renaissance von Gemeinschaft (statt einer unübersichtlich gewordenen Gesellschaft) erhoben werden, andererseits Pluralitätsgedanken auf zunehmende Aversion stoßen und ihnen Homogenitätsvorstellungen rassischer Provenienz entgegengesetzt werden. Verbunden mit Letzterem werden etwa positive Umdeutungen von ‚Hybridität' (s. Abschn. 3.3) wieder rückgängig zu machen und in ihre ursprünglich negativen Begriffsfelder wiedereinzusetzen versucht, nämlich als ‚Bastardisierung'. Es scheint in einem nicht unbeträchtlichen Segment westlicher Gesellschaften ein Bedürfnis zu geben, der Dekonstruktion als einem verunsichernden Moment ‚Rekonstruktionen' entgegenzusetzen, die sich erneut der *grands récits* bedienen: Anachronistisch gewordene Begriffe wie Nation, Ehre, Rasse werden so in ein vor-postmodernes ‚Denk'-System reintegriert und wieder aufgewertet.

Die sich zuspitzenden politischen Konflikte spiegeln sich auch auf der Ebene von neueren Begrifflichkeiten wie **‚Transmoderne'** (Rodriguez 2004), einem Paradigma, welches als Reaktion auf die Krise der Moderne in Form eines neuen Interesses an metaphysischen Fragestellungen entsteht. Ob metaphysische Orientierung oder die Hinwendung zu politischen Vereinfachungen die Oberhand behalten, bleibt eine Sache von ‚Verhandlungen', sprich eines offenen Diskurses und nicht von Ausschlussmechanismen.

4.2 Kulturwissenschaften als methodologischer Rahmen

4.2.1 Cultural Turn

Während die **Cultural Studies** seit einem halben Jahrhundert im angloamerikanischen Raum als akademischer Rahmen für eine Vielzahl von Forschungsansätzen Geltung erlangt haben oder kritisch infrage gestellt wurden, sind die **Kulturwissenschaften** in Deutschland erst seit den 1990er Jahren als Plattform des *Cultural turn* in den geisteswissenschaftlichen Fakultäten institutionell verankert worden. Die Cultural Studies wurden von Beginn an als Antworten auf gesellschaftliche Transgression verstanden und weniger ausschließlich als akademische Bewegung (vgl. Lindner 2000), wie es für die Kulturwissenschaften zutrifft.

Ihr gesellschaftlicher Entstehungshintergrund war eine Krise der englischen bzw. amerikanischen Gesellschaft, die sich in Form von Jugendrebellion, der Infragestellung einer ‚Hochkultur' der *upper class* sowie der Aufwertung von sub- und pop(ular)kulturellen Milieus zeigte. Der denkbar weite Begriff von *culture as a whole way of life* zielte auf die Gleichrangigkeit kultureller Erzeugnisse aus allen Lebensbereichen. Konkrete Äußerungen und Praktiken des Alltags rückten in den analytischen Fokus. Massenkultur und Mediengebrauch spielten ferner eine wichtige Rolle. Methodisch wurden zum einen Anleihen bei der Ethnologie (bzw. ***anthropology*** im angloamerikanischen Sprachgebrauch) gemacht, indem die teilnehmende Beobachtung als Methode privilegiert wurde – Grossberg spricht in diesem Zusammenhang davon, dass Cultural Studies „committed to a sense of intervention and even [...] to policy" (Grossberg 1999, S. 29) seien. Ferner löste die Kultursemiotik althergebrachte Deutungspraxen ab. Seit ihrer Gründung waren die Cultural Studies Attacken ausgesetzt, die nicht nur auf eine angebliche methodische Vagheit, sondern insbesondere auf den von Grossberg angesprochenen politischen Interventionismus als Machtkritik zielten.

Beides, Cultural Studies und Kulturwissenschaften, sind Leitbegriffe und Orientierungskategorien für eine Vielzahl von Entwicklungen, die mit dem Begriff ‚Kulturalismus' nur vage (und häufig sehr kritisch) umschrieben worden sind – gemeint sind damit Formen der umfassenden Revision eines mit ‚Hochkultur' im humanistischen Sinne verbundenen Kulturbegriffs, der nunmehr vorrangig in seiner pluralen Form, als ‚Kulturen' Gültigkeit beansprucht. **Kultur** umfasst dementsprechend den Gesamtkomplex menschlicher Praxen, sowohl im Alltag wie in Wissenschaft und Kunst. Kulturelle Hervorbringungen sind Produkte einer symbolischen Bedeutungszuweisung, von Werten und Werken mit einer gesamtgesellschaftlichen oder partialgesellschaftlichen (Subkulturen, spezifische kulturelle Milieus) Reichweite. Definiert man Kultur enger an den philologischen Zusammenhang geknüpft als „einen symbolischen oder textuellen Zusammenhang [...], ein Textuniversum, in welchem sich einzelne kulturelle Momente, als Texte, immer nur durch ihre Kontexte, bzw. eine Fülle von Kontexten erschließen [...]" (Böhme/Scherpe 1996, S. 15), so lädt diese Ausdehnung des Kulturbegriffs (s. Abschn. 2.1) zu Re-Kontextualisierungen ausdrücklich ein. **Kultursemiotik** im Sinne einer Lektüre von ‚Kultur als Text' wurde damit in den letzten Jahrzehnten nicht nur zu einem fruchtbaren Ansatz für eine Regeneration auch der philologischen Fächer, sondern war das entscheidende Stichwort für eine erzwungenermaßen einsetzende Selbstreflexion der politischen Kultur des Westens und ihrer Traditionen. In deren Rahmen ist auch die Interkulturelle Literaturwissenschaft zu situieren.

4.2.2 Die angloamerikanische Tradition: Cultural Studies

Die **Cultural Studies** wurden durch das 1964 in Birmingham gegründete Center for Contemporary Cultural Studies (CCCS) institutionell verankert und wirkten in der Folge nicht nur in Großbritannien, sondern auch in den USA auf eine Revision des Kulturbegriffs, der wiederum an konkrete Praktiken und Lebensformen zurückgebunden werden sollte. Zu beachten ist, dass die Cultural Studies trotz ihrer Alltagsbetonung und Massenmedienorientierung stets eine Textwissenschaft blieben (vgl. Lindner 2000, S. 78). Allerdings führten sie im Rückgriff auf William Labov Differenz-Aspekte in die Textanalysen ein und entzogen so hierarchisierenden Bewertungen den Boden. In Absetzung von hermetischen Lektürepraktiken des *close reading* (im *New Criticism*) wurde im *Cultural Criticism* bzw. *Materialism* (Raymond Williams) ein **interpretative turn** vollzogen. Kultursemiotik wurde zum wichtigsten Instrumentarium von Kulturdeutungen, die über den klassischen Kanon hinausführten. Der Kulturbegriff wurde sehr weit gefasst und war aufs Engste verbunden mit einer Untersuchung jener Machtstrukturen, die den Einzelnen (als Konsumenten) bis in sein Alltagsleben hinein bestimmen. Dabei haben die Cultural Studies aber immer die Möglichkeiten des Widerstands, der Subversion angesprochen. Cultural Studies sind methodologisch nicht nur inter-, sondern geradezu antidisziplinär eingestellt, wie prominente Vertreter wie Grossberg u. a. eingeräumt haben. Als interpretativer Zugriff wird der **Konstruktivismus** privilegiert, mithin also die Überzeugung vom Konstruktcharakter aller Kultur.

Als „Differenzwissenschaften", um einen terminologischen Vorschlag von Lindner (2000, S. 94) aufzugreifen, zeigen die Cultural Studies eine theoretische und methodologische Nähe zu Poststrukturalismus, Diskurstheorie und Postmoderne; in Form verschiedener theoretischer Modelle wie ‚Kultur als Text' (s. Abschn. 4.3), Kultur als Differenz, Kultur in sozio-politischen Räumen, Kultur in Institutionen und im Alltag versuchen die Cultural Studies auf die Herausforderungen und Probleme von Globalisierung und Modernisierung zu antworten (vgl. Grossberg 1999, S. 30 ff.). Cultural Studies agieren daher sowohl global wie auch lokal. Neben Konstruktivismus als einem leitenden Paradigma ist es der vor allem von Grossberg herausgearbeitete **Kontextualismus** als weiteres Paradigma, das signifikant für die Kulturanalysen ist. Kontextualismus kann verstanden werden als Kampf um Bedeutungen, der mithilfe je unterschiedlicher Allianzen ausgefochten wird. Die Überzeugung von Vertretern der Cultural Studies ist es, dass wir Zeugen eines umfassenden Transformationsprozesses des globalen Kapitalismus sind, der zu einer Veränderung nicht nur des Alltags führt, sondern Auswirkungen auch und besonders auf *identity politics* hat – Kultur spielt dabei eine wichtige Rolle als ebenso integratives wie widerständiges Moment der Globalisierung. Die Ethnographie bzw. Cultural Anthropology als Wissenschaften vom kulturell Fremden und als Erkundungsterrain kultureller Alterität können als ein Einflussbereich dieser methodologischen Rekonstruktionen gesehen werden (s. Abschn. 4.3).

Für den Kontext des Autobiographischen sind die *identity politics* der Cultural Studies bereits in deren Gründungsakten zu identifizieren, worauf immer wieder hingewiesen wurde: Die ‚soziologische Autobiographie' sei durch die ‚Kulturalisten' Richard Hoggart oder Stuart Hall als Genre etabliert worden (vgl. Genin 2010, S. 12). Es handelt sich hier also um paradigmatische Autobiographien, in denen die Rede von Themen ist, wie sie in der Gesamtgesellschaft virulent waren: gelebte Erfahrung, *self improvement*, aber auch das *in-between* des Wissenschaftlers, der aus einem fremdkulturellen Kontext stammt, wie es bei Stuart Hall der Fall ist, der ursprünglich aus der Karibik kam. Zwischen Forschungsthematik und Person besteht eine klare Entsprechung.

Die Cultural Studies zeigen sich solchermaßen bereits in ihren autobiographischen Gründungsdokumenten als **Erfahrungswissenschaft.** Auch die Nähe zu theoretischen Ansätzen wie den Postcolonial Studies erhält auf diesem Feld des Erfahrungswissens eine autobiographische Note.

4.2.3 Kulturwissenschaften im deutschen Kontext der Geisteswissenschaften

Die **Kulturwissenschaften** im deutschen Kontext stellen eine Metaebene der Selbstreflexion der Geisteswissenschaften und ihrer Reorganisation dar, mithin „ein fächerübergreifendes Regulativ" (Fauser 2003, S. 9) mit inter- und transdisziplinärem Anspruch, multiperspektivischen theoretischen, insbesondere text- und medienanalytischen Zugriffen. Mit diesem neuartigen, aber auf deutschen Traditionen beruhenden Paradigma haben sich die Geistes- und Sozialwissenschaften seit den 1990er Jahren neu zu orientieren versucht, nachdem sie sich über einen längeren Zeitraum in einer Krise befanden, die aus der Frage nach ihrer Legitimität resultierte. Das öffentlichkeitswirksamste Resultat dieser Legitimitätsdebatte war die sogenannte *Denkschrift* von Wolfgang Frühwald, Reinhart Koselleck, Hans Robert Jauß, Jürgen Mittelstraß und Burkhart Steinwachs (1991) zur Positionierung der Geisteswissenschaften in neuen Kontexten der Globalisierung, der intermedialen Vernetzungen und der internationalen Migrationen. Frühwald und seine Mitstreiter postulierten eine ‚Orientierungsform' derjenigen Gegenstände, mit denen sich ihre Disziplinen beschäftigten. Orientierungswissen sei deshalb von zentraler Bedeutung geworden, weil die Welt- und Deutungssichten immer partikularer geworden, die methodenpluralistische Beliebigkeit und das Fehlen einer *meta science* gleichzeitig zu einem verunsichernden *anything goes* geführt hätten.

Kultur wurde demnach zum leitenden Paradigma, zum *umbrella term* für die in Partikularismen zersplitterten Erkenntnisfelder und Forschungs- sowie Lehrgebiete. Kultur, so definierte Mittelstraß, sei „der *Inbegriff aller menschlichen Arbeit und Lebensformen*" (ebd., S. 40; Hervorh. im Orig.) und bilde als „das *kulturelle Ganze*" (ebd., S. 41; Hervorh. im Orig.) – in Abgrenzung von Technik, Wirtschaft und Politik – den Referenzpunkt aller geisteswissenschaftlichen Tätigkeiten. In der *Denkschrift* wurden explizit sowohl eine **„Historische Anthropologie"** als auch „eine **Hermeneutik interkultureller Kommunikation**" (ebd., S. 71; Hervorh. M.H.) gefordert. Beidem wurde damit der Status von Leitlinien zuerkannt, die unter der Richtlinienkompetenz von ‚Geistes- als Kulturwissenschaften' den notwendigen Paradigmenwechsel organisieren sollten.

Historisch ist es interessant zu bemerken, dass diese Debatten am Ende des letzten Jahrhunderts auf analog gelagerte Debatten ein Jahrhundert früher rückverweisen, in denen Wilhelm Dilthey (wiederum im Rückgriff auf Friedrich Schleiermacher) mit der Hermeneutik als geisteswissenschaftlichem Instrumentarium eine ähnliche Leitfunktion beanspruchte, nachdem der Aufschwung der Naturwissenschaften die Geisteswissenschaften in Bedrängnis gebracht hatte. ‚Selbstverstehen' liegt demnach bereits in der hermeneutischen Tradition als Gründungsakt selbstreflexiver Geisteswissenschaften, an die man in den 1990er Jahren erneut anknüpfen konnte. Schon früher wurde diese hermeneutische Tradition explizit von Alois Wierlacher in seiner Begründung interkultureller Germanistik wiederbelebt (s. Abschn. 2.1).

Für die Germanistik vollendete die auf die *Denkschrift* erfolgende Reorganisation der Forschungslandschaft die lange vorher schon begonnene Abwendung von der reinen Textwissenschaft, wie sie nach dem Wiederbeginn der germanistischen Forschung in den 1950er Jahren durch Emil Staiger u. a. betrieben, dann aber sehr bald durch die Installation des Paradigmas ‚Gesellschaft' durchlöchert und aufgelöst wurde. Mit dem programmatischen Anspruch, ‚Kultur als Text' zu verstehen, hat Doris Bachmann-Medick in den 1990er Jahren diesen Jahrzehnte früher schon einsetzenden Wechsel zugespitzt und in der Rezeption der amerikanischen Theoriediskussionen um den Ethnologen James Clifford (s. Abschn. 4.3) für eine Erweiterung des Kulturbegriffs im deutschen Kontext plädiert. Die Kategorie ‚Alterität' (s. Abschn. 3.1) – als Einbeziehung des Fremden, des anderen, die ja auch hierzulande bereits eine lange Tradition hat, wenn man an die romantische Philosophie und das ‚andere der Vernunft', die ‚Nachtseiten' der Rationalität denkt – wurde auf das Verhältnis zu fremden Kulturen bezogen und zum Prüfstein von Kulturwissenschaften erhoben.

4.2.4 Zum Verhältnis von Cultural Studies und Kulturwissenschaften

Wie die Cultural Studies sahen sich auch die Kulturwissenschaften kritischer Infragestellung ausgesetzt: Die ‚kulturalistische Wende' schien methodologischer Willkür Tür und Tor zu öffnen. Die Befürworter hingegen sahen gerade im Methodenpluralismus und in der Ersetzung von ‚Geist' durch das Paradigma ‚Kultur' bzw. ‚Kulturen' die Vorzüge einer flexibilisierten Herangehensweise nicht nur an Texte. **Kanonrevisionen** waren eines der Ergebnisse eines pluralisierten Verständnisses von Kultur/en. Mittels des durch die Postcolonial Studies angeregten *contrapuntal reading* (Edward Said) oder allgemeiner eines *rereading* wurden Texte ferner neu kontextualisiert.

Weitere Ergebnisse sind die **Ausdehnung von Untersuchungsgegenständen** in den gesamtgesellschaftlichen Bereich hinein, für welche die Kulturwissenschaften Expertenstatus beanspruchen, insofern sie „claim to possess a special competence in symbolic realities" (Assmann 1999, S. 91). In solcher Hinwendung zu Alltagskulturen – wie sie die Tübinger Empirische Kulturwissenschaft unter Hermann Bausinger schon in den 1980er Jahren institutionell verankerte – kann ein Berührungspunkt mit den Cultural Studies gesehen werden, weitere liegen in der Aufwertung von popkulturellen Erzeugnissen sowie in der Hinwendung zu (Massen-)Medien insgesamt. Einfluss hatten ferner neben Clifford Geertz und den Writing-Culture-Theoretikern (James Clifford u. a.) Stephen Greenblatts New Historicism, in dem ebenfalls die Privilegierung von Hochkultur zugunsten von Dokumenten der Alltagskontexte aufgehoben war.

In einer eingängigeren Analyse beider kulturwissenschaftlicher Richtungen ließe sich zeigen, dass die **Wechselwirkungen** stärker sind als gemeinhin angeführt wird. Das wäre etwa an der Exilierung der Aby-Warburg-Schule und

-Bibliothek und deren Renaissance in den deutschen Kulturwissenschaften seit den 1980er Jahren oder an der Kritischen Theorie, an Walter Benjamin und dessen Rezeption bei Homi Bhabha über die Referenzen auf Kultursemiotik etc. aufzuzeigen. Solche Interdependenzen wären bei der starken Betonung der Unterschiede, wie sie Aleida Assmann in Bezug auf den „apolitical stance" (Assmann 1999, S. 91) der Kulturwissenschaften sieht, deutlicher hervorzuheben:

> „While American and British cultural studies redefine culture in such a way as ‚to provide ways of thinking, strategies for survival and resources for the marginalized' German Kulturwissenschaften seem to do the very opposite [...]. Their insistence on signs and symbols, media and memory constitute an approach to a theory of culture that cannot immediately serve as a matrix for political action." (ebd.)

Diese Überbetonung der Differenz bei A. Assmann sollte daher zugunsten der genannten Berührungspunkte stark hinterfragt werden. Denn auf dem Feld der Interkulturalität können kulturwissenschaftliche Ansätze umfassende Lösungsvorschläge für Desiderate der Forschung bieten.

4.3 Einflüsse aus Xenologie, Ethnographie, Cultural Anthropology

Wie die folgende kurze Zusammenstellung zeigen soll, konvergieren aufgrund ihrer ähnlichen xenologischen Ausrichtung eine ganze Reihe wissenschaftlicher Felder sowohl in den europäischen Kulturwissenschaften als auch in der angloamerikanischen Cultural Anthropology. Gemeinsam ist all diesen Ansätzen die Erforschung des Fremden und von Fremdheit als konstitutive Untersuchungsfelder, sodass **Fremdheitsforschung** zusammenfassend betrachtet als einer der Kernbestände der interkulturellen Literaturwissenschaft identifiziert werden kann.

4.3.1 Xenologische Ansätze in den europäischen Kulturwissenschaften

Die in Abschn. 4.2 beschriebene kulturwissenschaftliche Umgestaltung der Geisteswissenschaften in den 1990er Jahren hatte weitreichende Folgen für viele Fächer. In Bezug auf die Germanistik führte die nun mit Nachdruck betriebene Interdisziplinarität zu der programmatischen Forderung nach einer Lektüre von Kultur/en als Text – so der Titel von Doris Bachmann-Medicks intensiv rezipiertem Sammelband *Kultur als Text* (1996). Verbindungen zur Interkulturellen Literaturwissenschaft liegen bei einigen Disziplinen, die sich seit Langem und qua disziplinärem Selbstverständnis mit ‚**Fremdheitswissen**' beschäftigen, näher als bei anderen. Dies gilt auch und insbesondere für die Ethnologie/Ethnographie (zur Unterscheidung: Ethnologie meint hier die Forschungspraxis und das Gesamte des Fachs, Ethnographie deren verschriftlichte Form). Vor diesem Hintergrund ist eine Orientierung der Literaturwissenschaften an der Ethnographie, wie von Bachmann-Medick u. a. vorgeschlagen, weniger erstaunlich, als es zunächst erscheint, und steht disziplingeschichtlich betrachtet nur in einer langen Reihe von Neuorientierungen (z. B. einer sozialwissenschaftlichen Ausrichtung der Germanistik und insbesondere der Literaturwissenschaft in den 1960er und 1970er Jahren).

Schon vor Bachmann-Medick hatte Alois Wierlacher die Forderung nach einer interkulturellen **Xenologie,** als einer „kulturwissenschaftlich[], interdisziplinär und interkulturell orientierte[n] Fremdheitsforschung" (Wierlacher 1993, S. 45) erhoben. Aufgrund der weitreichenden Bedeutung von Fremdheit als ‚Kulturthema' umfassen xenologische Aufgabenfelder nach Wierlacher u. a. eine

> „Theorie kultureller Alterität, die verhaltensleitenden Rahmenbegriffe interkultureller Kommunikation und Hermeneutik, die kulturdifferente Konstitution von Fremdheitsprofilen und Fremdheitsgraden, die kulturelle Funktion und Wirkungsweise fremdheitsfeindlicher Vorurteile, das Instrumentarium der Toleranz, die Funktion von Fremdheitskonstruktionen, […] die Rolle Fremder im Kulturwandel, die Bedeutungssetzungen von Fremderfahrungen in der Kunst und die Probleme interkulturellen ‚Verstehens'" (Wierlacher 1993, S. 52).

Die Konvergenz der Ansätze Wierlachers und Bachmann-Medicks zeigt sich schließlich auch darin, dass Bachmann-Medick den umfassenden Beitrag zu kulturanthropologischen Horizonten Interkultureller Literaturwissenschaft im von Wierlacher und Bogner herausgegebenen *Handbuch interkulturelle Germanistik* (2003) übernommen hat (vgl. Bachmann-Medick 2003).

Dass zur Ganzheitlichkeit als einem teleologischen Konzept auch das Nicht-Gelingende, Irrationale, innerlich Fremde gehört, zählt mittlerweile zum selbstverständlichen epistemologischen Bestand in den europäischen Kulturwissenschaften/ Cultural Studies (s. Abschn. 4.2). Forschungsrichtungen wie die literarische Anthropologie (Wolfgang Riedel u. a.), die phänomenologische Xenologie im Sinne von Bernhard Waldenfels (s. Abschn. 3.1), die Ethnopsychoanalyse Paul Parins und Goldy Parin-Matthèys sowie die später daran anschließenden Forschungen von Mario Erdheim und Maya Nadig, aber auch Einzelstudien wie diejenige Julia Kristevas zur Interdependenz von Fremdheit und Selbstentwurf (s. Abschn. 3.1) haben zu dieser Erweiterung xenologischen Wissens auf je eigendisziplinäre Weise beigetragen.

4.3.2 Kulturanthropologie/Cultural Anthropology

Solche Ansätze verstärken intensive Selbstbefragungen, wie sie in der angloamerikanischen Cultural Anthropology sowie der Ethnologie allgemein im letzten Drittel des 20. Jahrhunderts im Zuge von Debatten über ‚Deutungsmacht' – wer hat das Recht, für andere zu sprechen? – virulent wurden. Für all diese Fachdisziplinen und Fachrichtungen kann von einer Neuausrichtung gesprochen werden, welche zum Teil die Grundfesten des jeweiligen Faches erschütterte. Der mit Hayden White für die Geschichtswissenschaft eingeläutete konstruktive ‚turn' hatte auch Auswirkungen auf andere Fächer bzw. dort fanden gleichgerichtete *turns* statt. White hatte 1973 mit seinem Werk *Metahistory. The Historical Imagination in Nineteenth-century Europe* (dt. *Metahistory. Die historische Einbildungskraft im 19. Jahrhundert in Europa,* 1991) die fiktionalisierenden Anteile bei der Rekonstruktion historischer Ereignishaftigkeit hervorgehoben. Der deutsche Titel *Auch Klio dichtet oder Die Fiktion des Faktischen* seines Buches *Tropics of Discourse* (1978) drückt diesen Zusammenhang von historischer Ereignishaftigkeit und ihrer Überformung in der Geschichtsschreibung in sprechender Weise aus. Ähnliches führte Clifford Geertz mit seinem Buch über ethnographische Meisterwerke vor (*Works and Lives: The Anthropologist As Author,* 1988; dt. *Die künstlichen Wilden. Der Anthropologe als Schriftsteller,* 1990).

Im Folgenden sollen Einflüsse der Cultural Anthropology/Ethnologie auf die Interkulturelle Literaturwissenschaft in den Blick genommen werden. Der Begriff **Kulturanthropologie (Cultural Anthropology)** und seine Herkunft ist, da er von verschiedenen Ansätzen der Ethnologie bzw. der Volkskunde in unterschiedlich akzentuierender Weise verwendet wird, nicht ganz eindeutig. Hier soll er in dem Sinne benutzt werden, wie er vor allem in nordamerikanischen Forschungsansätzen für eine ganzheitliche Form der Erforschung ‚fremdkultureller' Ordnungen und Sozialsysteme in ihren je symbolischen Ausprägungen angewandt wurde und wird. Insbesondere der Name Franz Boas steht für derartige Forschungsansätze. Boas' Anfänge als Forscher reichen wiederum zurück ins Europa des frühen 20. Jahrhunderts, sodass von einer hier nicht näher auszuführenden Wechselwirkung mit europäischen Traditionen ausgegangen werden kann.

Eine Nähe der Interkulturellen Germanistik zur Anthropologie (im deutschen Sprachraum: zur Ethnologie) war von Anfang an gegeben, wurde aber erst dann transdisziplinär fruchtbar, als auch die Ethnographie als Fachdisziplin sich ihrer konstruktivistischen Anteile bewusster wurde. In einer Art Co-Emergenz entstand die **interpretative Kulturanthropologie** im Anschluss an Clifford Geertz. Diese disziplinäre Konvergenz von Cultural Studies und Kulturanthropologie wird von der amerikanischen Anthropologie/Ethnologie als Fach selbst sehr kritisch gesehen, was Arjun Appadurai auf die Formel vom „Krieg der Disziplinen" brachte (zit. n. Lindner 2000, S. 85). Die weitgehende Beschränkung der Cultural Studies auf die eigene Gesellschaft, die ‚teilnehmend beobachtet' wird (ein Leitparadigma des Ethnographen Bronislaw Malinowski), ist auch insofern keine Beruhigung für ein Claim-Denken der Ethnologie mehr, als prominente Vertreter des Fachs sich ihrerseits auf die Erforschung der eigenen Kultur zurückwenden, wie etwa Marc Augé in Frankreich, der mit innovativen Methoden Feldbeobachtung und Autofiktion zum ethnographischen Amalgam verbindet (bspw. in seinem *Tagebuch eines Obdachlosen,* 2012). So beschränkt sich die Ethnologie einerseits in Tiefenanalysen auf die eigene Gesellschaft, andererseits wird ihr methodisches Arsenal und ihr xenologisches Wissensreservoir von anderen Fächern ‚geborgt' (vgl. Rottenburg 2001).

4.3.3 Interpretative Kulturanthropologie und die Writing-Culture-Plattform

Fachdisziplinär, wie oben festgestellt, sind die Beiträge der Ethnographie ebenfalls seit Jahrzehnten als Selbstverständigungen über die Legitimität von Repräsentationen des anderen angelegt. Die sogenannte **Writing-Culture-Plattform** hat seit 1986 eine Reihe von Textbänden zu diesem Problem veröffentlicht. Writing Culture ist eine Plattform für eine Gruppe von namhaften Ethnologen (zu denen außer den Herausgebern der Bände Vincent Crapanzano, Stephen Tyler, Michael Fischer, Mary Louise Pratt u. a. gehören), die kein Gegenkonzept zur interpretativen Kulturanthropologie im Sinne von Geertz entwickelt haben, sondern ‚**metaethnographisch**' die sogenannte Krise der Repräsentation zum Anlass nahmen, sowohl auf die „fiktionalen, allegorischen Elemente der wissenschaftlichen Darstellung als auch die fiktionalen Dimensionen des Faktischen selbst" (Bachmann-Medick 1996, S. 31) hinzuweisen. Insbesondere James Clifford hat mit seinen Beschreibungen ethnographischer Allegorien – ‚bedeutungsstarker Geschichten', mit denen Ethnographien versetzt werden (vgl. Clifford 1993a) – und der Kritik ethnographischer Autorität Wegmarken gesetzt (vgl. Clifford 1993b).

Auch bei anderen Theoretikern, die dem Label ‚Writing Culture' zuzuordnen sind, steht das dynamische oder prozessuale Moment der Herstellung von kulturellen Bedeutungen im Fokus der Aufmerksamkeit und nicht mehr die Aufdeckung einer vermeintlich objektivierbaren kulturellen Ganzheit – auch nicht in ihrer synekdochischen Form wie bei Clifford Geertz, der der Writing-Culture-Gruppe theoretisch vorausging und mit seiner Deutung des ‚**balinesischen Hahnenkampfes**' bekannt wurde (vgl. Geertz 1983). Der balinesische Hahnenkampf dient Geertz in seinem berühmt gewordenen Aufsatz als Kern einer angeblichen Selbstdeutung und -generierung ‚der' balinesischen Kultur.

> „Als Bild, Fiktion, Modell und Metapher ist der Hahnenkampf eine Ausdrucksform. Seine Funktion ist es nicht, soziale Leidenschaften zu zähmen, noch sie zu schüren […], sondern sie mit Hilfe von Federn, Blut, Menschenansammlungen und Geld darzustellen." (ebd., S. 246)

Eine Deutung, welche wiederum Kritik auf sich zog, vollführte Geertz damit doch eine Kehrtwende zur Deutungshoheit, indem der ‚fremde' Ethnologe derjenige ist, welcher kulturelle Kernbestände der balinesischen Kultur erst als solche zu identifizieren und zu entziffern vermag. Die Writing-Culture-Gruppe wirft Geertz daher die Nichtumsetzung seiner eigenen Erkenntnisstandards vor, wohingegen Geertz seinerseits ihren ‚metaethnographischen' Anspruch als vermessen kritisiert.

Die Writing-Culture-Theoretiker sichern den vollzogenen *literary (rhetoric, poetic) turn* der Kulturanthropologie über Geertz hinaus wissenschaftspolitisch ab – nicht zuletzt gegen fachinterne Angriffe vonseiten derjenigen Anthropologen, welche aus den bislang ‚beforschten' Kulturen stammen –, indem sie zugleich mit der Fokussierung der fiktionalen Anteile von Bedeutungskonstruktionen die davon untrennbare ‚ethnographische Autorität' analysieren und infrage stellen.

Das bekannteste Beispiel für einen solchen fachintern ausgetragenen **Disput über Deutungsmacht,** in dem es ganz deutlich und über mehrere Werke der beteiligten Wissenschaftler hinweg um die Aberkennung westlicher Deutungsvorherrschaft ging, war der Streit zwischen Gananath Obeyesekere, einem ursprünglich aus Sri Lanka stammenden Anthropologen in Princeton, und Marshall Sahlins, Anthropologe in Chicago, um die Deutung des Todes von Captain Cook, der in Hawaii von Indigenen getötet wurde und um dessen Tod sich zahlreiche Mythen ranken. Obeyesekere stellte 1992 in seinem Buch *The Apotheosis of Captain Cook. European Mythmaking in the Pacific* nicht nur die ethnographische Autorität Sahlins, sondern die europäischer und nordamerikanischer Anthropologen – von ihm als ‚Mythenmacher' bezeichnet – generell infrage. Der Mythos, auf den er im Speziellen zielte, war derjenige, den Sahlins als Erklärungsmuster für den Tod Cooks wählte: Cook, den die Einheimischen aufgrund einer zeitlichen Koinzidenz mit der Wiederkehr ihres Gottes Lono für diesen gehalten hätten, habe sich dem indigenen Muster nach nicht konform verhalten und sei aus diesem Grunde getötet worden.

Dass es in diesem und ähnlichen Disputen um ‚ethnographische Autorität' (vgl. Clifford 1993a) geht, ist offenkundig. Als Frage nach den Machtverhältnissen in Repräsentationen berühren sich solche eingeforderten ethnographischen Revisionen mit postkolonialen Ansätzen bzw. sind selbst solche.

4.4 Postkoloniale Studien und Interkulturelle Literaturwissenschaft

4.4.1 Konvergenzen

Wenn von **Postkolonialen Studien** die Rede ist, so sind damit zuallererst die Arbeiten von Edward Said, Homi Bhabha und Gayatri Chakravorty Spivak sowie die auf ihre Anstöße folgenden Forschungsansätze gemeint. Zu berücksichtigen sind darüber hinaus Untersuchungen, die sich Aspekten des Kolonialen und Postkolonialen eher in Detailanalysen als im Bemühen um theoretische Grundlegungen widmen. In erster Linie wären hier zu nennen: Tzvetan Todorovs *La conquête de l'Amérique. La question de l'autre* (1982; dt. *Die Eroberung Amerikas. Das Problem des Anderen,* 1985), Mary Louise Pratts *Imperial Eyes. Travel Writing and Transculturation* (1992) sowie Susanne M. Zantops *Kolonialphantasien im vorkolonialen Deutschland (1770–1870)* (1999).

Schon 1978 hatte Edward Said mit seiner Arbeit über die ‚**Orientalisierung' des Orients** durch Europa, insbesondere Frankreich und England – „Es ist Europa, das den Orient artikuliert" (Said 1981, S. 68) –, die Koordinaten einer postkolonialen Kritik vorgegeben, die auch und gerade literaturpolitische Kontexte erhellt und damit über die antikolonialistischen Fanaltexte eines Frantz Fanon (als Theoretiker der Befreiungsbewegungen) oder Eduardo Galeano (als Vertreter der lateinamerikanischen *Dependencia*-Theorie) hinausreicht. Orientalismus im Sinne

4.4 Postkoloniale Studien und Interkulturelle Literaturwissenschaft

Saids ist ein Ensemble von Wissensbeständen über ‚den' Orient, das als machtverbundenes Konstrukt ein imaginäres Wesen des anderen erschafft. Kritik an Saids Konzept zielte vor allem auf seine Grundannahme einer westlichen Superiorität sowie auf seine Essenzialisierung ‚des' Westens, den es selbstverständlich genauso wenig gibt wie ‚den' Orient (vgl. Soltani 2016). Was darüber hinaus problematisch anmutet, ist die Auffassung Saids, dass der westliche Diskurs derart ‚unentrinnbar' sei, dass alternative Handlungsoptionen nicht existieren. Said selbst hat auf derlei Einwände 1993 mit einem weiteren Werk reagiert, *Culture and Imperialism* (dt. *Kultur und Imperialismus,* 1994), in dem er mit seinem Verweis auf Lektüren ‚gegen den Strich' literarische Handlungsalternativen aufzeigt.

Ungeachtet aller Kritik an Said steht eines jedoch fest: Am Ende des kolonialen Zeitalters werden die ‚Kontexte' (und damit auch die Texte) neu vermessen. Westliche Kultur wird vor dem Hintergrund imperialer Bestrebungen anders ‚kartiert'. **Remapping** ist ein wichtiges Stichwort des postkolonialen Diskurses, der die neu entstehende Weltliteratur der Gegenwart kommentierend begleitet bzw. vorbereitet hat. Damit verbunden ist das Konzept des **rereading** und des **rewriting** von den Autor/innen der ehemaligen kolonialen Peripherien, die in den multikulturell gewordenen Zentren der alten Kolonialmächte leben. Said hat auch hierzu wegweisende Arbeit geleistet, indem er in *Kultur und Imperialismus* einerseits beleuchtet, dass und wie sehr der europäische (speziell der englische) Roman „als kulturelles Artefakt der bürgerlichen Gesellschaft und der Imperialismus ohne einander nicht denkbar sind" (ebd., S. 117). Andererseits geht er über ältere marxistische Deutungsmodelle der Literatur als Phänomen des geistigen ‚Überbaus' weit hinaus, indem er einschlägige Texte in einer interpretativen **Doppelperspektive** lesbar macht – als Apologie des Imperialismus, aber auch als Dokument antiimperialistischen Widerstands:

> „Es ist eine vergleichende oder besser, kontrapunktische Perspektive erforderlich, um [...] Erfahrungen gemeinsam zu interpretieren, die diskrepant sind und ihre jeweils eigene Gewichtung und Entwicklungsgeschwindigkeit haben, eigentümliche innere Bauelemente, innere Kohärenz und ein spezifisches System äußerer Beziehungen, die allesamt koexistieren und mit anderen interagieren." (ebd., S. 71)

Am Beispiel von Rudyard Kiplings Roman *Kim* (1901) beschreibt Said etwa, wie dieser, obwohl er fest verankert in der spätviktorianischen Gesellschaft sei, doch zugleich in einer antithetischen Beziehung zur indischen Unabhängigkeitsbewegung stehe. **Kontrapunktisches Lesen** nennt Said die Methode, mit der er – von den Autor/innen nicht intendierten – Doppelperspektiven der Texte auf die Spur zu kommen sucht. So attestiert er Joseph Conrad – mit dem er differenzierter umgeht als vor ihm Chinua Achebe (1977), der Conrad als Apologeten des Kolonialismus attackiert hatte –, dass er sich ein unabhängiges Afrika zwar nicht habe vorstellen können, seine spezifische Narration späteren Leser/innen eine solche Alternative aber denkbar erscheinen lasse.

Nicht um eine bloße Umkehrung der Werte ist es den meisten postkolonialen Theoretiker/innen zu tun, sondern um die Auflösung der von den westlichen

Deutungsinstanzen oktroyierten Diskurse, in denen die jeweiligen Kulturen ihren unverrückbaren Platz zugewiesen bekamen.

Homi Bhabhas *The Location of Culture* (1994; dt. *Die Verortung der Kultur*, 2000) ist neben dem Werk Saids der wohl am häufigsten zitierte Beitrag zur postkolonialen Theoriebildung und hat wesentlich zur Etablierung zentraler Konzepte wie **Hybridität, Dritter Raum** und **Mimikry** beigetragen. Im Rekurs auf Michel Foucaults Diskursbegriff einerseits und Walter Benjamins Geschichtsbegriff andererseits geht Bhabha so weit zu behaupten, dass wir in einer Zeit und einem Raum des *beyond* leben, in einem *blurring*. Gemeint ist damit ein undeutlich gewordener Zustand jenseits sequenziell gedachter Zeitfolgen, eine Zeit des ‚Ungleichzeitigen', in der zahlreiche Kulturen aufeinandertreffen und sich ein Dritter Raum zu bilden beginnt, der keine bloße Schnittmenge, sondern etwas Neues bildet: einen Raum des Hybriden (s. Abschn. 3.3).

Vergleichbare Denkfiguren kursierten schon vor dem Erscheinen von Bhabhas *The Location of Culture,* terminologisch anders gefasst, aber inhaltlich ähnlich. So spricht Mary Louise Pratt von der *contact zone*, „the space of colonial encounters, the space in which peoples geographically and historically separated come into contact with each other and establish ongoing relations, usually involving conditions of coercions, radical inequality, and inextricable conflict" (1992, S. 6). Auch hier wird zweifellos ein Dritter Raum beschrieben, wenngleich Pratt das Phänomen weniger positiv bewertet und vielmehr sein Konfliktpotenzial betont. Unter dem Begriff *anti-conquest* scheint bei ihr zudem etwas auf, das Saids Konzept des kontrapunktischen Lesens nahekommt, sich allerdings auf Handlungsweisen reisender Subjekte bezieht (die sich wiederum in deren Texten niederschlagen): „I refer to the strategies of representation whereby European bourgeois subjects seek to secure their innocence in the same moment as they assert European hegemony." (ebd., S. 7) Said und Pratt weisen beide auf die Ambivalenz kolonialer Texte hin: Said mit textanalytischer Akzentuierung, Pratt eher mit Verweis auf die handlungspraktischen Konsequenzen.

Prominentes ‚Opfer' von Pratts kritischen Lektüren des *anti-conquest* wurde Alexander von Humboldt, dem sie die Beschreibung Lateinamerikas und seiner autochthonen Bevölkerung als „primal nature" (ebd., S. 127) vorwirft – als Naturraum, der zur Eroberung einlade. Trotz der bekanntermaßen liberalen Ansichten Humboldts und seiner expliziten Stellungnahme gegen die Sklaverei schlussfolgert sie zu Humboldts amerikanischem Reisebericht *Relation Historique:* „[T]he *Personal Narrative* naturalizes colonial relations and racial hierarchy, representing Americans […] in terms of the quintessential colonial relationship of *disponibilité*." (ebd., S. 130) Pratt unterstellt Humboldt demnach eine Sicht auf das indigene Lateinamerika, welche gleichbedeutend mit dessen kolonialer Verfügbarmachung sei. Eine These, die in der Forschung nicht unwidersprochen blieb (vgl. Lubrich 2021).

Auch weitere Theoreme Bhabhas finden sich in Variationen schon bei anderen postkolonialen Autor/innen, darunter das des *mimic man*, das er im Rekurs auf Vidiadhar Surajprasad Naipauls Roman *The Mimic Men* (1967) entfaltet. Ein ähnliches Konzept ist etwa in Michael Taussigs *Mimesis and Alterity* (1993; dt. *Mimesis und Alterität: Eine andere Geschichte der Sinne,* 1997) auszumachen, wo ebenfalls auf den subversiven Charakter der Nachahmung des Kolonisators durch den Kolonisierten abgehoben wird. **Mimikry** ist laut Bhabha eine der effektivsten kolonialen Strategien – und zugleich eine zutiefst ambivalente Strategie, denn der *mimic man* besetze einen Platz zwischen Imitation und Verspottung. Die Identitätseffekte, die er produziert, konfrontierten den Kolonisator mit (Selbst-) Zweifeln, denn die Mimikry fungiere gleichsam als Zerrspiegel kolonialer Praktiken. Indes hat Paul Michael Lützeler betont, dass Bhabha vorzugsweise subversive Momente der Mimikry präsentiere (vgl. 2005, S. 29) – obwohl sich ebenso gut gegenteilige Beispiele anführen ließen.

Nicht nur als wichtige Ergänzung, sondern als frühe **Selbstkritik** der Postkolonialen Studien kann Gayatri Chakravorty Spivaks um den Begriff der **Subalternität** kreisender Aufsatz „Can the subaltern speak?" (1988) angesehen werden. Spivak diskutiert darin im Anschluss an die indischen Subaltern Studies die Frage, wie man die in den antikolonialistischen Befreiungskampf nicht eingebundenen unteren Bevölkerungsschichten theoretisch integrieren könne, ohne zugleich deren bevormundende Stellvertretung zu übernehmen. Insbesondere die subalterne – also untergeordnete – Frau müsse zu einer eigenen Sprecherposition finden (vgl. auch Mecklenburg 2008, S. 275 f.).

Lützeler hat in seiner Monographie *Postmoderne und postkoloniale Literatur. Diskurs – Analyse – Kritik* (Lützeler 2005) gezeigt, dass die Konvergenzen von Postmoderne und Postkolonialismus insbesondere im Bemühen um Revisionen des Kanons und um Auflösung fixer Subjektpositionen (Hybridität) sowie in der prinzipiellen ‚Anerkennung' von Vielfalt bestehen. Über Lützelers Ausführungen hinausgehend wären mit Blick auf wechselseitige Anregungen auch die Studien des New Historicism zu erwähnen, insbesondere Stephen Greenblatts *Marvellous Possessions. The Wonder of the New World* (1991; dt. *Wunderbare Besitztümer. Die Erfindung des Fremden: Reisende und Entdecker,* 1994). Darin wird am Beispiel der Neuen Welt ebenfalls ein Raum des **kulturellen Kontakts** erkundet, speziell anhand von Dolmetscherfiguren wie Malinche, der Übersetzerin und Geliebten von Hernán Cortés. Auch in neueren phänomenologischen Konzeptionen der Xenologie, etwa bei Bernhard Waldenfels, ist eine Konvergenz zum postkolonialen Diskurs zu erkennen, wenngleich Waldenfels im Unterschied zu Bhabha vom ‚Zwischenraum' anstatt vom ‚Dritten Raum' spricht. Auch bei ihm geht es jedoch um ein Auflösen fixer Oppositionen und die Hervorhebung von ‚Erfahrung' als Leitkategorie.

Die Postkolonialen Studien, das hat Lützeler wiederholt unterstrichen, sind nicht zuletzt literaturwissenschaftliche Studien. Für die Interkulturelle Literaturwissenschaft stellen sie ein wichtiges Arbeitsgebiet dar: Vor allem angesichts des in den letzten Jahren angewachsenen Interesses an der deutschen Kolonialvergangenheit. So ergibt sich die Frage, inwieweit ihre Begriffe und Konzepte auch für die Analyse deutschsprachiger Literatur produktiv gemacht werden können. Die Annahme eines deutschen ‚Sonderwegs' im Bereich der Kolonialgeschichte wird dabei zusehends kritisch hinterfragt. War es lange Zeit Konsens, dass koloniale Themen in der deutschsprachigen Literatur keine nennenswerte Rolle spielen, so zeigen neuere Veröffentlichungen das Gegenteil, indem sie postkoloniale Re-Lektüren vorantreiben, etwa zu Johann Wolfgang von Goethe und Heinrich von Kleist, zu Theodor Fontane und Wilhelm Raabe, zu Peter Altenberg und Franz Kafka, zu Günter Grass und W.G. Sebald (vgl. Dunker 2005). Obwohl Dunker richtigerweise feststellt, dass es im deutschsprachigen Kontext kein *writing back* aus den Kolonien gibt (vgl. Uerlings 2005, S. 41), ist es sehr wohl möglich, dass postkoloniale Literatur auch ausgehend von den ehemaligen deutschen Kolonien ohne Vereinnahmung oder, in der Terminologie Uwe Timms, ohne „Einfühlungsästhetik" (Hamann/Timm 2003) geschrieben wird. Auf der narrativen Ebene, mit besonderen figurativen Strategien, werden nicht nur bei Uwe Timm, Alex Capus, Christof Hamann und anderen neue Zugänge zur kolonialen Geschichte geschaffen.

In *Remembering Africa* (2013), einer Art Summe seiner bisherigen Arbeiten zur deutschsprachigen Afrikaliteratur, plädiert Dirk Göttsche für eine Zusammenarbeit, wenn nicht gar Fusion von Postkolonialen Studien und Interkultureller Literaturwissenschaft, ungeachtet ihrer je unterschiedlichen Traditionen. Man kann indes davon ausgehen, dass viele Vertreter/innen der gegenwärtigen Interkulturellen Literaturwissenschaft dies bereits für eine Selbstverständlichkeit halten. Besonders ergiebig ist jedoch Göttsches Herausstellung der Verbindungen zwischen postkolonialer Analyse einerseits und den im deutschsprachigen Raum vorherrschenden Arbeiten zum kulturellen (und kollektiven) Gedächtnis andererseits. Exemplarisch belegen lässt sich eine solche Verknüpfung an einem herausragenden literarischen Beispiel wie Uwe Timms *Morenga* (1978). Es handelt sich hier um den wichtigsten postkolonialen deutschen Roman zum Genozid an der einheimischen Bevölkerung in der ehemaligen Kolonie Deutsch-Südwestafrika, dem heutigen Namibia. Wie dieser Roman im Sinne einer postkolonialen *und* interkulturellen Literaturwissenschaft analysiert werden kann, soll im Folgenden beispielhaft gezeigt werden (vgl. ausführlicher Holdenried 2011).

4.4.2 Modellanalyse: Uwe Timms *Morenga* – narrative Neukartierungen einer (weitgehend) vergessenen Geschichte

Zum Inhalt des Romans
Der Oberveterinär Gottschalk kommt im September 1904 nach Deutsch-Südwestafrika. Kurze Zeit später bricht dort der Aufstand der Nama (‚Hottentotten') aus, nachdem sich die Herero bereits seit acht Monaten im Krieg befunden haben. Zum Führer der Rebellion wird der Abkömmling eines Herero und einer Nama, der „Hottentottenbastard" (Timm: Morenga, S. 6) Jacobus Morenga. Gottschalk hat seine Sehnsucht nach etwas Neuem ins ‚Schutzgebiet' getrieben, wo er eine Familie gründen und eine Farm aufbauen möchte. Als Tierarzt nimmt er am Feld-

zug gegen die Aufständischen teil, doch beeinflusst von Gesprächen mit dem anarchistischen Unterveterinär Wenstrup, der bald desertiert und damit aus der Geschichte verschwindet, setzt bei Gottschalk ein Prozess des Umdenkens ein. Dieser wird durch die weitere Auseinandersetzung mit dem Denken Wenstrups, das Gottschalk aus dessen Anmerkungen in einem Buch des Anarchisten Pjotr Kropotkin zu ergründen sucht, ebenso vertieft wie durch das Erlernen der Nama-Sprache und die Liebesbeziehung zu einer Nama-Frau. Die systematische Brutalität der ‚Schutztruppe' und die ihr entgegenstehende Humanität Morengas, dem er als ihr Gefangener persönlich begegnet, bringen Gottschalk immer wieder in schwerste Konflikte. Doch trotz seiner klaren Einsicht, dass „dieser Krieg Unrecht sei" und man „sich nicht halb entscheiden" kann (ebd., S. 228), trifft Gottschalk nur insofern eine Entscheidung, als er den Militärdienst quittiert. Zurück in Deutschland sehen wir ihn im ‚Nachtrag' als Professor mit einem Freiballon über die Alpen schweben.

Neben dem auf Gottschalk bezogenen Handlungsstrang werden zahlreiche weitere Geschichten entfaltet, die teils auf anderen, präkolonialen Zeitebenen angesiedelt sind. Ethnologische Einschübe, militärische Dokumente und andere Intertexte liefern ein umfassendes Panorama der Kolonialzeit.

Polyphonie als narrative Struktur
Der angesprochenen Herausforderung, einen Aspekt der Kolonialgeschichte zum Sujet zu machen, ohne in protokoloniale Muster der Repräsentation zu verfallen – was in Gerhard Seyfrieds Roman *Herero* misslingt (vgl. Hermes 2009, S. 219–248) –, hat sich Timm mit *Morenga* gestellt. Gegen die in den 1970er Jahren gängige Annahme, man könne die Dokumente für sich sprechen lassen, setzt Timm psychologische Begriffe, die an Freuds Metapher vom ‚inneren Afrika' denken lassen, eine Gleichsetzung des Unbewussten mit dem unbekannten Inneren eines Kontinents (s. hierzu Abschn. 3.1). Es sei ihm, so bemerkt er im Gespräch mit Manfred Durzak, um eine „Exploration in [s]ein Bewusstsein" (1995, S. 325) gegangen. Das literarische Porträt Gottschalks verkörpert als Gegenposition zur reinen Faktizität der Quellen jene Dimension des Begehrens und der Sinnlichkeit, ohne die das andere nicht angemessen darstellbar wäre – weder das eigene noch das des Fremden.

> „[E]in einfaches Hinausspringen aus der eigenen Kultur in eine fremde ist nicht möglich. Also kann Uwe Timm weder Wenstrup in den Mittelpunkt stellen noch Morenga, den Titelhelden. [...] Ebenso wäre ein einfaches Sich-Einfühlen in Morenga schon die Subsumtion einer fremden Kultur unter die Zeichen der eigenen. Nur durch die Perspektive Gottschalks, der eben trotz aller Annäherung an das Nama Deutscher bleibt, ist das Fremde zu vermitteln." (Horn 2004, S. 83)

Insofern ist Timms Verzicht auf das hermeneutische Konzept der Einfühlung überzeugend; doch verzichtet er eben nicht darauf, Möglichkeiten der interkulturellen Annäherung in den Blick zu nehmen. Morenga steht mit Gottschalk in einem Verhältnis der Interdependenz – nicht zufällig verlässt dieser genau einen Tag vor Morengas Tod das Land.

Zudem entwirft Timm in seinem Roman ein Konzept von **Intertextualität**, das die Referenztexte nur in der dialogischen Vermittlung durch einen bereits Abwesenden wirksam werden lässt. Gottschalk interessiert sich zunächst gar nicht so sehr für Kropotkins Kampfschrift gegen den Sozialdarwinismus, die ihm Wenstrup überlassen hat, sondern eher für dessen sorgfältige Bearbeitung des Textes. In Wenstrups Randbemerkungen werden weitere intertextuelle Bezugnahmen sichtbar, etwa auf Georg Büchners *Hessischen Landboten*, eine sozialrevolutionäre Kampfschrift des Vormärz. Interessanterweise sind es diese Auseinandersetzungen, gewissermaßen einseitige Gespräche mit einem Abwesenden, dem desertierten Wenstrup, die Gottschalks Entwicklung stärker beeinflussen als seine fruchtlosen Diskussionen mit dem Pater Meisel, der in exotistischer Manier von den „unverbildeten Menschen", den „Wilden" (Timm: Morenga, S. 383) schwärmt.

Insgesamt löst Timm das angesprochene Problem der Repräsentation durch eine **Polyphonie der Stimmen** und intertextuelle Bezüge, die er an die Stelle eines konventionellen Bildungs- oder Entwicklungsromans setzt. Das Geflecht von Haupt- und Nebenfiguren sowie die Stimmen von Abwesenden, ja sogar von sprechenden Ochsen, welche die präkoloniale Geschichte des Landes erzählen, erschaffen jenen Ort eines Dritten, Imaginären, in dem jede Stimme ihr Recht hat. Allerdings ist die von Timm entworfene Polyphonie weniger eine Euphonie als eine **Kakophonie**. Die Fragmentierungen, ja Dissoziationen, denen sich der Einzelne in der kolonialen Situation ausgesetzt sieht, kehren nicht nur in der dezentrierten narrativen Anlage des Romans wieder, sie bestimmen auch Gottschalks Auseinandersetzung mit sich selbst, die als eine innere ‚**Kartographie von Brechungen**' erscheint: „Unser Inneres verstehen lernen als geologische Formation. Also eine Geologie der Seele mit ihren Brüchen, Verschiebungen, Sedimenten, Ablagerungen und Erosionen" (ebd., S. 415), heißt es in Gottschalks zweitem Tagebuch. Dass Timm die Dissonanzen gerade nicht verschweigt, ist eine der Qualitäten seines Romans. Mit Pater Meisel, dem theologisch-scholastischen ‚Gutmenschen', überwirft sich Gottschalk schließlich endgültig, da der Geistliche sich selbst nie infrage stellt.

Zur Polyphonie von *Morenga* tragen freilich auch die zutiefst **destruktiven Stimmen** bei, die vor allem in den eingeschobenen Gefechtsberichten zu Wort kommen. Auch hier allerdings, darauf hat Roland Schmiedel (2007) aufmerksam gemacht, entwickelt Timm eine fiktionale Perspektive, indem häufig nicht zwischen Zitat und Erzähltext unterschieden wird, die Montage Aussageabsichten in ihr Gegenteil verkehrt oder die zeitliche Reihenfolge von Ereignissen verändert wird. Den keinesfalls quellengetreuen Gefechtsberichten kontrastieren die nur scheinbar fiktionalen ‚Landeskundekapitel' mit ihren karnevalesken Zügen. Figuren wie der Branntweinhändler Klügge, die Missionare Gorth, Kreft und Knudsen, der Landvermesser Treptow oder Lukas, der Kirchenälteste in Bethanien, haben je eigene Spuren in der imaginären Geographie des Landes hinterlassen. Ihr Begehren und ihre Wünsche bilden einen anarchischen Kontrapunkt zur steifen Ordnung des Wilhelminischen und Soldatischen. In Klügges Verführung der Missionarsgattin Sabine, in Gorths Rauchen von Dagga, dem einheimischen Haschisch, und in Lukas' Pendeln zwischen den Kulturen werden Konturen einer alternativen ‚**kulturellen Topographie**' sichtbar. Gottschalk wiederum begibt sich am Ende seiner Militärzeit, beim letzten Ausritt mit einem Rennkamel, auf die Suche nach den legendenhaften Überbleibseln dieser Ereignisse und findet ein Holzstückchen von Klügges überdimensionalem Branntweinfass. Dieses fungiert als ein archäologisches Zeugnis jenes karnevalesken Treibens, in dem die gewohnten sozialen Hierarchien und Verhaltensweisen außer Kraft gesetzt waren – oder, wie es im Text heißt, in dem „die schlafenden Verhältnisse zum Tanzen" (Timm: Morenga, S. 427) gebracht werden sollten.

Die anderen – eine Utopie des Fremden?
Das andere hatte Gottschalk, Sohn eines Kolonialwarenhändlers, bereits als Kind fasziniert: in Form der Gerüche aus den „dickbauchigen Gläsern", von Zimt, Muskat, Vanille – und in seiner symbolischen Form. „Dieses Wort: Gewürzinseln" (ebd., S. 19) steht für eine Begehrensstruktur ein, die als Topos den Anfang zahlloser Reiseberichte bildet. Das Fremde wird von Gottschalk in seiner Differenzqualität zum Eigenen ersehnt. Während die Träume von etwas Neuem zunächst noch als Idyll vom Haus mit rot gewürfelten Vorhängen, musizierender Familie und gemütlichem Feierabend im Skizzenbuch festgehalten werden, wünscht sich Gottschalk doch etwas anderes – etwas, für das er aufgrund seiner strengen Erziehung zunächst nicht einmal Worte hat. Er findet dafür eine geeignete Ausdrucksform, indem er die Sprache der Nama mit ihren Schnalzlauten lernt. Im Gegensatz zu Wenstrup, der lediglich ein pragmatisches Verhältnis zur Nama-Sprache entwickelt, berauscht sich Gottschalk an der klanglichen Expressivität dieser Sprache. Wie Gorth, eine Art Vorläufer des Protagonisten unter präkolonialen Vorzeichen, erfährt er die Sprache als Teil einer Hingabe an das Fremde. Gorth erlebt sie als ein „tonales Feuerwerk" (ebd., S. 137), nachdem er ein Dagga-Pfeifchen geraucht hat. Gottschalk aber begreift auch ohne Rauscherlebnis, dass er sich in dieser Sprache wahrhaftig auszudrücken vermag: „Nama, eine Sprache, die man nur mit gelöster Zunge sprechen kann." (ebd., S. 58) Nur in dieser Absetzung von einem rein instrumentalen Gebrauch der Sprache wird es Gottschalk möglich, ‚auszusteigen': „Die Mitternachtsmaus fliegt durch den Steppenwald der Teerosen" (ebd., S. 59), dieser Satz, der in der Nama-Sprache sehr viele Schnalzlaute enthält, erscheint nicht nur in einer Situation kolonialer Gewalt als völlig sinnlos. Er bezeichnet aber als ästhetische *l'art pour l'art* eine wesentliche symbolische Dimension von Timms Roman. In den artifiziellen Nama-Sätzen sucht Gottschalk einen Weg ins Offene, der ihm handlungspraktisch nicht möglich ist.

Unschwer sind auch im neuartigen meteorologischen Beschreibungssystem, das Gottschalk entwickelt, Verweise auf das Utopische im wörtlichen Sinne des *ou-topos,* des Nicht-Ortes, zu entziffern. Um der erstarrten Sprache ihre Mannigfaltigkeit zurückzugeben und Sinnlichkeit, Spontaneität, Individualität zu erzeugen, enthält es kühne Bilder und Neologismen: „Vormittags blauschnigiert sich der Teppich langsam gegen Süden. Nachmittags Wollrollkroogen stahlgrau gepunzt. Abends gegen 1.20: Verweisung der Driftwolken nach Norden. Flaumig federich." (ebd., S. 415) Damit werden die Verhältnisse zwar nicht zum Tanzen gebracht, aber darin findet Gottschalk das einzige ihm mögliche Ausdrucksmittel seines Wunsches nach etwas Neuem.

Die Begrenzungen einer utopischen Sehnsucht, die im kolonialen Kontext nur als ästhetischer Entwurf artikuliert werden kann, zeigen sich auch im Vergleich mit Gottschalks Vorgänger Gorth. Mithilfe von zwei Tanzszenen wird der Abstand zwischen einer vorkolonialen und einer kolonialen Begegnung zweier Kulturen demonstriert. Während Gorth im ekstatisch-rauschhaften Erleben eine Selbstbefreiung und Annäherung an das Fremde wenigstens zeitweise gelingt – „Wie von Ketten befreit sprangen Gorths Beine. Er tanzte mit Lukas" (ebd., S. 137) –, erfährt Gottschalk gerade im Tanz die Grenzen seiner Verwandlungsfähigkeit:

> „Einen Moment habe er versucht, die Bewegungen Morengas nachzuahmen [...]. Aber es wollte ihm nicht gelingen. Er verkrampfte sich regelrecht. Es war sogar entsetzlich lächerlich. Und noch während er versuchte zu tanzen [...], war ihm klar, daß er nicht würde bleiben können." (ebd., S. 419)

Zu erkennen ist hier das performativ misslingende Negativ der kolonialen Gewalthierarchie. Die ‚Eingeborenen' sehen in den zerlumpten Kleidungsstücken der Besatzer „aus wie kleine abgerissene Europäer, aber schwarz" (ebd., S. 25); sie unterlaufen jedoch die sie verunstaltende Spiegelung durch eine Art **subversiver Mimikry,** wie der Ethnologe Brunkhorst in seinem Bericht festhält. Der ‚Hottentotte' kenne den Europäer besser als dieser ihn, und er sei imstande, ihn mimetisch exakt nachzuahmen: „In allen [...] Rollen stimmt die Gestik, die Mimik, sogar der Tonfall beim Sprechen verblüffend mit dem seiner Herren überein, aber in allen drei Fällen etwas überzogen und fast karikierend, so daß man nie wusste, ob sich der Hottentotte nicht insgeheim über alle [...] lustig machte." (ebd., S. 363).

Eine vergleichbare performative Anpassung an die anderen will Gottschalk nicht gelingen. Nur die Zunge hat in der Artistik der Schnalzlaute ihren eigenen tänzerischen Rhythmus gefunden, der Körper als ganzer aber kann seine Ketten nicht abstreifen. Dies gelingt dem Europäer offensichtlich nur mit Hilfsmitteln. Eine nicht normative Begegnung mit dem anderen ist unter den Bedingungen kolonialer Dominanz nicht möglich. Lediglich die Drogen Dagga und Alkohol ermöglichen einigen Figuren Timms eine vorübergehende Verschmelzung. In einer solchen Ekstase war, so hat es Johannes Fabian in seinem Buch *Out of Our Minds. Reason and Madness in the Exploration of Central Africa* (2000; dt. *Im Tropenfieber. Wissenschaft und Wahn in der Erforschung Zentralafrikas,* 2001) grundsätzlich beschrieben, durchaus eine ‚**Kontaktzone'** zwischen Europäern und Afrikanern herstellbar, wenngleich nur als temporäre Grenzüberschreitung (vgl. auch Baumbach 2006, S. 106 f.). Gottschalk aber misslingt dies. Ob seine Überläuferphantasien jedoch deshalb ein Ende finden, weil die kulturellen Differenzen unüberwindbar oder weil Kontrolle und Dominanz integrale Bestandteile des Kolonialismus sind, ist eine der zentralen Fragen des Textes. Hierin bleibt er zwar realistisch und entzieht sich damit der Versuchung einer kontrafaktischen Romantik – bspw. als einer gelingenden Liebesbeziehung zu einer Einheimischen. Worauf er aber keineswegs verzichtet, ist die Herstellung narrativer Kontaktzonen.

Kontaktzonen und Grenzüberschreitungen
Gottschalks *first contact* mit einem Schwarzen ist so unmittelbar körperlicher Natur, dass es ihn ekelt. Nach seiner Anlandung wird er von einem Kru-‚Neger' durch die Brandung getragen: „Gottschalk fühlte die schwitzende schwarze Haut, er roch den sauren Schweiß. Er ekelte sich." (Timm: Morenga, S. 9) Das starke Gefühl des Ekels (vgl. grundlegend dazu Menninghaus 1999) wird noch zweimal im Roman erwähnt. Bemerkenswert ist hierbei vor allem die idiosynkratische Reaktion auf die Herr-Knecht-Beziehung zwischen einem „Bekleidungsamtsassistenten" und ‚seinem' bediensteten Bambusen: „Wo immer er hinkam, drei Schritte hinter ihm ging sein Bambuse, mit den gleichen eckigen Bewegungen, dem gleichen schwäbelnden Dialekt. Gottschalk empfand bei diesem Anblick einen fast körperlichen Ekel, eine in Wut gesteigerte Peinlichkeit." (Timm: Morenga, S. 329) Nicht mehr die körperliche Nähe zu den Schwarzen ist es hier, die Gottschalk Ekel verursacht, sondern die Selbstvergrößerung des Kolonisators im karikaturesken Abbild des Kolonisierten.

Zwischen diesen beiden so gegensätzlichen Ekel-Empfindungen hat Timms Protagonist eine Veränderung durchlaufen, die vom Arzt Dr. Haring als „Deformation des Persönlichkeitsbildes" (ebd., S. 169) begriffen und von einem Leutnant, weniger analytisch, als „beginnende[] Verkafferung" (ebd., S. 170) diffamiert wird. *Going native* ist eine der Bezeichnungen für diesen Prozess. Diese Figur des **kulturellen Überläufers** ist ein alle Kulturkontakte begleitendes Phänomen, und es versteht sich, so der Kolonialhistoriker Urs Bitterli, dass „Akkulturationsvorgänge immer alle Beteiligten in Mitleidenschaft ziehen, auch dann, wenn die technisch überlegene Kultur als dominant erscheint" (1986, S. 54). Kulturelle Überläufer sind für ihre Herkunftskultur deshalb bedrohlich, weil sie diese durch ihre ‚**umgekehrte Mimikry**' grundsätzlich infrage stellen. Die Strafen für Deserteure, die zu den Einheimischen überliefen, fielen dementsprechend stets drastisch aus.

In der Liebesbeziehung mit einer Nama-Frau, die den deutschen Namen Katharina trägt, erfährt Gottschalk körperliche Nähe und eine Sinnlichkeit, die mit der brutalen Sexualität der ‚Schutztruppler' nichts gemein hat, deren Schatten aber bedrohlich über ihr liegt. Zunächst ekelt sich Gottschalk abermals, diesmal vor sich selbst, weil er diese Nähe nur mit den obszönen Begrifflichkeiten der Militärs belegen kann. Fremd ist ihm Katharina nicht, wie er im Tagebuch festhält; einzig, dass sie seine Pfeife rauchen will, irritiert ihn (vgl. Timm: Morenga, S. 254). Ihr Geruch erinnert ihn an seine Kindheit, an Erde, Sonne und Wind. Es sind also keineswegs kolonial-exotistische Wahrnehmungsmuster, die hier wirksam werden, sondern solche einer Vertrautheit mit der eigenen Vergangenheit.

Doch der Beziehung ist keine Dauer beschieden: Sie kann gewissermaßen nur extraterritorial bestehen. Topographisch stellt der Hügel, auf dem sich Gottschalk und Katharina treffen, einen Dritten Raum dar, der von der verkorksten Sexualität der Syphilis verbreitenden Armee ebenso weit entfernt ist wie von Katharinas Eltern, die Gottschalk tatsächlich als ‚Primitive' erscheinen. Der Besuch bei diesen bringt Gottschalk schockartig zu Bewusstsein, wie fremd die anderen ihm sind – es ist gerade der standardisierte Vorgang eines ‚Antrittsbesuchs', der zur Karikatur missraten muss. Den Zwiespalt zwischen zärtlicher Nähe und unüberwindbarer Ferne kann Timms Protagonist nicht auflösen; er verlässt Katharina und sehnt sich doch weiterhin nach ihr.

Fremd bleiben Gottschalk die anderen jedoch in erster Linie, weil er sich selbst fremd ist, und nicht, weil es eine unüberbrückbare anthropologische oder kulturelle Differenz zwischen ihnen und ihm gibt. Hier lassen sich intertextuelle Verbindungen zu Albert Camus' wichtigem Roman *L'Étranger* (1942) erkennen, dem der Camus-Kenner Timm gewisse Züge seines Protagonisten entnommen hat. So wie sich Camus' Protagonist Meursault selbst unzugänglich ist, kann auch Gottschalk in seinen verschlüsselten Träumen und Visionen von einem anderen Leben nur eine ungefähre Ahnung von sich selbst erlangen. Er imaginiert sich selbst als Tierarzt in einem „gottverlassenen Nest" (Timm: Morenga, S. 326), irgendwo in Lateinamerika: „Ein Fremder, so saß er auf einer Veranda und blickte die Straße hinunter" (ebd.) – wiederum eine Referenz auf die Langeweile und Passivität Meursaults. Anders als dieser hat Gottschalk jedoch den Wunsch nach einem sinnvollen Leben nicht aufgegeben. Die Anerkennung der eigenen Fremdheit, so unheimlich sie ihm ist, bildet das eigentlich transitorische Element von *Morenga* – genau darin aber sind Gottschalk die indigenen anderen wiederum nah, die sich etwa auf einer Fotografie nicht selbst erkennen. Das Überlaufen, wie es Gorth möglich war, bleibt Gottschalk verwehrt; er richtet sich in einem Zwischenraum ein, in dem trotz aller Selbstentfremdung Platz für Träume ist.

Intertextualität und Utopie
Eine **Ästhetik des Scheiterns** hat man Timms Roman unterstellt und hartnäckig wird vom „resignativen Rückzug" (Baumbach 2006, S. 111) Gottschalks gesprochen. Der ‚Nachtrag' mit seiner surrealen Ballonfahrt über die Alpen erscheint in diesen Deutungen als purer Eskapismus, unvermittelt mit dem kolonialen Geschehen, ein politisch bedeutungsloser Anhang des Romans. In einer solchen Deutung wäre Gottschalk einer jener Exotisten, die ihre Sehnsucht nach „Gewürzinseln" auf die ‚falsche Seite' der Geschichte geraten ließ. Tatsächlich war er ja statt auf die indonesischen Molukken in ein Land geraten, das nicht einmal zur Erzählung taugt, weil es nur ein leerer Raum sei: „[E]s gäbe nicht viel zu erzählen" – so Erdmute, die ehemalige Verlobte des Missionars Gorth –, „das Land sei leer und öde." (Timm: Morenga, S. 142). Der Reiseimpuls Gottschalks, der in einer privaten Kleinbürgerutopie besteht, fügt sich ausgezeichnet in das **koloniale Phantasma** der Besiedelung eines ‚herrenlosen' Landes ein. Seine humanitäre Position ist innerhalb einer Gewaltherrschaft zum Scheitern verurteilt;

4.4 Postkoloniale Studien und Interkulturelle Literaturwissenschaft

trotz seiner Anteilnahme, Neugierde und Hilfsbereitschaft tritt er schließlich den Rückzug an.

Neben dieser nicht gänzlich abwegigen, jedoch allzu einseitigen Betrachtungsweise bietet sich eine andere an, die Timms Roman als Beispiel einer **„kulturellen Topographie"** erscheinen lässt, in der die „sukzessiven Horizontverschiebungen" (Bachmann-Medick 1996, S. 68) im Bewusstsein der Hauptfigur glaubwürdig nachvollziehbar werden. Das koloniale Siedlungsprojekt erscheint Gottschalk zunehmend als absurd: „Der Gedanke, in diesem Lande eine Farm zu betreiben, kam ihm vor, als habe ihn ein anderer gedacht." (Timm: Morenga, S. 387) Er erkennt, dass all seine Anstrengungen, zu einem ‚humanen' Kolonialismus beizutragen, zu nichts führen: Angesichts machtvoller technischer Innovationen wie der Eisenbahn, dem Heliographen und bald auch dem Flugzeug ist seine persönliche Erfindung, ein Kuhgebiss, nur lächerlich und nutzlos. Bevor Gottschalk den kolonialen Raum verlässt, erobert er sich allerdings seine imaginäre Geographie zurück: „Gottschalk ritt auf seinem Rennkamel durch die nächtliche Landschaft, über sich die Sterne, sehr nahe [...], und dann begann er zu summen, dann zu singen, er war wie beschwipst, und all seine Angst fiel von ihm ab." (ebd., S. 426 f.) So sieht kein resignativer Rückzug aus.

Wer *Morenga* ausschließlich unter dem Aspekt des Scheiterns liest, verfehlt außerdem eine höchst bedeutsame Dimension des Romans, nämlich die seiner **intertextuellen Anspielungen.** Auch insofern ist ein anderes Fazit zu ziehen, hergeleitet aus einem Leitmotiv des Romans, dem des offenen Raums. Die Wolken, über die Gorth im Delirium phantasierte, sie seien „die Kissen, auf denen die Winde ruhen" (ebd., S. 148), Gottschalks meteorologische Wolkensystematik, die keine ist, weil ihr gerade das Systematische einer wissenschaftlichen Nomenklatur fehlt, und das Motiv des Ballons verweisen netzartig auf ein Offenes, das Züge einer Utopie trägt (vgl. Roussat 2007, S. 166). Hatte Gottschalk Pater Meisel noch zu erklären versucht, dass sich die Deutschen im fremden Land „wie Lahme und Blinde" (Timm: Morenga, S. 418) bewegen würden, erlebt er selbst auf seinem Ritt durch die Landschaft, die ihm keineswegs „leer und öde" (ebd., S. 142) erscheint, eine Epiphanie. Es ist eine intertextuelle Anspielung, ein leicht variiertes Hölderlin-Zitat des singenden Gottschalk, das diese Erfahrung in Worte fasst: „So komm! Daß wir ein Eigenes suchen, so weit es auch ist." (ebd., S. 427) Verfremdet mit eingestreuten Schnalzlauten, ohne Hölderlins Inversion und unvollständig wiedergegeben bildet das Zitat Gottschalks Erkenntnisprozess nach sowie die persönlichen Konsequenzen, die er daraus zieht. Im ‚Nachtrag' sehen wir ihn in dem erwähnten Freiballon über die Alpen schweben, „der Sonne entgegen" (ebd., S. 444). „[D]aß wir das Offene schauen" (Hölderlin 1992, S. 374), heißt es in Hölderlins Elegie *Brod und Wein,* und dass Gottschalk (bzw. der Romanautor Timm) diesen Halbvers auslässt, ist rezeptionsästhetisch gerade durch diese Leerstelle, die ergänzt werden muss, ein letzter Hinweis auf die Bedeutung eines inneren Globus, der in Bewegung geraten muss – damit es auch in (Hölderlins bzw. Timms) „dürftiger Zeit" (Timm: Morenga, S. 378) offene Horizonte geben kann.

4.5 Ergänzende Arbeitsfelder: Stereotypenforschung (Imagologie, Komik), Mehrsprachigkeit, Medien

4.5.1 Stereotypenforschung und Imagologie

Stereotypen sind ein ursprünglich der Sozialpsychologie entstammendes **Forschungsgebiet;** in der Literaturwissenschaft kann die komparatistische Imagologie als deren Urdomäne betrachtet werden. Unter komparatistischer Imagologie versteht man „eine lit.wissenschaftliche Forschungsrichtung innerhalb der vergleichenden Lit.wissenschaft, die nationenbezogene Fremd- und Selbstbilder [...] zum Gegenstand hat. Sie beschäftigt sich dabei mit der Genese, Entwicklung und Wirkung dieser ‚Hetero- und Auto-Images' im literar. und außerliterar. Kontext" (Schwarze 1998, S. 332). Images und Stereotypen werden in neueren Ansätzen stärker voneinander abgegrenzt. Sucht man nach einer griffigen **Definition von Stereotyp,** so findet man diese etwa bei Norbert Mecklenburg: „Verfestigte und vereinfachte kollektive Bilder nennt man Stereotype." (Mecklenburg 2008, S. 239) Mecklenburg greift damit auf die Erstprägung des Begriffs bei Walter Lippmann zurück, der Stereotype als „Bilder in unseren Köpfen" (Lippmann 2018, S. 16) definiert hat. Stereotype finden sich für Individuen, Gruppen, Nationen, ja, für ganze Kultur- oder Zivilisationsräume. Mecklenburg sieht eine der Wurzeln in der Völkerpsychologie, welche allerdings seiner Ansicht nach Stereotype mehr reproduziert habe „als sie zu analysieren" (Mecklenburg 2008, S. 240).

Die neuere Stereotypenforschung setzt sich dezidiert von der lange französisch geprägten komparatistischen Imagologie ab, nicht zuletzt wegen deren unscharfem Bildbegriff (vgl. Florack 2003, S. 38). Neben Ruth Wodak (vgl. Wodak/Cillia 1998) ist es vor allem Ruth Florack, welche – etwa in ihrer Studie *Bekannte Fremde. Zu Herkunft und Funktion nationaler Stereotype in der Literatur* (2007) – eher eine kritische Stereotypenforschung vertritt. Sie ordnet Stereotype dem kollektiven Wissen von Völkern über andere zu: Es lasse sich „seit der Frühen Neuzeit durchaus so etwas wie ein recht *stabiles* grenzüberschreitendes *Wissen* über die Natur der unterschiedlichen Völker nachweisen" (Florack 2007, S. 54; Hervorh. im Orig.).

Stereotype können auch positiv sein – sie sind nicht ohne Weiteres als Abwertung intendiert, also nicht identisch mit Vorurteilen, sondern vermitteln im Grunde ein **Reservoir an historisch gewachsenem Begegnungswissen.** Seit Benedict Andersons Studie *Imagined communities* (1983, dt. *Die Erfindung der Nation,* 1988) gelten Nationen als konstruierte Entitäten. Florack leitet aus diesem paradox anmutenden Befund die Schlussfolgerung ab, dass es daher einerseits zwar ein ‚Wissen' über den Charakter eines ‚Kollektivsubjekts' gebe, welches jahrhundertelang in Form des Nationalcharakterkonzepts tradiert wurde, andererseits aber stets nach der diskursiven Konstruiertheit dieser Vorstellung zu fragen sei. Deshalb übersieht Florack in ihrer Analyse von Reiseberichten, Aufklärungskomödien, patriotischer Lyrik etc. (von und über tiefsinnige[n] Deutsche[n], frivole[n] Franzosen) keineswegs, wie sehr Stereotype in den Bannkreis national ausschließender Diskurse geraten, dann tatsächlich ideologisch vereinnahmt, als Abwertung und Gegensetzung zur eigenen nationalen Konstitution gebraucht werden.

Im Fokus der neueren Forschung stehen entsprechend Nationalstereotype, bei Mirna Zeman als „kognitive Schemata" (2012, S. 113) verstanden, welche kulturelles Wissen automatisieren und schnell abrufbar machen. Im Rückgriff auf die historische Genese dieses ‚Wissens' spricht man auch von Stereotypen „als Teil des kollektiven, kulturellen Gedächtnisses von Völkern" (Dürbeck 2007, S. 12). Sie sind Ausfluss eines umfassenden, etwa durch Rubriken über Sitten und Gebräuche in Reiseberichten tradierten Wissensbestandes, der Eingang in die je zeitgenössischen epistemologischen ‚Speichermedien', etwa in Enzyklopädien, gefunden und damit – durch Wiederholung, Rekurrenz und Variation – Stabilität erlangt hat. Durch diese **neutralere Fassung des Stereotypbegriffs** unterscheidet man diesen von klar (ab)wertenden Begriffen wie dem Vorurteil, aber auch dem Klischee (obwohl es natürlich Übergänge und Grauzonen gibt).

Die neuere Stereotypenforschung hat dementsprechend viel dazu beigetragen, die genaue **Funktion und Bedeutung** von Bildern und ‚Katalogen' von National-eigenschaften zu ergründen, wie sie bspw. von Kant in den *Vorlesungen über Anthropologie* (1775/76) in seinen ‚Porträts' von europäischen und ‚exotischen' Völkern festgehalten wurden, obgleich es, wie er ausdrücklich vermerkt, ein gewagtes Unternehmen sei, eine solche Abstraktion für ein Gesamtsubjekt vorzunehmen (vgl. dazu auch Hermes 2021, S. 70 f.). In einem kurzen, aber wegweisenden Beitrag hat Florack die Stereotypenforschung zum **Baustein einer Interkulturellen Literaturwissenschaft** erklärt (vgl. Florack 2003; sowie ausführlicher 2007).

Während Florack selbst jedoch auf Abstand zur komparatistischen Imagologie ging, entstanden im Umfeld der Interkulturellen Literaturwissenschaft zeitgleich Arbeiten, welche sich in einer Art **methodischer Kombinatorik** weiterhin **imagologischer Ansätze** bedienten. Gabriele Dürbecks Habilitationsschrift *Stereotype Paradiese. Ozeanismus in der deutschen Südseeliteratur 1815–1914* (2007) kombiniert die Stereotypenforschung mit ‚xenologischen', also einer Hermeneutik des Fremden verpflichteten Ansätzen (s. Abschn. 4.3) und mit solchen der Diskursanalyse. Unschwer ist darin ein Rückgriff auf Edward Saids Orientalismus-Konzept zu erkennen, dessen Pendant Dürbeck im Diskursfeld Ozeanismus entwirft.

Im Anschluss an Said und insbesondere Homi Bhabhas Essay über Stereotype (in seiner Sammlung *The Location of Culture*, 1994; dt. *Die Verortung der Kultur*, 2000a) widmet sich die **postkoloniale Theorie** ebenfalls intensiv der Frage nach der machtökonomisch zu bestimmenden Funktion von Stereotypen. Bhabha habe bereits, so do Mar Castro Varela und Dhawan (vgl. 2015, S. 222 ff.) ausdrücklich auf die Widersprüchlichkeit, Ambivalenz und Produktivität von Stereotypen hingewiesen. Stereotypen seien nicht per se als stabil zu betrachten; vielmehr stelle das Stereotyp „eine ängstliche Form des kolonialen Wissens dar" (ebd., S. 228).

Stereotypen seien zunächst deshalb wirksam, weil sie durch variierende Wiederholung erst kulturelle Differenz erzeugten, etwa über die angeblich zurückgebliebenen und faulen Indigenen. Gleichzeitig sei dieses Wissen aber instabil, weil ihm eine Form der Paranoia innewohne, welche durch die Blickumkehr verstärkt werde: Der Kolonisierte betrachtet den Kolonisierenden in seinem oft sinnlosen Tun; wie bspw. in Uwe Timms *Morenga* die Einheimischen die Turnübungen des Landvermessers Treptow in größter Hitze beäugen (vgl. Timm: Morenga, S. 304 ff.; s. hierzu Abschn. 4.4). Im Anschluss an postkoloniale Leittheorien hat Jochen Dubiel in einer umfangreichen Untersuchung das ‚Netzwerk' kolonialer Machtbefestigung durch Stereotypisierung weiter aufgefächert (vgl. Dubiel 2007, insbes. S. 43 ff.). In seinen Ausführungen zum minderbemittelten Barbaren, zu kolonialer Weiblichkeit und zum edlen Wilden wird sehr viel mehr als bei Bhabha das Abwertende, Simplifizierende, ja Menschenverachtende herausgearbeitet, welches bspw. in der Gleichsetzung von Indigenen mit Tieren liegt (Dubiel 2007, S. 54) – womit die in der neueren Stereotypenforschung aufgegebene Gleichsetzung mit Klischee und Vorurteil bei Dubiel *cum grano salis* beibehalten wird.

Zum Begriffsfeld des Stereotyps gehören in der imagologischen Forschung die *imago* (lat.), *l'image* (frz.). Und obwohl Ruth Florack triftige Gründe gegen ein Festhalten an einem unreflektierten Bildbegriff vorgetragen hat – was sind ‚Bilder' vom anderen? –, scheint gerade der **Bereich des Visuellen** eine reiche Quelle stereotypen Wissens zu bilden. Mit Mecklenburg (2008) bin ich der Ansicht, eine **interkulturelle Imagologie** sollte sehr wohl an der Untersuchung von ‚Bildern' oder besser ‚Bildkomplexen' im Sinne des englischen *imaginary* festhalten, also das gesamte bildliche Arsenal, welches zu oft komplexen Stereotypen gehört, berücksichtigen. Im Gegensatz zu Mecklenburg sind solche Fragen nach der „Kommunikationsfunktion" (Florack 2003, S. 40) allerdings nicht per se als Arbeitsbereich von „nicht-deutschen Germanisten, die meist auch komparatistisch arbeiten" (Mecklenburg 2008, S. 241), einzuhegen.

Vielmehr gilt es, etwa das gesamte **stereotype Imaginarium** des ‚Zigeuners', des Juden, des Kannibalen, der Schwarzen etc. als historisch kondensiert zu erkennen und in seiner jeweiligen Funktion zu bestimmen. Zu einer kritischen Stereotypenforschung (ob man diese nun „*kritische* Imagologie" nennt, wie Mecklenburg [ebd., S. 242; Hervorh. im Orig.], oder eben nicht, ist eher nachrangig) gehört das Beharren auf einer funktional ausgerichteten Betrachtung ihres Einsatzes in Alltags-, Medienkommunikation und als Textstrategien. Die Frage, *wie* der andere zum Fremden gemacht wird, wie also „Strategien des *othering*" (ebd.; Hervorh. im Orig.) funktionieren, dürfte heute auch in der Interkulturellen Literaturwissenschaft nicht mehr von so untergeordneter Bedeutung sein wie bei Mecklenburg behauptet, auch wenn etwa historische Untersuchungen dazu noch nicht sehr häufig zu finden sind. Im Anschluss an die vorhandenen Ansätze einer erneuerten Stereotypenforschung muss sich die Interkulturelle Literaturwissenschaft verstärkt **Textstrategien des *othering*** zuwenden: Wie wird in literarischen

4.5 Ergänzende Arbeitsfelder: Stereotypenforschung

Texten ,der' Franzose, ,der' ,Zigeuner', ,der' Schwarze, ,der' ,Orientale' – und sein jeweils komplementäres weibliches Pendant – konstruiert; welche (auf das entstehende nationale Selbstbild bezogene) Funktion hat etwa im deutschen Sturm und Drang die abwertende Zeichnung der Franzosen (vgl. Hermes 2021), welche Funktion hat die Abgrenzung von Minoritäten wie ,Zigeunern' und Juden im Selbstverständnis einer Nation (vgl. dazu die wegweisenden Untersuchungen von Uerlings/Patrut 2008, Bogdal 2011, Brittnacher 2012)?

Die neuere, von der Vorurteilsforschung abgesetzte Stereotypenforschung nimmt die **Problematik des Umgangs mit Stereotypen** in den Blick, verweist zugleich aber auch generell auf die Unvermeidbarkeit von Stereotypen (vgl. Chow 2015). Sie besitzen orientierende Funktion in kognitiver, affektiver und emotiver Hinsicht. Diese Einsicht scheint jedoch in einem Teil der interkulturellen Forschung noch nicht angekommen zu sein, sodass Stereotypen immer noch als etwas – wie das Vorurteil – zu Überwindendes erscheinen. So zu lesen etwa bei Dirk Göttsche in seinem ausführlichen Forschungsbericht zum Afrika-Diskurs in der deutschsprachigen Gegenwartsliteratur, in dem von der „Überwindung rassistischer und exotischer Stereotypen" (Göttsche 2003, S. 163) die Rede ist. Chow hat hingegen in einem sehr lesenswerten Beitrag gerade „[d]ie Unvermeidbarkeit von Stereotypen in transethnischer Repräsentation" (Chow 2015, S. 73) betont. Der ,unergründliche Chinese' sei ein solches Stereotyp. Ohne hier im Einzelnen ihrer Argumentation zu folgen, sei doch vermerkt, dass auch Chow die besondere Funktion des Visuellen – dessen, was oben als Imaginarium, *imaginary* oder *l'imaginaire* bezeichnet wurde – deutlich hervorhebt.

Es obliegt einer sorgfältigen Textanalyse, die Art des Umgangs und der Verwendung von Stereotypen genauer zu bestimmen. Mecklenburg spricht von einer Gratwanderung, weil es oft gar nicht einfach sei, zu erkennen, in welcher Weise Stereotypen verwendet würden (vgl. seine Beispiele zum Antisemitismus bei Theodor Fontane, Thomas Mann und Martin Walser; Mecklenburg 2008, S. 243 ff.).

Weitreichende Befunde wie derjenige Floracks, wonach eine Unterscheidung von **Auto- und Heterostereotypen** „unhaltbar" ist (Florack 2003, S. 38), wären auf dem Hintergrund weiterer Untersuchungen aus den entsprechenden Fachdisziplinen erneut auf den Prüfstand zu stellen. Böckelmann hat in einer Studie Stereotypen im Hinblick auf ihre Wirklichkeitsreferenzen geprüft und scheute sich auch nicht vor der kontrastierenden Aufnahme etwa japanischer Selbstdeutungskonzepte, wie sie die Ostasienwissenschaften bereitstellen können (vgl. etwa zur Konvergenz von Eigen- und Fremdbeschreibung, zur Unterscheidung zwischen Image und Stereotyp; Böckelmann 1998, S. 250, Fn. 36). Die Frage also, ob das Stereotyp des ,unergründlichen Chinesen' nur eine exotistische Zuschreibung ist oder auch ein (chinesisches) Selbstdeutungskonzept darstellt, also ein **Autostereotyp,** kann durchaus auch dann noch gestellt werden, wenn man Böckelmanns jüngere rechtslastige politische Entwicklung problematisch findet.

4.5.2 Stereotypenforschung und Komik

Michael Hofmann nennt in *Interkulturelle Literaturwissenschaft. Eine Einführung* Satire, Groteske und Parodie als wichtige Stilmittel interkultureller Literatur (vgl. Hofmann 2006, S. 59 f.). In den letzten Jahren hat man sich dem Phänomen des **komischen Umgangs mit kulturellen Unterschieden** von verschiedenen Disziplinen aus genähert. Komik und Migration sind speziell von linguistischer Seite aus in Augenschein genommen worden (vgl. Kotthoff u. a. 2013). Einblicke in die disziplinär ausdifferenzierte Forschung zur Funktion der Komik in (post-)migrantischen und Kulturgrenzen überschreitenden Kontexten liefert der Band von Leontiy, der von einem pragmatischen Komikkonzept ausgeht (vgl. Leontiy 2017, S. 5). Insbesondere außerliterarische Formen des komischen *culture clashs* haben dabei vermehrt Aufmerksamkeit erfahren, scheinen diese doch – etwa in der seit Mitte der 1990er Jahre aufkommenden **Ethno-Comedy** oder in TV-Serien wie *Türkisch für Anfänger* (2006–2008) – in besonders weiter Verbreitung ein Publikum auf Probleme der Migrationsgesellschaft hinzuweisen, wie es in der Literatur vielleicht noch Wladimir Kaminers populären Texten, bspw. *Russendisko* (2000), gelingt, in denen Komik als Mittel der interkulturellen Verständigung erscheint.

Wo Komik umfänglich eingesetzt wird, so könnte man kurzgefasst sagen, existiert ein Problem. In Bezug auf Migrationskontexte werden Fragen der Beziehung zwischen Herkunfts- und Ankunftskultur berührt sowie Fragen der Integration und sich daraus jeweils ergebende Spannungen. Zur **Definition des Komischen** existieren vielfältige Ansätze; für unseren Kontext muss es ausreichen, Humor und Komik als Formen des Umgangs mit Inkongruenzen und Ambivalenzen zu definieren, mit denen Einzelne oder Gruppen auf diese reagieren und Gelächter erzeugen (vgl. zur Definition von Scherzkommunikation Kotthoff 1996, S. 9 ff.; vgl. auch Göktürk 2017, S. 160–172). Damit ist bereits angesprochen, dass Humor und Komik häufig der **Abgrenzung zwischen In- und Out-Group** dienen (vgl. Leontiy 2017, S. 2). Komik als pragmatisches Konzept verstanden, erlaube in besonderer Weise Rückschlüsse auf gesellschaftliche Asymmetrien:

> „Die Analyse kulturspezifisch geprägter, pragmatisch im Alltag eingesetzter Formen der Komik eignet sich daher im besonderen Maße dafür, Aufschluss über die soziale Ordnung, die sozialen Beziehungen sowie über die kulturellen und sozialen Identitätskonstruktionen innerhalb der Communities zu gewinnen." (ebd., S. 3)

Die Ethno-Comedy und mediale Formate beziehen sich häufig auf Alltagssituationen, in denen Ethnizität und Identität eine besondere Rolle spielen, oft innerhalb der „Lebenswirklichkeit in den multiethnischen Vierteln der deutschen Großstädte" (vgl. Koch 2008, S. 216). Dabei geht es in der komödiantischen Darstellung um die karikierende Zuspitzung von (durchaus auch selbstbezüglichen) Stereotypen.

Die Funktionen der Verwendung von Komik und Humor sind in Bühnen- und Alltagsrealität vergleichbar, jedoch nach Stilisierungsgrad und Form der

Zuspitzung graduell zu unterscheiden – dies gilt, wie Leontiy festhält, insbesondere für den Stereotypisierungsgrad (vgl. Leontiy 2017, S. 6), der auf der Bühne höher sei. Spannungsentladung und Konfliktlösung durch (gemeinsames) Lachen gehören mit **Sigmund Freud** ebenso zum Spektrum der Komikfunktionen wie bloße Lust am spielerischen Umgang mit Inkongruenzen, etwa im Sprachspiel (vgl. Freud: *Der Witz und seine Beziehung zum Unbewussten,* 1905). Auch als Reaktion auf traumatisches Erleben und als Subversion von Machtverhältnissen wird Komik eingesetzt. Nicht zuletzt wird in vielen Beiträgen zum Thema darauf hingewiesen, dass allererst gesellschaftliche Minderheiten durch Komik in verschiedenen Formaten in den Blick gerückt wurden.

In Bezug auf den Einsatz von Stereotypen soll zuletzt auf eine in der Forschung als problematisch beschriebene Konstellation der Komisierung hingewiesen werden: So äußert Koch die Hoffnung, dass es zu einer „Erosion gesellschaftlicher Dichotomisierungen und Stereotypisierungen" (Koch 2008, S. 213) kommt, andererseits aber wird deutlich auf die **Zweischneidigkeit** der Verwendung ethno-kultureller Stereotypen verwiesen. So sei zu befürchten, dass das „Stilmittel des Signifying [...] nicht intendierte Effekte bewirke[], wenn die Selbstkanakisierung [...] als Legalisierung rassistischer Konnotationen interpretiert wird" (ebd.). Und Zambon weist für TV-Formate auf Studien hin, wonach diese – statt der intendierten Infragestellung von hegemonialen Positionen – sie vielmehr verstärken: „Research has also consistently shown that stereotype-based humor naturalizes racial difference [...] and may contribute to the tolerance of discrimination [...]" (Zambon 2017, S. 563). Dennoch dürfte für dieses wie für viele andere Stilmittel und Genres gelten, dass das Vertrautwerden mit ihnen auch zur Sensibilisierung etwa gegenüber Ethno-Stereotypen beiträgt.

Literarisches Beispiel: Parodie exotistischer Stereotypen in Urs Widmers *Im Kongo* (1996)
Widmers Roman schildert auf zwei Handlungsebenen, deren eine in der Schweiz, deren andere im Kongo angesiedelt ist, eine durch den Genuss von Bier erzeugte kulturelle Assimilation (vgl. hierzu ausführlicher Holdenried 2017). So könnte man in starker Überzeichnung den **Inhalt** dieser Romangroteske zusammenfassen, in dem es um den Altenpfleger Kuno Löscher geht, der sich in den Kongo begibt, um seinen Jugendfreund Willy wiederzufinden, welcher dort mit der Kuno ausgespannten Freundin Sophie eine Brauerei leitet. Beide sind auf mysteriöse Weise schwarz geworden. Auch Kuno erfährt diese Verwandlung, kehrt als Schwarzer in die Schweiz zurück und erobert endlich das Herz seiner angebeteten Krankenschwester Anne, die im Zeitraffertempo ebenfalls zur Schwarzen mutiert.

In den Text eingefügt sind Passagen, deren unklarer Status das Handlungsgeschehen unterminiert, indem hier mit ‚afrikanischen' Bildmotiven Stereotype des ‚dunklen' Kontinents aufgerufen, diese jedoch sofort wieder demontiert werden. In diesen **Parodien auf exotistische Stereotypen** wird das Arsenal europäischer Furcht-Phantasmen über das Fremde lustvoll ausgebreitet: „Der Wald singt, dröhnt, weiter, näher. Geheimnisvolle Trommeln. Geh nicht zu nah, es ist nicht dein Revier. Schleich um dein Leben, wenn du nah bist und der Warngesang ertönt. Wenn du schwarze Körper siehst, blitzende Augen, ist es zu spät." (Widmer: Im Kongo, S. 34) Von den Herrschern der Urwälder ist die Rede, vom Kannibalismus, von der Angst, aber auch von den großen, unwirtlichen Städten des Kongo.

Damit positioniert der Autor seinen Text unübersehbar in der globalisierten Welt der **Postmoderne** und nicht in einer Welt scheinbar zeitlos gültiger Fremdheitsstereotypen, wie sie sich etwa bei Joseph Conrad finden. Dass der Conrad-Übersetzer Widmer dessen *Heart of Darkness* (1899) als **intertextuelle Folie** benutzt, ist evident (vgl. u. a. Ruf 2007). Zugleich ist unübersehbar, dass er diesen bis heute ambivalent beurteilten Text (vgl. Said 1994, S. 60–70 sowie die davon abweichende Wertung Göttsches, der Conrads Roman als „imperialismuskritisch[]" bezeichnet; Göttsche 2003, S. 216) über die koloniale Erfahrung durch seine grotesken Zuspitzungen überbietet: „Schnell kann es um Leben und Tod gehen. Zum Beispiel schon, wenn alle im selben Augenblick erfahren, daß es am anderen Stadtende Thunfischkonserven gibt." (Widmer: Im Kongo, S. 75) Und in ironischer Kontrafaktur zum grauenerregenden Ernst des sterbenden Elfenbeinhändlers Kurtz bei Conrad – mit dessen berühmten letzten Worten über das Fremde, „Das Grauen! Das Grauen!" (Conrad: Herz der Finsternis 1992, S. 134) – ist es in der absurden Hyperbolik des Widmer'schen Textes nicht die Fremde, sondern das Bier, das den tropischen Irrsinn hervorruft: „Bier ist das einzig Wirkliche in diesem Wirbel der Unwirklichkeiten. Immer fließt Bier mit dem Wahnsinn mit, oder dieser im Bier." (Widmer: Im Kongo, S. 75)

Die fremden Stimmen des afrikanischen Landes bleiben widerstrebend bis unverständlich, kurz: Sie bleiben fremd. Die *first contact*-Szene am Zoll etwa verweist als Vorspiel dieser Verfehlungen des anderen auf die Unmöglichkeit symmetrischer Beziehungen zwischen ehemals Kolonisierten und Post-Kolonisatoren (für die hier ironischerweise ein Schweizer steht – Widmer zeigt allerdings, dass es durchaus historische Zusammenhänge zwischen der Verwicklung der Schweiz in den Faschismus und in den Kolonialismus gibt). Auch in diesem Fall wird narrativ mit **Inversionen von Stereotypen** gearbeitet: Der (schwarze) Beamte am Flughafen von Kinshasa ist bei aller Korruptheit gebildeter als sein (weißes) Gegenüber, dessen mitgebrachten Kriminalroman er – auf Deutsch! – als „Schmöker" (ebd., S. 97) abqualifiziert. Seine Lieblingsautoren sind von anderer Klasse: „Mes auteurs préférés sont Simenon et Montaigne." (ebd.) Der Topos afrikanischer Irrationalität oder gar der intellektuellen Zurückgebliebenheit wird so an dieser doppelten Grenze zur afrikanischen Realität – wörtlich als topographische Grenze wie auch im übertragenen Sinne als Grenze zwischen Realität und Fiktion – spielerisch unterlaufen.

Widmer betreibt mit seinem grotesken Erzählverfahren eine Form **narrativer Hybridisierung**, die, wie Jochen Dubiel ausgeführt hat, „weder die Usurpation des Fremden noch seine unangetastete Beibehaltung zur Folge hat" (Dubiel 2005, S. 51). Mit solch **kontrafaktischer Intertextualität** wird ein paradigmatischer Text wie derjenige Conrads nicht nur ‚kontrapunktisch' im Sinne Edward Saids gelesen (s. Abschn. 4.4), sondern geradezu umgeschrieben und demontiert. Doch arbeitet der Autor gerade nicht mit einer ‚Poetik der Interkulturalität' und deren selbst schon bisweilen stereotyp gewordenen Implikationen. Vielmehr zielt die erzählerische Strategie auf die **Destabilisierung eines Sinns,** wie ihn der koloniale Blick dem Fremden zuwies – Dubiel spricht gar von ‚oktroyieren': „Der koloniale Blick oktroyiert der Fremde einen Sinn, welcher ihrem Eigenen fremd ist." (Dubiel 2005, S. 50) Ausgangspunkt aller erzählerischen Abschweifungen ist immer das Eigene, ein zutiefst angstbesetztes Eigenes, und nur diesem begegnen wir, wie der Protagonist seinem Jugendfreund Willy – als unheimlichem „Dschungelgeist" (Widmer: Im Kongo, S. 111). Damit aber wird das Fremde im scheinbaren Vollzug postkolonialer Verfahren der Mimikry (vgl. dazu Bhabha 2000; s. Abschn. 4.4) als Wiederkehr des unheimlich gewordenen Eigenen dargestellt, wie Freud es beschrieben hat (vgl. Freud: Das Unheimliche, 1990, S. 229–268). Beide Verfahren, Mimikry und Hybridisierung, dienen aber gerade nicht der Spiegelung einer (adäquat) zu verstehenden Alterität, sondern destabilisieren jeden Sinn durch die groteske und damit in sich zusammenfallende Übertreibung stereotyper Motivkomplexe.

4.5.3 Mehrsprachigkeit

Der wachsenden Einsicht in die Konstruiertheit monokultureller geographischer Räume korrespondiert die Einsicht in die Fiktion monoglossischer, d. h. auf eine Nationalsprache begrenzter Sprachräume (vgl. für das Folgende Holdenried 2014). Damit aber spiegelt sich im Bereich des genuin Sprachlichen eine Entwicklung wider, die literaturtheoretisch und -*praktisch* von der thematischen Fokussierung auf Fremdverstehen – sei es als Konzentration auf die Konflikte zwischen Herkunfts- und Zielkultur in der Migrationsliteratur, sei es gar als Gebot bestimmter, eingeschränkter Themenfelder für Autor/innen ‚mit Migrationshintergrund', sei es auch nur als kategorialer Zugriff auf Literatur unter dem Ordnungsaspekt ‚Herkunft' – wegführt. Allzu lange stand auch für die an Interkulturalität interessierte Literaturwissenschaft der Informationsgehalt der Texte im Vordergrund, weshalb normativ das Autobiographische, der ‚Erlebnisbericht' und die identitäre Selbstschreibung als Erwartungshaltungen an die Werke herangetragen wurden. Diese sollten authentische Einblicke in das ‚Leben der anderen' ermöglichen.

Die zur Beschreibung dieses Phänomens verwendeten Begriffe Polyglossie, Polyphonie, Heteroglossie, Heterolingualität werden hier nicht weiter unterschieden, sondern unter dem **Oberbegriff der ‚Mehrsprachigkeit'** subsumiert (vgl. Dembeck/Parr 2017). Hinzu kommen ferner Aspekte und Elemente der **Mehrschriftlichkeit,** also der Koexistenz zweier oder mehrerer Schriftsysteme in einem Text (vgl. Schmitz-Emans 2017).

Interkulturelle Literatur ist zwar ein besonders herausgehobener Bereich der Mehrsprachigkeit, er lässt sich jedoch in einer langen **Traditionslinie** verorten.

An die Stelle einer herkunftsfixierten Hermeneutik des Fremden treten in jüngerer Zeit also nicht nur in der Interkulturellen Literaturwissenschaft Konzepte der **Polyphonie,** wie sie Michail Bachtin schon in den 1930er Jahren entwickelt hat, und zwar explizit als „Verfahren" der Hybridisierung: „Eine solche Vermischung zweier Sprachen innerhalb einer Äußerung im Roman ist ein beabsichtigtes künstlerisches Verfahren (genauer gesagt, ein System von Verfahren)." (Bachtin 1979, S. 244) Nicht die bloße An- oder Einpassung an oder in eine ‚Zielsprache', sondern der ästhetische ‚Eigen-Sinn' von Fremd-Worten und der ästhetische Mehrwert von Mehrsprachigkeit allgemein stehen nun zusehends im Vordergrund. Vielstimmigkeit oder Polyphonie als ein Verfahren, das absichtsvoll eingesetzt wird und einen ästhetischen Eigenwert schafft, ist also keine neue Erscheinung; auch wenn gelegentlich dieser Eindruck entsteht, indem interkulturelle Literatur lediglich auf diesen Aspekt hin – und damit einschränkend – betrachtet wird. Zu Recht weist Walburg in ihrer Untersuchung zu Mehrsprachigkeit und temporalen Strukturen darauf hin, dass die bislang dominante Rezeption das „ästhetisch-literarische Potential der Texte" übersieht, wenn sie diese vorrangig „als Schilderungen globaler Migrationserfahrungen" versteht (Walburg 2017, S. 10).

Esther Kilchmann greift im Rahmen ihrer Auseinandersetzung mit dieser Entwicklung auf Roman Jakobsons Kategorie der ‚**Poetizität'** zurück, mit der sich eben jene ‚eigen-sinnige' Widerstrebigkeit polyglotter Texte erklären lasse: als Einspruch nämlich „gegen die ästhetische und sozio-kulturelle Norm der Monolingualität, […] [als] Mittel, um die automatisierte Beziehung zwischen Begriff und Zeichen auszuhebeln und so Bewusstsein für neue Realitäten zu befördern" (Kilchmann 2012, S. 117). Paradigmatisch für eine hoch reflektierte Auseinandersetzung mit diesen Automatismen sind die poetologischen Überlegungen Yoko Tawadas (s. Kap. 6; vgl. dazu auch Holdenried 2012).

In der neueren interkulturellen Literatur wird Mehrsprachigkeit bewusst eingesetzt, um solche oft konflikthaften Realitäten allererst greifbar zu machen: Feridun Zaimoglus Erfindung einer deutsch-türkisch-arabischen ‚Kreolsprache', der *Kanak Sprak* (1995), dürfte der bekannteste Fall der jüngeren interkulturellen Literatur sein, in dem ‚Subalterne' zu einer extrem wortgewaltigen Rede kommen. Diese Neugewinnung eigener Sprachräume durch **sprachspielerische Erfindung** steht am Kreuzungspunkt verschiedener Traditionslinien, zu denen etwa die **makkaronische Literatur** gehört. Unter makkaronischer Literatur versteht man eine scherzhafte Literatur, in die Wörter einer anderen Sprache eingestreut sind, um burlesk-parodistische Effekte zu erreichen (vgl. Wiegand 2000). Zaimoglu hat mit seinen Pseudo-Porträts Marginalisierter – auf die Genese der angeblich authentischen Porträts kann hier nicht eingegangen werden (vgl. dazu Abel 2006) – eine manieristische Mischform aus Ethno- und Soziolekten geschaffen, die höchst kunstvoll gesellschaftliche Missstände anprangert. Mit seinen Interventionen aus sprachlichen Versatzstücken hat sich der Autor auch sprachpolitisch betätigt.

Sprachmischungen gehörten immer schon zur Sprachgeschichte, auch des Deutschen, doch standen dem stets auch Bemühungen um sprachliche ‚Reinheit' eines angeblich monoglossischen Deutsch entgegen (die sich jeweils im Dienste nationaler Einheits- und Abgrenzungsbewegungen verorten lassen). Solche ‚Reinheitsgebote' wurden etwa von den Sprachgesellschaften des 17. Jahrhunderts erlassen und Ende des 19. Jahrhunderts in Sprachpflegebestrebungen wiederaufgenommen, welche Einflüsse etwa des ‚Rotwelsch' u. a. ‚Verunreinigungen' aus dem Sprachkörper ausscheiden wollten. Status quo der Forschungen zur **Sprachstandardisierung** dürfte Heinz Sieburgs Auffassung vom Deutschen als einer „Form der Kulturmischung" (Sieburg 2010, S. 350) sein (vgl. auch Sieburg 2017).

Auf solche Befunde reagiert interkulturelle Literatur oder sie nimmt sie durch ihre Sprachpraxis immer schon vorweg. So wirken etwa in der frühen Phase der Migrationsliteratur Autor/innen wie Emine Sevgi Özdamar durch ihre sprachspielerischen Pseudo-Übersetzungen wahrnehmungsverändernd, indem etwa in *Die Brücke vom Goldenen Horn* (1998) der Anhalter Bahnhof zum ‚beleidigten' Bahnhof oder das Wohnheim ‚türkisiert' zum ‚Wonaym' wird. Tawadas lang anhaltende Beschäftigung mit dem *Abenteuer der deutschen Grammatik* – so der Titel ihres Gedichtbandes (2010) – wäre hier ebenfalls zu erwähnen (vgl. Holdenried 2012).

Mehrsprachigkeit in der Literatur ist ein noch relativ neues Forschungsgebiet. Je nach literaturwissenschaftlicher Ausrichtung variieren auch die **Definitionen.** Walburg sieht eine besondere „Form der Translingualität" (Walburg 2017, S. 11) vorliegen, wenn es eine Interaktion zwischen Sprachen gibt: „Entscheidend ist die gleichzeitige Existenz verschiedener Sprachen im Text, die miteinander in Kommunikation treten." (ebd.) Hervorgehoben wird in ihrer Definition insbesondere die gegenseitige Beeinflussung. Auch Kilchmann geht von einer Koexistenz verschiedener Sprachen aus, welche sie als ‚Heterolingualität' definiert – oder als ‚textinterne Mehrsprachigkeit' (Kilchmann 2012, S. 113 f.). Gemeint ist damit, dass im deutschen Text einzelne Wörter, Sätze oder grammatische Strukturen aus anderen Sprachen auftauchen. Meist wird zwischen **expliziter** und **impliziter** (oder auch latenter oder ‚untergründiger') **Mehrsprachigkeit** unterschieden.

Zu Recht weist indes Schmeling darauf hin, dass quantitative Kriterien nicht außer Acht gelassen werden dürften: „Es ist ein Unterschied, ob man von ‚Einsprengseln' oder von systematischer Mehrsprachigkeit in einem Text auszugehen hat." (Schmeling 2004, S. 225) In vielen Fällen dürften wir es bei interkultureller Literatur folglich mit dem zu tun haben, was als **‚implizite' Mehrsprachigkeit** bezeichnet wird: „Implizit ist diese Mehrsprachigkeit dann, wenn eine bestimmte Vermittlungssprache lexikalisch durchgehend dominiert, jedoch Wirkungen sprachlicher Fremdbestimmtheit zumindest strukturell ablesbar sind." (ebd., S. 222) Es ist, wie Schmeling festhält, nicht einfach zu bestimmen, wann „literarische Mehrsprachigkeit materiell beginnt" (ebd.). Dieses Problem kann jedoch durchaus pragmatisch umgangen werden, indem in einem **Stufenmodell der Mehrsprachigkeit** auch quantitative Kriterien berücksichtigt werden.

Literarisches Beispiel: Ilija Trojanows *Der Weltensammler* (2006)
Trojanows Roman über den Forschungsreisenden, Entdecker, Kolonialoffizier und Geheimagenten Richard Burton (1821–1890) wurde in den Rezensionen fast unisono überschwänglich als Beispiel einer neuen Vielstimmigkeit in der deutschsprachigen Literatur gefeiert. Drei Episoden breiten exemplarisch Stationen von Burtons Leben aus: Britisch-Indien, Arabien und Ostafrika. Dabei ist die Erzählperspektive zwar auf Burton ausgerichtet, doch wird nicht homodiegetisch seine Stimme zentral gesetzt. Vielmehr wird anderen Stimmen Raum gegeben, welche Burton von außen fokussieren. Durch solch heterodiegetische Perspektivierung gelingt es Trojanow, eine ausgesprochen schillernde Persönlichkeit zu porträtieren.

Unzweifelhaft handelt es sich hier um einen **mehrsprachigen/heterolingualen Text,** denn es kommen darin Sprachpartikel, Einzelwörter und ganze Sätze aus unterschiedlichen Sprachen vor (vgl. zum Folgenden Holdenried 2014). Mehrsprachigkeit wird thematisch als Impuls des Protagonisten eingeführt, der eine besondere Faszination für Sprachen hat. Mit seiner genialen Begabung für Sprachen verwandelt sich Burton jeweils in andere: Er ist Araber in Arabien, möglicherweise sogar zum Islam konvertiert, er ist gleichermaßen Hindu in Indien – und entspricht damit in gewisser Weise dem *mimic man* der postkolonialen Theorie (s. Abschn. 4.4) –, lediglich in Ostafrika wird er als weißer Eroberer gezeichnet. Allerdings ahmt er nicht nur nach, sondern dringt – so will es jedenfalls die Erzählung – in die Tiefenstrukturen von Sprachen und Kulturen ein.

Postkolonial gibt sich das Werk aber vor allem dadurch, dass die **Subalternen** eine Stimme erhalten. Der Diener Naukaram diktiert seinen Bericht einem Schreiber – eingeleitet werden diese Passagen mit jeweils leicht variierten Mantren in Sanskrit, religiösen Versen des Hinduismus. Damit verweist der Text stark auf Oralität, er variiert Elemente in der Wiederholung und lässt gerade dadurch die Schrift und ihre Materialität in den Fokus rücken. In einem Interview beschreibt Trojanow sein **implizit mehrsprachliches Verfahren** als „‚verschobenes' Hochdeutsch" (Sander 2006, S. 19), das besondere Formen der Bildlichkeit, von Sprichwörtern oder temporale Benennungen beinhalte. Man könnte dies als ‚versteckte' Heterolingualität auffassen, also ein Hochdeutsch, durch das Strukturen anderer Sprachen hindurchscheinen. Eingeflochtene Sprachpartikel aus „Hindi, Gujarati, Arabisch oder Kisuaheli" (Trojanow: Recherche, S. 13) sollen den Text bereichern.

Monika Schmitz-Emans spricht in Bezug auf den Anspruch heterolingualer Literatur von einer **„Poethik"** der Mehrsprachigkeit (Schmitz-Emans 2004, S. 21), da es insbesondere im postkolonialen Roman nicht nur um sprachspielerische Ästhetik gehe; vielmehr seien Bezugnahmen auf politisch-soziale Konfliktlagen programmatisch zu verstehen. Trojanow gilt als politischer Autor; in seinem *Weltensammler* kreuzen sich aktuelle Diskurse über Multilingualität mit solchen über Identität, Verwandlung und Abweichung. Sprachenbeherrschung und koloniale Beherrschung werden in ein ambivalentes Verhältnis gesetzt, und es wird versucht, die Subalternen in angemessener Weise zu Wort kommen zu lassen. Damit bewegt sich der Roman im performativen Rahmen von

„Literatur(en) ohne festen Wohnsitz" (vgl. Asholt u. a. 2010). Dass diese Werke zugleich mit der Selbstethnisierung ihrer Autor/innen unweigerlich wiederum auf das Merkmal ‚Herkunft' referieren, ist einer der Widersprüche, die sich vielleicht nicht lösen lassen (vgl. zu diesem Komplex den Roman *Herkunft* [2019] von Saša Stanišić). Ebenso ist die **Inszenierung von Hybridität** nicht nur unvermeidlich, sondern sogar beabsichtigtes ästhetisches Verfahren. Allerdings rutscht diese implizite Mehrsprachigkeit durch den Gebrauch fremder Namen, Ausdrücke, Anreden und standardisierter Begrüßungsformeln bei Trojanow häufig in eine stilistische Schieflage; denn viele der verwendeten Metaphern und Neologismen dienen gerade weniger einer Entautomatisierung von Wahrnehmung, sondern sind abgenutzte Versatzstücke exotisierender Diskurse (vgl. dazu ausführlicher Holdenried 2014, S. 14 f.). Trojanows Roman zeigt damit an vielen Stellen, wie dünn die Scheidewand zwischen inszenierter Hybridität und exotistischer Kitschspur ist.

4.5.4 Medientheorie und Film

Der **Begriff ‚Medien'** ist sehr umfassend, und meistens vergessen wir, dass natürlich auch das Buch oder die Schrift Medien sind. Allzu sehr haben wir uns daran gewöhnt, mit dem ‚Medialen' nur die modernen Medien zu assoziieren, also insbesondere den Film. Dass dazu alles gehört, was Friedrich Kittler einst *Aufschreibesysteme* (1985) genannt hat – und damit bezog er sich explizit auf Grammophon, Film, Typewriter –, ist demgegenüber in den Hintergrund getreten. Gegenüber der Vorherrschaft visueller Medien sollte überdies nicht vergessen werden, dass akustische Medien ebenfalls stark welt- und wahrnehmungsvermittelnd wirken.

Medien vermitteln zwischen der unmittelbar gegebenen, also vorfindlichen Welt und dem Betrachter/der Betrachterin – so könnte man es auf eine allerdings sehr vage Kurzformel bringen, die medientheoretisch schon erhebliche Schwierigkeiten birgt; denn ein Ding an sich gibt es bekanntlich nicht, alles, was wir wahrnehmen, ist bereits ‚medial' vermittelt: „Aus medientheoretischer Perspektive [...] gibt es keine Wahrnehmung, die nicht vermittelt, sprich, nicht von Medien geprägt wäre. Dort, wo sich scheinbar keine mediale Kluft aufzutun scheint, wird diese schlicht übersehen." (Blumentrath u. a. 2007, S. 48)

Interessant ist demnach, dass **Medialität** so sehr zu unseren ureigensten Erfahrungsbereichen gehört, dass wir die ‚Gemachtheit', den Vermittlungsaspekt nicht mehr als solche empfinden. Blumentrath u. a. sprechen deshalb von der medientheoretischen Einsicht in die **„‚Unsichtbarkeit' des Mediums"** (Blumentrath u. a., S. 49). Insbesondere der Film hat eine starke Tendenz zum Verbergen seiner Herstellungsmodi – und damit sind Gefahren verbunden, die in Medienanalysen immer wieder herausgearbeitet worden sind. Man denke dabei bspw. an die Werbung mit ihren Versuchen zur **Manipulation** des Konsumenten(un)bewussten, etwa an die in den Filmbildsequenzen mitlaufenden, aber nicht sichtbaren und daher umso suggestiver wirkenden Produktplatzierungen. Man denke aber auch an die Propagandafilme der Nazis, unter denen Leni Riefenstahls ‚Reichsparteitagstrilogie' über die Nürnberger Parteitage der NSDAP in den Jahren 1933 bis 1935 ebenso herausragt wie ihre zweiteilige Dokumentation *Olympia* (1938) über die Olympischen Spiele 1936. Mit damals ausgesprochen modernen filmischen Mitteln, wie Kameraeinstellung, gewählten Ausschnitten und Totalen sowie Perspektiven, wird der Blick des Zuschauers / der Zuschauerin manipulativ gelenkt – es entsteht so ein Bild absoluter Größe und Macht der ‚deutschen' Bewegung. Auch wenn man sich heute diese Filme ansieht, muss man sich eingestehen, dass es gar nicht so leicht ist, sich der Verführung durch die **Macht der Bilder,** durch eine Ästhetik des Schnitts, der Verwendung von Musik, der Lichtregie etc. zu entziehen – uns gelingt dies aber eher als den zeitgenössischen Zuschauer/innen, weil wir um diese Verführungsmacht wissen (vgl. Lenssen 2000).

Was weit weniger im Blick einer aufmerksamkeitsschärfenden postkolonialen oder interkulturellen Medientheorie liegt, ist die Rolle des Mediums Schrift selbst, was schon deshalb erstaunlich ist, weil „die Alphabetschrift [...] für Kulturfähigkeit und Wissen stehe" (Bergermann/Heidenreich 2015, S. 34) und diese in Kolonisationsprozessen die Scheidewand zwischen schriftlosen (= nicht zivilisierten) und schriftbesitzenden (= zivilisierten) Völkern bildete. Eine an Prozessen der (De-)Kolonisierung interessierte Medientheorie hätte folglich dezidiert nach der **Rolle der Schrift als Medium** zu fragen. Auch die Thesen von Rey Chow zu einer ‚Ethnisierung der Schrift', etwa in Derridas *Grammatologie,* sind hocherstaunlich, weist sie doch nach, dass die These Derridas, wonach die chinesischen Schriftzeichen außerhalb des westlichen Logozentrismus zu situieren sind, trotz gegenteiliger Intention orientalisierende Klischees reproduziere (vgl. Chow 2015).

Medientheorie und Postkolonialismus ist ein Forschungsgebiet, in dem besonders nach der Machtgebundenheit von Medien gefragt wird. Wenn jede Erfahrung medial vermittelt ist, so ist die zweischneidige Rolle von Medien insbesondere in postkolonialen Kontexten zu analysieren; sieht McLuhan die akustische Medienkultur (des Radios) als eine Wiedergeburt der gemeinschaftsstiftenden „Stammestrommel[n]" (zit. n. Bergermann/Heidenreich 2015, S. 28), so wird dem Radio von Frantz Fanon, dem aus Martinique stammenden französischen Psychiater und Schriftsteller, eine befreiende Wirkung innerhalb der algerischen Revolution zugeschrieben. Medien sind nie neutral. Kolonialismus und Rassismus werden medial ebenso gestützt, wie die Befreiungsbewegungen sich stets ihrer bedient haben. So könnte etwa vom Radio der algerischen antikolonialen Kämpfe bis hin zum arabischen Frühling und der Rolle des Internets eine verbindende Linie gezogen werden. Ganz jenseits von offenen Konfliktsphären spielen jedoch, so betonen Bergermann und Heidenreich in ihrer Einleitung zur postkolonialen Medientheorie, Medien eine wichtige Rolle „im Kontext von Natürlichkeits- und Alteritätsvorstellungen, Menschenbildern" (ebd., S. 10). Nicht zuletzt deshalb bedienen sich auch die Migrationsbewegungen der

Medien. Aufgabe postkolonialer wie interkultureller Medientheorie muss es deshalb sein, nach der Funktion von Medien in der Generierung und (ironischen) Subversion von Stereotypen, nach der Stellung und Bedeutung sog. kultureller Vermittlerfiguren (z. B. in TV-Serien wie *Türkisch für Anfänger*) zu fragen, ohne deshalb jedoch normativ zu verfahren (vgl. Stehle 2012, S. 199 f.). Im Musikbereich, in Rap und Hip-Hop, sowie in der Ethno-Comedy findet sich dabei vielfältiges Anschauungsmaterial.

Naheliegend ist es in unserem Kontext, zu fragen, ob es auch in Filmen, in denen es um Interkulturalität geht, **Mechanismen der Manipulation und der Subversion** gibt – und wenn ja, in welche Richtungen? Wenn es stimmt, dass Filme heutzutage ganz im dekonstruktivistischen Sinne ihre Gemachtheit eher ausstellen als sie zu verbergen, so müsste auch der Zuschauer / die Zuschauerin potenziell dazu befähigt werden, diese Mechanismen zu erkennen – der Film ist schließlich von künstlerischen Entwicklungen wie Verfremdungstechniken, Desillusionseffekten etc. nicht unberührt geblieben, wie sie etwa im Theater Bertolt Brechts eingesetzt wurden.

Mediales Beispiel: Entwicklungen des interkulturellen Kinos von den 1970er Jahren bis heute
Die Parallelen des interkulturellen Films zu solchen des Dramas in den 1970er Jahren sind unübersehbar: Wenn das Fremde, das Andere etwa in einem erneuerten Volkstheater bei **Franz Xaver Kroetz** oder **Rainer Werner Fassbinder** in einer Weise zum Ausdruck kommt, dass es das Genre fast revidiert, so kann man auch im Film ähnliche Entwicklungen feststellen, zumal die Regisseure oft auf ihren eigenen Bühnenwerken aufbauen.

In Fassbinders Film *Angst essen Seele auf* (1973/74) hat man zu Recht den „ersten und paradigmatischen ‚Gastarbeiterfilm'" (Blumentrath u. a. 2007, S. 85) gesehen. Es geht darin um einen marokkanischen Gastarbeiter und seine Beziehung zu einer wesentlich älteren, verwitweten deutschen Putzfrau sowie um die Problematik dieses Verhältnisses in einer fremdenfeindlichen Umwelt. Sowohl die Altersdifferenz als auch die Hautfarbe spielen eine große Rolle bei den Angriffen auf die beiden, die schließlich nach ihrer Heirat immer größeren Anfeindungen ausgesetzt sind. Die Konflikte des ungleichen Paares nehmen zu, auch und gerade dann, als sich scheinbar alles zum Besseren wendet und es eine Art von Scheinakzeptanz der ungleichen Verbindung in der Gesellschaft gibt. Am Schluss wird Ali – der Arbeitstitel hieß: *Alle Türken heißen Ali* – ins Krankenhaus eingeliefert, mit der Diagnose eines Magengeschwürs, einer typischen, psychosomatisch zu erklärenden Erkrankung von Gastarbeiter/innen. Fassbinders Film, der den **Fremden als Opfer** inszeniert, zielt auf eine Kritik der Gesellschaft und auf eine Selbsterkenntnis des Zuschauers / der Zuschauerin, die in Mitgefühl und Betroffenheit münden soll.

Dieser Film wurde zu einem so starken Referenzpunkt für andere Filmemacher/innen, dass bspw. noch erheblich später der 13-minütige Kurzfilm von **Shahbaz Noshir** darauf Bezug nimmt und dies in seinem Titel deutlich markiert: *Angst* *isst Seele auf* (2002). Die Filmhandlung folgt einer wahren Begebenheit: Mulu, ein farbiger Schauspieler, wird auf dem Weg ins Theater von Rechtsradikalen angegriffen und schafft es schwer verletzt gerade noch rechtzeitig zur Aufführung des Theaterstücks *Angst essen Seele auf,* in dem er die Hauptrolle übernimmt. Der Kurzfilm stellt einerseits die Traditionsfortführung eines interkulturellen Kinos aus, das sich zentral mit Alterität beschäftigt, er markiert aber pointierter als bei Fassbinder den Konnex mit dem Nationalsozialismus und neueren Tendenzen der Fremdenfeindlichkeit – nicht von ungefähr, liegen zwischen den beiden Produktionen doch Jahrzehnte mit fremdenfeindlichen Anschlägen in Mölln, Hoyerswerda, Solingen, in Brandenburg und Mecklenburg-Vorpommern.

Weitere bekannte ‚Gastarbeiterfilme' wie **Helma Sanders-Brahms'** *Shirins Hochzeit* (1975/76) oder **Hark Bohms** *Yasemin* (1988) beschreiben die schweren Bedingungen eines Lebens als Gastarbeiter(frau) in Deutschland, wobei Bohms Film wegen seiner orientalisierenden Klischees ebenso kritisch rezipiert wurde wie Sanders-Brahms' Film wegen dessen feministischer Überpointierung.

Filme von **Regisseur/innen mit nicht deutschem Hintergrund** entstanden zwar ebenfalls schon in den 1970er und 1980er Jahren, waren jedoch zahlenmäßig und von der Wirkung her nicht vergleichbar mit Fatih Akins späterem Erfolg. Diese Filme stellen ein von ihrer deutschen Umwelt, aber auch von der eigenen kulturellen Enge **‚viktimisiertes' Leben** als Fremde(r) aus. In dieser Tendenz zur Darstellung des Fremden als Opfer gleichen sie den Filmen der Regisseur/innen mit deutschem Hintergrund. Paradigmatisch dafür war **Tevfik Başers** aufrüttelnder und beklemmender Spielfilm *40 qm Deutschland* (1985), der die Geschichte des türkischen Arbeiters Dursun und seiner Frau Turna erzählt. Dursun, deprimiert von seinem Leben in Deutschland, holt seine junge, türkische Frau nach Hamburg, um mit ihr ein Leben gemäß den Traditionen zu führen und sich damit ein Stück seiner verlorenen Heimat zu bewahren. Um seine Frau gegen die von ihm als unmoralisch und feindlich wahrgenommene deutsche Umgebung zu schützen, schottet er sie weitestgehend ab, sodass sich ihr Leben in Deutschland auf die 40 Quadratmeter der Hamburger Hinterhauswohnung begrenzt. Turna droht an ihrer Isolation zugrunde zugehen, was von Dursun jedoch unbemerkt bleibt. Erst als dieser völlig unerwartet stirbt, tritt die junge Frau mit der ihr bis dahin völlig fremd gebliebenen deutschen Außenwelt in Kontakt. Kulturelle Mischformen erscheinen in diesem durchaus klischeeträchtigen Film undenkbar; die türkische Kultur mutet archaisch und grausam an; die Darstellung der Deutschen gerät indes kaum positiver. Dass solche Stereotypisierungen auch Reaktionen auf Publikumserwartungen und Kriterien der Filmförderung waren, hat Göktürk hervorgehoben (vgl. Göktürk 2007).

Festzustellen ist, dass diese zum Teil extreme Tendenz zur Viktimisierung im neueren interkulturellen Kino nicht mehr in dieser Weise zu erkennen ist, was wohl nicht zuletzt auf die **stärkere Präsenz** von Regisseur/innen mit nicht deutschem Hintergrund zurückzuführen ist, sodass ‚deutsche' Filmemacher/innen kaum mehr in Versuchung geführt werden, die sozialen **Probleme von Migrant/innen unter Aneignung der Perspektive ‚der anderen'** anzu-

4.5 Ergänzende Arbeitsfelder: Stereotypenforschung

gehen. Wenn dies doch geschieht, etwa in bestimmten Fernsehfilmen, kann eine solche Herangehensweise schwerlich noch überzeugen: Inzwischen ist klar, dass dadurch – auch bei noch so guten Absichten – kulturalistische Binarismen eher festgeschrieben denn aufgelöst werden. Jochen Neubauer hat diese Tendenzen in seiner Dissertation (2011) ausführlich beschrieben. Die folgende Zusammenfassung beruht pointierend auf seinem Standardwerk.

Im Verlauf der 1990er Jahre kommt es in Hinblick auf inhaltliche wie auch auf formale Aspekte zu einer allmählichen Veränderung im Bereich des interkulturellen Films – und dies gilt insbesondere für solche Filme, die sich mit türkisch-deutschen Konstellationen auseinandersetzen. Dies hängt sicherlich auch damit zusammen, dass zusehends deutsch-türkische Regisseur/innen Filme auf den Markt bringen, darunter etwa Thomas Arslan, Yüksel Yavuz, Ayşe Polat und vor allem Fatih Akin. Der Begriff ‚**deutsch-türkisches Kino**' fungiert dabei als ein Notbehelf, kann er doch die interne Heterogenität und Vielfalt des Phänomens keineswegs hinlänglich erfassen. Einflüsse des britischen wie auch des französischen Kinos bringen eine gewisse Ablösung von den Traditionen in der Bundesrepublik mit sich: Anstelle eines „Kinos der Fremdheit (und des Elends)" tritt nun ein **„Kino der Métissage"** in den Vordergrund (so der prominente Filmkritiker und -theoretiker Georg Seeßlen 2002). Statt kulturalistische Differenzen zu problematisieren und tendenziell festzuschreiben, rücken die Regisseur/innen zusehends **Aspekte kultureller Vermischung** ins Zentrum der Filme, und zwar oftmals in implizit positiver Wertung, auch wenn fortbestehende Konflikte nicht ausgeblendet werden. (Das heißt indes nicht, dass ein ‚Betroffenheitskino', in dem türkische Figuren primär als Opfer auftreten, nicht durchaus weiterhin existieren würde.)

Neuere türkisch-deutsche Filme sind zumeist **Großstadtfilme.** Das betrifft etwa in Hamburg spielende Produktionen wie Fatih Akins Debüt *Kurz und schmerzlos* (1998) und seinen Erfolgsfilm *Gegen die Wand* (2004) oder auch Yüksel Yavuz' *Aprilkinder* (1998) und *Kleine Freiheit* (2003). Thomas Arslan hat Berlin gleich eine Trilogie gewidmet, bestehend aus *Geschwister – Kardeşler* (1997), *Dealer* (1999) und *Der schöne Tag* (2001). Zugleich wird sichtbar, dass die meisten dieser Filme von Männern gedreht wurden, obgleich es eben auch wichtige Regisseurinnen gibt; die bekannteste ist wohl Ayşe Polat, deren Film *En Garde* (2004) von der Freundschaft der jungen Deutschen Alice mit einer von Abschiebung bedrohten kurdischen Asylbewerberin erzählt. Sehr erfolgreich war auch der Film *Almanya. Willkommen in Deutschland* (2011) der Schwestern Yasemin und Nesrin Şamdereli.

Des Weiteren fällt auf, dass viele der neueren türkisch-deutschen Filme im **Milieu von Kleinkriminellen** ‚auf der Straße' angesiedelt sind, etwa Akins *Kurz und schmerzlos* oder Arslans *Dealer* und Lars Beckers auf Zaimoglus Roman *Abschaum* (1997) basierender Film *Kanak Attack* (2000). Dies ist mit dem Hinweis kritisiert worden, dass dadurch Stereotype des ‚kriminellen Ausländers' fortgeschrieben würden. Die jeweilige Herangehensweise an das Thema wird bei einer solchen Kritik aber kaum gewürdigt – und zudem wäre es sicher verfehlt, thematische Vorgaben für politisch korrekte Filme an die Regisseur/innen herantragen zu wollen (zumal der Etablierung eines deutschen Gangsterfilms durchaus innovatives Potenzial zugeschrieben werden kann). Zu berücksichtigen ist außerdem, dass deutsch-türkische Schauspieler/innen inzwischen sehr wohl auch als Gesetzeshüter/innen besetzt werden. So war Mehmet Kurtuluş, Hauptdarsteller von *Kurz und schmerzlos,* von 2008 bis 2012 als Hamburger *Tatort*-Ermittler Cenk Batu zu sehen und Sibel Kekilli, Hauptdarstellerin von *Gegen die Wand,* zwischen 2007 und 2012 als Kieler *Tatort*-Ermittlerin Sarah Brandt.

Eine weitere Neuerung besteht darin, dass die deutsche Migrationsgesellschaft nun immer wieder auch als Gegenstand dezidiert **komisch-humorvoller Produktionen** dient – etwa in Anno Sauls *Kebab Connection* (2004) oder Hussi Kutlucans *Ich Chef, du Turnschuh* (1998), aber auch in Fernsehserien wie etwa *Türkisch für Anfänger* (2006–2008). Dies kann wohl als Indiz für einen zunehmend weniger verkrampften Umgang mit der Thematik gedeutet werden, wobei selbstverständlich einzelne Filme mehr, andere weniger überzeugend geraten. So erzählt Kutlucans *Ich Chef, du Turnschuh* von den Abenteuern eines armenischen Asylbewerbers, der von seiner Freundin verlassen wird, erniedrigende Jobs annehmen muss und von Abschiebung bedroht ist, auf so grotesk überzeichnete Weise, dass der Film ungeachtet der ja durchaus ernsthaften Thematik zum Lachen anregt: Dies geschieht etwa durch Verkleidungsszenen, in denen sich Türken als Inder verkleiden, wodurch der Konstruktcharakter ethnizistischer Zuschreibungen ausgestellt wird (Parallelen zu dieser Ausstellung gibt es in der Literatur etwa bei Abbas Khiders Romandebüt *Der falsche Inder* von 2008).

Doch derlei **Rollenwechsel** sind nicht die einzigen, die in jüngeren türkisch-deutschen Filmen zum Tragen kommen. In Kutluğ Atamans Melodram *Lola & Bilidikid* (1998) z. B. werden auf sehr unkomödiantische Weise nicht nur kulturelle Rollenzuweisungen problematisiert, sondern auch geschlechtliche: Der Film erzählt von drei türkischstämmigen Brüdern in Berlin, von welchen einer als Transvestit aus der Familie ausgestoßen worden ist und schließlich von einem der beiden anderen Brüder ermordet wird – obwohl oder gerade weil dieser selbst homosexuell ist, seine Neigung aber gewalttätig zu verdrängen sucht. Insgesamt wirkt der Film, in dem auch marodierende Neonazis auftreten (die zum Teil aber ebenfalls homosexuell sind) recht klischeehaft, und doch stellt er eine relevante Erweiterung des Themenspektrums des deutsch-türkischen Kinos dar.

Filmisches Beispiel: Fatih Akins Erfolgsfilm *Gegen die Wand* (2004)
Im Folgenden sollen, gestützt auf Neubauers Standardwerk *Türkische Deutsche, Kanakster und Deutschländer* (2011) und Ortrud Gutjahrs Aufsatz „Migration in die Ungleichzeitigkeit" (2010), einige Hinweise auf Besonderheiten des Films gegeben und keineswegs eine erschöpfende Analyse dieses sehr komplexen Werks vorgenommen werden.

Bei der Berlinale 2004 wurde Akins Film mit dem Goldenen Bären ausgezeichnet, was zu teilweise euphorischen Reaktionen führte. So bekundete etwa Feridun Zaimoglu:

> „Überall im Lande feierten die Türken den neuen König von Deutschland. Man sah den jungen Filmemacher, auch im großen Glück bescheiden, vor den Kameras mal die Hand zur Kriegerfaust ballen, mal die Finger zum Siegeszeichen recken. In den Männercafés stießen Pensionäre der ersten Gastarbeitergeneration, stilecht und herkunftstreu, mit Anisschnaps auf ihren Helden an; ob des Jubels und der Völkerumarmungsszenen kamen sogar orthodoxe Jungfern in die Versuchung, sich unstatthaft berühren zu lassen. Es war die Zeit der großen Gefühle und der symbolischen Gesten, und endlich konnte man, erschöpft von den lähmenden Debatten, sich einfach nur mal freuen." (Zaimoglu 2004, S. 209)

Allerdings ist nicht zu übersehen, dass *Gegen die Wand* nicht in jeder Hinsicht vollkommen innovativ ist, sondern durchaus auf **vertraute Plotmuster** zurückgreift, etwa auf dasjenige der Scheinehe, wie es – in anderer Form – etwa in Peter Weirs Hollywoodfilm *Green Card* (1990) zum Tragen kommt. Zentral ist dabei, dass die Scheinehe Ausgangspunkt für die nach und nach eben doch entstehende emotionale Bindung zwischen den Ehepartnern ist – was dann zu Verwicklungen führen muss. Doch bei Akin heiratet Sibel (Sibel Kekilli) den verwitweten Alkoholiker Cahit (Birol Ünel) nicht, um eine Aufenthaltserlaubnis zu erhalten, sondern um aus der engen und sie stark einschränkenden Welt ihrer Herkunftsfamilie ausbrechen zu können: Insofern handelt es sich bei *Gegen die Wand* zugleich um einen Adoleszenzfilm oder ein *Coming of Age*-Drama, in dem die Suche nach Selbstständigkeit und der Entwicklung eines eigenen Wertesystems im Zentrum steht.

Die Struktur des Films orientiert sich indes am Schema der klassischen Tragödie: Auf eine Exposition folgen eine steigende Handlung (Kennenlernen des Paars), ein plötzlicher Umschwung (Totschlag des Nebenbuhlers), eine abfallende Handlung (Sühnephase in Istanbul) und die Katastrophe (Trennung; allerdings mit offener Schlussgestaltung); zudem werden die einzelnen Sequenzen durch Musikstücke voneinander getrennt, die ein Orchester vor der Stadtansicht Istanbuls spielt, sodass sie wie Akte auf dem Theater erscheinen. Dass Akin all diese Einflüsse mit der Thematisierung von Migrationserfahrungen verknüpft, ist freilich entscheidend und ein Spezifikum seines Films.

Allerdings ist es für Akin bezeichnend, dass er sich der Migrationsthematik oft auf eine andere Art und Weise nähert, als es erwartbar wäre. So hat er schon in *Solino* (2002) nicht etwa eine türkisch-deutsche, sondern eine *italienisch*-deutsche Migrationsgeschichte erzählt. Der Film handelt von zwei Brüdern, deren Vater eine Pizzeria in Duisburg besitzt; doch die Familie zerbricht, als der Vater sich mit einer neuen Frau einlässt. In *Gegen die Wand* hingegen ist bemerkenswert, dass die immer wieder eingespielte türkische Musik – die Tonspur ist äußerst wichtig für den Film – mit deutsch- und auch englischsprachigen Liedern (etwa von *Depeche Mode* und *Sisters of Mercy*) abwechselt, auch Dialoge werden in allen drei Sprachen geführt, die oft schnell wechseln (dabei kommen Untertitel zum

Einsatz): Insofern wird **kein binäres kulturalistisches Setting** zwischen Deutschland und der Türkei entworfen. Dies wird auch und gerade in jenen komischen Szenen erkennbar, in denen eine Figur wie Cahit (vom Arzt in der psychiatrischen Klinik) auf sein angebliches ‚Türkischsein' festgelegt werden soll, wenn auch in einem dezidiert wohlwollenden Sinne.

Vor diesem Hintergrund ist auch bemerkenswert, dass der Protagonist Cahit zwar vollkommen akzentfrei Deutsch spricht, aber kein gutes Türkisch; andere türkische Migranten beschimpft er als „scheiß Kanaken". Fremd fühlt er sich nicht in Hamburg (wo er freilich unter anderen schweren Problemen leidet), sondern eher in der Türkei, in die er Sibel nachreist. Diese wiederum hat sich dort die Haare geschnitten und sich männliche Kleidung zugelegt, darüber hinaus provoziert sie (nach einer erlittenen Vergewaltigung) in einer kaum erträglichen Szene eine gewalttätige Auseinandersetzung mit drei Männern auf der nächtlichen Straße, bei der sie schwer verletzt wird. Kurzum: Sie begibt sich gewissermaßen in eine psychosoziale Mimikry Cahits, also in eine Gender-Mimikry, wodurch Akins Film also die Inszenierung von kultureller Hybridität mit derjenigen geschlechtlicher Uneindeutigkeit verbindet bzw. den **Konstruktionscharakter kultureller und auch genderbezogener Rollen** ausstellt. Denn überhaupt nimmt Sibel im Film ganz verschiedene Rollen ein, und zwar durchaus in taktischer Manier, wenn auch nicht selten unter Zwang: Sie agiert anfangs mal als tugendhafte Tochter, mal als hedonistisches ‚leichtes Mädchen', mal als unberührbare Ehefrau. Auf Festschreibungen lässt sie sich nicht ein, sodass sich die Figur deutlich abhebt von den ‚Opferfiguren' früherer Filme, in denen die Situation von türkischstämmigen Frauen in Deutschland zum Thema wird. Generell entwirft Akin in seinen Filmen keine Figuren, die statisch bleiben; vielmehr führt er die Wandlungsmöglichkeiten von Individuen vor – ohne dabei im teleologischen Sinne nur eine Wandlung zum Besseren für möglich zu halten.

Literatur

Abel, Julia: „Konstruktionen ‚authentischer' Stimmen: Zum Verhältnis von ‚Stimme' und Identität in Feridun Zaimoglus Kanak Sprak". In: Andreas Blödorn u.a. (Hg.): *Stimme(n) im Text: Narratologische Positionsbestimmungen*. Berlin 2006, 297–320.
Achebe, Chinua: „An Image of Africa. Racism in Conrad's ‚Heart of Darkness'". In: *Massachusetts Review* 18/4 (1977), 782–794.
Albrecht, Monika: „Multikulturalismus". In: Dirk Göttsche/Axel Dunker/Gabriele Dürbeck (Hg.): *Handbuch Postkolonialismus und Literatur*. Stuttgart 2017, 188–191.
Anderson, Benedict: *Die Erfindung der Nation. Zur Karriere eines folgenreichen Konzepts*. Frankfurt a.M. ²2005 (engl. 1983; dt. EA 1988).
Asenjieff, Elsa: *Aufruhr der Weiber und das Dritte Geschlecht*. Leipzig 1898.
Asholt, Wolfgang u.a. (Hg.): *Littérature(s) sans domicile fixe / Literatur(en) ohne festen Wohnsitz*. Tübingen 2010.
Assmann, Aleida: „Cultural Studies and Historical Memories". In: Bundesministerium für Wissenschaft und Verkehr und Internationales Forschungszentrum Kulturwissenschaft (Hg.): *The Contemporary Study of Culture*. Wien 1999, 85–99.

Augé, Marc: *Tagebuch eines Obdachlosen*. München 2012 (frz. 2011).
Bachmann-Medick, Doris: „Texte zwischen den Kulturen: ein Ausflug in ‚postkoloniale Landkarten'". In: Hartmut Böhme/Klaus R. Scherpe (Hg.): *Literatur- und Kulturwissenschaften. Positionen, Theorien, Modelle*. Reinbek bei Hamburg 1996, 60–77.
Bachmann-Medick, Doris: „Kulturanthropologische Horizonte interkultureller Literaturwissenschaft". In: Alois Wierlacher (Hg.): *Handbuch interkulturelle Germanistik*. Stuttgart 2003, 439–448.
Bachmann-Medick, Doris (Hg.): *Kultur als Text. Die anthropologische Wende in der Literaturwissenschaft* [1996]. Tübingen/Basel ²2004.
Bachtin, Michail: *Die Ästhetik des Wortes*. Hg. und eingeleitet von Rainer Grübel. Frankfurt a.M. 1979 (russ. 1919–1974).
Baumbach, Kora: „Literarisches going native. Zu Uwe Timms ‚Morenga'". In: Frank Finlay/Ingo Cornils (Hg.): *„(Un)erfüllte Wirklichkeit". Neue Studien zu Uwe Timms Werk*. Würzburg 2006, 92–112.
Bergermann, Ulrike/Heidenreich, Nanna: „EMBEDDED WISSENSCHAFT. Universalität und Partikularität in post_kolonialer Medientheorie". In: Dies. (Hg.): *Total – Universalismus und Partikularismus in post_kolonialer Medientheorie*. Bielefeld 2015, 9–44.
Bhabha, Homi: „Die Frage des Anderen: Stereotyp, Diskriminierung und der Diskurs des Kolonialismus". In: Ders.: *Die Verortung der Kultur*. Tübingen 2000, 97–124 (engl. 1994).
Bhabha, Homi: *Die Verortung der Kultur*. Tübingen 2000 (engl. 1994).
Bhabha, Homi: „Von Mimikry und Menschen. Die Ambivalenz des kolonialen Diskurses". In: Ders.: *Die Verortung der Kultur*. Tübingen 2000a, 125–136 (engl. 1994).
Bitterli, Urs: *Alte Welt – neue Welt. Formen des europäisch-überseeischen Kulturkontaktes vom 15. bis zum 18. Jahrhundert*. München 1986.
Blumentrath, Hendrik u.a.: *Transkulturalität. Türkisch-deutsche Konstellationen in Literatur und Film*. Münster 2007.
Böckelmann, Frank: *Die Gelben, die Schwarzen, die Weißen*. Frankfurt a.M. 1998.
Bogdal, Klaus Michael: *Europa erfindet die Zigeuner. Eine Geschichte von Faszination und Verachtung*. Berlin 2011.
Böhme, Hartmut/Scherpe, Klaus R.: „Zur Einführung". In: Hartmut Böhme/Klaus R. Scherpe (Hg.): *Literatur- und Kulturwissenschaften. Positionen, Theorien, Modelle*. Reinbek bei Hamburg 1996, 7–24.
Brittnacher, Hans Richard: *Leben auf der Grenze. Klischee und Faszination des Zigeunerbildes in Literatur und Kunst*. Göttingen 2012.
Butler, Judith: *Das Unbehagen der Geschlechter*. Frankfurt a.M. 1991 (engl. 1990).
Chow, Rey: „Ideo-Grafien. Ethnische Stereotype und stereotyper Logozentrismus". In: Ulrike Bergermann/Nanna Heidenreich (Hg.): *Universalismus und Partikularismus in post_kolonialer Medientheorie*. Bielefeld 2015, 71–90.
Clifford, James: „Über ethnographische Allegorie". In: Eberhard Berg/Martin Fuchs (Hg.): *Kultur, soziale Praxis, Text. Die Krise der ethnographischen Repräsentation*. Frankfurt a.M. 1993a, 200–239.
Clifford, James: „Über ethnographische Autorität". In: Eberhard Berg/Martin Fuchs (Hg.): *Kultur, soziale Praxis, Text. Die Krise der ethnographischen Repräsentation*. Frankfurt a.M. 1993b, 109–157.
Conrad, Joseph: *Heart of Darkness*. Hg. von Ross C. Martin. Boston/New York ²1996 (engl. 1899).
Conrad, Joseph: *Herz der Finsternis*. Mit dem „Kongo-Tagebuch" und dem „Up-river Book" sowie einem Nachwort im Anhang neu übersetzt von Urs Widmer. Zürich 1992 (engl. 1899).
Dembeck, Till/Parr, Rolf (Hg.): *Literatur und Mehrsprachigkeit. Ein Handbuch*. Tübingen 2017.
Do Mar Castro Varela, María/Dhawan, Nikita: *Postkoloniale Theorie. Eine kritische Einführung*. Bielefeld ²2015.
Dubiel, Jochen: „Manifestationen des postkolonialen Blicks in kultureller Hybridität". In: Axel Dunker (Hg.): *(Post-)Kolonialismus und Deutsche Literatur. Impulse der angloamerikanischen Literatur- und Kulturtheorie*. Bielefeld 2005, 45–68.

Dubiel, Jochen: *Dialektik der postkolonialen Hybridität. Die intrakulturelle Überwindung des kolonialen Blicks in der Literatur.* Bielefeld 2007.

Dunker, Axel (Hg.): *(Post-)Kolonialismus und Deutsche Literatur. Impulse der angloamerikanischen Literatur- und Kulturtheorie.* Bielefeld 2005.

Dürbeck, Gabriele: *Stereotype Paradiese. Ozeanismus in der deutschen Südseeliteratur 1815–1914.* Tübingen 2007.

Durzak, Manfred: „Die Position des Autors. Ein Werkstattgespräch mit Uwe Timm". In: Ders. (Hg.): *Die Archäologie der Wünsche. Studien zum Werk von Uwe Timm.* Köln 1995, 311–354.

Fabian, Johannes: *Im Tropenfieber. Wissenschaft und Wahn in der Erforschung Zentralafrikas.* München 2001 (engl. 2000).

Fauser, Markus: *Einführung in die Kulturwissenschaft.* Darmstadt 2003.

Fiedler, Leslie: „Cross the Border – Close the Gap (1969)". In: Ders.: *Cross the Border — Close the Gap.* New York 1971, 61–85.

Fiedler, Leslie: „Überquert die Grenze, schließt den Graben! Über die Postmoderne". In: Wolfgang Welsch (Hg.): *Wege aus der Moderne. Schlüsseltexte der Postmoderne-Diskussion.* Weinheim 1988, 57–74.

Florack, Ruth: „Stereotypenforschung als Baustein zu einer Interkulturellen Literaturwissenschaft". In: Ortrud Gutjahr u.a. (Hg.): *Literaturwissenschaft als Kulturwissenschaft: Interkulturalität und Alterität.* Berlin u.a. 2003, 37–42.

Florack, Ruth: *Bekannte Fremde. Zu Herkunft und Funktion nationaler Stereotype in der Literatur.* Tübingen 2007.

Freud, Sigmund: *Der Witz und seine Beziehung zum Unbewussten.* Leipzig/Wien 1905.

Freud, Sigmund: „Das Unheimliche". In: Ders.: *Gesammelte Werke.* Hg. von Anna Freud u. a., Bd. 12. Frankfurt a.M. 1990, 229–268.

Frühwald, Wolfgang u.a. (Hg.): *Geisteswissenschaften heute. Eine Denkschrift.* Frankfurt a.M. 1991.

Geertz, Clifford: *Dichte Beschreibung. Beiträge zum Verstehen kultureller Systeme.* Frankfurt a.M. 1983 (engl. 1973).

Genin, Christophe: „L'autobiographie dans les études culturelles. Parler de soi a-t-il une valeur méthodologique?". In: *Folozofski vestnik, Letnik XXXI, Stevilka* 2 (2010), 7–25.

Göktürk, Deniz: „Migration und Kino – Subnationale Mitleidskultur oder transnationale Rollenspiele?". In: Carmine Chiellino (Hg.): *Interkulturelle Literatur in Deutschland. Ein Handbuch.* Stuttgart/Weimar 2007, 329–347.

Göktürk, Deniz: „Die Komik der Kultur". In: Uwe Wirth (Hg.): *Komik. Ein interdisziplinäres Handbuch.* Stuttgart 2017, 160–172.

Göttsche, Dirk: „Zwischen Exotismus und Postkolonialismus. Der Afrika-Diskurs in der deutschsprachigen Gegenwartsliteratur". In: Mouhamadou Moustapha Diallo/Dirk Göttsche (Hg.): *Interkulturelle Texturen. Afrika und Deutschland im Reflexionsmedium der Literatur.* Bielefeld 2003, 161–244.

Göttsche, Dirk: *Remembering Africa. The Rediscovery of Colonialism in Contemporary German Literature.* Rochester 2013.

Greenblatt, Stephen: *Wunderbare Besitztümer. Die Erfindung des Fremden – Reisende und Entdecker.* Berlin 1994 (engl. 1991).

Grossberg, Lawrence: „Globalization and the „Economization" of Cultural Studies". In: Bundesministerium für Wissenschaft und Verkehr und Internationales Forschungszentrum Kulturwissenschaft (Hg.): *The Contemporary Study of Culture.* Wien 1999, 23–46.

Gutjahr, Ortrud: „Migration in die Ungleichzeitigkeit. Fatih Akins ‚Gegen die Wand' und die Wende im deutsch-türkischen Film". In: Waltraud ‚Wara' Wende/Lars Koch (Hg.): *Krisenkino. Filmanalyse als Kulturanalyse: Zur Konstruktion von Normalität und Abweichung im Spielfilm.* Bielefeld 2010, 225–249.

Hamann, Christof/Timm, Uwe: „,,Einfühlungsästhetik wäre ein kolonialer Akt'. Ein Gespräch". In: *Sprache im technischen Zeitalter* 41 (2003), 450–462.

Hermes, Stefan: *"Fahrten nach Südwest". Die Kolonialkriege gegen die Herero und Nama in der deutschen Literatur (1904–2004)*. Würzburg 2009.
Hermes, Stefan: *Figuren der Anderen. Völkerkundliche Anthropologie und Drama im Sturm und Drang*. Bielefeld 2021.
Hofmann, Michael: *Interkulturelle Literaturwissenschaft. Eine Einführung*. Paderborn 2006.
Holdenried, Michaela: „Neukartierungen deutscher Kolonialgebiete. Postkoloniale Schreibweisen in Uwe Timms ‚Morenga'". In: *Zeitschrift für interkulturelle Germanistik* 2/2 (2011), 127–149.
Holdenried, Michaela: „Eine Poetik der Interkulturalität? Zur Transgression von Grenzen am Beispiel von Yoko Tawadas Schreibverfahren und Sprachprogrammatik". In: Ortrud Gutjahr (Hg.): *Yoko Tawada. Fremde Wasser. Vorlesungen und wissenschaftliche Beiträge*. Tübingen 2012, 169–185.
Holdenried, Michaela: „Zur Poetik des Törlü Gjuvetch. Polyglossie im postkolonialen Kontext am Beispiel von Ilija Trojanows ‚Der Weltensammler'". In: *Komparatistik Online* 2 (2014), https://www.komparatistik-online.de/index.php/komparatistik_online/article/view/149/109 (9.5.2021).
Holdenried, Michaela: „Fantastische Tropen. Narrative Figurationen der Inversion in postkolonialen Texten zu Afrika (Urs Widmer, Arnold Stadler, Alex Capus)". In: Jana Domdey/Gesine Drews-Sylla/Justyna Golabek (Hg.). *Another Africa? (Post)Koloniale Afrikaimaginationen im russischen, polnischen und deutschen Kontext*. Heidelberg 2017, 357–367.
Hölderlin, Friedrich: „Brod und Wein" [zweite Fassung]. In: Ders.: *Sämtliche Werke und Briefe*. Hg. von Michael Knaupp, Bd. 1. München/Wien 1992, 373–383.
Horn, Peter: „Haschisch und Klicks. Afrika als utopischer Ort der 68er Generation und Uwe Timms Roman ‚Morenga'". In: *Weltengarten. Deutsch-Afrikanisches Jahrbuch für interkulturelles Denken* (2004), 65–83.
Jameson, Frederic: *Postmodernism, or, The Cultural Logic of Late Capitalism*. Durham 1991.
Kant, Immanuel: „Vorlesungen über Anthropologie". In: Ders.: *Gesammelte Schriften*. Hg. von der Berlin-Brandenburgischen Akademie der Wissenschaften, Bd. 25, bearbeitet von Reinhard Brandt/Werner Stark. Berlin 1997.
Kilchmann, Esther: „Poetik des fremden Wortes. Techniken und Topoi heterolingualer Gegenwartsliteratur". In: *Zeitschrift für interkulturelle Germanistik* 3/2 (2012), 109–129.
Kittler, Friedrich: *Aufschreibesysteme 1800/1900*. München 1985.
Koch, Lars: „Das Lachen der Subalternen – Ethno-Comedy im deutschen Film und Fernsehen". In: Wara Wende (Hg.): *Wie die Welt lacht – Interkulturelle Formen von Welterschließung und Selbstbildung im Witz*. Würzburg 2008, 208–223.
Kotthoff, Helga: *Scherzkommunikation. Beiträge aus der empirischen Gesprächsforschung*. Opladen 1996.
Kotthoff, Helga u.a. (Hg.): *Komik (in) der Migrationsgesellschaft*. Konstanz/München 2013.
Lawson, Max u. a.: „Reward work, not wealth" (2018), https://www.oxfam.org/sites/www.oxfam.org/files/file_attachments/bp-reward-work-not-wealth-220118-summ-en.pdf (29.4.2021).
Lenssen, Claudia: „Unterworfene Gefühle. Nationalsozialistische Mobilisierung und emotionale Manipulation der Massen in den Parteitagsfilmen Leni Riefenstahls". In: Claudia Benthien/Anne Fleig/Ingrid Kasten (Hg.): *Emotionalität. Zur Geschichte der Gefühle*. Köln/Weimar/Wien 2000, 198–212.
Leontiy, Halyna (Hg.): *(Un)Komische Wirklichkeiten. Komik und Satire in (Post-)Migrations- und Kulturkontexten*. Wiesbaden 2017.
Lindner, Rolf: *Die Stunde der Cultural Studies*. Wien 2000.
Lippmann, Walter: *Die öffentliche Meinung: Wie sie entsteht und manipuliert wird*. Hg. von Walter Otto Ötsch und Siljia Graupe. Frankfurt a.M. 2018 (engl. 1922).
Lubrich, Oliver: „Naturforschung als Landnahme – Mary Louise Pratts Humboldt. Eine Kritik der Kritik". In: Michaela Holdenried/Anna-Maria Post (Hg.): *„Land in Sicht!" Literarische Inszenierungen von Landnahmen und ihren Folgen*. Berlin 2021, 57–72.

Lützeler, Paul Michael: „Von der Postmoderne zur Globalisierung. Zur Interrelation der Diskurse". In: Ders. (Hg.): *Räume der literarischen Postmoderne. Gender, Performativität, Globalisierung.* Tübingen 2000, 1–22.

Lützeler, Paul Michael: *Postmoderne und postkoloniale deutschsprachige Literatur. Diskurs – Analyse – Kritik.* Bielefeld 2005.

Lyotard, Jean-François: *Das postmoderne Wissen. Ein Bericht.* Bremen 1982 (frz. 1979).

Lyotard, Jean-François: *Das Patchwork der Minderheiten. Für eine herrenlose Politik.* Berlin 1977 (frz. 1977).

Mecklenburg, Norbert: *Das Mädchen aus der Fremde. Germanistik als interkulturelle Literaturwissenschaft.* München 2008.

Menninghaus, Winfried: *Ekel. Theorie und Geschichte einer starken Empfindung.* Frankfurt a.M. 1999.

Neubauer, Jochen: *Türkische Deutsche, Kanakster und Deutschländer. Identität und Fremdwahrnehmung in Film und Literatur: Fatih Akin, Thomas Arslan, Emine Sevgi Özdamar, Zafer Şenocak und Feridun Zaimoglu.* Würzburg 2011.

Obeyesekere, Gananath: *The Apotheosis of Captain Cook. European Mythmaking in the Pacific.* Princeton 1992.

Pratt, Mary Louise: *Imperial Eyes. Travel Writing and Transculturation.* London 1992.

Rodriguez, Rosa Maria: *Transmodernidad.* Barcelona 2004.

Rorty, Richard: *Der Spiegel der Natur. Eine Kritik der Philosophie.* Frankfurt a.M. 1981 (engl. 1979).

Rottenburg, Richard: „Marginalität und der Blick aus der Ferne". In: Heike Behrend (Hg.): *Geist, Bild und Narr. Zu einer Ethnologie kultureller Konversionen. Festschrift für Fritz Kramer.* Berlin/Wien 2001, 37–44.

Roussat, Mathilde: „Zusammenstoß/-spiel der Kulturen und Ästhetik der Montage in Uwe Timms ‚Morenga'". In: Marc Cluet/Jean-Marie Valentin (Hg.): *Divergente Kulturräume in der Literatur, Kulturkonflikte in der Reiseliteratur.* Berlin u.a. 2007, 161–166.

Ruf, Oliver: „Die exotische Schweiz. ‚Fremdheit' bei Urs Widmer". In: *Gegenwartsliteratur. Ein germanistisches Jahrbuch* 6 (2007), 257–277.

Sahlins, Marshall: *Der Tod des Kapitän Cook. Geschichte als Metapher und Mythos als Wirklichkeit in der Frühgeschichte des Königreichs Hawaii.* Berlin 1986 (engl. 1981).

Said, Edward: *Orientalismus.* Frankfurt a.M. 1981 (engl. 1978).

Said, Edward: *Kultur und Imperialismus. Einbildungskraft und Politik im Zeitalter der Macht.* Frankfurt a.M. 1994 (engl. 1993).

Sander, Jürgen: „,Wie soll man einen festen Punkt bestimmen, wenn alles flimmert?' Ilija Trojanow im Interview über sein neues Buch ‚Der Weltensammler', über seine Recherchen, über die Deobandis und die Frage, ob Literatur aufklären kann". In: *Büchergilde-Magazin* 4 (2006), 18–19.

Schmeling, Manfred: „Multilingualität und Interkulturalität im Gegenwartsroman". In: Monika Schmitz-Emans (Hg.): *Literatur und Vielsprachigkeit.* Heidelberg 2004, 221–235.

Schmiedel, Roland: „Fiktion oder literarische Geschichtsschreibung? Eine Quellenanalyse von Uwe Timms historischem Roman ‚Morenga'". In: *Acta Germanica* 35 (2007), 85–101.

Schmitz-Emans, Monika: „Literatur und Vielsprachigkeit: Aspekte, Themen, Voraussetzungen". In: Dies. (Hg.): *Literatur und Vielsprachigkeit.* Heidelberg 2004, 11–26.

Schmitz-Emans, Monika: „Mehrschriftlichkeit". In: Till Dembeck/Rolf Parr (Hg.): *Literatur und Mehrsprachigkeit. Ein Handbuch.* Tübingen 2017, 221–232.

Schwarze, Michael: „Imagologie, komparatistische". In: Ansgar Nünning (Hg.): *Metzler-Lexikon Literatur- und Kulturtheorie. Ansätze – Personen – Grundbegriffe.* Stuttgart/Weimar 1998, 332–334.

Seeßlen, Georg: Vertraute Fremde. In: *der Freitag* 21 (2002), https://www.freitag.de/autoren/der-freitag/vertraute-fremde (4.9.2019).

Sieburg, Heinz: „Die deutsche Sprache als interkulturelles Konstrukt". In: Dieter Heimböckel u.a. (Hg.): *Zwischen Provokation und Usurpation. Interkulturalität als (un)vollendetes Projekt der Literatur- und Sprachwissenschaften.* München 2010, 349–358.

Sieburg, Heinz: „Ebenen der Sprachstandardisierung". In: Till Dembeck/Rolf Parr (Hg.): *Literatur und Mehrsprachigkeit. Ein Handbuch*. Tübingen 2017, 69–76.
Soltani, Zakariae: *Orientalische Spiegelungen. Alteritätskonstruktionen in der deutschsprachigen Literatur am Beispiel des Orients vom Spätmittelalter bis zur Klassischen Moderne*. Berlin/Münster 2016.
Spivak, Gayatri Chakravorty: *Can the subaltern speak? Postkolonialität und subalterne Artikulation*. Wien/Berlin 2008 (engl. 1988).
Stehle, Maria: „,Is it cos I is black?' Performative Antworten auf mediale Konstruktionen des ,authentischen Anderen'". In: Franciszek Grucza (Hg.): *Vielheit und Einheit der Germanistik weltweit*. Frankfurt a.M. u.a. 2012, 197–200.
Taussig, Michael: *Mimesis und Alterität: Eine eigenwillige Geschichte der Sinne*. Frankfurt a.M. 1997 (engl. 1993).
Timm, Uwe: *Morenga*. München 2000 (Erstausgabe 1978).
Todorov, Tzvetan: *Die Eroberung Amerikas. Das Problem des Anderen*. Frankfurt a.M. 1985 (frz. 1982).
Trojanow, Ilija: *Der Weltensammler*. Frankfurt a.M. u.a. 2006.
Trojanow, Ilija: „Recherche als poetologische Kategorie. Die Entzündung des narrativen Motors". In: Christof Hamann/Alexander Honold (Hg.): *Ins Fremde Schreiben. Gegenwartsliteratur auf den Spuren historischer und fantastischer Entdeckungsreisen*. Göttingen 2009, 287–299.
Uerlings, Herbert: „Kolonialer Diskurs und deutsche Literatur. Perspektiven und Probleme". In: Axel Dunker (Hg.): *(Post-)Kolonialismus und Deutsche Literatur. Impulse der angloamerikanischen Literatur- und Kulturtheorie*. Bielefeld 2005, 17–44.
Uerlings, Herbert/Patrut, Iulia-Karin (Hg.): *,Zigeuner' und Nation. Repräsentation – Inklusion – Exklusion*. Frankfurt a.M. u.a. 2008.
Walburg, Myriam-Naomi: *Zeit der Mehrsprachigkeit. Literarische Strukturen des Transtemporalen bei Marica Bodrožić, Nina Bouraoui, Sudabeh Mohafez und Yoko Tawada*. Würzburg 2017.
White, Hayden: *Auch Klio dichtet oder die Fiktion des Faktischen. Studien zur Tropologie des historischen Diskurses*. Stuttgart 1986 (engl. 1978).
White, Hayden: *Metahistory. Die historische Einbildungskraft im 19. Jahrhundert in Europa*. Frankfurt a.M. 1991 (engl. 1973).
Widmer, Urs: *Im Kongo*. Frankfurt a.M. 2004 (Erstausgabe 1996).
Wiegand, Hermann: „Makkaronische Dichtung". In: Klaus Weimar u.a. (Hg.): *Reallexikon der deutschen Literaturwissenschaft*, Bd. 2. Berlin/New York 2000, 527–530.
Wierlacher, Alois: „Ausgangslage, Leitbegriffe und Problemfelder". In: Ders. (Hg.): *Kulturthema Fremdheit. Leitbegriffe und Problemfelder kulturwissenschaftlicher Fremdheitsforschung*. Mit einer Forschungsbibliographie von Corinna Albrecht u.a. München 1993, 19–112.
Wierlacher, Alois: *Handbuch interkulturelle Germanistik*. Stuttgart/Weimar 2003.
Wodak, Ruth/Cillia, Rudolf de (Hg.): *Zur diskursiven Konstruktion nationaler Identität*. Frankfurt a.M. 1998.
Wolzogen, Ernst von: *Das dritte Geschlecht*. Berlin 1899.
Zaimoglu, Feridun: „Sex, Drogen und die Schocks der Moderne". In: *Tagesspiegel* (10.03.2004). Wiederabgedruckt in: Fatih Akin: *Gegen die Wand. Das Buch zum Film. Drehbuch/Materialien/Interviews*. Köln 2004, 209–213.
Zambon, Kate: „Negotiating New German Identities. Transcultural Comedy and the Construction of Pluralistic Unity". In: *Media Culture&Society* 39/4 (2017), 552–567.
Zantop, Susanne M.: *Kolonialphantasien im vorkolonialen Deutschland (1770–1870)*. Berlin 1999.
Zeman, Mirna: „Volkscharaktere und Nationalitätenschemata. Stereotype und Automatismen". In: Tobias Conradi/Gisela Ecker/Norbert Otto Eke/Florian Muhle (Hg.): *Schemata und Praktiken*. München 2012, 97–117.

Weiterführende Literatur

Bachmann-Medick, Doris (Hg.): *Kultur als Text. Die anthropologische Wende in der Literaturwissenschaft*. Tübingen/Basel ²2004.
Boas, Franz: *Anthropology and Modern Life*. London/New York 1928.
Dilthey, Wilhelm: *Der Aufbau der geschichtlichen Welt in den Geisteswissenschaften*. Frankfurt a.M. 1970.
Erdheim, Mario/Nadig, Maya: „Größenphantasien und sozialer Tod". In: *Kursbuch* 58, 115–128.
Esselborn, Karl: „Aktuelle Ansätze zu einer Germanistik als transnationaler Kulturwissenschaft und die Vermittlung deutschsprachiger als fremdkultureller Literatur". In: Ernest Hess-Lüttich (Hg.): *Differenzen? Interkulturelle Probleme und Möglichkeiten in Sprache, Literatur und Kultur*. Frankfurt a.M. u.a. 2009, 281–296.
Fanon, Frantz: *Schwarze Haut, weiße Masken*. Frankfurt a.M. 1980 (frz. 1952).
Galeano, Eduardo: *Die offenen Adern Lateinamerikas*. Wuppertal ¹⁶2002 (span. 1971).
Göller, Thomas: *Sprache, Literatur, kultureller Kontext. Studien zur Kulturwissenschaft und Literaturästhetik*. Würzburg 2001.
Hutcheon, Linda: *A Poetics of Postmodernism. History, Theory, Fiction*. London/New York, 1988.
Kristeva, Julia: *Fremde sind wir uns selbst*. Frankfurt a.M. 1990 (frz. 1988).
Labov, William: „The Logic of Nonstandard English". In: J.E. Alatis (Hg.): *Reports of The Twentieth Annual Round Table Meeting on Linguistics and Language Studies*. Washington 1969, 1–43.
Malinowski, Bronislaw: *Argonauten des westlichen Pazifik*. Frankfurt a.M. 1979 (Englische Erstausgabe 1922).
Parin, Paul/Parin-Matthèy, Goldy/Morgenthaler, Fritz: *Die Weißen denken zuviel. Psychoanalytische Untersuchungen bei den Dogon in Westafrika*. Zürich 1963.
Sahlins, Marshall: *Inseln der Geschichte*. Hamburg 1992 (engl. 1985).
Taylor, Charles: *Multikulturalismus und die Politik der Anerkennung*. Frankfurt a.M. 2009 (engl. 1992).
Waldenfels, Bernhard: *Topographie des Fremden. Studien zur Phänomenologie des Fremden 1*. Frankfurt a.M. 1997.
Wierlacher, Alois/Albrecht, Corinna: „Kulturwissenschaftliche Xenologie". In: Ansgar Nünning (Hg.): *Einführung in die Kulturwissenschaften. Theoretische Grundlagen – Ansätze – Perspektiven*. Stuttgart/Weimar 2008, 280–306.
Wilke, Sabine: „,Hätte er bleiben wollen, er hätte anders denken und fühlen lernen müssen'. Afrika geschildert aus Sicht der Weißen in Uwe Timms ,Morenga'". In: *Monatshefte für Deutschsprachige Literatur und Kultur* 93 (2001/3), 335–354.
Williams, Raymond: *Gesellschaftstheorie als Begriffsgeschichte. Studien zur historischen Semantik von ,Kultur'*. München 1972.
Wittgenstein, Ludwig: *Philosophische Untersuchungen*. Auf der Grundlage der kritisch-genetischen Edition neu hg. von Joachim Schulte. Frankfurt a.M. 2003.

Interkulturelle Literaturgeschichte – eine Skizze

5

5.1 Hinführung

Lange Zeit wurde Literatur als eine genuin nationale kulturelle Hervorbringung aufgefasst, als Nationalliteratur. Literatur diente cum grano salis seit der Entstehung des Nationalgedankens sowohl der Konturierung eines kulturellen Selbstverständnisses als auch der Abgrenzung von anderen Nationen (auf die Genese des Nationalliteraturgedankens kann hier nicht näher eingegangen werden, dazu sei verwiesen auf Harth 2000). In der Geschichte Deutschlands ist es besonders die Gegenstellung zu Frankreich, welche diese Geschichte prägt, bis hin zu agonalen Kämpfen, die auch literarische Spuren hinterlassen haben. Indes war die literarische Produktion immer schon und in Wechselwirkung mit (oft kriegerischem) Wettkampf geprägt von Kulturtransfers – eine ‚reine' nationale Literatur existiert nicht – und noch das scheinbare Gegenbeispiel einer Abschottung unter dem Hakenkreuz zeigt, dass auch hier auf andere Kulturen verwiesen wird (und sei es durch die Indienstnahme der griechisch-römischen Klassik für eine Ästhetisierung der Politik, vgl. etwa Josef Weinhebers Gedichte). Kulturtransfer geht mit Vergleichungen einher, die immer auch zu Kulturrelativismus führen (oder eben auch zum niemals besonders erfolgreichen Versuch einer Abwertung des anderen und Abgrenzung des Eigenen).

Es wurde in jüngerer Zeit vielfach darauf verwiesen, dass eine „umfassende Geschichte der deutschen Literatur als interkultureller Literatur noch nicht geschrieben" sei (Hofmann/Patrut 2015, S. 22). Dies dürfte eines der wichtigen Projekte der Interkulturellen Literaturwissenschaft sein. Das *Rereading* der Literaturgeschichte unter interkulturellen Aspekten ist vielfach schon erfolgt – allerdings unter anderen Etikettierungen wie bspw. denjenigen der Intertextualität, der komparatistischen Kulturtransfer-Forschung, der Einflussgeschichte oder der Übersetzungsforschung. Hieran gilt es unter genuin interkulturellen Fragestellungen anzuknüpfen. Gerade in den letzten Jahren entstanden Einzeluntersuchungen zu bestimmten Epochen (Postkoloniale Studien zum Realismus, zum

Sturm und Drang) oder Rezeptionsphänomenen (dem Orientalismus, Exotismus und Primitivismus) sowie zum Verhältnis gegenüber Fremden (den äußeren wie inneren Fremden) – es bedürfte, ähnlich wie in der Konturierung einer Literaturgeschichte von Frauen in den 1980er Jahren, einer konzertierten Aktion interkulturell interessierter Literaturwissenschaft, um die durchaus vorhandenen Mosaiksteine zu einem Ganzen zusammenzufügen und zu erweitern. Ansätze dazu gibt es an den universitären Standorten der Interkulturellen Literaturwissenschaft in Freiburg, Luxemburg, Flensburg und Paderborn.

Zu beginnen hätte eine solche Literaturgeschichte selbstredend mit der Antike; auch das Mittelalter und die Frühe Neuzeit stellen keine Sonderfälle dar, sie sind mitnichten nur als „Vorgeschichte" (Hofmann/Patrut 2015, S. 23) zu betrachten, sondern stellen jeweils spezifische Phasen des Umgangs mit Interkulturalität und Fremdheitswissen dar. Im Folgenden sollen einige Streiflichter diese Phasen beleuchten. Dabei wird nicht nur die Literatur in den Blick genommen, sondern zu deren Kontextualisierung die zeitgenössischen Wissensstände mitreflektiert. Die Reiseberichte bzw. reiseliterarische Werke bilden hierbei ein Bindeglied zwischen Wissensformen und deren Transfer – in beide Richtungen.

5.2   Antike – Barbaren und griechische Hegemonie

Julia Kristeva hat in ihrem Buch über das Fremde (*Fremde sind wir uns selbst,* 1990; *Etrangers à nous-mêmes,* 1988) die griechische Antike als ein für die Geschichte Europas besonders maßstabbildendes Zeitalter der Entstehung politischer und philosophischer Positionen zum Fremden gezeichnet (s. hierzu auch Abschn. 3.1). Fremde sind sowohl die außerhalb der Polis stehenden (feindlichen) Barbaren als auch die innerhalb lebenden und mit Argwohn bedachten Fremden, die Metöken. Kristeva zufolge hat **Platon** noch strikt auf die Nützlichkeit der Metöken gezielt, ihre Zugehörigkeit zum Staatswesen jedoch abgelehnt (vgl. ebd., S. 63). Allmählich, etwa seit dem 4. Jahrhundert v. Chr., werde aber doch eine Veränderung des Verhältnisses zum Fremden sichtbar – nicht nur durch Handelsaktivitäten, sondern durch ‚touristische' Reisen aus intellektueller Neugierde. So sei nach und nach ein „hellenistische[r] Kosmopolitismus" (ebd., S. 65 f.) entstanden. Nicht zuletzt hätten „Flüchtlinge" (ebd.) wie **Herodot,** der berühmte Geschichtsschreiber, dazu beigetragen, das Wissen über die bekannte Welt hinaus zu erweitern. Panhellenische Ideen seien mit einer wachsenden Neugierde auf das Fremde einhergegangen. Die **Stoiker** schließlich hätten den „ersten politischen Kosmopolitismus" (ebd., S. 66 f.) hervorgebracht.

Zu Recht betont Kristeva in ihrer stark beachteten Studie, dass es offensichtlich Universalien der Kulturbegegnung seien, welche bereits in der griechischen Antike ausgebildet wurden. Ihr vorrangiges Kennzeichen dürfte die Ambivalenz dem Fremden gegenüber sein: Zwischen Xenophobie und Xenalasia (der Austreibung des Fremden; in Sparta bspw. durchweg praktiziert) einerseits und Kosmopolitismus andererseits schwanken die Positionen. Letzterer sei auch den Stoikern nur im

Sinne einer Ausdehnung des griechischen Herrschaftsbereiches und eines für alle verbindlichen Gesetzes vorstellbar gewesen (vgl. Kristeva 1990, S. 67).

In der Literatur finden diese Elemente einer Auseinandersetzung ihren Widerhall: Von **Homer** haben wir frühe Kunde von den Reisen Odysseus', die mehr dem gleichen, was wir heutzutage eine Erkundung der Grenzbereiche nennen würden, sowohl der äußeren wie der inneren. Zyklopen und Sirenen, Verwandlungen und äußerste Gefährdungen gehören zu dieser Fahrt, die zu einem Synonym für die Irrfahrt schlechthin geworden ist, aber eben auch zu einer Erkundungsfahrt in unvorstellbar Fremdes. Aischylos, Sophokles und Euripides setzen sich ebenfalls mit dem Fremden auseinander, in verschiedenen Facetten wird seine Andersartigkeit untersucht und dem Eigenen kontrastiert. Wie Bernhard Zimmermann zeigen konnte, ist in den *Persern* des Aischylos (472 v. Chr.), seinen *Hiketiden (Schutzflehenden)* (463 v. Chr.) das Fremde mit jeweils anderen Funktionen versehen als in Euripides' *Medea* (431 v. Chr.) und dessen *Bakchen* – es ist Herausforderung für die eigene Identität wie auch zutiefst innere Gefahr (vgl. Zimmermann 2007, S. 23–38). Bei Sophokles gebe es zwar keine ganz explizite Auseinandersetzung mit dem Fremden, aber die Dominanz von Frauenrollen nehme in gewisser Weise ihre Stelle ein (mit Dank für diesen Hinweis an B. Zimmermann).

5.3 Mittelalter und Frühe Neuzeit – agonales Verhalten zum Fremden und neue Tugenden

Es sind meist die besonders bedrohlichen anderen, die Feinde, welche das Fremdheitswissen (die Xenologie) bestimmen. So ist es kein Zufall, dass die Postkolonialen Studien mit Edward Saids bahnbrechendem, wenn auch vielfach kritisiertem Werk über den Orientalismus einsetzten (s. Abschn. 4.4). Gerade am Beispiel des Verhältnisses zum Orient kann sinnfällig gezeigt werden, in welcher Weise Ambivalenz als ein xenologisches Grundverhältnis fortdauert. War lange Zeit das Wissen, auch dasjenige der Literatur, auf Hörensagen und (dadurch) tradierte Legenden angewiesen (z. B. diejenige des sagenhaften Priesterkönigs Johannes), so wird durch reale Begegnungen, durch zunehmende Reisetätigkeit und durch kriegerische Konfrontation (speziell in den Kreuzzügen zwischen 1095 und dem 13. Jahrhundert) nolens volens das interkulturelle Wissen vergrößert. Zwei Berichte waren es insbesondere, die im Mittelalter starke Beachtung fanden: derjenige Marco Polos und der von Jean de Mandeville.

Marco Polo wurde 1254 in Venedig geboren und starb dort 1324. Dazwischen verbrachte er 26 Jahre in Asien, 17 davon am Hof des chinesischen Herrschers Kublai Khan. Sein Bericht wurde unter dem Titel *Il Milione* verbreitet, war aber ursprünglich in einem franko-italienischen Idiom verfasst unter dem Titel *Le divisament dou monde* (1298) erschienen. Im Prolog betont er bereits, dass er wirklich Erlebtes von nur Gehörtem unterscheiden werde (vgl. Wunderli 1993, S. 138), woran er sich allerdings nicht hält. Kaufmännische Neugier bestimmt einen Großteil seiner Schilderungen, z. B. über Handwerke in verschiedenen

Städten, regionale landwirtschaftliche Erzeugnisse, Edelsteine, Perlentaucherei, Salzgewinnung, Transportmöglichkeiten und Gefährdungen der Verkehrswege (Schiffbau, Piratenwesen). Schon in diesen im engeren Sinn Erfahrungswissen repräsentierenden Teilen wird deutlich, dass Marco Polo sich darüber hinaus von ethnologischen und interkulturellen Interessen leiten lässt (vgl. ebd., S. 151 f. zur Perlenfischerei). ‚Anthropologisch' in einem vorwissenschaftlichen Sinn sind seine Betrachtungen zur Sexualität (sexuelle Freizügigkeit, Praktiken, Inzest), zur Stellung der Geschlechter (Vielweiberei) etc. Es scheint zunächst erstaunlich, dass sich diese oft legendenhaft anmutenden Stoffe und Themen gerade in denjenigen Abschnitten der Reise finden, die noch einigermaßen bekannt waren. Die Legenden vom Priester Johannes und von Gog und Magog oder des Alten vom Berge werden hingegen in die empirischen Bereiche eingearbeitet. Das hat mit der umwegigen Art der Beglaubigung zu tun: Das bekannte, topische Wissen gilt bis zum Humanismus als das glaubhafte und indem Marco Polo sich darauf bezog, suchte er zu erreichen, dass der Beglaubigungseffekt auf den eher empirischen Bereich seines Reiseberichts überspringt. Doch konnte die Referenz auf topisches Wissen nur bedingt verhindern, dass er aufgrund der als Übertreibungen wahrgenommenen Schilderungen als Lügner und Märchenerzähler abgestempelt wurde. Erst mit Kolumbus wurde eine solche den Horizont sprengende Alteritätserfahrung glaubhaft und das Werk Marco Polos in der Folge ebenfalls aufgewertet.

Die *Voyages* (Mitte 14. Jh., des pseudonymen **Jean de Mandeville,** vermutlich aus der Feder eines Lütticher Arztes, Jean de Bourgogne) gleichen Marco Polos Bericht hinsichtlich des enzyklopädischen Ausmaßes und der Themengebiete. Aber: Dem Buch liegt keine reale Reise zugrunde; vielmehr handelt es sich um eine vollständig fiktive, aus verschiedenen Quellen kompilierte Reiseerzählung. Diese gibt sich zunächst als Jerusalemfahrt aus, womit der Autor auf das Publikumsinteresse an Pilgerreisen spekuliert haben dürfte. Während er zunächst Wilhelms von Boldensele Palästinabericht als Quelle benutzt, greift er im zweiten Teil auf den Asienbericht Odorichs von Pordenone zurück. Seit dem 15. Jahrhundert zweifelte man bereits an dem Wahrheitsgehalt des ‚Reiseberichts' als solchem und entlarvte den Autor als geschickten Abschreiber oder auch als Fälscher und Lügner. Insgesamt lässt sich heute eine gelassenere Einstellung dem Werk gegenüber erkennen: Argumentiert wird in der Regel nicht mehr moralisch, sondern man sieht den Anspruch, das bekannte Wissen zu einem „premier livre de Géographie" zusammenzustellen (Christiane Deluz, zit. n. Ridder 1992, S. 363 f.). Für den literarischen Umgang mit traditionellen Beschreibungsmustern des Fremden ist es bemerkenswert, dass nicht die gewohnt antithetischen Muster aufgerufen werden. Vielmehr wird in der Beschreibung der *mirabilia* des Ostens das andere nicht als verkehrte Welt geschildert, sondern unvoreingenommen beschrieben und kritisch auf die eigene Gesellschaftsordnung zurückbezogen.

Eine Vielzahl von Autoren hat sich auf Mandeville berufen. Auch in die *Weltchronik* Hartmann Schedels (1493) wurde der Text als historiographischer aufgenommen. Und schließlich ‚borgten' die frühen Prosaromane Episoden aus dem Text, die wiederum bearbeitet und in den Kreislauf der Stoff-Tradierung

5.3 Mittelalter und Frühe Neuzeit

eingespeist wurden (z. B. die Sperber-Legende, welche in Kleinasien spielt, mit dem Melusinen-Stoff verbunden ist und von Mandeville zuerst erzählt wurde; in der *Sperberburg* bei Thüring von Ringoltingen – ihrerseits aus einer französischen Vorlage übernommen – geht es um Melusines Schwester Meliora, die auf einer Burg in Armenien lebt und Männern, die drei Tage und Nächte ihren wertvollen Sperber bewachen, ohne einzuschlafen, einen Wunsch erfüllen kann (mit Dank für Hinweise dazu an Martina Backes; vgl. auch Jan-Dirk Müller 1990, Stellenkommentar zur Melusine, S. 1041–1087).

Die Kritik der Humanisten an solchen phantastisch übertreibenden volkssprachlichen Berichten und Erzählungen des Spätmittelalters focht die Rezipient/innen nicht an: Sie tradierten Mandevilles Wissensbestände einfach weiter, ungeachtet ihres fiktiven Charakters, aber möglicherweise gerade aufgrund der unleugbaren literarischen Qualität des Werkes.

Nicht allein Reiseberichte, wie Zakariae Soltani (2016) in seiner Untersuchung zum Orientalismus in der deutschsprachigen Literatur unter Rekurs auf Marina Münkler festhält, böten sich für mediävistische interkulturelle Fragestellungen an, sondern auch „die Kreuzzugsdichtung, **Höfische Romane** und **Heldenepen**" (Soltani 2016, S. 76, Hervorh. M.H.). Von der Überlegenheit des Christentums gegenüber den heidnischen Sarazenen kündet etwa das *Rolandslied* des Pfaffen Konrad. Als Gegenmodell zu solchen die Unterschiede betonenden und die Kreuzzugsidee propagierenden Werken stellt Soltani die exotistische Grundierung zahlreicher **Helden- oder Spielmannsdichtungen** heraus, in welchen die *aventîure* in den Raum des fremdartig-wundersamen Orients führt. Im *Herzog Ernst* würden solcherart „antike Orientmotive mit Motiven aus der Sammlung *Tausendundeiner Nacht* vermischt" (ebd., S. 78).

Um 1200 scheint in mehreren Werken das Konzept von Minne und Ritterlichkeit gewissermaßen als trojanisches Pferd für den Toleranzgedanken zu wirken: Schon der *Parzival* Wolframs von Eschenbach sei „von einer bemerkenswerten Offenheit gegenüber dem orientalischen [...] Fremden geprägt" (Hofmann/Patrut 2015, S. 24; vgl. auch Schmitz 2018, insbes. S. 131–143 zum höfischen Diskurs über den Orient und zum *Willehalm;* zu Juden ebd., S. 301–304). Fragt man nach einem möglichen Beginn der Durchsetzung des Toleranzgedankens, so stößt man – so Soltani – lange vor Lessings *Nathan* (1779) ebenfalls bei **Wolfram von Eschenbach,** in seinem *Willehalm* (1215/1225), auf Spuren eines solchen. Die in der Mediävistik geführte Debatte um diese Offenheit eines intertextuell mit dem *Rolandslied* verflochtenen Heldenepos ist wohl letztlich unentscheidbar. Gleichwohl scheint sich mittlerweile die Einstellung durchzusetzen, dass trotz der unumstößlichen Gültigkeit der christlichen Werte mit dem ritterlich-christlichen Schonungsgebot ein weiteres Moment der Öffnung gegenüber dem Fremden Einzug hält, gleichsam im (ebenbürtigen) „Kampf der höfisch-ritterlichen Tugenden gegeneinander" (Soltani 2016, S. 107).

Die Kreuzzüge und die arabische Unterwerfung der iberischen Halbinsel sowie die Rückeroberung mit der Vertreibung der Mauren (1492), die sog. **Reconquista,** führten in der literarischen Spiegelung zu einer anderen Form der Auseinandersetzung mit dem Fremden als in der Antike: Verkürzend zusammengefasst sah sich das ‚Abendland' hier mit einem gleichwertigen anderen konfrontiert, dessen Kultur nicht a priori als unterlegen eingestuft werden konnte. Todorov hat in seiner bedeutenden Studie zur Eroberung Amerikas (1985; *La conquête de l'Amérique*, 1982) die Koinzidenz der Vertreibung der Mauren aus Spanien, nach immerhin 750 Jahren islamischen Einflusses (sowie der Juden), und die ‚Entdeckung' Amerikas im Jahr 1492, das gerne als Beginn der Neuzeit gesetzt wird, besonders hervorgehoben. Nicht nur sieht er den spanischen Nationalstaat unter diesen Vorzeichen absoluter Intoleranz entstehen, er versteht auch Kulturabschottung und die Aneignung des Fremden als zwei interdependente komplementäre Vorgänge: „Man kann aber die beiden Handlungen auch als gegenläufig und komplementär betrachten: Durch die eine sondert Spanien das Heterogene aus seinem Körper ab, durch die andere wird es unabänderlich wieder aufgenommen." (ebd., S. 65)

Unternimmt man einen Versuch der Synthese mittelalterlicher und frühneuzeitlicher Einstellungen zum anderen, so ist in Bezug auf den **Orient** von einer Janusköpfigkeit der Wahrnehmung auszugehen; einerseits sind etwa die osmanischen Feinde zwar die „Antithese des Eigenen" (Soltani 2016, S. 171), sie sind aber in ihrer Gegenbildlichkeit auch diejenigen, an denen sich das ‚Abendland', im Falle Spaniens das Habsburgerreich, zu messen hatte. Propagandistische (und militärische) Abwehr stehen in einem auffälligen Wechselverhältnis zur exotistischen Anziehung, wie sie sich etwa in den Kunstprodukten der *turcica* (kunstgewerbliche Produkte, Dekorationsgegenstände) widerspiegeln. Diese Interdependenz zwischen **Abwehr und Faszination** bleibt der durchgängige rote Faden gegenüber dem Orient, so wäre sehr pointiert zusammenzufassen.

In Bezug auf die neu ‚entdeckten' Bewohner/innen der beiden Amerikas und auf die weitgehend im Dunkel des (europäischen) Unwissens bleibenden Afrikaner/innen ist von einem anderen Einstellungsmodus auszugehen. Schon **Kolumbus** hatte auf die Wehrlosigkeit der nackten ‚Indianer' hingewiesen, die sich vorzüglich als Diener eignen würden. Wie er im Bericht der Reise, dem *Diario* oder *Bordbuch*, festhält, lebten diese sanften und schüchternen Menschen waffenlos und ohne Gesetz – sie seien mithin vollkommen wehrlos (Bordbuch, S. 168). Damit bilden sie eine ideale Projektionsfläche für das eigene Gesetz, das dem anderen aufgezwungen wird – auf die genozidalen Ausmaße dieser Überwältigung hat schon **Bartolomé de las Casas** in seinem *Kurzgefaßten Bericht von der Verwüstung der westindischen Länder* (1981; *Brevísima relación de la destrucción de las Indias occidentales*, 1541/42) mit empörtem Nachdruck aufmerksam gemacht. (Zum genaueren Verlauf dieser ‚Kulturbegegnung' siehe Holdenried 2004).

Es war **Montaigne,** der nach ersten Ansätzen einer offeneren Begegnungshaltung schon in den Brasilienberichten von **Jean de Léry** (und stellenweise auch in demjenigen Hans Stadens) in seinen berühmten *Essais* (1580) einen neuen Ton anschlug. In mehreren seiner brillanten Erkundungen, speziell aber in *Des Cannibales (Von den Kannibalen)*, widmet er sich den ‚Wilden'. Seine literarischen Versuche einer vorurteilsfreien Betrachtung sind belehrt durch die Reiseberichte, u. a. denjenigen Lérys, aus denen er schließt, dass ein Europa der Glaubenskriege mit seinen Gräueln sich wohl kaum über kannibalisches Verhalten erheben sollte; und ähnlich wie in *Willehalm* sind es die Tugenden der Tapferkeit und die Liebe, welche den ‚Wilden' in ein egalitäres Vergleichsmodell einrücken und ihn als gar nicht mehr so fremd erscheinen lassen. Mit Montaignes essayistischer Annäherung an die Kannibalen, seiner Verurteilung der Morde am Inkahäuptling Atahualpa Yupanqui, an Moctezuma und der Massaker in Westindien bricht der französische Edelmann einer kulturrelativistischen Anschauung Bahn. Renate Schlesier u. a. haben sogar von einer Ethnologie *avant la lettre* gesprochen (vgl. Schlesier 2000, S. 144). Um 1700 kann sicherlich bei Montaigne, aber auch in Bezug auf wachsendes Wissen über andere Weltregionen (speziell China) von einer Veränderung europäischer Fremdkonzepte ausgegangen werden. In Abhängigkeit von realpolitischen Vorgängen zeigt sich jedoch stets dann, wenn das andere bedrohlich nahe rückt, eine abrufbereite Aktualisierung überkommener Stereotype, etwa derjenigen des grausamen und lasterhaften Orientalen.

5.4 Barock – Aufklärung – Sturm und Drang

Wie viele neuere Studien zur Auseinandersetzung mit dem Orient als dem durch seine geographische Nähe zu Europa besonders interessierenden (und bedrohlichen) anderen betonen, ist dieser zugleich Imaginationsraum (er müsste deshalb im Grunde auch immer in Anführungszeichen gesetzt werden) und Bedrohungsszenario – ein Szenario, das realgeschichtlich Gestalt annahm, als die Türken vor Wien standen (1529 und 1683). Im gleichen Maße, wie die Gefahr zunahm, wuchs auch der literarische Abwehrkampf. In den barocken Türkendramen **Daniel Caspers von Lohenstein,** etwa in *Ibrahim Sultan* (1673), werden die Figuren entlang der bekannten Linien des Despotisch-Unbeherrschten, ja Grausamen gezeichnet. Der Sultan erfährt seine gerechte Strafe, nachdem er geschändet, seine eigenen fünf Kinder bestialisch ermordet und sich in allem als ein nur auf Stillung seiner sexuellen Begierden ausgerichteter, monströser All-Herrscher erwiesen hat. Dass dies als Gegenbild zum Österreich Leopolds gezeichnet war, dem Lohenstein seine Tragödie als Hochzeitsgabe widmete (vgl. Soltani 2016, S. 169), zeigt, dass es hier weniger um realhistorische Referenzen auf den historischen Sultan Ibrahim geht als vielmehr um den ‚propagandistischen' Effekt. Der ‚Türke' ist in allem der Antagonist eines weisen, selbstbeherrschten und wohl auch gütigen Herrschers.

Mit der Schlacht auf dem Kahlenberg im Herbst 1683 wurde die Türkengefahr gebannt, das osmanische Heer vernichtend geschlagen. Die ‚Türkenfurcht' wich in der Folgezeit einer auch durch Gesandtschaften und diplomatischen Austausch beförderten Neugierde auf eine andere Kultur. Aus dem Inneren dieser Kultur berichtete etwa **Lady Mary Wortley Montagu** in ihren (posthum) veröffentlichten Briefen aus Konstantinopel (*The Turkish Embassy letters,* 1763), wo sie als Diplomatengattin weilte. Diesen Reisebriefen war aus verschiedenen Gründen großer Erfolg beschieden; einer davon, und nicht der unwichtigste, war, dass sie als Frau Zugang zu kulturellen Tabuzonen wie dem Frauenbad und dem Harem hatte.

Mit dem sog. **Zweiten Entdeckungszeitalter,** den großen Forschungsexpeditionen des 18. Jahrhunderts, wird zum einen die Erkundung der Welt abgeschlossen und werden zum anderen weitere Weltgegenden in die zeitgenössische Xenologie eingereiht; Tausende von Reisewerken tragen dazu bei (viele davon sind in der größten Bibliothek zur Reiseliteratur in Deutschland, im Schloss Eutin gesammelt, vgl. Griep 1990). Insbesondere **Tahiti** spielt dabei eine herausragende Rolle als Projektionsraum exotischer Fernsucht. **Bougainvilles** *Reise um die Welt* (*Voyage autour du monde par la frégate du roi La Boudeuse et la flûte L'Étoile,* 1771) mit der Beschreibung Tahitis als irdisches Paradies und Diderots ‚*Nachtrag*' (Supplément) dazu zeigen paradigmatisch die hervorstechenden Züge aufklärerischer Reiseliteratur: den Glauben an den ‚Vernunftgebrauch' der menschlichen Spezies in ihrer globalen Ausbreitung, die Verwissenschaftlichung als eine spezifische Ausprägung des lange schon befolgten ‚methodischen' Reisens zum Behufe des Wissenserwerbs. Einerseits ist mit dieser Rationalisierung das Verschwinden der Monster, von *curiosa* und *mirabilia* verbunden, andererseits kommen neue Vorurteilsstrukturen auf, wie die von der besonderen Sinnlichkeit der Schwarzen (etwa bei Herder). Konterkariert werden sie sogleich von sozialkritischen oder kulturrelativistischen Tendenzen der Reiseberichte selbst oder deren Rezeption. Das Exotistische jedweder Reiseliteratur, sei sie globaler oder lokaler/nationaler Provenienz, zeigt sich ebenfalls in beiden Beispielen sehr deutlich.

Dieses *Supplément au voyage de Bougainville* (1796) von **Denis Diderot** (geschrieben 1773/74) gilt in der Forschung als schärfster Angriff auf den europäischen Kolonialismus. Der ‚*Nachtrag*' dürfte indes weniger unter einer ‚Entlarvungsperspektive' gegenüber dem europäischen Kolonialismus zu lesen sein denn als Versuch über die Nichtübersetzbarkeit kultureller Erfahrung. Diderot zeichnet in der Struktur seines Textes das Verschwinden der exotischen Stimmen aus dem europäischen Text nach, der schließlich, als referenzlose Verkehrung und Rückwendung der Perspektive auf Europa, zum bloßen Monolog ohne Widerhall wird. Was der tahitianische Greis den Europäern vorwirft, deren Maßlosigkeit und Begierde nach Besitz, klingt dem fiktiven Gesprächspartner der Rahmenhandlung, einem Europäer, selbst verdächtig ‚europäisch' – eine weitere kulturkritische Volte der Selbstaufklärung (zum Text genauer s. Holdenried 2004, S. 214–219).

Um 1800 entstehen auch diejenigen Wissenschaftsdisziplinen, die sich in besonderer Weise anderen Kulturen zuwenden, die Ethnologie und die Völkerkunde/Anthropologie. Es ist kein Zufall, dass in diesem Zeitalter der Entstehung und Durchführung großer enzyklopädischer Unternehmungen die Reiseberichte in besonderer Weise als Wissensquellen genutzt werden und wiederum in die fiktionale Literatur Eingang finden. ‚Entdecker' sind selbst Autoren – in diesem Fall ist die männliche Form angebracht, denn nur sehr vereinzelt brachen auch Frauen zu Forschungsreisen auf, so etwa **Maria Sibylla Merian** nach Surinam, exakt ein Jahrhundert vor Humboldt, wobei sie leider kein systematisches Werk, sondern nur Bruchstücke eines solchen hinterließ. **Georg Forster** und **Alexander von Humboldt** trugen nicht zuletzt mit ihren umfassenden und stilsicheren Reiseberichten auch zur literarischen Rezeption ihrer reisenden Anthropologie bei.

5.4 Barock – Aufklärung – Sturm und Drang

In seiner als ‚philosophischer Reisebericht' titulierten Beschreibung der zweiten Weltumsegelung James Cooks, an der **Forster** als sehr junger Mann teilnahm, sind die Umrisse einer neuen Anthropologie zu erkennen. Wie die Aufklärung allgemein geht auch Forster von einer Stufenfolge der Entwicklung aus, deren höchstes Ziel die *perfectibilité,* die Selbstvervollkommnung, ist. Sie reicht bei ihm von den in seinen Augen ‚elenden' Feuerländern über die Bewohner/innen der Marquesas bis hin zu den Tahitianer/innen. Zwar geht Forster, wie auch Herder u. a., von einer natürlichen Gleichheit der Anlagen aus, doch sind diese ungleichzeitig entwickelt – die teleologische Linie führt auch bei ihm hin zum Europäer als Maßstab. Forster gehört aber sicherlich zu den am meisten selbstreflexiven, den eigenen Beobachterstandpunkt offenlegenden Aufklärern. Seine Darlegungen hat er stets unter Irrtumsvorbehalt gestellt, seine Markierungen weisen ausdrücklich auf das Flüchtige der ‚Begegnungen' hin. Kulturrelativistische Anmerkungen zeigen grosso modo, dass selbst die durchaus feststellbare aufklärerische Teleologie hin zum Europäer mit Vorbehalt betrachtet werden sollte: „Indessen sind die Vorstellungen, die man sich von Glückseligkeit macht, bey unterschiednen Völkern eben so sehr verschieden, als die Grundsätze, Cultur und Sitten derselben […]" (Forster: Reise um die Welt, S. 599).

Die historisch betrachtet größte individuell ausgestattete und finanzierte Forschungsreise, **Alexander von Humboldts** fünfjährige ‚zweite' friedliche Entdeckung Lateinamerikas in den Jahren 1799 bis 1804, steht im Spagat zwischen aufklärerischen Impulsen einerseits und der bereits romantischen Idee einer ganzheitlichen subjektiven Naturauffassung andererseits. Humboldts Unternehmen, dem 18. Jahrhundert und seinem Forschungsethos verpflichtet, stellt damit den letzten synthetisierenden Ansatz der im ‚langen' 19. Jahrhundert in Spezialdisziplinen auseinanderfallenden Wissensbereiche dar und zeigt, dass auch als alles bereits entdeckt schien, noch ganze Kontinente ihrer genauen mentalen, ethnologischen, geologischen, anthropologischen, botanischen, zoologischen und ästhetischen Kartographierung harrten. Wenn von **Mary Louise Pratt** heftige Kritik daran geübt wurde, dass in Humboldts Beschreibung der indigene Bewohner der ‚Neuen Welt' nicht vorkomme, so muss dies als extreme Verkürzung gelten. Vielmehr handelt es sich bei Humboldts Fokussierungen auf die anderen um eine Art ironisch aufgeklärte Ethnologie, mit welcher tatsächlich einige sehr unaufgeklärte Stereotypen vermengt bleiben. So wird das Credo „Unter allem Umstand kann Vernunft durch Vernunft aufgeklärt werden" (Humboldt: Die Wiederentdeckung der Neuen Welt, S. 109) zwar beibehalten, die Entwicklungslinie deutet aber immer gen Europa (zur Auseinandersetzung mit Humboldts Anthropologie s. Holdenried 2004, S. 245 ff.). Fest steht aber auch, so rückt der ausgewiesene Humboldt-Kenner Oliver Lubrich Pratts Kritik zurecht, dass diese sehr selektiv von einer ausgesprochen dünnen Materiallage ausging. So betont Lubrich als Gegenposition Humboldts Versuch einer Ausbalancierung: „Es [ein Selbstporträt als Illustration des Reisewerks, M. H.] zeigt Humboldts unweigerliche Verwicklung in die kolonialen Bedingungen des Reisens – aber zugleich seinen Versuch, sich von ihnen zu distanzieren und auf sie aufmerksam zu machen." (Lubrich 2021, S. 57–72)

Die Themen der Literatur in **Spätaufklärung** und im **Sturm und Drang** kreisen vielfach um die mit den ‚Neuentdeckungen' zugleich verhandelten Fragen nach einer universalen Menschheitsgeschichte und damit verbunden nach kulturellen und Machtasymmetrien sowie um die Frage nach der Rechtmäßigkeit des ‚Negerhandelns'. Virulent sind (politische) Forderungen des Abolitionismus, der Abschaffung der Sklaverei. In den Blick kommen zudem die Folgen der kolonialen Unternehmungen, etwa in der Ballade von *Inkle und Yariko* von Christian Fürchtegott Gellert (1746) sowie in weiteren Adaptionen des Stoffes.

Gegenüber den aussterbenden *curiosa* begibt sich der ‚Wissenschaftstourismus' auf die Suche nach real existierenden Wundervölkern wie den afrikanischen Foleys oder Fulis, von denen **Johann Gottfried Herder** mitzuteilen wusste, sie seien klein, behände, lebten „nach einigen Beschreibungen in Freude, Tanz und in der glücklichsten Ordnung", besäßen einen schönen Körper und seien überhaupt „Bilder der Schönheit" gegenüber den hässlichen ‚Negervölkern' (zit. n. Holdenried 2004, S. 205). Wo die Aufklärung an ihre Grenzen stößt, erscheinen die Konturen des ‚Unedlen Wilden'. Es sind insbesondere die Anthropophagie und die vermeintlich absolute Hässlichkeit des ‚Negers', die zu Prüfsteinen des aufklärerischen Humanismus werden. Was lag schließlich näher, als legitimiert durch die pseudowissenschaftliche Physiognomik **Johann Caspar Lavaters** dem Schwarzen den Affen gleichsam an die Seite zu stellen (vgl. Lavater 1984, S. 323)? Herders scheinbar so vernünftige anthropologische Argumente entpuppen sich denn auch als eine Art ‚paternalistischer' Rassismus, obgleich er ein erklärter Gegner Lavaters war. Während paradoxerweise der Fremde den französischen Aufklärern gerade durch die kolonialistische Erfahrung näher rückt, Reiseberichte entsprechendes empirisches Material liefern, bleibt er für die ‚kolonienlose' deutsche Aufklärung ein Abstraktum, das man nur in vermittelter Form kennenzulernen vermag. Wo aber die ‚Naturgeschichte der Menschheit' von einer Ethnologie aus zweiter Hand borgen muss, zeitigt dies die entsprechenden negativen Folgen.

Einigermaßen abstrakt, ja lehrstückhaft mutet denn auch *das* aufklärerische Werk an, das wie kaum ein anderes den Toleranzgedanken zwischen den Religionen formuliert, **Gotthold Ephraim Lessings** „dramatisches Gedicht" **Nathan der Weise** (1779). Im Kern geht es in diesem schon in seiner Entstehungsgeschichte ausgesprochen vielschichtigen Drama um die Unentscheidbarkeit der Frage nach der ‚richtigen', also der ‚wahren' Religion. Die Ringparabel, eine Wanderfabel in verschiedenen Werken (Lessing kannte sie aus Boccaccios *Decamerone*, 1348–1353), wird hier zum Gleichnis für die Gleichwertigkeit der drei im Stück vorkommenden (Offenbarungs-)Religionen: das Judentum, der Islam und das Christentum. Da der richtige Ring nicht mehr identifizierbar ist, so das „Märchen", mit dem der Jude Nathan den Sultan ‚abzuspeisen' (Lessing: Nathan, S. 557) gedenkt, als dieser von ihm eine Antwort auf die Religionsfrage begehrt, kann allein wohltätiges Handeln zum Vergleichsmaßstab werden. Glaubensfragen können nicht, so die tiefste Überzeugung Nathans, der in einem antijüdischen Pogrom seine Kinder verlor, nach den Buchstaben der Glaubenslehren entschieden werden, sondern einzig im Streben nach Humanität. Weder

Lessings Jude Nathan noch der Muselman Sultan Saladin entsprechen den Stereotypen orientalistischer und antijüdischer Darstellungen: Der Sultan ist kein grausamer Despot und der Jude kein geldgieriger Wucherer – Lessing, befreundet mit Moses Mendelssohn, „verlangt die Anerkennung der Juden als gleichwertiger Mitglieder der Gesellschaft" (Barner 1987, S. 317). Das Plädoyer Nathans (wie Lessings, der selbst zuvor in heftigste Fehden mit dem Pastor Goeze verstrickt war) zielt auf eine umfassende Toleranz zwischen den Religionen, ungeachtet ihrer Glaubenssätze. Dass es gerade der christliche Tempelherr ist, der besonders dogmatisch erscheint, ist zumindest bemerkenswert – auch und vielleicht gerade, wenn er sich im Verlauf der Handlung als hybride Figur zwischen den Religionen erweist. Das utopische Moment des Dramas ist nur durch sehr umwegige, fast barocke Verschlingungen der Verwandtschaftsverhältnisse möglich: Außer Nathan sind alle Figuren miteinander verwandt – ein Symbol der (nach tiefen Fehden schließlich versöhnten) Menschheitsfamilie.

Der Frage nach dem Menschheitsursprung und seinen Verzweigungen spürt das 18. Jahrhundert in vielen Beiträgen zu einer Geschichte der Menschheit nach. Auch **Christoph Martin Wieland** hat – neben Herder u. a. – mit seinen *Beyträgen zur Geheimen Geschichte des menschlichen Verstandes und Herzens* (1770/1795) eine solche anthropologische Rekonstruktion unternommen. Wieland kann als *armchair traveller* gelten, dem aber doch in seiner Studierstube, wie Menhennet beziffert, über 130 geographische Werke und Reisebeschreibungen zur Verfügung standen (vgl. Menhennet 1984). In seiner Rezension zu Forsters Weltreisebericht hebt Wieland hervor, wie nützlich solche Beschreibungen für „künftige Mahler und Dichter" (*Teutscher Merkur* 23 [1778], S. 148 f., vgl. Angabe in Holdenried, in Hermes 2014) seien. Seine eigenen ‚ethnographischen Allegorien', **Koxkox und Kikequetzel** sowie **Reise des Priesters Abulfauaris ins innere Afrika** sind in besonderer Weise in diese *Beyträge zur Geheimen Geschichte des menschlichen Verstandes und Herzens* (1770/1795) eingebettet. Wissen, ironische Reflexion und allegorische Ausgestaltung in seinem „mexikanischen Märchen" sowie in seiner ‚afrikanischen' Fabel weisen die Bekanntheit mit dem anderen als wichtigem Motor der (kollektiven) Selbstbetrachtung aus. Schon der Titel seiner *Beyträge* lässt jedoch erkennen, dass es Wieland nicht (nur) um phantasmatische Verkleidung in orientalische oder südamerikanische Gewänder ging. Vielmehr kann er auch mit seinen orientalisierenden Werken (etwa mit dem ‚Heldengedicht' **Oberon,** 1780) als gelehrter Autor gelten, welcher mit der Integration zeitgenössischen Wissens in seine märchenhaft-allegorischen Erzählungen in tiefere Schichten vorzudringen wusste – solche, die in der beginnenden ‚Psychologie' in exemplarischen Fallsammlungen, der sog. Erfahrungsseelenkunde Karl Philipp Moritz', erst skizzenhafte Konturen anzunehmen begann. Anders als in vielen Beiträgen zu einer Geschichte der Anthropologie zielten Wielands *Beyträge* also auf das Unbewusste, auf Schichten des Unzugänglichen in einer ‚Psychologie' des ganzen Menschen (vgl. Hermes/Kaufmann 2014) und nicht in erster Linie auf eine vergleichende Völkerkunde, wie sie zu jener Zeit entstand (zur Geschichte der Völkerkunde vgl. Mühlmann 1986).

Auch vermeintlich gut erschlossene Epochen wie der **Sturm und Drang** erhalten von einer interkulturell ausgerichteten Literaturgeschichtsschreibung neue Impulse. So kann Stefan Hermes in einer neuen Studie zum Drama als der Leitgattung des Sturm und Drang mit einem dezidiert anders gesetzten Fokus zeigen, dass in diesem nicht nur mit einiger Vehemenz der Diskurs über europäische Nationalcharaktere geführt wurde, sondern dass insbesondere das xenologische Wissen sich als Motiv- und Toposreservoir gattungskonstitutiv niederschlug. Nicht nur die Nationalstereotype (neben denen zu Deutschen und Franzosen auch die zu Spaniern und Engländern) werden, so Hermes' Fazit, subvertiert, auch die Wissensbestände völkerkundlicher Art unterlaufen die oftmals nur als Klischees vorhandenen Vorstellungen vom Fremden. Das geschieht sowohl durch den „recht freien, mitunter spielerischen Umgang mit den Axiomen und Kenntnissen der zeitgenössischen völkerkundlichen Anthropologie" (Hermes 2021, S. 571), also den Wissens*inhalten* nach, als auch auf formaler Ebene. Auf dieser kämen „Strategien zum Einsatz [...], die jeglichen Homogenitäts- bzw. Reinheitspostulaten zuwiderlaufen" (ebd., S. 570). Insgesamt werde so im Drama des Sturm und Drang – dessen gesellschaftskritische Stoßrichtung ja immer schon im Mittelpunkt vieler Studien stand – gerade durch den Reflex auf den anderen die eigene Gesellschaft auf ihre moralischen und politischen Konstituenten hin überprüft. Dies geschieht schon im Hinblick auf den ‚internen' anderen, die Sonderstellung marginaler Gruppen wie der Juden und der ‚Zigeuner' (s. hierzu auch Abschn. 5.6.3).

In **Friedrich Schillers** *Die Räuber* (1781), über deren Zugehörigkeit zur Epoche lange gestritten wurde, erhält der vermeintliche Jude Spiegelberg einen irritierend anderen Zuschnitt, als es die gewohnten Klischees zulassen. Klassifikatorische Merkmale, die bekannten Stereotypen ‚des' Jüdischen werden ihm zwar zugeschrieben, aber nirgendwo wird er tatsächlich als Jude benannt. Mehr noch als die bloße Umkehr vorhandener Stereotypen in ihr Gegenteil – wie bei Lessings gütigem Juden Nathan – ist hier die Figur auseinandergelegt in disparate Momente (und dies liegt nicht allein an der vorausgesetzten kriminellen Devianz der Räuber). Anders bei **Johann Wolfgang Goethes** *Götz von Berlichingen* (1773), der als Initiationstext des Sturm und Drang gelten kann. In der Kontrastierung der beiden frühesten Fassungen (*Geschichte Gottfriedens von Berlichingen mit der eisernen Hand, dramatisiert,* 1771, dem sog. Ur-Götz, und der Druckfassung *Götz von Berlichingen,* 1773) wird erkennbar, so Hermes, wie sich die Parameter Goethes von einem „komplexe[n] völkerkundlich-anthropologische[n] Porträt" der ‚Zigeuner'-Bande zu „einer schier vernichtenden soziographischen Darstellung" verschieben (ebd., S. 526). Aus den gleichsam ‚Edlen Wilden' des Ur-Götz werden die ‚Zigeuner' zu bloßen kriminellen Subjekten.

In Bezug auf den Orient (und den Mauren/‚Mohren') werden im Sturm und Drang-Drama Figuren mit einem individualistischeren Zuschnitt versehen, der auch Raum für biographisch Lebensgeschichtliches lässt und damit Ansätze für Erklärungen bestimmter Verhaltensweisen jenseits des Stereotypen liefert. So wird etwa der intrigante ‚Mohr' Muley Hassan in Schillers *Verschwörung des Fiesko zu Genua* (1783) auch als „Opfer protorassistischer Exklusionsmechanismen" (ebd., S. 527) erkennbar. Generell wird der Orient nicht mehr als das vollkommen Entgegengesetzte auf die Bühne gebracht, sondern häufig als Spiegelungsfolie europäischer Zustände eingesetzt (und damit ähnlich funktionalisiert wie in Diderots *Nachtrag* die Tahitianer, welche Gegenrede zur europäischen Sicht der Kolonialisierung halten). Auch wenn, so das Schlussfazit dieser umfassenden Studie zur Zeit vor 1800 (und damit dem Beginn der wissenschaftlichen völkerkundlichen Ethnologie/Anthropologie), die Stürmer und Dränger nicht immer der stereotypen Darstellung entraten konnten, so sei doch ein **Bemühen um Differenzierung und Individualisierung** erkennbar und damit ein weiteres Korrektiv zur Aufklärung gegeben.

5.5 Goethes Annäherung an den Orient: *Der West-östliche Divan* (1819)

In umfassender Weise hat sich Goethe mit fremden Kulturen auseinandergesetzt. Schon seine Exkursionen in das Frankfurter Stetl, eine No-go-Area der damaligen Zeit, und sein Hebräisch-Unterricht zeugen von frühem Interesse auch am Außereuropäischen. Sein Ur-Götz, wie oben beschrieben, lässt viel von der projektiven Energie erkennen, mit der sich der Sturm und Drang dem Fremden zuwenden konnte. Die werkgeschichtliche Phase, zu welcher die umfassendste Gedichtsammlung Goethes, sein *West-östlicher Divan,* zählt, ist vielfach als „‚gegenklassische Wendung'" (Bosse 2005, S. 233) etikettiert worden; es ist sicher nicht verkehrt, diese Wendung mit einer Öffnung zu anderen Kulturen als der griechisch-römischen in Verbindung zu sehen. Die nicht systematisierten Überlegungen zu einer (ursprünglich auf Herder zurückgehenden) Idee der Weltliteratur als einem globalen Austausch unter Autor/innen zählen ebenfalls zu dieser ‚Wendezeit' (s. Abschn. 3.5). Anke Bosse will – wie viele andere Forscher/innen auch – in den 241 Gedichten des *Divan* ein gewissermaßen vorweggenommenes „Gegenmodell" zu Kulturkampfthesen vom Schlage Huntingtons sehen (ebd., S. 232). Stets wird der produktive Aneignungscharakter des langjährigen Unternehmens hervorgehoben, welches für den berühmten Dichter auch eine Fluchtmöglichkeit aus den als bedrängend empfundenen Zeitgeschehnissen (Napoleonische Kriege u. a.) darbot. In der Forschung werden verschiedene Facetten dieser ‚Flucht' – einer Flucht, wie sie realbiographisch nur in der Reise nach Italien praktiziert wurde, deren Bearbeitung dem *Divan* vorausging – beleuchtet: Zum einen sehen manche auch hier wieder nur eine weitere Stufe der Selbstverständigung, verbunden mit der nostrifizierenden Aneignung eines zum ‚Zwillingsbruder' stilisierten orientalischen, genauer persischen Gegenübers, des Dichters Hafis. Zu dieser Lesart passt durchaus, dass der alte Goethe im Gespräch mit Eckermann 1827 seine *Divan*-Gedichte als „abgestreifte Schlangenhaut" (Goethe zit. n. Eckermann, SW XII [39], S. 197) verbildlichte, die nichts mehr mit ihm zu tun hätte.

Der **Inhalt der zwölf Bücher** umfasst Themengebiete wie die Flucht in eine andere Weltsphäre (und Zeitebene): in den „reinen Osten", wie es im Eröffnungsgedicht *Hegire* heißt (Goethe SW III/1, S. 304). Liebe und Krieg werden eigene Bücher gewidmet und schließlich findet die Gesprächsdichtung im lyrischen Rollenspiel eines Liebespaares, Hatem und Suleika, ihren Ausdruck; dass es einen amourösen Hintergrund für dieses Buch gibt, ist nicht nur biographisch von Belang, sondern spielt auch für die Frage der Autorschaft eine Rolle. Die angebetete Marianne von Willemer hat nämlich selbst Gedichte zum *Divan* beigesteuert (vgl. Bhatti 2008, S. 9, der deshalb auch von einem „offene[n] Werk" spricht). Weingenuss spielt im *Schenkenbuch* eine für den orthodoxen Islam blasphemisch anmutende Rolle. Die letzten drei Bücher schließlich sind religiösen Fragen gewidmet. Mit diesen knappen Hinweisen kann der komplexe Gehalt des *Divan* nur angerissen werden. Festzuhalten bleibt, dass schon die zeitgenössische Rezeption eher verhalten bis irritiert ob des Status der Dichtung war. Zu sehr schienen die Bücher Nachahmung orientalischer Dichtung zu sein, um den Eigenwert in ihnen zu erkennen. Polaschegg spricht deshalb auch von Goethes „performative[r] Morphologie" (Polaschegg 2005, S. 397).

Bis in die neueste Zeit beschäftigt das Werk die Forschung auch im Hinblick auf die **Frage nach seinem orientalistischen Gehalt,** was durch die Thesen Saids – welche allerdings Goethe ja ausdrücklich ausnahmen – neue Nahrung erhielt. Während die *Divan*-Kennerin Bosse gerade keine orientalisierende Aneignung sehen will und den *Noten und Abhandlungen zu besserem Verständnis des West-östlichen Divans* (kurz *Noten und Abhandlungen*) die Funktion eines „abwägende[n] Relativismus" (Bosse 2005, S. 242) gegenüber dem spielerisch-imaginären Lyrikteil zuordnet, wird demgegenüber vielfach doch kritisch von einer bloß imaginären Flucht in einen (in seiner Vergangenheit) festgeschriebenen, dementsprechend ‚unwandelbaren' Orient ausgegangen. Gegenüber dieser Anwendung des Said'schen Orientalismus-Verdachts auch auf Goethe hat Bosse in ihren Studien die unglaubliche Akribie Goethes bei der Vertiefung in ‚den' Orient in Stellung gebracht und so dessen Charakter als kulturelles Verständigungsmodell verteidigt. Bis hin zu arabischen Schreibübungen habe Goethe sich dem islamisch-arabischen Raum mimetisch angenähert (vgl. ebd., S. 234 f.). Dass es Goethe um weit mehr als eine Darstellung *à la mode* ging, zeigten schon – so Bosse – die *Noten und Abhandlungen.* Obgleich ihr sicher beizupflichten ist, dass Goethe sich selbst als eklektizistisch verfahrenden Laien sah (vgl. ebd., S. 243), ist seine Auseinandersetzung mit der zeitgenössischen Orientalistik so intensiv, dass für die *Noten* durchaus von einem „orientkundlichen Kommentar" (Polaschegg 2005, S. 396) gesprochen werden kann – was indessen etwas anderes ist als oberflächlich orientalisierende Verfahren. Dass ihn überhaupt ein Orientalist, Joseph von Hammer-Purgstall, mit seinen Hafis-Übersetzungen auf die imaginäre Morgenlandfahrt gehen ließ, diese Ursprungsthese fehlt in keiner Untersuchung zum *Divan.*

Konträr stehen sich die Forschungsmeinungen auch bezüglich der „philo-ethnologischen Akkulturation" (ebd., S. 396) gegenüber; Bhatti sieht aufgrund des Zeitsprungs gerade keine solche „ethnographische Haltung" (Bhatti 2008, S. 15) vorliegen. Möglicherweise sind solche Fragen unentscheidbar. Festzuhalten ist jedoch, dass Goethe mit seinem orientalischen Projekt wohl erstmals das **Prinzip der gegengleichen Ähnlichkeit** in einem Maße betont hat, das den (auch zeitlich fernen) „Zwillingsbruder" Hafis – „und so gleich ich dir vollkommen" (Goethe: West-östlicher Divan, S. 320) heißt es in *Beyname* – in einen gemeinsamen Horizont eingerückt hat. Auch deshalb kann man wohl Bhattis Argumentation folgen, welche im *Divan* eine postkoloniale Haltung vorwegnommen sieht, ein produktives Oszillieren zwischen den Welten gerade zu einer Zeit, als sich der europäische Kolonialismus die Welt untertan machte. Nicht von der Hand zu weisen ist, wie immer wieder betont wird, dass dieses Großprojekt auch Grenzen hatte: Nicht nur Polaschegg sieht im *Divan* „einen ästhetisch-weltanschaulichen Kampf gegen […] Friedrich Schlegel" (Polaschegg 2005, S. 397) und den auf Indien gerichteten Romantizismus. Die indische Götterwelt musste Goethe ablehnen, zu grotesk schienen dem an klassischem Maß orientierten Dichter die mythologischen Schöpfungen *dieses* Orients.

In Goethes *West-östlichem Divan* ist ein bis heute ernst zu nehmendes **Projekt interkulturellen Verstehens** zu erkennen. Dass dies viele Fragen auch der postkolonialen Zeit berührt, sollte auf dem Hintergrund von Konzepten wie einer *entangled history* als Transfergeschichte globalen Ausmaßes (z. B. in Bezug auf Zucker, aber auch auf den Sklavenhandel) nicht sehr verwundern. Goethe hat mit seiner Auffassung verflochtener Literaturen ein solches transkulturelles Moment bewusst befördert. Ob es nun also tatsächlich „Goethe in interkultureller Perspektive […] strenggenommen nicht" gibt (Blessin 2000, S. 70), weil es bei diesem lediglich um ‚Einfluss', nicht um die Eigenwertigkeit fremder Kulturen gegangen sei, oder ob wir demgegenüber mit Kreutzer von einer „ungleichzeitig präkoloniale[n] Perspektive" (Kreutzer 2005, S. 259) sprechen wollen, muss vielleicht gar nicht *sensu strictu* entschieden werden. Für neuere, weniger antinomische Auffassungen interkulturellen Transfers wie die der Ähnlichkeit dürfte der *West-östliche Divan* jedenfalls noch lange nicht ausgeschöpft sein.

5.6 Romantik und romantische Begeisterung für die Ferne

Wie der Sturm und Drang sich schon gegen manche rationalen Verengungen der Aufklärung gewendet hatte, so kann auch die in ihren Anfängen zeitgleich mit der Klassik entstehende Romantik noch als Gegenbewegung gesehen werden. Früh- und Spätromantik unterscheiden sich ebenso erheblich wie ihre einzelnen Vertreter/innen: Zwischen Novalis und Jean Paul etwa liegen Welten und die großen Solitäre wie Heine, aber auch Kleist (oder gar Hölderlin) bilden je eigene Kapitel innerhalb der Groß-Epoche Romantik. Zwar ist demnach die Romantik keine in sich homogene Epoche, dennoch kann als allgemeiner Gegensatz zu den Vorläufern im Sturm und Drang auf den romantischen Eskapismus in zeitlicher

(Mittelalter) und räumlicher Hinsicht (Orient, insbesondere Indien) verwiesen werden.

Das Denken in Analogien, wie es die Romantik in ihrer Projektion der eigenen Fernsehnsucht auf das Mittelalter oder ferne Weltgegenden praktiziert, ist etwas anderes als die Goethe'sche Mimesis an den Orient. Während Goethe sich nur einem Teil des Orients anzugleichen vermochte, die indische Götterwelt wegen ihres Wucherns ins allzu Phantastische aber ablehnte – wohl sei Friedrich Schlegels Blick nach Indien verführerisch, aber die „leidigen, hochmütig-häßlichen Frömmlinge[] so wie ihre[] vielköpfig-vielarmigen Götter[]" (FA II, 10, S. 542) erregten sein äußerstes Missfallen (ebenso übrigens wie die allzu verschlungene, ja schiefe arabische Metaphorik) –, ist Indien dennoch auch bei Goethe nicht gänzlich abwesend. Bhatti betont, dass Indien gar die „Rolle eines Subtextes" (Bhatti 2009, S. 126) spiele – und mit den sonst sehr kritisch beäugten Romantikern war sich Goethe darin einig, dass das Sanskrit und die Poesie Indiens – vielleicht ähnlich wie der ‚reine Osten' – ein utopisches Heil in sich berge.

5.6.1 Indien als Wunsch- und Wissensziel

Tatsächlich geht der Weg der romantischen Sehnsucht nicht nur nach innen, wie es Novalis in seinem im Mittelalter spielenden *Heinrich von Ofterdingen* (1802) verkündet, sondern in lange schon ersehnte Fernen. Eine ganz besondere Rolle spielt dabei Indien, das vor allem im Wirken der Brüder Schlegel eine zentrale Stellung einnahm.

Indien galt schon im Mittelalter als irdisches Paradies, als Wiege der Menschheit. Marco Polo trug mit seinen kurzen Streiflichtern auf Indien – seine Reise führte ja nach China – zur Befestigung dieser Vorstellungen bei. Kaufleute, Seereisende, Missionare und bald auch Forscher richteten ihre Interessen aus unterschiedlichen Gründen auf die ferne Region: So lockten Gewürze, Spezereien und andere Schätze, ferner sollte dort missioniert werden. Seit Vasco da Gama 1497/98 den Seeweg nach Indien gefunden hatte, waren ein unmittelbarer Kontakt und die empirische, auf Augenschein gründende Begegnung mit einem Märchenland möglich. Noch lange allerdings halten sich neben den **autoptischen Berichten,** etwa der Gesandten des Handelshauses Welser (Anfang des 16. Jahrhunderts) oder den Missionsberichten (Abraham Rogers *Offne Thür,* 1663; Johann E. Gründler/ Bartholomäus Ziegenbalgs *Malabarische Korrespondenz,* 1714–1717), selbst in den humanistischen Kosmographien des 16. Jahrhunderts eher wundersame Elemente der Beschreibung. Mit der empirischen Reiseliteratur entstehen zugleich auch **romanhafte Bearbeitungen des Indienstoffes,** etwa Heinrich Anselm von Zigler und Kliphausens *Asiatische Banise* (1689), welche zwar Faktenwissen (aus Erasmus Franciscis *Ost- und Westindischer, wie auch Sinesischer Lust- und Staatsgarten,* 1668) aufnehmen, aber doch schon im Rahmen des höfisch-heroischen Genre-Skripts am Prächtig-Märchenhaften des Ostens (‚Hinterindiens') festhalten. Reisebeschreibungen von Johann Albrecht von Mandelslo über Carsten Niebuhr bis Joseph Tiefenthaler verbreitern die Wissensgrundlagen, auch wenn ihre Empirizität weiterhin in Konkurrenz zum Märchenhaften stehen wird.

Die Indienbegeisterung der Romantik ist vor diesem knapp skizzierten Hintergrund zu verstehen. Im Grunde werden auch in den romantischen Ausblicken nach Indien die **zwei Rezeptionslinien** weitergeführt: einerseits die utopische, in der Indien nicht nur Flucht- und poetischer Sehnsuchtsort bleibt, ja zum **Synonym für die erhoffte Poetisierung der Welt** wird – „Im Orient müssen wir das höchste Romantische suchen" (F. Schlegel: Gespräch über die Poesie, KFSA, Bd. 2, S. 320) –, und andererseits eine auf **Wissenszuwachs über das ferne Land** gerichtete. Übersetzungen wie die *Sakuntala*-Übersetzung Georg Forsters (1790/91), der das altindische Schauspiel *Calidas* (eine ausschnitthafte Dramatisierung aus dem Epos *Mahabharata*) aus der englischen Übersetzung William Jones' ins Deutsche übertrug, beförderten maßgeblich das Interesse an indischer Literatur. Ähnlich wie später Goethe mit den *Noten und Abhandlungen* (der die Übersetzung schätzte und auf sie im *Vorspiel* des *Faust* referiert) lag auch Forster sehr an einer Verständnishilfe, sodass er ein enorm umfangreiches Glossar anfügte.

War die Klassik ganz auf die griechische Antike und deren ästhetische Maßstäbe ausgerichtet, so wuchs mit solchen Übersetzungen allgemein das Interesse an nicht abendländischer Kultur, Religion und Philosophie. Neben Persien war es Indien, das **Herder** stark beschäftigte und Stoff für viele Schriften bot; die bekanntesten sind die *Gedanken einiger Bramanen* in seinen *Zerstreuten Blättern IV* (1792), *Organisation des Erdstriches schöngebildeter Völker* (1785) und *Indostan* (1787), beides Bestandteile seiner *Ideen zur Philosophie der Geschichte der Menschheit*. Er kann daher als ein **Wegbereiter der Indomanie** gelten. Für Herders Indien spielen die Sanftheit und Toleranz gegenüber anderen Religionen sowie die Mäßigkeit eine große Rolle (vgl. Frank 2009); damit ruft er ein Gegenmodell zur Graecomanie auf und sorgt bspw. mit eigenen Übersetzungen für die Rezeption des philosophischen Epos *Bhagavad Gita*. Herder geht sogar so weit, Indien als „das dreifache Griechenland in Asien" zu stilisieren (Herder: Ideen zur Philosophie der Geschichte der Menschheit, S. 226). Ausgenommen von seiner Eloge werden das Kastensystem und die Witwenverbrennung – beides Stachel im Fleisch der Indophilie auch anderer Autoren. Die Kritik Herders am kolonialen Zerstörungswerk (auch der Missionierung, vgl. seine *Gespräche über die Bekehrung der Indier durch unsere europäischen Christen*, 1802) wird in der Romantik jedoch nicht programmatisch fortgesetzt.

Was weiterwirkt, sind indes Paradigmen wie dasjenige der **indischen Vorbildung einer vervollkommneten Menschheit** – wenngleich auch nur „in Kinderproben" (Herder: Ideen zur Philosophie der Geschichte der Menschheit, S. 228) und der Ursprungsprojektion. Insbesondere die **Suche nach dem Ursprung der Sprachen** führte wiederum nach Indien, zum Sanskrit. Die beiden Brüder Schlegel studierten Sanskrit in Paris. Weit mehr als nur eine Sprache sah Friedrich Schlegel im Sanskrit „die Quelle aller Sprachen, aller Gedanken u [sic] Gedichte des menschlichen Geistes" (F. Schlegel: Brief an Ludwig Tieck,

15.9.1803, S. 130). Mit den beiden Schlegel beginnt die **Verwissenschaftlichung des Indienbildes.** Hatte Friedrich Schlegel durch seine Übersetzungen von Textsammlungen direkt aus dem Sanskrit den Weg bereits geebnet, sich anhand der Textquellen mit Indien auseinanderzusetzen, so wurde sein Bruder August Wilhelm 1818 auf den ersten Lehrstuhl für Indologie in Bonn berufen, wo er sich maßgeblich für eine möglichst originalgetreue, unvoreingenommene Übersetzungstätigkeit einsetzte.

Noch bevor die globalen Reiseströme mehr und mehr touristisches Gepräge annahmen, segelte der romantische Dichter **Adelbert von Chamisso,** ein adliger Flüchtling aus Frankreich, als Botaniker der Romanzoffischen Expedition, der sog. Rurik-Expedition, um die Welt (1815–1818). Mit seiner *Reise um die Welt* (1836) vollzog er das, was vielen Romantikern nur gedanklich möglich war, wovon sie aber auch literarischen Gebrauch machen konnten. Mit den Entdeckungsfahrten und der ‚Vermessung der Welt' – Chamisso etwa kartierte weite Teile der Küste Alaskas – vergrößerte sich auch das kulturelle Wissen von anderen Völkern (etwa der ‚Eskimos' und Aleuten in Chamissos Darstellung). 1869 wurde schließlich mit der Öffnung des Suezkanals das Reisen nach Indien erleichtert; mit der Folge, dass es bis zur Jahrhundertwende 1900 bereits mehrere große Reisewellen gab. Indien wurde nun auch touristisch, nicht nur akademisch erschlossen und spielte neben Ägypten auch für das lange 19. Jahrhundert weiterhin eine entscheidende Rolle.

Dass es eine **reziproke Beziehung zwischen Indien und Deutschland** gab, sei abschließend zu diesem exkursorischen Überblick noch festgehalten. Anandita Sharma zeigt in einem Beitrag zur *Faust*-Rezeption in Indien auf, in welcher Weise die nach europäischen Standards durch deutsche Indologen vereinheitlichten kritischen Editionen der alten Schriften wiederum dazu beitrugen, „daß die Hindus im Gefolge romantischer Ideale einer einheitlichen indischen Kultur – definiert durch Sanskrit-Sprache und hinduistische Religion – ihre eigene Identität konstruierten" (Sharma 2008, S. 105).

5.6.2 Heine und der Orient: *Der weiße Elefant* (1851)

Heinrich Heine, der gemeinhin als ironischer leichter Dichter gilt, war ein ausgesprochen gelehrter Autor. Wie Goethe hatte auch er Hammer-Purgstalls Werk rezipiert und sich immer wieder intensiv mit dem islamischen Orient auseinandergesetzt; im *Romanzero* (1851) ist dies besonders spürbar. Orientalische Motive und Topoi spielen in vielen seiner Werke eine Rolle (vgl. Mounir Fendri 1980), am bekanntesten ist sein frühes Gedicht *Ein Fichtenbaum steht einsam* (1827), in dem sich ein Fichtenbaum nach einer Palme sehnt. Ebenso berühmt ist seine **Kritik am *Divan* Goethes,** in welcher Heine den *Divan* als orientalistisches Stereotypenarsenal vorführt: „Es enthält die Denk- und Gefühlsweise des Orients in blühenden Liedern und kernigen Sprüchen; und das duftet und glüht darin, wie ein Harem voll verliebter Odalisken mit schwarzen geschminkten Gazellenaugen und sehnsüchtig weißen Armen." (Heine: Romantische Schule, Erstes

5.6 Romantik und romantische Begeisterung für die Ferne

Buch, S. 160 [Historisch-kritische Gesamtausgabe]) Über den ambivalenten Charakter seiner Abhandlung des *Divan* in der *Romantischen Schule* (1836), eine durch Spottlust und treffsichere Beschreibung singuläre Literaturgeschichte seiner Zeit, ist viel geschrieben worden und stets wurde versucht, einen lobenden Kern der spöttischen *Divan*-Kritik zu retten. Goethe nämlich habe es doch vermocht, „den berauschendsten Lebensgenuß" „in Verse" zu bringen (ebd., S. 161) und sein „Selam" (sein Gruß) an den Osten sei gleichsam eine sensualistische Hinwendung zur „gesunden Körperwelt des Orients" (ebd.). Vor Heines vernichtendem Spott blieben übrigens auch die Gebrüder Schlegel nicht bewahrt; nichts anderes als eitlen Dilettantismus wirft er ihnen vor (vgl. ebd., S. 137 f.).

Macht Heine es nun selbst anders? Sein **Langgedich**t über einen weißen Elefanten, der sich liebeskrank nach einer „großen weißen Dame […] im Frankenland" (Heine: Der weiße Elefant, S. 17) verzehrt, scheint auf den ersten Blick die Umkehrsituation zum einsamen Fichtenbaum darzustellen und wurde bis auf René Anglade von der Forschung nicht weiter berücksichtigt. Man sah in ihm, ähnlich wie Heine im *Divan*, nur die orientalistische Verkleidung, nicht den Kern. Heines Eigenetikettierung als „Spaßgedicht" (Heine an Campe, zit. n. Anglade 1976, S. 465) wurde von seinen Leser/innen für bare Münze genommen. Tatsächlich meint man, vor dem inneren Auge Phantasien aus *Tausendundeiner Nacht* in ein Spiel mit allen Versatzstücken orientalischer Pracht und dümmlicher Despotie umgesetzt zu erblicken. Der König von Siam, Herrscher halb Indiens, feudaler Eintreiber unendlicher Schätze, lebt in einer Burg, in der „Bildsäulen von Gold" (Heine: Der weiße Elefant, S. 14) die von Goethe für so abscheulich befundenen Götter darstellen, offensichtlich eine (von vielen) Goethe-Referenz(en): „Figuren abenteuerlich grausend, Mischlinge von Menschen- und Tiergeschöpfen" (ebd.). Zu den engsten Vertrauten zählen ein Affe und eben der titelgebende kostbare Elefant. Gänzlich anthropomorphisiert lebt dieser in einem kostbaren Palast, trinkt eimerweise Wein und ist in kostbarstes „Kaschimir" (ebd., S. 15) gekleidet. Aber bei aller Pracht ist der Elefant doch so in tiefe Melancholie versunken, dass der Hofastrologe zurate gezogen wird. Dieser findet alsbald die Ursache heraus: Die unerfüllte Sehnsucht nach der ihm im Traum erschienenen Gräfin zehrt ihn auf. Das einzige Heilmittel wäre die Reise zur imaginären Geliebten „nach Paris, der Hauptstadt der Franken" (ebd., S. 17), ausgestattet mit einem Kreditbrief für die Rothschilds. Das Gedicht endet mit dem Schlaf des Königs, dem das Denken zu schwer geworden ist – weitere Nachrichten kann das die Geschichte berichtende lyrische Ich nicht geben, denn die letzte Post aus Indien habe den Weg über Suez genommen (der Kanal existierte zur Zeit des *Romanzero* jedoch nur als Projekt). Der Schlaf der Vernunft gebiert Ungeheuer – könnte man als kleine Abschweifung mit Goyas *Capricho 43* meinen –, doch ist es der Schlaf eines lasterhaften Despoten, dem die Vernunft gar nicht zu Gebote steht, und nicht derjenige des Künstlers.

Anglade gelingt es sehr schlüssig, die Bedeutungsschichten unterhalb der orientalischen Verkleidung zu entziffern: Weder handle es sich um ein bloßes Schlüsselgedicht (auf die Gräfin Kalergi) noch sei es eine fabulierende Erzählung über die unendliche Pracht Indiens. Vielmehr sei der Affront ein ganz und gar auf seine eigene Zeit gerichteter: „Das Märchen wird zur [...] **Parabel über die Mißbräuche despotischer Potentaten**" (Anglade 1976, S. 469, Hervorh. M.H.) – gemeint sind in dieser politischen Parabel jedoch Preußen und die katholische Kirche. Man vermag der Argumentation Anglades auch noch dahin folgen, die Sehnsucht als eine nach der (gerade wieder einmal gescheiterten) Revolution, nach dem in der Delacroix'schen Marianne verkörperten Ideal der Freiheit zu verstehen.

Indes sind doch Zweifel angebracht, ob sich das Gedicht wirklich nur als *Conte philosophique*, als Exempelerzählung, und politischer Kassiber ausbuchstabieren lässt. Zu sehr wuchert in den märchenhaften Bildern der Sehnsuchtsgehalt einer imaginären Flucht aus der Matratzengruft des kranken Dichters in Paris. Anders jedoch als bei Goethe wird stets auf ihre **Konstruiertheit, die Stereotypie eines malerischen Orients** hingewiesen – eines ‚Orients', wie ihn just der Maler der Freiheit, Eugène Delacroix, mannigfach auf die Leinwand bannte. Delacroix, mit dem Heine befreundet war, interessierte übrigens weniger die historisch-politische Perspektive, das was „Heine eine parabolische Signatur" (Arendt 1997, S. 44) nannte, sondern mehr der Rausch der Farben und Szenerien. Mit anderen Worten: Auch hier dürfte der Orient nicht in seiner Folienhaftigkeit aufgegangen sein – ein Rest von *Tausendundeiner Nacht* bleibt auch bei dem Dichter der romantischen Ironie erhalten.

5.6.3 Die internen anderen: Juden, ‚Zigeuner' und Schwarze

Das Bild einer interkulturellen Romantik wäre nicht vollständig, wenn es auf die Indomanie beschränkt bliebe. Neben Indien, seiner Kultur und Sprache rückt durch die Napoleonischen Eroberungszüge und die sie begleitende Forschung auch Ägypten in den Blick. Und wie im Sturm und Drang ist es in der Epoche kolonialer Eroberungen das literarisch gespiegelte Verhältnis zum internen anderen, welches beredte Auskunft über den Zustand der Gesellschaft gibt.

Auch hier wäre einmal mehr auf Herder zu verweisen, welcher „in seinen *Ideen zur Philosophie der Geschichte der Menschheit* Juden und ‚Zigeuner' gemeinsam der Kategorie ‚fremde Völker in Europa' zuordnete und nur diesen beiden Gruppen unter bestimmten Auflagen den Verbleib auf dem Kontinent gestattete" (Patrut 2008, S. 169). Das erste Standardwerk zu den ‚Zigeunern' stammt von dem Göttinger Historiker Heinrich Moritz Grellmann (*Die Zigeuner,* 1783); seine Frage nach der Herkunft dieser nomadischen, nicht in die Mehrheitsgesellschaft integrierten Gruppe führte ihn über die Sprachverwandtschaft des Romanes mit dem Sanskrit nach Indien (zu Grellmann ausführlich siehe Hermes 2021).

Mit **Mignon** hatte Goethe in seinem Bildungsroman *Wilhelm Meisters Lehrjahre* (1795/96) eine ‚zigeunerhaft' anmutende Figur geschaffen, insofern ihr das zeitgenössische ‚Wissen' über die Naturhaftigkeit und Naturnähe der ‚Zigeuner' eingeschrieben wurde (sie wird indes nie als solche benannt). Auch in der Romantik bevölkern **‚Zigeuner'-Figuren** das literarische Terrain. Aufgrund einer damals schon veralteten Herkunftsspekulation verortet Achim von Arnim sie gar als Fürstin *Isabella von Ägypten* (1812) am Nil, als alte Wahrsagerin Elisabeth erscheint sie in Kleists *Michael Kohlhaas* (1810) und als waghalsige Abenteurerin in Clemens von Brentanos *Die mehreren Wehmüller* (1817). Nimmt man diese wenigen Figuren, so stellt sich in der Tat ein Bild von einer am internen anderen interessierten Romantik ein, wie es Hofmann/Patrut zeichnen: „In der Romantik um 1800 verband sich mit dem Interesse an der ‚Fremdheit' der als ‚Zigeuner' Bezeichneten ein Moment der Anerkennung als gleichwertiges Gegenüber, das sich von dem stigmatisierenden Umgang mit ‚Zigeunern' unterschied." (2015, S. 37) Indes hat Brittnacher in seiner Studie zum Zigeunerbild auf die zählebigen Vorurteile wider besseres Wissen verwiesen, die etwa in Arnims Novelle fröhliche Bilder einer farbenfrohen Zigeunerromantik produziert hätten. Diesen „idealistischen[n] Philoziganismus" (Brittnacher 2012, S. 51) sieht Brittnacher bereits auf der Kippe zu einem sich durchsetzenden Bild des devianten Volksschädlings; nicht mehr edle Räuber, sondern „verelendete Kriminelle" werden literarisch manifest (ebd.), wie sich ja schon bei Goethe zeigte.

Mit einem kurzen Streiflicht auf **Kleists Erzählung *Die Verlobung in St. Domingo* (1811)** sollen die Figuren der in der deutschen Literatur um 1800 weniger präsenten Schwarzen (in diesem Fall einer ‚Mulattin') berührt werden. Zu einer ausführlichen Deutung dieses hochkomplexen Textes sei auf die Forschung verwiesen. Hansjörg Bay sieht die Novelle noch 2005 als den „unter postkolonialen Aspekten meistdiskutierten Text der deutschen Literaturgeschichte" (Bay 2005, S. 73). Sein Rekurs auf die **haitianische Unabhängigkeitsbewegung** und die **Sklavenaufstände in der Karibik** haben Kleist stark beschäftigt; seine Position aber zu den Aufständen wurde in der Forschung sehr unterschiedlich gedeutet – das skandalös anmutende Wort vom „fürchterliche[n] alte[n] Neger, Namens Congo Hoango" (Kleist: Die Verlobung von St. Domingo, S. 222) schien klar die Diffamierungsposition Kleists zu bezeichnen. Indes änderten sich in den letzten Jahren schon aufgrund der kritischen Neueditionen des Werks die Einstellungen zum Text; mehr noch durch postkolonial kontrapunktische Lektüren.

Auf der Oberfläche schildert der Text ein Geschehen innerhalb der Aufstände. Die Ouvertüre zeigt die Grausamkeiten der sich erhebenden Sklaven, Mord und heimtückisch berechnende Brutalität. Der Anführer Congo und seine Gefährtin Babekan scheinen niedrigste Rachegelüste zu befriedigen; die hellhäutige Tochter Babekans, Toni, dient den Aufrührern als Lockvogel. Gustav von Ried, ein Schweizer Offizier, wird mit ihrer Hilfe in den Hinterhalt gelockt. Toni verliebt sich jedoch in den Geschichten erzählenden Gustav und versucht ihn zu retten, was fast gelingt. Gustav erkennt die verzweifelte List Tonis jedoch nicht, sieht sich verraten und erschießt das junge Mädchen – und als er seinen Irrtum erkennt, sich selbst. Um diese Konstellation ranken sich die verschiedenen Deutungsversuche. Ist Toni bei Kleist nur willfähriges Instrument, zunächst der grausam wütenden Schwarzen, dann der die koloniale Herrschaft zurückgewinnenden Weißen? Mithilfe mehrschichtiger Verfahren kann die **kontrapunktische Lektüre** zeigen, dass Kleist die agonalen Verhältnisse – hier grausame Schwarze, da diese

Grausamkeit durch ihre vorhergehende Herrschaft erst auslösende Weiße – (nicht nur) in der Figur Tonis zu unterlaufen sucht. Ihr Handeln scheint entgegen den jeweiligen unvereinbaren Ordnungssystemen zu verlaufen. Ob es sich dabei nur um das Resultat einer unbedingten Liebesauffassung, um Humanität oder um den textuellen Reflex traumatischer Erfahrungen handelt, dazu gibt es unterschiedliche Analysen; auch der als traumatisch erfahrene Verlust von Kolonien spielt in einer Mentalgeschichte der Verluste eine Rolle. Zu Recht jedoch hat Bay darauf hingewiesen, dass mit diesem Text erstmals Schwarze als historisch handelnde Subjekte erscheinen und nicht mehr (nur) als Opfer (vgl. Bay 2005, S. 94). Über die Rechtmäßigkeit des Aufstands scheint durch die Erwähnung besonders unverhältnismäßiger Grausamkeit von vornherein ein negatives Urteil gefällt zu sein. Allerdings streut der Erzähler doch immer wieder Zweifel an dieser Eindeutigkeit ein, indem en passant mögliche Ursachen genannt werden. Mit der bewussten **Ambivalenz der Novelle** – was ist überhaupt das eigentlich unerhörte Ereignis, das die Novellendefinition verlangt? – wird auf jeden Fall eine rezeptive Positionierung unabweisbar.

5.7 Bürgerlicher Realismus

5.7.1 Programmatischer Realismus: Bürgertum und Weltferne?

Nach der gescheiterten Revolution von 1848 und der damit einhergehenden Reaktionsphase – von der schon Heines *Romanzero* subkutan berührt war – wird die Literatur des Vormärz und der sog. Jungdeutschen, in der gesellschaftliche Veränderungen angestrebt wurden, von einer Phase biedermeierlicher Idyllen, von Butzenscheibenromantik und schließlich vom bürgerlichen Realismus abgelöst. **Gustav Freytags** Aufstiegsroman *Soll und Haben* **(1855)** kann als Signet dieser Zeit gelten, auch wenn sich im Epochenverlauf andere, weniger programmatische Vorstellungen eines idealen Realismus herausschälen werden. Schon in konventioneller Literaturgeschichtsschreibung sind die Unterströmungen spätestens nach Deutsch-Französischem Krieg, Reichsgründung 1871 und beginnendem Kolonialismus etwa in Theodor Fontanes Gesellschaftsromanen herausgearbeitet worden (bei Fontane bekanntlich der symbolische Einsatz der Farbe Rot mit ihren politischen Implikationen).

Programmatisch hat der Realismus als literarische Strömung im Nachgang zu Freytags Roman das **deutsche Volk bei der Arbeit** zu zeigen gesucht (wobei damit die bürgerliche Schicht gemeint war; die verarmenden Schichten, die Pauper, waren nach dem Vormärz zunächst – bis zum Naturalismus – kein literarisches Sujet mehr). Die geforderte Hinwendung zur Wirklichkeit sollte nicht in ihrer gleichsam ‚rohen' Form, sondern unter künstlerischen Vorzeichen geschehen. Fontane sieht so das Leben als „Marmorsteinbruch" (Fontane: Unsere lyrische und epische Poesie seit 1848, 1853, S. 12), den nur die kundige Hand des Künstlers zum Bildwerk zu erwecken vermag. Hinter dem ‚Rohstoff' soll das Ideale, die ‚wahre Wirklichkeit' durchscheinen. Damit wird der Vorstoß des Vormärz, insbesondere Büchners, auch eine hässliche Wirklichkeit zeigen zu können – wenn sie nur „Leben, Möglichkeit des Daseins" (Büchner: Lenz, S. 86) umfasst – massiv zurückgenommen und erst im Naturalismus wieder zum Programm erhoben.

Literatur soll ‚Behaglichkeit' im Leser hervorrufen, wie es Freytag in seiner Zeitschrift *Die Grenzboten* 1854 formulierte, eine noch biedermeierlich anmutende rezeptionsästhetische Vorgabe. Diesem Ziel dienen auch die nun entstehenden **Massenmedien:** die populär werdenden Familienzeitschriften wie *Die Gartenlaube* oder *Über Land und Meer.* Während das Buch immer noch keine Massenware ist (erst ab 1867 wird Reclam mit preiswerten Klassikerausgaben hier ein neues Segment eröffnen), wird über die ausgesprochen auflagenstarken Zeitschriften nicht nur das popularisierte Wissen der Zeit verbreitet, sondern auch Literatur. Neben Unterhaltungsliteratur (bspw. von Eugenie Marlitt, Wilhelmine Heimburg) erscheinen etwa Wilhelm Raabes Romane zuerst als Fortsetzungsromane in einer weiteren bedeutenden Zeitschrift, in *Westermanns Monatsheften.*

5.7.2 Wissen von der Welt unter ‚nationalen' Vorzeichen

Hat man lange den Poetischen Realismus als konzentrisch auf das Bürgertum zugeschnitten gesehen und das Weltwissen als entsprechend eingeengt verstanden, so konnte der Vorwurf mangelnder Welthaltigkeit nicht ausbleiben. Indessen mahnt die Forschung hier schon länger Differenzierungen an: Der ‚Weltverkehr' stelle vielmehr „eine zentrale Signatur realistischer Poetiken" (Neumann/Stüssel 2011, S. 11) dar. Während diese Neuperspektivierung des Realismus zum einen die ethnologischen Qualitäten realistischer Formenarsenale in den Blick gerückt hat, sind es in der postkolonial ausgerichteten Literaturwissenschaft etwas andere Akzentuierungen (die sich jedoch nicht ausschließen müssen): ‚Überseeische Präsenz' sei nicht nur bei Wilhelm Raabe feststellbar (vgl. Krobb 2009, S. 12), den die Postkolonialen Studien früh für sich reklamiert haben, sie finde sich auch bei Gustav Freytag und bei Theodor Fontane (das berühmteste Symbol für diese Verflechtung von Welt und Heimat ist bekanntlich der Stechlinsee, der bei entfernten Erschütterungen mit Aufwallungen reagiert). In Fontanes Roman *Effi Briest* (1895/96) wurde die spukhafte Gegenwart eines namenlosen ‚Chinesen' bemerkt, ‚Mohren', Türken und Perser bevölkern das phantasmatische Bilderreservoir ebenso wie südamerikanische Phantasien – und natürlich auch weiterhin die bekannteren anderen, ‚Zigeuner' und Juden.

Das **Wissen vom Fremden** wird in den Zeitschriften, deren wissensdistribuierende Funktion wohl nicht hoch genug eingeschätzt werden kann, stets unter die strukturbildende Opposition von eigen gegen fremd gestellt. Die stark selektive Auswahl, das sensationslastige Berichten über Expeditionen, verschollene Abenteurer, die Suche nach den Nilquellen und dem Kongobecken

– also dem dunklen, inneren Afrika – lässt einmal mehr Afrika als wissenschaftlichen Explorationsgegenstand wie auch als Projektionsfläche vor dem Auge des Lesers / der Leserin entstehen (vgl. dazu Gretz 2011). Dass mit geographischen Namen nicht immer nur deren reale Verortung gemeint war, lässt sich am Beispiel des Mondgebirges zeigen, das genauso zum Toposvorrat zählt wie ‚Nilquellen' und ‚Kongobecken' (vgl. Hamann 2012). Auf diese Mehrschichtigkeit bezieht sich auch Raabe in seinem Roman *Abu Telfan oder Die Heimkehr vom Mondgebirge* (1867). Von mangelnder Welthaltigkeit wird man also nicht reden dürfen; eher von einer zunehmenden Integration in den ‚Weltverkehr', von einer Unterminierung von Peripherie-Zentrum-Konstellationen und von zunehmend regressiven Fluchten, etwa in der Heimatkunstbewegung.

5.7.3 Reisen, Sammeln, Archivieren

Die in den Familienzeitschriften mit Verve betriebene Berichterstattung über Expeditionen kann durchaus als Substitut für reale Kolonien, als Ersatzphantasie im Sinne der Zantop'schen These von der Existenz präkolonialer ‚Kolonialphantasien' gewertet werden. Nachdem Deutschland selbst ab 1884 Kolonialmacht geworden ist, finden im Reichstag hitzige Auseinandersetzungen über die ‚Auswüchse' kolonialer Selbstermächtigung statt; die Debatte über den im Volksjargon wegen seiner mörderischen Selbstjustiz ‚Hänge-Peters' genannten Carl Peters ist ein besonders herausragender Fall. Nicht nur literarisch wird indes gesammelt, wovon die Dominanz der Reiseliteratur oder die erwähnten Berichte zeugen, die Sammelwut führt auch zur Musealisierung ethnographischer Artefakte. In der Mitte des Jahrhunderts entstehen zahlreiche **Völkerkundemuseen** – unter dem Ansturm von Industrialisierung und Durchkapitalisierung sollen die bald ‚aussterbenden' Völker wenigstens in ihren Zeugnissen archiviert werden (vgl. ausführlich Kramer 1981, bes. S. 74–81). Etwas anders gelagert sind die kommerziellen Interessen der **Völkerschauen** als ‚Events': Auch hier wird allerdings mit der Schaulust und zugleich dem Wunsch nach autoptischem Wissen – einer Inaugenscheinnahme ‚wilder' Völker vor der Haustür – gespielt. Beschrieben werden sie in subversiver Absicht etwa in Peter Altenbergs *Ashantee-Skizzen* (1897).

Eine von Neumann/Stüssel geforderte „andere Geschichte des Realismus" (2011, S. 15) hätte den Einfluss des Weltverkehrs genauso zu untersuchen wie den literarisch durchaus vorhandenen Reflex auf zunehmende Naturzerstörung und Eingriffe in die gewachsenen Landschaftsformen durch Telegraphenmasten und Kraftwerke. Goethes Wort von der ‚veloziferischen' Zeit zeigt sich in vielen Werken des Realismus: In Theodor Storms sehr komplexer Novelle *Der Schimmelreiter* (1888) siegt die Natur und weist ihre Eindämmung brachial zurück. Und auch der koloniale Expansionsdrang hinterlässt seine literarischen Spuren.

5.7.4 Abenteuer – *Westward Ho* und die Fremden im Land

In vielen Beiträgen zur Einflussgeschichte des Realismus wird auf die enthusiastische Rezeption der Abenteuerromane von James Fenimore Cooper hingewiesen, insbesondere auf seinen Roman *The Last of the Mohicans* (1826). „Unbeschreiblich INTERESSANT [sic]" findet etwa Annette Droste-Hülshoff die Erzählung vom genozidalen Verdrängen der indigenen Ethnien durch vordringende europäische Siedler und das Militär in Amerika (Droste-Hülshoff, zit. n. Schwagmeier 2005, S. 122). Mitte des Jahrhunderts setzen die großen Auswanderungswellen in die ‚Neue Welt' ein, sodass der Zug westwärts auch für Deutschland enorme Symbolkraft entfalten wird. Wie Cooper, der ebenfalls auf Quellen zurückgriff (und sich dafür Plagiatsvorwürfen ausgesetzt sah), hat auch der Erfolgsschriftsteller **Karl May** akribisch Quellenlektüre betrieben. Bekanntlich brach er erst, nachdem er mit seinen Werken berühmt geworden war, in die Ferne auf. Abenteuerberichte in der populären Literatur, die auch in die ‚hohe' diffundieren, Rettungsexpeditionen zur Auffindung verschollener Abenteurer (ähnlich wie Henry Morton Stanley nach David Livingstone in Afrika fahndete, brechen Trupps auf der Suche nach deutschen Verschollenen auf, etwa Eduard Vogel; vgl. hierzu Kuhn/Struck 2019), Vorlieben des lesenden Publikums für ethnologische Berichte – viele dieser massenmedialen Mosaiksteine finden sich auch in der angeblich so sesshaften realistischen Literatur wieder. Solche Einflüsse in der Literatur überhaupt wahrzunehmen, ändert den Blick auf den bürgerlichen Realismus im oben geforderten Sinne. Und dazu verhilft auch der Fokus auf die scheinbar so marginal auftretenden Figuren wie etwa der spukende Chinese in Fontanes *Effi Briest,* Raabes ‚verwilderter' oder barbarisierter Heimkehrer aus dem Mondgebirge, Leonhard Hagebucher, aber durchaus auch schon ein Blick auf die „Vorgeschichte des Realismus", etwa bei Droste-Hülshoff (vgl. Calhoon 2011).

Schon bevor Deutschland im Zuge der Verhandlungen der sog. Berliner (Kongo-)Konferenz 1884/85 seinen kolonialen „Platz an der Sonne" (Bernhard von Bülow) erhielt, kann man für den literarischen Bereich gewissermaßen von einem **kolonialen ‚Probehandeln'** sprechen. Cooper-Leser wie Fontane *(Effi Briest)* oder Raabe *(Stopfkuchen,* 1891) haben die Kolonisierung als ein Unterwerfungsgeschehen im engsten ehelichen Bereich gespiegelt; nicht ohne diesen Hintersinn schildert in *Stopfkuchen* Schaumann die Zähmung seiner Ehefrau als ein Geschehen zwischen Wildnis und Zivilisation; die Tochter des Bauern Quakatz wird zum ‚Quakätzchen' – weitere Symbole dieser zivilisatorischen Zurichtung verweisen dann eben auch auf den kolonialen Zusammenhang, etwa durch ein Löwenfell (s. hierzu näher Abschn. 3.3.3). Die Wechselwirkung zwischen privatem Bereich und dem Weltgeschehen ist etwas, das nicht selten die Literatur des Realismus bestimmt. Afrika ist in diesem Diskurs auch literarisch vorherrschend, wie Krobb ebenso für die Populärliteratur am Beispiel Karl Mays zeigt (vgl. Krobb 2017, S. 426 sowie S. 437–449).

5.7.5 Wilhelm Raabes kontrapunktisches Schreiben

Am Beispiel von *Stopfkuchen* wurde oben schon gezeigt (s. Abschn. 3.3.3), wie Raabe mit Hybridisierungen spielt, die Figur des Grenzgängers mit der des schuldbehafteten Heimkehrers verbindet und ganz generell mit Inversionsfiguren den Zusammenhang zwischen der biblischen Anweisung, sich die Erde untertan zu machen, zweifelhaftem Heimatethos und rassistischem Gebaren von Kolonialisten gestaltet. Damit unterläuft Raabe ganz absichtsvoll (in Briefen zeigt sich dies) ein im kollektiven Bewusstsein vorhandenes Masternarrativ von Unterwerfung und Gewalt.

In *Abu Telfan oder Die Heimkehr vom Mondgebirge* – zuerst in der Zeitschrift *Über Land und Meer* (1867) veröffentlicht, dann in Buchform – geht es ebenfalls um einen Heimkehrer, Leonhard Hagebucher, der Jahre in der afrikanischen Sklaverei verbracht hat und schließlich in die Heimat zurückkehrt. Ganz entgegen dem in den besagten Zeitschriften herrschenden Dünkel einer notwendigen europäischen Zivilisationsmission scheint Hagebucher jedoch selbst ‚verwildert' zu sein. Er hat das erlebt, was in der Ethnologie als *going native* beschrieben wird – und etwa in den europäischen ‚Entdecker'-Unternehmungen als Verrat, als Überlaufen hart bestraft wurde. Hagebucher zieht in einem als skandalös empfundenen Vortrag Vergleiche, in denen kulturrelativistisch Eigenes und Fremdes einander angenähert werden. Das innere Afrika meine weniger das Kongobecken als „primär die deutsche Philisterwelt" (Gretz 2011, S. 213). Der Heimkehrer – anders als Eduard in *Stopfkuchen* – hat hingegen eine Verwandlung durchlaufen und ist für die Heimat verloren. Er ist, wie Hamann feststellt, selbst zum Barbaren geworden, einem bei Raabe positiv konnotierten Grenzgänger (vgl. Hamann 2012, S. 70).

Zwar sind wohl in der deutschen Literatur des Realismus tatsächlich keine umfassenden *contrapuntal readings,* wie Said sie am Beispiel von Jane Austen und Joseph Conrad vorgeführt hat, vorzuweisen, aber es existieren doch sublineare Bezugnahmen auf (Prä-)Kolonialismus en masse. Diesen gilt es, über die ‚üblichen Verdächtigen' (wie Raabe) hinaus, weiterhin bis in die poetologischen Verfahren nachzuspüren.

5.8 Klassische Moderne: Exotismus/Orientalismus/ Primitivismus – Spielarten des Kolonialen?

5.8.1 Zwischen Kolonialphantasie und Abenteuerlust?

Seit Zantops umfassender Studie zu Kolonialphantasien als einer bestimmten Form „nationalkulturelle[r] kollektive[r] Bewußtseinslagen" (Zantop 1999, S. 12) hat es sich eingebürgert, auch in den Derivaten kolonialer Imagination wie **Exotismus** oder **Orientalismus** einen „Handlungsersatz" für koloniale Unternehmungen zu

5.8 Klassische Moderne: Exotismus/Orientalismus/Primitivismus

sehen (vgl. ebd., S. 11). Mit dem Begriff wurde eine „fiktive deutsche Kolonialgeschichte" (ebd.) in ihren Konturen sichtbar, die auch Strömungen wie den **Primitivismus** und das von Edward Said kulturtheoretisch erfasste Phänomen des Orientalismus in das Spektrum „vorkoloniale[r] Projektionen" (Conrad 2008, S. 21) einzuordnen gestattete. *Dass* diese Strömungen als „Vorbereitungs- und Begleitphantasien für koloniales Handeln" (Zantop 1999, S. 17) fungierten, ist durch Publikationen der letzten Jahre umfänglich belegt (vgl. Honold/Simons 2002; Holdenried 2004; Honold/Scherpe 2004; Dürbeck 2007). Doch bleibt nicht nur der genaue Anteil von Orientalismus, Exotismus und Primitivismus am Gesamttableau (vor-)kolonialer kultureller Imagination in weiteren Einzelstudien zu klären. Vielmehr gilt es, noch einen Schritt zurückzugehen und die inzwischen allzu eingeübte Gleichsetzung von „Phantasie- und Projektionsgeschichte" (van Laak 2003, S. 71) mit kolonialer Bemächtigung zu hinterfragen.

Einige Arbeiten der letzten Jahre scheinen mit unterschiedlich starker Betonung in diese Richtung zu gehen: So sieht Wolfgang Strucks Untersuchung *Die Eroberung der Phantasie* (2010) den ‚Mehrwert' kolonialer Expansion primär in der narrativen Ausbeute, in einem kultur- und medienwissenschaftlichen Sinn. Mit dieser starken Zuspitzung kann der Inszenierungscharakter auch der genannten Strömungen hervorgehoben werden. Dunker zeigt diesen Aspekt etwa bei **Else Lasker-Schülers** orientalistischer Selbstinszenierung: Die „Orient-Signifikanten" (Dunker 2011, S. 180) stammten zum guten Teil aus der Berliner Alltags- und Populärkultur, aus Kaiserpanorama, Gewerbeausstellung, Völkerschauen und wurden von Lasker-Schüler als groteske Übersteigerung bekannter Stereotypen eingesetzt. Gerade bei einer Autorin wie ihr dürften allerdings die Subversionsmomente sorgfältig gegen die ‚Performance' abgewogen werden müssen. Nicht alles, was Inszenierung ist, ist per se schon subversiv.

Auch Monika Albrecht hat in einem Aufsatz eine kritische Revision der Denkfigur ‚Kolonialphantasien' vorgeschlagen. Sie plädiert explizit für eine Herauslösung des Abenteuers als eines Antriebsmoments der Weltergreifung aus dem engen Korsett „reduktionistische[r] Vorgaben postkolonialer Theoriebildung" (Albrecht 2014, S. 453). Schon vor Albrecht hatte Gosetti-Ferencei in ihrer Arbeit über *Exotic Spaces in German Modernism* (2011) versucht, das Konzept des ‚Fernwehs' aus den postkolonialen Zuspitzungen und theoretischen Instrumentalisierungen herauszulösen und als öffnende Kategorie der Fremdwahrnehmung zu installieren. Das Hauptmotiv exotistischen Interesses, so ihre These, sei nicht in erster Linie symbolischer Kolonialismus, sondern ein tiefgreifendes Unbehagen an der „Entzauberung der Welt" (Max Weber). Und Axel Dunker fragt im Anschluss an die Kontrastierung der zwei gegenwärtigen Pole germanistischer Forschung zum Orientalismus, einer auf machttheoretischen Implikationen beruhenden Adaption des Said'schen Diskursschemas und einer Position, welche die „Hypostasierung ästhetischer Verfahren" (Dunker 2014, S. 275) betont, „ob eine Synthese der beiden scheinbar so konträren Positionen denkbar ist" (ebd., S. 276).

Dass es keineswegs darum gehen kann, den exotistischen Texten in toto ein selbstkritisch-selbstreflexives Verfahren zu attestieren, dürfte unbestritten sein. Doch sind, im Anschluss an die genannten Beiträge von Albrecht u. a., durchaus weitreichende Fragen nach der Gültigkeit postkolonialer Theoriebestände zu stellen. So sind vermeintlich exotistische Zuschreibungen wie die der Doppelbödigkeit und Unergründlichkeit ‚des' Asiaten durchaus auch zum Bereich der Autostereotypen gehörig, wie Frank Böckelmann (1998, S. 250, Fn. 36) unter Verweis auf japanische Selbstdeutungskonzepte unterstrichen hat (und dies noch deutlich vor seiner Wende zur Neuen Rechten). Den **Japonismus** als spezifische Ausformung des Exotismus hat auch Pekar umfänglich auf seine Wirklichkeitsreferenzen hin befragt und ist zu dem Schluss gekommen, dass man den Begriff ‚Exotismus' nicht ausschließlich negativ definieren sollte (vgl. Pekar 2000, S. 246).

An der Rezeption eines emphatisch exotistischen und zugleich diesen Exotismus invertierenden Werks wie dasjenige des Wiener Expressionisten **Robert Müller** kann gezeigt werden, wie jede Art von Vereinseitigung den ‚mehrfachen Schriftsinn', etwa des Romans *Tropen. Der Mythos der Reise* (1915), verfehlt (ausführlich hierzu s. Holdenried 2004, S. 263–295): Der Roman des expressionistischen österreichischen Autors gilt als Meisterwerk eines auch ästhetisch radikalen Exotismus der Jahrhundertwende. Nach der Wiederentdeckung des Romans im direkten Zusammenhang mit Wolfgang Reifs Studie zum Exotismus (*Zivilisationsflucht und literarische Wunschräume. Der exotistische Roman im ersten Viertel des 20. Jahrhunderts,* 1975) wurde dieser zunächst – von Reif selbst – in Zusammenhang mit einem „alldeutsch-völkisch-präfaschistischen Rassismus" (Nachwort Reif in Müller 1994, S. 89, das sich auf den zweiten Roman, *Das Inselmädchen,* bezieht, aber generalisierbar ist) gebracht. Es bildete sich dann erst langsam in der Forschung ein Gegengewicht heraus, das diese ideologiekritischen Vereinseitigungen durch eine stärkere Kontextualisierung innerhalb der Klassischen Moderne und die Betonung genuin literarischer Momente zu revidieren suchte. Erst durch solche (im besten Sinne kontrapunktischen) Verfahren wurden die Besonderheiten des literarischen Exotismus in den Blick genommen und der einseitigen Rückführung auf den kolonialistischen Diskurs Einhalt geboten.

Neben der durchaus im Werk zu dechiffrierenden kolonialen Geste wurden die zahlreichen Gegenläufigkeiten eines **‚inversen Exotismus'** nicht einfach mehr übersehen. Damit aber konnte eine betont moderne Prägung scheinbar regressiver Inhalte sichtbar werden. Was Müller selbst ja plakativ unterstrichen hatte, indem er Wiener Ringstraße und Dschungeldorf in eins setzte (Tropen, S. 115), wurde nun auch in der Forschung herausgearbeitet: Dass die Erkenntnisreise des Ingenieurs Brandlberger gerade nicht ins Dunkel präreflexiver Existenz im Tropendschungel zurückführte, sondern eng an die von der Großstadt ausgehenden Impulse zu einer technoiden Wahrnehmungssteigerung gebunden sei (vgl. Köster 1995), ist auch und gerade an seiner modernen, polyphonen, dezentralisierten und depersonalisierten Anlage zu erkennen. Die krude, kaum wiederzugebende

5.8 Klassische Moderne: Exotismus/Orientalismus/Primitivismus

Handlung einer Reise in die Tropen entspricht nur oberflächlich dem Schema des Abenteuerromans. Die Begegnungen mit ‚Indianer/innen' – der Priesterin Zana –, dem Amerikaner Slim und die Expedition in den Urwald liefert eine Art Experimentallabor der ästhetischen Moderne und deren Spiel mit Versatzstücken aller möglichen Diskurse – bis hin zu Ethnologie (derer sich bei Müller jedoch die Indigenen bedienen), Kameratechnik, Psychoanalyse.

Nun ist zwar nicht jedes exotistische Werk so hochkomplex wie Müllers Romane (neben *Tropen* noch *Das Inselmädchen*, 1919), doch lässt sich zeigen, dass unilineare Deutungsmodelle auch für schlichtere Produkte des literarischen Exotismus wenig ergiebig sind, weil sie exakt den ästhetischen Überschuss, das Surplus des Phantasmagorischen ausblenden, das den Exotismus als geradezu ‚universell' erscheinen lässt.

Wolfgang Reif hat in seinem immer noch viel rezipierten Standardwerk zum Exotismus in der Literatur (1975), fußend auf der Pionierstudie Friedrich Bries von 1920, den Exotismus als Defiziterfahrung angesichts zunehmend rational-instrumentell bestimmter Entfremdung von der Natur definiert; Brie unterstellte dem Exotisten einen ununterdrückbaren Eskapismus aus der modernen Wirklichkeit „in ein Reich fremdartiger, schrecklich schöner, ungeheuerlicher, die Sinne befriedigender Emotionen" (Brie 1920, S. 14). Er verstand den Exotismus damit als ‚Veranlagung', als eine besondere Organisation des Sinnesapparates, als eine „Hyperästhesie eines oder mehrerer Sinne" (ebd., S. 6). In Absetzung davon arbeitet Reif das Moment der „Gegenwelt zur europäischen Zivilisation" (Reif 1989, S. 437) entschieden heraus. Auch er sah schon die Affinität zwischen ‚imperialistischem Drang' und ‚Exotismus der Reiselust' um 1900, eine Affinität, welche in der Folge noch stärker betont wurde – als doppelte Unterwerfung der ‚Exoten' mit exotistischen Techniken (vgl. etwa Schwarz in der Zeitschrift *Tropen*, S. 14). Die **Exotismusforschung** blieb über Volker Zenks Studie (*Innere Forschungsreisen. Literarischer Exotismus in Deutschland zu Beginn des 20. Jahrhunderts,* 2003) hinaus cum grano salis den Prämissen Reifs verpflichtet. Erst Michael Mayer (2010) unternahm dann den allerdings wenig überzeugenden Versuch, den Exotismus zu Beginn des 20. Jahrhunderts als umfänglich selbstreflexives Konzept zu deuten. Sein Fazit lautet, dass eine „deutliche Dekonstruktion des Exotismus und seiner inhärenten Strukturen" (Mayer 2010, S. 292) den Texten selbst bereits eigne und ihnen nicht erst durch den postkolonialen Diskurs attribuiert werden müsse. Die Forschungspositionen zum Exotismus beschränken sich bis heute entweder in einer Art gläubigem *close reading* auf den Aussagegehalt der Texte selbst (wie etwa bei Zenk erkennbar) oder sie ordnen sie in ein postkolonial geprägtes Deutungsraster ein, in dem sie übergreifende Diskurse identifizieren, auf deren Belegstellen die Texte dann reduziert werden.

Es dürfte indes kein Zufall sein, dass **Victor Segalens** Konzept eines ‚Universellen Exotismus', seine nur in Umrissen skizzierte Exotismusauffassung, derzeit wieder größere Aufmerksamkeit erfährt. Denn mit Segalens fragmentarischer Exotismusstudie scheint der Ansatz einer xenologischen Ästhetik vorzuliegen, die ähnlich wie **Emmanuel Lévinas'** Alteritätsphilosophie oder **Bernhard Waldenfels'** *Topographie des Fremden* das Exotisch-Fremde nicht in den eigenen Verstehenshorizont einzugemeinden sucht, sondern es in seiner unhintergehbaren Alterität belässt. Der zwischen 1909 und 1918 in China lebende und reisende Franzose Segalen verstand sein Konzept – wenn man es denn als ein solches bezeichnen kann – nicht als Psychologie oder Wahrnehmung, sondern als Methode der Erkenntniskritik, die das ganze Denken umfasse. Wenn sich das denkende Wesen begreife, so nur als ein anderes. Mit dieser inversen Denkfigur bringt Segalen einen revidierten Exotismusbegriff gegen den ‚Oberflächenexotismus' seiner Landsleute (bspw. Pierre Loti, Victor Hugo, François-René de Chateaubriand) in Stellung. Am geographisch Fernen interessiert Segalen das Paradigmatische einer Alteritätserfahrung, die in Selbsterkundung überführt wird. Diese bildet das Kernstück seiner *Ästhetik des Diversen* (erstmals 1955 unter dem Titel *Notes sur l'Exotisme* erschienen). Es wäre durchaus überlegenswert, ob nicht gerade die oben genannten Ansätze zu einer Synthetisierung polarer Positionen, zum Abtasten dessen, was mit Begrifflichkeiten wie ‚Abenteuer', ‚Fernweh' jenseits ihrer eskapistischen Qualifikationen nur erst in Umrissen benennbare Aspekte einer ‚weichen' Theoriebildung sind, mit Segalens ‚theoretischen' Ausführungen stärker verbunden werden können als bisher geschehen.

5.8.2 Exotismus und Moderne: Reisen von außen nach innen

Die literarischen Reisen, welche im Umkreis der klassischen Moderne zu situieren sind, folgen häufig dem Müller'schen Schema, d. h., die Reisen in die Ferne gehen vielmehr in die psychischen (Un-)Tiefen des Eigenen, loten das Unbewusste aus und bleiben damit völlig bei sich, insbesondere im psychologisch-essayistischen Roman. Die reale Fremde wirkt im romantischen Impressionismus eines **Hans Paasche, Erich Scheurmann, Willy Seidel** oder von heute noch unbekannteren Autoren wie Max Rosenfeld und Eduard Stucken, aber auch bei Hermann Hesse, Gerhart Hauptmann, Jakob Wassermann bestenfalls als Stimulans für einen ‚gesteigerten Exotismus', so Klaus R. Scherpes Klassifikation der Autoren Kasimir Edschmid, Robert Musil und Ernst Jünger (Scherpe 1993, S. 491).

Zwei Hauptströmungen literarischer Xenologie begegnen in vielfachen Variationen: Für die eine steht Müllers ‚tropische' Konfiguration des Erzählens, in der Wien und ein Tropendorf unter der Annahme einiger weniger anthropologischer Konstanten (Sexualität, Geldgier, Machtstreben) in eins fallen (s. Abschn. 5.8.1); die andere beharrt auf der Fremdheit und den Unterschieden exotischer Räume zum Eigenen, an die man mit Verstehens- oder Einfühlungsoptionen sich anzunähern sucht, die man als ‚anders' klassifiziert und/oder entsprechend ablehnt. Mit der **„touristische[n] Explosion"** (Krippendorf, zit. n. Bausinger 1991, S. 344) ist ein enormes Häufungsmoment literarisch-künstlerischer Xenologie verbunden: Von der dafür einschlägigen Reiseliteratur bis zum

5.8 Klassische Moderne: Exotismus/Orientalismus/Primitivismus

Kunstessay **Carl Einsteins** über *Negerplastik* (1915), von den *Variétés nègres* hin zu ethnographischer Selbstreflexion und zu fiktiver Ethnologie reichen die Formen einer Beschäftigung mit dem Fremden, die sowohl direkte Folge des Massentourismus sind als auch einer um 1900 verbreiteten Umkehrung der Perspektive auf sich selbst. Mit dem Ersten Weltkrieg kommen die ‚Fremden', schwarze Bataillone, schließlich selbst in die Mitte Europas:

> „Die Avantgarde Europas braucht seit 1914 nicht mehr zu den ‚Primitiven' zu reisen – die Kriegsmaschinerie transportiert die ersten farbigen Bataillone [...] ins Herz Europas. [...] Der Neger Jupiter droht Europa zu rauben – die entfesselte Brutalität des Exoten wird von den Dadaisten lustvoll in Szene gesetzt [...]" (Holdenried 2004, S. 281).

Der Neger Jupiter raubt Europa (1926) war der Titel eines heute fast in Vergessenheit geratenen Romans von Claire Goll, in dem es um ‚interkulturelle' Beziehungen zwischen einem Schwarzen und einer Weißen in Frankreich geht und um die Demontage eines Mythos. Die vielfach verstörende Anwesenheit des anderen ist in der Literatur nun ein häufiger anzutreffendes Motiv und wird als irritierendes Element von den avantgardistischen Künstler/innen auch bewusst eingesetzt. Eine diachrone Untersuchung dieses Häufungsmoments würde, das sei an dieser Stelle dezidiert gesagt, ein ganz anderes Bild des Kanons ‚der' Moderne ergeben – viele der damals wohlrezipierten Autor/innen sind heute völlig unbekannt und es wäre gerade für eine interkulturelle Diachronie überaus wichtig, den zeitgenössischen Kanon in extenso zu rekonstruieren.

Mit den **neuen Parametern des Reisens** und insgesamt einer verstärkten Präsenz des Fremden sowie der leichteren Erreichbarkeit vieler Orte sind vielfältige literarische Formveränderungen verbunden, von denen hier nur exemplarisch einige gestreift werden können. Aufgrund der massenhaften Schematisierung des Reisens und des erhöhten Reisetempos wird es dysfunktional, Notizen über das Gesehene zu machen. Der Niedergang der **Reisetagebücher** ist die Folge; diese erleben zwar in Form der impressionistisch organisierten Beschreibung, bei Harry Graf Kessler (*Notizen über Mexiko,* 1898) oder bei Hermann Graf Keyserling (*Das Reisetagebuch eines Philosophen,* 1919), noch einmal eine beachtliche Spätblüte, doch verliert das Genre insgesamt seinen Status als Selbstvergewisserungs-Manual. Die massentaugliche Reisereportage über (mit dem Auto) durchraste Räume, dementgegen aber auch die Rückbesinnung auf das Fußwandern, Dampf- und Luftschiffreiseberichte und **Reisen von Frauen** sind die bekanntesten literarischen Effekte neuer Formen des Reisens. Ungewöhnlich auch innerhalb dieser an Innovationen reichen Epoche war die Beschreibung einer Weltreise als Reise-Poem, als Versepos: Max Dauthendey unternahm diesen Versuch in *Geflügelte Erde* (1910). Wie alle seine Werke ist auch dieses Ergebnis einer selbst unternommenen Weltreise mit exotistischen Bildern bestückt – ob man darin einen „Baedeker in Versform" (Hilt 2004, S. 500) sehen will oder den vergeblichen Versuch einer Weltaufnahme in der Totalen, sollte die genauere Analyse erbringen.

5.8.3 Reisen nach Asien

Die **Indien- und Japanreisen** deutscher Autoren sind prägnante Beispiele des exotistisch-orientalistischen Typus der Reiseliteratur. Ein erneut – wie in der Romantik – gesteigertes Interesse an Indien, abgeleitet aus der Zuwendung zu östlicher Spiritualität auf dem Untergrund antimaterialistischer und antirationalistischer Europamüdigkeit, führte zu einer wahren Indienbegeisterung: Waldemar Bonsels reiste 1903 dorthin, Max Dauthendey 1906, Stefan Zweig 1908 und 1911 Hermann Graf Keyserling. Bernhard Kellermann begab sich 1910 auf seinen ‚Spaziergang nach Japan'; 1925 brach Arthur Holitscher zu seiner Asienreise auf.

Waldemar Bonsels' *Indienfahrt,* erschienen 1916, war die „erfolgreichste Reisebeschreibung der deutschen Literatur" (Reif 1989, S. 443), doch heute ist Bonsels nur noch als Verfasser der *Biene Maja* (1912) bekannt. Zwischen der Reise und deren Verarbeitung liegt mehr als ein Jahrzehnt. Beschrieben wird rückblickend nur ein Teil der Reise, entlang der südlichen malabarischen Küste. Dieser Abstand und die funktionale Einordnung in den autobiographischen Kontext der Selbstfindung bedingt nach Reif die romanhafte Überformung des Buches; neben der Konzentration auf die als elementar erlebte indische Natur, den Dschungel mit seiner überwältigenden Kraft, stünden die „grellere[n] Handlungseffekte" (ebd., S. 445), die aus erotischen Abenteuern und der ästhetischen Inszenierung grausiger Erlebnisse bestehen (vgl. ebd., S. 446). Den indischen Menschen sehe Bonsels als Ausprägung einer mystisch verklärten Natur, im Einklang mit dieser stehend, fließend und in sich ruhend, dabei aber dem Europäer aufgrund seines ‚Geheimnisses' verschlossen bleibend.

Vergleicht man die abschließende Einschätzung Reifs, Bonsels' Bestseller sei „nichts anderes als eine exotistische Wunschprojektion, die Illusion eines Heraustretens aus einer bedrückenden europäischen Zivilisation in die Wildnisse Indiens, in eine freiere, unmittelbarere Natur, die Utopie eines regressiven Bewusstseinsstandes im vegetativen Gleichklang mit der Natur" (ebd., 447), mit der Analyse einer indischen Literaturwissenschaftlerin, Rekha Kamath, so erstaunt doch, dass bei gleichen Ausgangsbefunden – im Mittelpunkt des Romans stehe die Natur – Kamath zu einem deutlich positiveren Ergebnis gelangt: Das Naturerleben bedeute für den Protagonisten einen starken Kontrast zur Selbstentfremdung Europas und damit eine Art Epiphanie; die Städte sind dort grell und kreischend, während der Dschungel den Menschen seine Unterordnung unter die Herrschaft der Tiere spüren lasse. Vor allem aber sieht sie in der Begegnung mit einem Brahmanen ein ungewöhnlich modernes Element bei Bonsels, durch das dessen *Indienfahrt* fast wie ein „zeitgenössisches Pendant zu Günter Grass" (Kamath 2000, S. 273) erscheine. Die Betonung des Mystisch-Abenteuerlichen erscheint insgesamt betrachtet bei ihr als Positivum gegenüber der eurozentrischen Perspektive Bonsels, die Reif zu stark hervorhebt. Obgleich Kamath die eurozentrischen Abwertungen Bonsels durchaus nicht übersieht („die Überlegenheit meiner Rasse [stand] mit der Unerschütterlichkeit eines Naturgesetzes [fest]", zit. n. Reif 1989, S. 446), stellt sie diese zugunsten der Verwandlung durch die Freundschaft mit dem Brahmanen zurück. Mir scheint die hier ausführlicher vorgeführte (und sich deutlich widersprechende) Doppelperspektive der deutschen und der indischen Rezeption ein Indiz für die Fruchtbarkeit einer komparatistisch grundierten ‚kontrapunktischen Lektüre' zu sein. Damit zugleich wäre ein Argument für die Unterscheidung zwischen Kolonialphantasien mit einer Tendenz zur Vereinnahmung des anderen und einer Modifikation im Sinne eines ‚universellen Exotismus' gefunden. Kurz gesagt: Auch da, wo die Postkolonialen Studien nur Expansionsgelüste vermuten, ist ein anderes, universelles Begehren nach ‚Ferne' am Werk (vgl. Bay/Struck 2014).

5.8.4 Das Beispiel Hugo von Hofmannsthal: „[D]as vollständige Hinübergehen eines Europäers"?

Bereits der siebzehnjährige Hugo von Hofmannsthal hat sich sehr tiefgehend mit **Asien** beschäftigt, wie Hartmut Zelinsky (1974) nachgewiesen hat. Über die geistige Auseinandersetzung mit dem ‚Orient' wurde ihm dieser gleichermaßen Anregung zu eigenen Erzählprojekten wie zur Problemlösungsstrategie für ein tief in der Krise befindliches Europa (vgl. Holdenried 2014). Die Forschung hat diesen ‚Umweg über Asien' ausführlich beschrieben. Manche Forscher wie Thomas Pekar haben die ‚Verzerrungen' des Hofmannsthal'schen Orientalismus einseitig negativ beurteilt, als ‚Verfehlung' eines ‚invertierten Exotismus' (vgl. Pekar 2007, S. 136 f.). Und tatsächlich dachte Hofmannsthal die auf **Lafcadio Hearn,** den zum Japanertum ‚konvertierten' irisch-griechischen Schriftsteller, bezogene positive Formel vom ‚Hinübergehen' wohl kaum als *going native,* sondern als eine dauerhafte Suchbewegung und als Durchspielen ästhetischer Möglichkeiten. In verschiedenen seiner Schriften hat Hofmannsthal Aspekte einer xenotopisch verfremdeten europäischen Kulturkritik durchgespielt, u. a. in seinem *Gespräch zwischen einem jungen Europäer und einem japanischen Edelmann* (1902). Die „japanischen Situationen" (Hofmannsthal: Gespräch, S. 40) sind hier Denkbilder in der Tradition der europäischen Selbstkritik (*Lettres persanes* etc.), die allerdings – anders etwa als bei dem Japan-Connaisseur Bernhard Kellermann, auch er einer der vergessenen Autoren – auf etwas Wesenhaftes zielen, auf reine Präsenz. Im Gegensatz zum Europäer, der durch einen Seinsmodus der Ablenkung gekennzeichnet sei, wird diese Konzentration auf das Wesentliche Asien und speziell Japan attribuiert. Es geht Hofmannsthal, so lässt sich für seine japanischen Denkbilder sowie für die *Briefe des Zurückgekehrten* (1907) festhalten, weniger um eine Eingemeindung, eine „Immanentisierung des Anderen" (Dunker 2014, S. 282), wie Axel Dunker die Haltung des **Wiener Ästhetizismus** zum Orient zusammengefasst hat, als vielmehr um ein in den exotischen Konfigurationen nur gespiegeltes „Ganze[s] der menschlichen Natur" (Hofmannsthal: Briefe des Zurückgekehrten, S. 159). Damit könnte man diesen – vom ‚wirklichen' *cultural crossing* völlig unabhängigen – Standpunkt Hofmannsthals mit Victor Segalens

‚universellem Exotismus' zusammendenken; auch Segalen war ja an China nicht primär als Fluchtraum interessiert.

In Japan war Hofmannsthal bekanntlich nie; dafür in einem anderen Teil des Orients, im nördlichen Afrika, genauer, in **Marokko**. Mit dem Beginn dieser *Reise im nördlichen Afrika* (1925) wird man als Leserin fast gewaltsam hineingezogen in eine labyrinthische Fremde, in immer neue Szenen der Desorientierung. Hier ist kein koloniales Subjekt unterwegs, das sich souverän durch ein Gewirr von Gassen bewegen würde und in auktorialer Überschau davon berichtete. Vielmehr begegnet uns das Umkehrschema, wie es Segalen als Erkenntnismittel beschrieben hat, in immer neuen Wendungen. In Fez etwa, der „große[n] Unbetretene[n]", ist dem Reisenden zumute, als gäbe es keine Innen-außen-Grenzen mehr: „So geht eins ins andere, und alles ist, als wäre es von immerher." (Hofmannsthal: Reise im nördlichen Afrika, S. 646) Schwerlich dürfte man hier die Referenz auf Goethes ‚reinen Osten' (s. Abschn. 5.5) überlesen können.

Eine Architektur der unmerklichen Übergänge setzt das gewohnte Orientierungsschema für Städte in Europa außer Kraft, auch wenn es als Bezugspunkt herangezogen wird, etwa für Marrakesch, dieses „Paris der Sahara" (ebd., S. 655). Straßen, Häuser, Gassen und Plätze gehen unablässig ineinander über; im Labyrinth der Suks ist die gewohnte Ordnung europäischer urbaner Räume ebenso außer Kraft gesetzt wie die Zeitordnungen: Alles ist „bergesalt" (ebd., S. 645). In der Architektur herrscht die **Arabeske** im wörtlichsten Sinne, als verschlungenes Ornament – als „Zusammenhängen aller Dinge mit allen, diese Verkettung der Behausungen und der Arbeitsstätten und der Märkte und der Moscheen, dieses Ornament der sich ineinander verstrickenden Schriftzüge" (ebd., S. 646). In dieser topographischen Ornamentik wird der Europäer entschieden marginalisiert: Dem „geringschätzigen Blick" der anderen preisgegeben, muss er gar „beiseite" treten (ebd., S. 643). Und in einer Szene wie aus *Tausendundeiner Nacht* streift den Fremden, allerdings nur „fast", der Steigbügel einer Verschleierten, die ihn finster anblickt (ebd., S. 643 f.). Der ‚Orient' lässt sich sehr wohl noch, und diese Akzentverschiebung ist wichtig, mit „Besetzungsphantasien des europäischen Autors" (Dunker 2014, S. 284) füllen. Das „Innere eines Granatapfels" (Hofmannsthal: Reise im nördlichen Afrika, S. 644) bleibt als erotisches Stereotyp nicht nur erhalten, die (leise) Drohung des Fremden wird gar konvertiert in „das wahre Geheimnis der Fremdheit" (ebd., S. 646). Die Inversion scheint damit geradezu Bedingung für die Freisetzung einer sensuellen Annäherung an das andere zu sein, in Farben und Gerüchen sowie in erotisierten Miniaturen verschleierter Schöner oder junger ‚Negerknaben'.

Zu Recht hat Soltani in seiner Studie *Orientalische Spiegelungen* (2016) auf die Bedeutung des zweiten Teils der *Reise* hingewiesen, *Das Gespräch in Saleh*. Schlüssig zeigt er die Kontrastierung zum ersten Teil auf, etwa daran, dass das Gespräch mit einem französischen Maréchal die seltsame Stummheit des ersten Teils überdeutlich werden lasse. Soltani deduziert aus dieser ‚Hommage' „die Verbindung zwischen Hofmannsthals paneuropäischem Denken und seiner Affinität zum europäischen Kolonialismus" (Soltani 2016, S. 362).

Mit guten Gründen könnte man das *Gespräch* denn auch als **Wiederherstellung kolonialer Hierarchie** sehen; aufgeboten wird europäisches Wissen, Grammatik und Ordnung, ja sogar die Musik gegen das Ineinander-Verschlungene Arabiens. Doch endet dieser zweite Teil mit einer Art Vision, einer geisterhaften Spiegelung: „Alles aber auch um uns sah in diesem wunderbaren Licht aus wie gespiegelt. Die Häuser uns zu Füßen, die hohen gelbroten Mauern drüben in Rabat, Tiere und Menschen am Ufer des Flusses, alles war völlig entkörpert." (Hofmannsthal: Reise im nördlichen Afrika, S. 654) Es ist letztlich diese hier in einer Fata Morgana beschworene Harmonie, die „Offenbarung des Schönen" (ebd.), welche den kolonialen Diskurs wiederum rahmt und ästhetisch revidiert. Diese **Antithetik** gilt es nicht zu unterschlagen und den „unverlierbare[n] Besitz" (ebd.) als universellen, nicht kolonialen zu verstehen. Das andere wird von Hofmannsthal als ästhetisch und kulturphilosophisch ‚Diverses' einem krisenhaft zerrütteten Europa entgegengesetzt. In einem Prozess ästhetischer Übersetzung wird es zum Projektionsraum atmosphärischer Ganzheit, zum Sensorium von Daseinsintensität. Damit kommt er Segalens Denkfigur des ‚Diversen' äußerst nahe: „Denn indem ich instinktiv den Exotismus suchte, habe ich die Intensität, also die Kraft, also das Leben gesucht." (Segalen 1994, S. 104)

5.8.5 Exotismus als ‚Möglichkeitssinn' der Moderne

Eine **Kanonrevision** und **Ausdehnung des Untersuchungskorpus** scheint unumgänglich zu sein, will man wirklich zu Gesamtaussagen etwa zu ‚der' klassischen Moderne gelangen. Nicht nur heute völlig unbekannte Autor/innen mit zu ihrer Zeit recht verbreiteten Werken wären zur Arrondierung des Gesamttableaus in den Blick zu nehmen; auch intensivere Lektüren von Autoren wie Bernhard Kellermann oder Max Dauthendey, die nicht vollständig aus der Literaturgeschichte verschwunden sind, wären sinnvoll, um Diskurslinien zu rekonstruieren.

So lässt sich am Beispiel Dauthendeys zeigen, dass fast immer nur die Novellenbände *Lingam* (1909) und *Die acht Gesichter am Biwasee* (1911) rezipiert werden, und auch diese in einem sehr engen Interpretationsrahmen. Die narrative Struktur einer Novelle wie **Den Abendschnee am Hirayama sehen** (aus *Die acht Gesichter am Biwasee,* 1911) ist im Hinblick auf Hybriditätskonzepte mehr als ergiebig (und ginge über die vorherrschenden gendertheoretischen Analysen hinaus). Der Inhalt dieser letzten Novelle des Zyklus, der nach japanischen Tuschzeichnungen gestaltet wurde, birgt massives interkulturelles Konfliktpotenzial, das sich durch eine Schiffsreise zur Katastrophe steigert. Ilse und ihr japanischer Mann Okuro, ein Schauspieler, sind in Begleitung der Großmutter Ilses und eines Freundes von Okuro auf der Rückreise nach Japan. Unterwegs werden die Fremdheitsmomente immer augenscheinlicher, Ilse sieht in dem ihr fremd werdenden Okuro nichts Begehrenswertes mehr, und je mehr sie sich von Europa entfernen, desto mehr nimmt ihre Ablehnung dieser „schlitzäugigen

Menschen" (Dauthendey: Den Abendschnee am Hirayama sehen, S. 176) zu. Sie ist bereits verzweifelt entschlossen zurückzukehren, als das Schiff nachts mit einem anderen kollidiert; Okuro rettet die Großmutter, Ilse aber ertrinkt. Als Okuro in Japan später bei der Aufführung eines Schauspiels über dieses Unglück sich selbst spielt, übermannt ihn unsäglicher Schmerz und unter der Perücke ist sein Haar über diesem ‚reenactment' weiß geworden – wie der Abendschnee am Hirayama.

In dieser Novelle finden sich in Figurenrede, aus der Perspektive Ilses, aber auch in neutraler Erzählhaltung zahlreiche rassistische Stereotypen, über ‚Somalineger', die „wie eine Affenherde" wimmelten (ebd., S. 170), es kommen „Harems und Frauen" (ebd.) als Traumbilder vor. Und es werden die kontrastiv unvereinbaren Liebesauffassungen des japanischen Mannes und seiner deutschen Frau verhandelt. Manfred Durzak will in der Novelle aber nicht die Bestätigung der Klischees lesen, sondern die – auch in den Dialogen sichtbar werdende – Suche nach „einer interkulturellen Wahrheit" (Durzak 2010, S. 76), welche wohl in der Eigenwertigkeit der jeweiligen Gefühlswelten zu verorten wäre. Kerstin Hilt hingegen sieht diametral entgegengesetzt Dauthendey als einen schwärmerischen Exotisten, der in der realen Begegnung mit der Fremde – ganz wie Ilse – einen Kulturschock erleidet und ironischerweise auf Java den Tod findet (vgl. Hilt 2004). Mehr als Japonismus wird den Novellen von ihr nicht zugestanden; exotistische Signifikanten würden vielmehr aufgrund ihrer „Wiedererkennbarkeit" (ebd., S. 503) und damit als (berechneter) Erfolgsmotor eingesetzt. Man kann dies sicherlich kritisch einwenden – auch die Buchgestaltung mit kostbarem Seideneinband, einer Tuschzeichnung und japonisierten Schriftzügen unterstützt eine solche Verortung. Doch eben nicht nur: Die ‚Exoten' kommen in ihrer eigenen Sprache zu Wort, die anders, bildreicher, metaphorischer ist. Kutsuma, der Freund Okuros, sucht so etwa Ilses Großmutter die kulturellen Unterschiede zu erklären (vgl. Dauthendey: Den Abendschnee am Hirayama sehen, S. 171 f.). Und vielleicht ist das eher Durchlässige einer weisen alten Frau ein symbolisches Indiz dafür, dass sie überlebt, nicht aber die starr gewordene, alles Fremde ablehnende Ilse.

Klassische Moderne und Exotismus zusammenzudenken, erfolgte bislang entweder unter Prämissen einer eher inhaltsbezogenen Konvergenz, wie bspw. bei Zenk, der Keyserlings proteisches Selbsterfahrungsmodell – auf kürzestem Weg um die Erde zu sich selbst zu gelangen – als Antizipation des Musil'schen Möglichkeitssinnes entziffert hat (vgl. Zenk 2003, S. 218), oder unter der Annahme einer beidem eignenden kolonial eingemeindenden Geisteshaltung. Gegen solche Vereinseitigungstendenzen wären Elemente einer ‚weichen Theoriebildung' aufzurufen, welche die Emanzipation von Abenteuer, Fernweh, Faszination als xenologische Kategorien anhand der einzelnen Texte auf ihren genauen Einsatz und ihre Intention hin befragt. Die Aufnahme eines zeitgenössischen Exotismus-Ansatzes wie derjenige Segalens ist hierfür noch keineswegs erschöpfend geschehen. Allzu schnell übersieht der ‚Kolonialismusverdacht' das Wirken anderer Faktoren der Zuwendung zum Fremden.

5.9 Exil und erzwungene Fremdheitserfahrung – Nationalsozialismus als Abwehr des Hybriden

5.9.1 Zuvor: Die Weimarer Republik als Experimentallabor

Die literarische Epoche des Expressionismus endet nicht mit dem ‚expressionistischen Jahrzehnt' zwischen 1910 und 1920, sondern führt mit ihren experimentellen, oft visuellen ästhetischen Verfahren mitten hinein in die Weimarer Republik und die aufkommende mediale Massenkultur (des Films, der Revuen, des Cabarets) und der metropolitanen Alltagskultur mit ihren kalkulierten Sinnesüberflutungen (wie sie Alfred Döblin in seinem Großstadtroman *Berlin Alexanderplatz,* 1929, umgesetzt hat). Übergänge zu DADA oder allgemeinen surrealistischen Verfahren prägen die Weimarer Republik, die keineswegs literarisch nur ‚Neue Sachlichkeit' zu bieten hatte. Vielmehr koexistieren sehr unterschiedliche Stilrichtungen nebeneinander, konkurrieren um das Publikum und machen diese angebliche „Republik ohne Republikaner" zu einem „Experimentierfeld der Moderne" (Becker 2018, S. 17). Interkulturelle Aspekte sind weder für das Drama der 1920er Jahre mit dem kritischen Zeit- und Volksstück, mit Bertolt Brechts Lehrstücken noch für die Großstadtromane, den Kriegs- und Anti-Kriegsroman, für Epochen- und Zeitroman und auch nicht für die monologische Lyrik sowie die Brecht'sche Gebrauchslyrik zentral. Doch selbstredend gibt es Ausnahmen, in denen durchaus auf Fremdheit Bezug genommen wird, etwa in Brechts *Chinesischen Gedichten* (1938), in Gottfried Benns Gedichten *Negerbraut* (1912) und *Osterinsel* (1927) oder in seiner werkinhärenten mediterran-,mittelmeerischen' Fernsucht.

Sehr überpointierend könnte man sagen, dass neben dem für die Selbstreferenz ‚geborgten' Exotismus etwa Carl Einsteins, mit dem Kunstformen Afrikas als Impulsgeber für die europäische Kunst verstanden werden, den ‚Neger'-Revuen, den DADA-Performances mit ihren ‚Negergesängen' (Richard Huelsenbeck), welche das exotisch Fremde eher zur ästhetischen Selbstmaximierung einsetzen (oder gar als bloßes Kolorit), andere Formen der interkulturellen Ausweitung zu verzeichnen sind, welche Eigenes und Fremdes sehr viel differenzierter ineinander spiegeln.

Ein Beispiel dafür ist **Franz Kafkas** berühmte Prosaskizze **Wunsch, Indianer zu werden,** die den ersten Text seines literarischen Debütwerks mit 18 Prosaskizzen bildet (Betrachtung, 1913):

> „Wenn man doch ein Indianer wäre, gleich bereit, und auf dem rennenden Pferde, schief in der Luft, immer wieder kurz erzitterte über dem zitternden Boden, bis man die Sporen ließ, denn es gab keine Sporen, bis man die Zügel wegwarf, denn es gab keine Zügel, und kaum das Land vor sich als glatt gemähte Heide sah, schon ohne Pferdehals und Pferdekopf." (ebd., S. 32 f.)

Heinrich Detering hat in einer knappen Deutung dieser Skizze das Phantasmatische daran herausgearbeitet, die gewissermaßen rückwärtslaufende Bildfolge wie im Kintopp, „die Knaben- und Kinoträume" (Detering 2008).

Allerdings ist dies keineswegs das Zentrale – vielmehr sind in Kafkas gesamtem Werk, wie John Zilcosky (2003) detailliert beschrieben hat, immer wieder Motive der Fernsucht, des Heimwehs nach der Fremde zu bemerken. Schon der Titel seiner Studie, *Kafka's Travels,* macht auf die Paradoxie aufmerksam, dass dieser Schriftsteller, den man so sehr mit Prag und gerade nicht mit Reisen verbindet, ein Werk hinterlassen hat, in dem auf verschlungenste Weise das Exotische, das Wilde, Zuckerbarone und Landvermesser ihre Spuren hinterlassen haben – bis hin zu seiner Erzählung vom Jäger Gracchus als einer „journey toward death" (Zilcosky 2003, S. 175). In welcher Weise dabei die sog. *Grünen Bändchen,* populäre Broschurhefte über die germanische Urzeit, aber auch Deutsch-Ostafrika, die Indianer am Schingu etc., welche Kafka mit identifikatorischer Emphase gelesen hat, eine Rolle spielen, kann hier nur mit Verweis auf Zilcosky angedeutet werden. An den offensichtlich exotisch organisierten Erzählungen wie *Beim Bau der chinesischen Mauer* (1917) hat sich die Forschung hinreichend versucht (bspw. Honold 2005), doch bleiben weitergehende interkulturelle Aspekte für das Werk insgesamt herauszuarbeiten. Auch der *Wunsch, Indianer zu werden* ist weit mehr als ein „Knabenblütenmorgentraum", wie Detering vermutet, der keine Erfüllung findet. Man dürfte wohl nicht zu weit gehen, wenn man sagte, dass diese erste Wunschphantasie einem Werk präludiert, das immer wieder in die Ferne ausgreift und das mit scheiternden Helden wahrlich nicht unterversorgt ist.

Auffällig an der Skizze ist ein irritierender Fremdkörper, den man nicht mit amerikanischen Landschaften verbindet, sondern mit dem europäischen Norden: die Heide. Und nicht nur erscheint diese völlig deplatziert – sie ist überdies „gemäht", was dem Charakter der Heide als einer (nordeuropäischen) unbebaubaren Wildnis vollkommen widerspricht. Absolut erstaunlich mutet es an, dass selbst im neuesten Versuch über diese berühmte Skizze Kafkas dieser so augenscheinliche Fremdkörper von keinem der acht Beiträger/innen, allesamt Kafka-Kenner/innen, auch nur eines genaueren Blickes gewürdigt wird (vgl. König/Most 2019). Eine eigenartige Lehre wissenschaftlichen Verkennens und ein Hinweis darauf, dass man nur sieht, was man kennt.

Denn gerade im Wildnischarakter dürfte man auch die Brücke zum transatlantischen Verwandten, der Savanne, sehen – möglicherweise auch zu anderen geobotanischen Vorkommen, etwa dem Fynbos Südafrikas. Es ist also keineswegs, wie Kehlmann meint, die bloße (und banale) Assonanz auf eine Kindheitserinnerung, die hieran von Bedeutung ist: „[M]an sieht eine glattgemähte Heide, weil man auf ihr eben einst den reitenden Indianer gespielt hat." (Kehlmann 2019, S. 49) Kafka spannt vielmehr innerhalb des äußerst dynamischen Geschehens an einer fast unmerklichen Stolperstelle ein Netz von Verweisen auf, das ins Fernste geht und die Fernsucht wenigstens im Geflecht der Assoziationen fest vertäut; Assoziationen, die mit Kolonisierung sehr indirekt-direkt verbunden sind. Es ist insofern gar nicht ausgemacht, inwiefern der Wunsch wirklich „ins Leere geht" (Detering 2008) oder nicht genau das abbildet, was er ist: das Sich-Anschmiegen an den Pferdehals als ein mimetisches Verschmelzen mit dem ‚Indianischen' – das man nicht ist, sondern immerfort zu werden versucht. In einer knappen Nebenbemerkung zu Goethes *Divan* hat Anil Bhatti übrigens auf die *prima vista* recht unwahrscheinliche Nähe Goethes zu Kafkas *Wunsch* hingewiesen: Im Gedicht *Freysinn* gehe es „gewissermaßen um Goethes Wunsch, Beduine zu werden" (Bhatti 2008, S. 14).

Viel offenkundiger als bei Kafka ist in **Alfred Döblins** Werk das Fremde präsent; sein China-Roman *Die drei Sprünge des Wang-lun* (1915) verhalf Döblin literarisch zum Durchbruch (vgl. Sander 2016, S. 43) und auch in weiteren historischen Romanen hat sich Döblin dem Außereuropäischen angenähert, so in seiner monumentalen ***Amazonas*-Trilogie** (1935–1937). Döblin arbeitet hier den Dritten Raum der Kulturbegegnung eher im Sinne der (gewaltdurchzogenen) *contact zones*, wie sie Pratt entworfen hat, auf. Von der präkolonialen Zeit vor Ankunft der Spanier im ersten Band über die christlichen Rettungsversuche (Las Casas, Jesuitenstaaten) im zweiten Band bis hin zur unmittelbaren Gegenwart im dritten Band entwirft Döblin ein Panorama der Naturzerstörung, des Aufbegehrens gegen ein gewalttätiges krankes Europa, das den Tod ‚exportiert'. Damit hat Döblin eine Trilogie geschrieben, die singulär in der Exilliteratur ist: Der Sprung vom historischen in den Zeitroman spannt zugleich den Bogen vom Genozid an den Indigenen Lateinamerikas hin zum zeitgenössischen Faschismus.

In detailreichen, von Quellenstudien inspirierten Erzählsträngen widmet sich Döblin Themen, die den früheren Expressionisten im Spätwerk immer mehr beschäftigt haben: grundlegenden Themen der zivilisatorischen (Unheils-)Entwicklung. Begleitet wird das historische und raumzeitliche Panorama von essayistischen Überlegungen zum ‚Primitiven', von Zivilisationskritik und möglichen Gegenentwürfen und von der Reflexion über die eigene Situation des Exils. In diesem Exilroman geht es folglich nicht nur um ‚Mythopoetik', um den Amazonenstaat, Animismus und ‚wildes Denken'. Es geht Döblin um die Grundlagen der Zivilisation in ihrer spezifisch europäischen Ausprägung und er zeigt in seiner Gesamtanlage, wie die instrumentelle Vernunft schon lange vor der Aufklärung ins Verderben führt. In Einzelgeschichten, in Exkursen, durch Anthropomorphisierung der Natur wird eine Unheilsgeschichte als epische Totale entworfen. Innerhalb all dieser „Generalabrechnung mit unserer Civilisation" (Döblin: Die deutsche Literatur, S. 352) – gestützt von Lektüren Pascals und Kierkegaards – ist die Suche nach einer lebbaren Utopie zu verorten: Diese sieht Döblin in einer Art Rückkehr zum frühchristlichen Primitivismus – seine Konversion um 1941 setzt hier einen deutlichen biographischen Bezugspunkt. Das Fremde ist in der *Amazonas*-Trilogie nicht nur dekoratives Element; es ist Ergebnis ausgiebiger (ethnographischer) Quellenstudien in der Pariser Bibliothèque nationale, der Beschäftigung mit Indianermärchen und der Geschichte der Kolonisierung. An den Verwerfungslinien der Gewalt entlang lässt Döblins modernes Epos die Ahnung einer anderen Möglichkeit des Kulturkontakts entstehen; die Jesuitenreduktionen – wiewohl scheiternd – stellen ein solches Momentum eines friedlichen Dritten Raumes dar.

5.9.2 Exil und Fremdheitserfahrung – das Beispiel Stefan Zweig

Mit der Machtergreifung der Nationalsozialisten und der erzwungenen Exilierung vieler Autor/innen und Künstler/innen sind Fragen der Interkulturalitätserfahrung auf ganz andere Art verbunden als bei den freiwilligen Reisen der 1920er und 1930er Jahren, die naturgemäß eine Domäne des Kulturkontakts darstellen – wenngleich nicht immer in der launigen Weise wie etwa bei den Zwillingen Klaus und Erika Mann in ihrem *Buch von der Riviera* (1931): „[...] in Südfrankreich [...] wenn irgend möglich, nicht zum Frisör gehen. [...] es geht zu, wie wenn Buster Keaton etwas unternimmt [...]. Mit sachlicher Miene verdirbt man uns, meine Damen, die Frisuren [...]" (Mann: Buch von der Riviera, S. 30). Die Ausdehnung der Transportwege und -mittel führt nach 1900 zu einer enormen Zunahme auch der touristischen Individualreisen; mit der Weltreise als letztem Exklusivrecht einiger weniger Begüterter. Autoreisende Frauen erobern die Routen (am prominentesten wohl Annemarie Schwarzenbach und Clärenore Stinnes), Städtereisen sind en vogue. Flaneure erkunden in Absetzung von zunehmender Dynamik das Weichbild der Städte. All diesen auf Freiwilligkeit basierenden Reiseformen bereitet der Nationalsozialismus kein absolutes Ende; auch nach 1933 wird in und aus Diktaturen gereist (vgl. Lubrich 2004 sowie Lubrich 2017). Aber die Flaneure werden oft ebenso ins Exil getrieben wie die berühmtesten Riviera- und Indienreisenden.

Dass Exil und erzwungene Akkulturation zusammenhängen, rückte erstaunlicherweise erst spät und sicher auch unter dem Eindruck interkultureller Perspektivierungen in den Blick (vgl. Krause 2010). Am Beispiel Thomas Manns hat Braese (2009) exemplarisch herausgearbeitet, was eine verbreitete Haltung bei Exilierten war: Das Exil wurde als Interimsphase verstanden, nicht als Zielpunkt, wenngleich Manns überhebliches Wort „Where I am, there is Germany" (New York Times vom 22.1.1938, S. 13) singulär gewesen sein dürfte. Einkapselung in der (oft zerstrittenen) Gemeinschaft der *Expats* war die Folge; am Anfang herrschte die Rückorientierung unter ständiger Beschwörung eines erhofften ‚anderen' Deutschlands, dem man wieder angehören wollte. Der Blick ist also einerseits historisch rückwärtsgewandt, andererseits geht er auch geographisch zurück über den Atlantik. An Schicksalsdestinationen wie Shanghai ist in den letzten Jahren gut herausgearbeitet worden, welchen Kulturschock die Exilierten oft erlebten; in literarischen Spurensuchen wie Ursula Krechels *Shanghai fern von wo* (2008) und in Forschungsarbeiten (vgl. Armbrüster/Kohlstruck/Mühlberger 2000) wurde sichtbar, wie unterschiedlich die ins Exil Vertriebenen mit der neuen Situation zurechtzukommen vermochten. Am Beispiel von Bolivien als ungeliebtem Zufluchtsort beschrieb von zur Mühlen nicht nur den erlebten Kulturschock, sondern auch die Sicht der Bolivianer auf die undankbaren Fremden mit ihren modern-lockeren Sitten, „protzige Nichtstuer" (von zur Mühlen 2009, S. 77) in ihren Augen. Dies sind interessante Einzelstudien, weil sie den oft nur auf das amerikanische Exil gerichteten Horizont panoramatisch erweitern.

In graduellen Abstufungen sind die Fremdheitserlebnisse jedoch in allen Exilländern sehr ähnlich, wie Popp (2008) in ihrer Studie zu Amerikabildern in der deutschsprachigen Exilliteratur herausgearbeitet hat. Dass mit der Zeit eine stufenweise Annäherung und ein Einstellungswechsel stattfand, hat Krause (2010) am Beispiel autobiographischer Texte zeigen können. Erst mit der verstärkten Rezeption des Werks von Vilém Flusser geriet überdies ein Aspekt in den Blick, der bei aller Zwangsförmigkeit des Daseins in der Fremde am Ende des 20. Jahrhunderts eine hoffnungsvollere Deutungsmöglichkeit mitzubieten schien: der Zusammenhang von Exil und Nomadentum als einer (freiheitlichen) Existenzform des modernen Menschen (vgl. Krause 2010, S. 293 ff.)

Stefan Zweig, der weltberühmte Autor, der im brasilianischen Exil sein Leben selbst beendete, dürfte den ‚nomadischen Überlegungen' des Exil-Brasilianers Flusser denn auch eher ablehnend gegenübergestanden haben (wie wohl auch viele andere Vertriebene). Sein Exilbuch über das Land, das ihm Zuflucht gewährte, als er vor den Nazis fliehen musste – nicht jedoch vielen anderen Juden, gegen deren Aufnahme es sog. Circulare gab –, ***Brasilien. Ein Land der Zukunft*** (1941) soll hier für eine bestimmte Form der Annäherung von Exilanten an ihre Gastländer stehen, die indes nicht verallgemeinerbar ist (vgl. ausführlicher Holdenried 2011). Zweig, der auch schon seine Indien-Reiseerlebnisse veröffentlicht hatte (*Fahrten, Landschaften und Städte,* 1919), war mit dem Genre des Reiseberichts bestens vertraut. Sein Buch *Brasilien,* in dem er hymnisch ein Land beschreibt, in dem sich für ihn gerade aufgrund des ungeheuren kreativen Potenzials der *mestizaje,* der hybriden Mischkulturen, Zukunftshaltigkeit manifestiert, verbindet Elemente aus verschiedenen Subgenres der Reiseliteratur.

Zweig, der Biograph, schreibt die Bio-(Geo-)Graphie von Brasilien als einem lebendigen Organismus, dessen Natur selbsttätig ist (ganz ähnlich wie Döblin in der *Amazonas*-Trilogie). Statt zu exkludieren, assimiliert sich dieser Körper die Energien eines vielfältigen Zuflusses. Zweigs organologisches Denken ist allerdings im diametralen Gegensatz zu den ‚Volkskörper'-Ideologemen des Nationalsozialismus um gänzlich kontrafaktische Inhalte geordnet: Ihm geht es gerade um Einschluss statt Ausschluss, um Vielfalt statt Homogenität, um ‚natürliche' Unordnung statt der Monotonie des militärisch Regulierten, wie er es einzig in den Plantagen findet – und entsprechend kommentiert: „Masse macht immer monoton" (Zweig: Brasilien, S. 275).

Im Vergleich mit Europa stellt Zweig das Spezifikum einer tropischen Metropole in den Vordergrund. Überall nimmt der Angekommene Harmonie, tropischen Brodem, Schönheit wahr. Superlative dominieren den Text, man ist angekommen „auf der schönsten Erde der Welt" (ebd., S. 180). Als hybrides Gesamtphänomen scheint Rio jene Harmonisierung von Gegensätzen zu gelingen, die Zweig als so typisch für diese Stadt und für Brasilien empfand.

Zweigs Hymne auf Brasilien hängt mit der Situation des Exils scheinbar in keiner Weise zusammen. Das flanierende Ich bewegt sich im Straßengeflecht der modernen tropischen Stadt wie eines, das sich eine neue Welt erobert. Doch ist es wohl nicht zu kurz gegriffen, wenn man gerade in der emphatischen Gestimmtheit, im überschwänglichen Ton der Beschreibung ex negativo den Bezug auf Zweigs eigene Situation des Exils vermutet: Für ihn war Brasilien das Land der Zukunft, weil es auseinanderstrebende Gegensätze der Moderne zu versöhnen und nicht abzuspalten und zu unterdrücken, ja zu liquidieren suchte; seine Dynamik empfand der Autor als eine im Kontrast zur forcierten Moderne Europas nicht menschenverachtende.

> „Verschwenderisch von der Natur bedacht mit Raum und unendlichem Reichtum innerhalb dieses Raumes, gesegnet mit Schönheit und allen erdenkbaren potentiellen Kräften, hat es noch immer die alte Aufgabe seines Anfangs: Menschen aus überfüllten Zonen einzupflanzen in seine unerschöpfliche Erde und [...] eine neue Zivilisation zu erschaffen." (ebd., S. 81)

Der brasilianische Raum selbst wird bei Zweig zum Agens, das wilde tropische Wuchern verschiebt sich metonymisch auf die national nicht differenzierten Einwanderer, denen der Boden unterschiedslos fruchtbares Wachstum gewährt. Und während der Flaneur angesichts der Großstadtszenerien doch eher einer Art teilnehmenden Beobachtung huldigt, ist es ein bahianisches Volksfest mit seinen karnevalesken Formen, das den Autor fast zur Aufgabe seiner Distanz hinreißt: Beim Fest des *Senhor do Bonfim* zeigen sich die synkretistischen Verschmelzungen der Religionen, lustvoll wird der eigene Körper zum Instrument einer kathartischen Reinigung – „etwas so ungeheuer Hinreißendes und Ansteckendes war in diesem religiös-lustvollen Fegen, daß ich nicht sicher war, ob ich nicht selbst, wenn ich mich inmitten dieser Exaltierten befunden hätte, einen solchen Besen an mich gerissen hätte" (ebd., S. 273).

Man kann sich keinen größeren Kontrast zwischen dieser Freude am lustvoll Verschmelzenden einer hybriden Kultur und dem doch nicht zu tilgenden Leiden am Exil vorstellen. Am 22.2.1942 nimmt sich das Ehepaar Zweig in Petropolis, einem klimatisch begünstigten Villenvorort von Rio, das Leben.

5.9.3 Der Nationalsozialismus und das Fremde

Gegenüber dem vom Nationalsozialismus propagierten Ziel einer rein arischen, homogenen Volkskonzeption tritt jede Form von ‚Vermischung', Hybridisierung auch im literarischen Feld völlig in den Hintergrund. In den Kolonialromanen, etwa bei Hans Grimm (sehr ausgeprägt in den *Südafrikanischen Novellen,* 1913), war vorgeführt worden, wie die europäischen Werte durch ‚Verkafferung' aufs Höchste gefährdet wurden. Von dort zieht sich eine klare Linie zur ‚Blut-und Boden'-Literatur. ‚Rassenschande' war ein tödliches Verdikt.

Interessant sind jedoch Versuche eines Unterlaufens dieser Grenzziehung, in denen gleichsam unter dem Radar ständiger Zensur doch Phänomene des Hybriden verhandelt werden, und zwar von Autor/innen wie **Gerhart Hauptmann,** der sich weitgehend NS-konform verhielt, indem er nicht aus der Akademie austrat und 1933 sogar eine Loyalitätserklärung der Preußischen Sektion unterzeichnete

5.9 Exil und erzwungene Fremdheitserfahrung – Nationalsozialismus

(vgl. Sprengel 2012, S. 670). Hauptmann war dennoch kein ausgesprochener Parteigänger der nationalsozialistischen Bewegung; er war durch seine Berühmtheit (Nobelpreis 1912) aber ein Aushängeschild der Nazis und durchaus willfähriger Empfänger von höchsten Ehrenbezeugungen. Gleichzeitig wurde er jedoch aufgrund seines (Früh-)Werks vom Reichspropagandaministerium misstrauisch überwacht. Seine im Folgenden vorgestellte Novelle *Der Schuß im Park* (1939) entsprach in keiner Weise den gesetzlich manifesten Verboten zur Reinhaltung der ‚arischen Rasse', wie sie in den Nürnberger Gesetzen 1935 festgehalten wurde; Goebbels selbst sprach in Bezug auf den Text daher von ‚Rassenschande' – wie allerdings nur in der Wikipedia (vgl. 2021) nachzulesen ist.

Hauptmanns Novelle ist schon deshalb bemerkenswert, weil in ihr eine Schwarze vorkommt – und zwar nicht nur ‚im Busch' (nach damaligem Sprachgebrauch), sondern befremdlicherweise in Schlesien. Und mehr noch, weil sie nicht den zu dieser Zeit üblichen Stereotypen von Schwarzen entspricht. Die Handlung führt von Afrika, in dem Jagdabenteuer zugleich mit erotischen Abenteuern bestanden werden, Kolonialismus und ungebundenes Vagabundieren innig miteinander verquickt sind, hin in ein adlig geordnetes Schlesien. Erzählt wird auf mehreren Ebenen, die Binnenhandlung ‚Afrika' wird vom Onkel des Ich-Erzählers aus der Erinnerung wiedergegeben. Der Baron Degenhart überschreitet die Linie von der afrikanischen Wildnis zurück in die Zivilisation, gewinnt die Liebe einer Baronin, wird sesshaft und scheint völlig in der Rolle des liebevollen Familienvaters aufzugehen – bis seine ehemalige Geliebte, ebenjene Schwarze mit ihrem sehr hellhäutigen Sohn, aus dem Inneren Afrikas plötzlich im Schlosspark erscheint. Ganz offenkundig versucht der Baron sich aus der Affäre zu ziehen, indem er auf sie schießt; allerdings eher halbherzig, sodass Bibi – so ihr ‚Kosename', der wohl kaum ihr richtiger Name sein dürfte, der in der Erzählung bezeichnenderweise nicht erwähnt wird – zwar verletzt, aber nicht getötet wird. Stattdessen sucht der Baron fluchtartig das Weite. Bibi wird von der Baronin gesund gepflegt, der ‚Mischlingssohn' ihres verschollenen Mannes in erzieherisch beste Obhut nach England gegeben.

In vielerlei Hinsicht überschreitet Hauptmann mit dieser Novelle Grenzen. Die Tatsache, dass eine Afrikanerin nach Europa reist, ist eine von der imperialistischen Ideologie nicht vorgesehene Umkehrung der Bewegungsrichtung, ja eine ungeheuerliche Durchbrechung kontinentaler und mentaler Grenzen – also eine ‚unerhörte Begebenheit', wie sie für die Novelle gefordert ist. Das weibliche Fremde, das zunächst signifikanterweise für „eine Zigeunerin" (Hauptmann: Der Schuss im Park, S. 450) gehalten wird, dringt in die europäische Wirklichkeit ein und müsste der Logik weißer Dominanz entsprechend gewaltsam wieder entfernt, also getötet werden. Stattdessen spielt die Novelle nicht nur ironisch auf koloniale Kontexte an, die durch den liederlichen Baron äußerst fragwürdig wirken, ja Afrika als zwiespältigen Raum männlichen Abenteurertums erscheinen lassen. Bei der Figur des Barons dürfte der selbst ernannte ‚Kolonialheld' Carl Peters, dessen Beiname ‚Hänge-Peters' ihn aufs Deutlichste bezeichnet, Pate gestanden haben. Intertextuell sind ferner deutliche Verbindungen zu Kleists

Verlobung in St. Domingo (1811) erkennbar, in der es ja ebenfalls um Rasse, Verrat und koloniale Gewalt geht – ebenso wie in Joseph Conrads Roman *Herz der Finsternis* (1899), *dem* Masternarrativ kolonialer Exploration (ausführlich zu Hauptmanns Novelle vgl. Holdenried 2021, S. 89–102).

Die Gegenüberstellung von Zweigs Brasilien-Buch und Hauptmanns Novelle zeigt in einer seltsamen zeitlichen Koinzidenz, wie Phänomene der Hybridität von einem Autor des Exils und einem der sog. Inneren Emigration zugeordneten Autor jeweils behandelt werden. Zweigs emphatisches Lob der *mestizaje,* des Hybriden, und Hauptmanns fast subversives Überlebenlassen des fremden ‚Eindringlings' sind jeweils entschieden kontextabhängige Figurationen von Kulturkontakten – in all ihrer Ambivalenz.

5.10 Interkulturalität in Reiseliteratur, ethnographischem Roman, postkolonialem Roman und Fluchterzählungen

5.10.1 Reisen in der zweiten Hälfte des 20. Jahrhunderts

Wenn zum Reisen, wie Hans Magnus Enzensberger in seinem historischen Essay zum Tourismus betonte, immer schon Zwang, Not und Verbannung gehörten – „Die Ferne ist Verbannung, Reisen ist Irren, die ‚müdende Laufbahn' ein einziges Exil" (Enzensberger 1958, S. 186) –, bis schließlich im 18. Jahrhundert das Reisen als Selbstzweck, als Abenteuer und Vergnügen entdeckt wird, dann zählt natürlich auch Reiseliteratur wie die von Stefan Zweig und anderen Exilierten zu einer umfassenden Geschichte der Reiseliteratur als einem besonders **privilegierten Feld interkultureller Literatur.** Dass Reisen Freiwilligkeit impliziert, ist ein historisch frisches semantisches Feld im Gesamtkomplex, von dem wir uns aber nicht retrospektiv zurückwenden können.

Phänomene der Moderne wurden in den zahlreichen Reiseberichten um die Jahrhundertwende und in der Weimarer Republik erkundet (Autoreisen, Reisen nach Amerika und Russland, Städtereisen, bspw. nach London) und auch im Nationalsozialismus wird gereist, seien es ‚Kraft durch Freude'-Reisen nach Italien für verdiente Parteigenoss/innen, seien es Reisen einer Auto fahrenden Industriellengattin wie Märte Benz, mit dem Zweck, Werbung für das Deutsche Reich und seine Industrie zu machen. Einer, der im ‚Dritten Reich' nur ins niederländische Exil gereist, dann aber in den 1950er Jahren die verlorene Reisezeit manisch aufholen wollte, war **Wolfgang Koeppen,** bekannt vor allem als Autor der *Trilogie des Scheiterns* (1951, 1953, 1954).

Was am Ende des Reisens steht, die Melancholie des Ankommens, das hat Koeppen vielfach zur Grundierung seiner Reisepoesie gemacht – und sich so als einer jener Reisenden zu erkennen gegeben, die den gesamten Fundus an klassischer Reiseliteratur mit sich tragen. Gerade das, was Koeppen nach eigenem Bekunden auf seinen Reisen suchte, „das Fremdsein ganz und kraß" (Koeppen:

An Ariel und den Tod denken. Warum ich reise, S. 280), hat er jedoch auf seinen Reisen nicht gefunden. Verhindert wird dieses ersehnte Sich-Verlieren in der Fremde eben durch das literarische Vorwissen und die touristisch zurechtgestellte Welt mit ihren Sehenswürdigkeiten: Der einzige Ausweg aus diesem von Koeppen als „Prozeß der Entwertung" (Buchholz 1987, S. 149) benannte Befund ist der in die Fiktion. Seine *Empfindsamen Reisen* (Nach Russland und anderswohin, 1983) wurden als Zeugnisse „literarischer wie touristischer Vergeblichkeit" gelesen (ebd., S. 149) – Koeppen beschließt ausgesprochen verstörend seine *Empfindsamen Reisen* mit einem furchterregenden Text, der Phantasmagorie *Landung in Eden,* in der ein Bomberpilot die Atombombe ausklinkt, die die Welt zerstören wird. Hier vollzieht der Autor den Wechsel zur Fiktion, der den Reiseberichten inhärent ist, in einer Volte, die das Genre Reiseliteratur in der apokalyptischen Vision gewaltsam und endgültig auflöst. Koeppens Kulturpessimismus zeichnet die vernichtenden Spuren des touristischen Imperialismus nach und lässt, nicht zufällig, eine Gruppe amerikanischer Flieger im ‚Goldenen Hof' picknicken: „Sie waren bei Sonnenaufgang in der Wüste aufgestiegen und wollten gegen Abend im grönländischen Eis sein." (Koeppen: Neuer römischer Cicerone, S. 273) Am Ende bleibt die seelenlose Tat der Weltzerstörung durch den apokalyptischen Flieger: „Wo ich nun lande, ist Eden […]. Im Paradies wohnen keine Menschen." (Koeppen: Landung in Eden, S. 275) Ohne den Gegensatz zur jüngst vergangenen deutschen Geschichte und Koeppens Kritik am Nachkriegsdeutschland ist der Text nicht richtig einzuordnen; den Traum eines weltumspannenden Reichs hat die Sightseeingtour abgelöst. Mit seinen Kriegs- und Apokalypse-Assoziationen radikalisiert Koeppen literarisch, was Enzensberger essayistisch beschrieben hat: Die touristische Expansion wird die Welt zerstören.

Kann man, an diesem Ende angelangt, überhaupt noch über Reisen schreiben? Koeppen hat nach seinem Frankreichbuch (1961) weitere Reiseaufträge abgelehnt. Die Selbstauflösung des Genres war so weit vorangeschritten, dass nichts anderes mehr möglich schien – denkt man, bis man **Rolf Dieter Brinkmanns** *Rom, Blicke* (1979) gelesen hat. Zerfall und Verwahrlosung sind die Leitvokabeln des Brinkmann'schen Lamentos; Rom bedeutet ihm nichts anderes als „eine weitere sterbende europäische Hauptstadt" (Brinkmann: Rom, Blicke, S. 274). In vielem weist *Rom, Blicke* auffällige Parallelen zu Koeppens *Neuem römischem Cicerone* (1957) auf. Statt Arkadien ist Rom eine Lumpenschau, „[d]en Süden gibt es nicht!" (Brinkmann: Rom, Blicke, S. 235 ff., 7. Karte). Erwähnt Koeppen die Entwertung des ‚echten' Kolosseums durch die Abbildung (vgl. Koeppen: Neuer römischer Cicerone, S. 246), so ist es bei Brinkmann die Spanische Treppe, von der er kalauert, es sei ihm spanisch vorgekommen, dass sie ihm so unimposant erschien; „die Postkarten davon sind beeindruckender" (Brinkmann: Rom, Blicke, S. 52). Man könnte den Vergleich so weiter treiben: Beiden Autoren ist die touristische Verödung ein Gräuel, fremd wollen beide in der fremden Umgebung bleiben – Brinkmann will absichtlich kein Italienisch lernen, damit „diese ganzen Wörter für mich sinnlose Zeichen" bleiben (ebd., S. 22). Was diesen Text kennzeichnet, ist ein verzweifeltes Bemühen um Gegenwart, eine Gegenwart, die allerdings auch nur noch künstlich herstellbar ist (etwa mit Rauschmitteln) und die überdies von der schlechten Wirklichkeit verstellt wird, die den um sich schlagenden Literaten anödet: Autos, fette Amerikanerinnen, sich ‚am Sack' kratzende Italiener, seine Künstlerkollegen, Werbung, kurz: „Menschen versauen jeden Ort." (ebd., S. 69) Negative Stereotypen finden sich bei Brinkmann zuhauf – sie sind aber nicht auf ein Land und seine Bewohner/innen eingegrenzt; vielmehr betreffen sie unterschiedslos die Gattung Mensch.

Von diesen Extremformulierungen der Reisekritik und damit verbunden einer brüsken Verweigerung interkultureller Kontaktaufnahmen unterscheiden sich die Versuche zahlreicher Autor/innen, welche in den 1970er und 1980er Jahren altbekannte Reiseziele wiederbeleben: Indien rückt bspw. wieder in den Blick. Über die Versuche einer interkulturellen Annäherung bei **Günter Grass** (*Zunge zeigen,* 1987) oder **Ingeborg Drewitz** (*Mein indisches Tagebuch,* 1983) wurde viel geschrieben; ebenso viel über die Verfehlung dieser Versuche. So schreibt Ulla Biernat in ihrer Studie zum Reisen nach 1945 (2004) vom „Verlust der Alteritätserfahrung in der Reiseliteratur" (Biernat 2004, S. 143). Die Reiseliteratur befinde sich im Zwiespalt zwischen einer weiterhin betriebenen Suchbewegung mit offenem Ausgang in Bezug auf die Erfahrung des Fremden und der Einsicht in ein stets drohendes Scheitern. Einzig narrativer Gewinn ist noch aus diesem „Verstehen des Anderen als kulturelle Konstruktion mit unüberwindbaren hermeneutischen Grenzen" (ebd., S. 152) zu ziehen.

Reisen ist nur noch in den Fußstapfen anderer möglich, ‚wirkliches' Reisen findet aufgrund der Touristifizierung auch dort nicht mehr statt, wo der/die Reisende sich doch als ‚echte/r' Individualreisende/r oder gar explorative/r Forscher/in verortet. **Claude Lévi-Strauss'** verzweifelt-unerfüllbarer Wunsch, „zur Zeit der *wahren* Reisen gelebt zu haben" (Lévi-Strauss: Traurige Tropen, S. 37, Hervorh. im Orig.), muss umgemünzt werden in die narrative Variation des Nachfahrens, in eine ständige Digression der Suchbewegung nach dem Fremden. Mit welchen Verfremdungsstrategien dabei Heimat und Fremde überblendet werden, lässt sich an einem besonders ausgefallenen Text des Büchner-Preisträgers **Arnold Stadler,** *Feuerland* (1992), zeigen. Berichtet wird von einer Ende der 1980er Jahre unternommenen Reise zu ausgewanderten Verwandten in Patagonien, von einem Sommer in einer kargen, abweisenden Gegend, „deren Seen nummeriert waren" (Stadler: Feuerland, S. 9), von dorthin verschlagenen Menschen, vom Treiben der sehr entfernten Verwandten, die Hitlers Geburtstag feiern, einem Fußball-Länderspiel, Ausflügen ans Ende der Welt und in prähistorische Höhlen mit erotischen Felszeichnungen, Sex mit der patagonischen Cousine und vom Tod.

Traditionslinien der Reiseliteratur durchkreuzen die Textstruktur: Cooks und Forsters Begegnungen mit den Feuerländern hatten die Aufklärer zu der schockhaften Einsicht geführt, dass es tatsächlich ‚Stämme' gibt, die keine Anlage zur Perfektibilität besitzen, und Stadler platziert ironisch seine fleischfressenden Verwandten auf dieser aufklärerischen Stufenleiter. Die Missionsheftchen *Tamtam* aus der katholischen Kindheit, das Hörensagen von den Menschenfressern in

Patagonien und die entfremdete Lebenswirklichkeit ‚der Deutschen', die keine mehr sind, verschwimmen in der Referenz auf sagenhafte Zeiten. Darwin huscht durch die menschenleere, schafbevölkerte, windzerfressene Landschaft, in der der Protagonist obsessiv über die mythischen Vorfahren aus den unwegsamen Tiroler Seitentälern nachdenkt, den Familienfriedhof mit der „Muttersprache Deutsch" (ebd., S. 18) als liebsten Aufenthaltsort wählend. Alles soll wie zu Hause sein, um die Höfe der Deutschen blühen die Lupinen, die schon Bruce Chatwin in *In Patagonia* (1977; dt. *In Patagonien*, 1981) erwähnt hat, aber die Nachfahren sprechen kaum mehr Deutsch, der echte Onkel, den der Protagonist besuchen wollte, ist kurz vor seiner Ankunft verstorben. Aus den Karten des Onkels mit der Versicherung, es sei in der Fremde alles ganz wie zu Hause, hatte sich das Fernweh des Jungen gespeist. Absurd wie die eigenen Fluchtbewegungen nehmen sich die im Roman geschilderten vielen Fluchtgeschichten der nach Patagonien Verschlagenen aus. Immer wieder weisen diese fremden Lebenswirklichkeiten auf das ‚Kampffeld Europa' zurück: Europa hat seine Verachteten, Überzähligen ausgespien und am fernen unwirtlichen Gestade sind diese gestrandet.

Das Fernweh als Reiseimpuls trägt schon kaum über die allererste Konfrontation mit einer äußerst kargen Lebenswirklichkeit hinweg: „*Da bin ich, adsum!* Am Ziel. Ich hoffte, es würde doch noch alles ganz anders werden. Doch zwanzig Kilometer vor Pico Grande mußte ich diese Hoffnung endgültig aufgeben." (ebd., S. 13, Hervorh. im Orig.) Alles ist ganz anders als gedacht und erhofft – also ganz wie zu Hause. In dieser umwegigen Logik des Vergleichs steckt die quintessenzielle Wahrheit dieses Reiseromans, der von Verfehlungen handelt: Ist es überhaupt Reiseliteratur? Oder ein **Roman vom Ende des Reisens?** Die Konfrontation mit der fremden Wirklichkeit bleibt befangen im Eigenen: Bei den falschen Verwandten entpuppt sich das oberflächlich Ähnliche als genauso schief und entfremdet wie zu Hause. Der Diaabend, den die patagonischen ‚Wilden' besuchen, handelt von kongolesischen Menschenfressern (vgl. ebd., S. 137) – alles „ganz wie zu Hause" (ebd., S. 21), damals in Meßkirch. Dass mit diesen mehrfachen **ironischen Bespiegelungen** die Verfremdung ins Groteske übersteigert wird, ist eines der Verfahren, mit denen Stadler die so nahe Fremde und deren Unzugängliches markiert. „Wie ich nach Feuerland hinüberblickte" heißt eine der strukturell immer gleichen Überschriften. Und der Text enthüllt schließlich, dass der Romantitel eine Finte war: „Auf Feuerland war ich nie." (ebd., S. 133)

Ungebrochene interkulturelle Kontakte sind in der Reiseliteratur nicht mehr darstellbar, wie dieses intrikate Beispiel zeigen sollte: Das Fremde ist immer schon unheimlich vertraut, es verweist spiegelverkehrt unerbittlich auf das Eigene. Und noch einen bereits genannten Aspekt der postmodernen Reiseliteratur enthüllt Stadlers Roman: dass Reisen nur noch als Nachreisen erfolgen kann. Vor Stadler waren schon Bruce Chatwin (1977) und nach ihm Luis Sepúlveda (*Patagonia Express*, 1998; *Al andar se hace el camino se hace el camino al andar*, 1995 sowie als Teilveröffentlichung *Da sind wir also. Geschichten einer Reise*, 1998) in der patagonischen Wüste und lange davor schon Darwin (1832).

Auffällig viele Werke der Reiseliteratur scheinen dem Aspekt interkultureller Begegnung durch **Anpassung der Erzählstrategien** nachzuspüren, in sehr viel indirekterer Form, ja fast mit einer Art Scheu vor szenischer Darstellung – und wo es diese gibt, wie etwa bei **Paul Theroux,** sind diese Szenen häufig von einer Ironie des Missverstehens durchzogen (wie etwa sein Indonesien-Reisebericht *The Happy Isles of Oceania,* 1992, zeigt). Andere Autor/innen weichen auf eine literarische Form aus, die zu den Anfängen der kartographischen Erfassung der Welt und des Fremden zurückzukehren scheint: auf den **Atlas als Erzählform.** Während auch frühe Karten schon enormes narratives Potenzial enthalten, etwa indem sie die brasilianischen Indigenen als Kannibalen darstellen, sind die postmodernen Atlanten durch das Bewusstsein von der hermeneutischen Verstehensgrenze hindurchgegangen, von der etwa auch der Philosoph Bernhard Waldenfels (s. Abschn. 3.1) spricht. Die Wendung zum Raum, der sog. *spatial turn,* wirkt in diesen Werken, etwa Judith Schalanskys *Atlas der abgelegenen Inseln. Fünfzig Inseln, auf denen ich nie war und niemals sein werde* (2009) oder in Christoph Ransmayrs *Atlas eines ängstlichen Mannes* (2012), mit, aber nicht mehr im Sinne kartographischer Selbstermächtigung, sondern als tastende Versuche, das entgleitende Fremde doch noch in eine erzählbare Form zu bringen.

Am **Motiv des Landvermessers** könnte exkursorisch eine Linie der versuchten Ermächtigung und ihres Scheiterns im Kulturkontakt gezogen werden, für das 20. Jahrhundert von Kafkas Landvermessern über Uwe Timms postkolonialen Roman *Morenga* (1978) (s. Abschn. 4.4.2), in dem Landvermesser Deutsch-Südwest aufteilen, bis hin zu Daniel Kehlmanns Bestseller *Die Vermessung der Welt* (2005). Andere Autor/innen ziehen aus dem Manko des bloßen Nachreisens einen ästhetischen Gewinn: Dem russischen Autorengespann Ilf und Petrow in die USA der 1920er Jahre folgten Felicitas Hoppe und zwei bildende Künstler/innen im Jahr 2015 (dokumentiert wird die gemeinsame ‚Nachreise' und die Entstehung von Hoppes Roman *Prawda. Eine amerikanische Reise,* 2018, in *The making of Prawda,* 2019). Interkulturelle Begegnung ist hier auch eine über die Zeitgrenzen hinweggehende.

5.10.2 Ethnographischer Roman

Reiseliteratur und Ethnographie stehen in engstem Zusammenhang: Die Ethnographie als wissenschaftliche Disziplin um 1800 erhielt ihre Impulse aus den Forschungsreisen und mit Bronislaw Malinowski wird nach 1900 das Paradigma der ‚teilnehmenden Beobachtung' zu einer Quasi-Vorschrift, auch für die Reiseliteratur. Seit den 1980er Jahren wird dann die Einseitigkeit einer auf ‚schriftlose' Völker gerichteten Beschreibung zunehmend infrage gestellt; mit Plattformen kritischer Ethnologen (Writing Culture) war die Wende zur postmodernen Cultural Anthropology schließlich vollzogen. Stephen Tyler fasst diese Wende pointiert zusammen:

„Heute, wo die Einheimischen selbst Kroeber und Boas gelesen haben, werden auch sie zu Interpreten des Ethnographen, zumindest jedoch zu Interpreten der ethnographischen Texte: womit der Ethnograph zuguterletzt doch die regieführende Position in der Triade der Signifikation verliert." (Tyler 1991, S. 97)

In den 1990er Jahren versucht man, Methoden der Ethnographie für die Literaturwissenschaft zu adaptieren: Auch für die Interkulturelle Germanistik – verstanden zu Anfang noch im Sinne eines Methodeninventars zur Vermittlung der eigenen Kultur – war damit eine Reversibilität der Vermittlung in *beide* Richtungen unumgehbar. Dies hat ebenso Auswirkungen auf die Literatur.

Viele der Bücher moderner Autor/innen entstehen aus Reisen, ohne dass es sich explizit um Reiseliteratur handelt (etwa auch bei Hoppe, die gern als Reiseschriftstellerin etikettiert wird). **Michael Roes,** bei dem das programmatisch so ist, hat in einem Interview davon gesprochen, dass das Reisen historisch betrachtet zwar nicht vorbei sei, dass aber das passive, rezeptive Reisen nicht mehr möglich sei, weil wir dazu kulturell zu vorgeprägt seien (in *Reisen ins Glück,* Sonderbeilage zu *Die Zeit,* 14.3.2002, S. 20). Was an dessen Stelle treten könne, sei ein neuartiges Reisen, ein kreatives, dialogisches, auf gemeinsamer Arbeit beruhendes. Er selbst hat das etwa in einem *Macbeth*-Film versucht, den er im Jemen drehte (*Someone is Sleeping in My Pain,* 2002) – und in seinen ethnographischen Romanen.

„Schichten statt Geschichten" (zit. n. Simo 1991, S. 129) ist eines der ethnopoetischen Leitmotive **Hubert Fichtes,** wenn man so will, dem ‚Urvater' deutscher ethnographischer Epik. Fichte hat in seinem Roman *Forschungsbericht* (1989; Bd. 10 seiner *Geschichte der Empfindlichkeit,* 1987–2006) das Scheitern des Feldforschungsvorhabens konstitutiv umgemünzt in die poetische Wahrheit des ethnologischen Romans. „Der *Forschungsbericht* ist damit zu einem Parameter einer poetischen Ethnologie geworden, die einen engagierten Realismus für obsolet erklärt." (Clement 1991, S. 158; Hervorh. im Orig.) An die Stelle des wissenschaftlichen Ertrages tritt die poetisch gestaltete unendliche Annäherung an das Fremde. Mehr ist nach Fichtes Ansicht nicht zu erreichen – die sensibilisierte (Reise-)Bewegung mündete in seinen programmatischen Entwurf einer ‚Geschichte der Empfindlichkeit'.

Roes' Annäherung an den Jemen (*Rub' al Khali,* 1996) oder an das moderne China (*Die fünf Farben Schwarz,* 2009) korrespondieren dieser poetologischen Forderung Fichtes, Übereinandergeschichtetes als solches sichtbar zu machen: In seinem Chinaroman **Die fünf Farben Schwarz** (2009) sind dies der Kriminalfall, das Psychogramm des Protagonisten Viktor Holz, der Reisebericht, das Städteporträt (Nankings), ‚Tuschespuren' (eine Art Gedichtnotate), Sentenzen, ja physiognomische Studien und ein intermittierend eingewobener großer Essay über den Tod – am Schluss werden alle diese Formenschnipsel in einer furiosen Splatterfilmsequenz zusammengeführt. Narrative und diskursive Ebenen wechseln einander ab. Insofern als der Essay über den Tod dem Protagonisten zugeschrieben werden kann, bildet er nicht nur ein Seitenstück zum Gesamtgeschehen, sondern ist der eigentliche rote Faden (und ein mögliches Psychogramm der Wesensart des nach China gereisten Professors Viktor Holz). Michael Ostheimer hat sich daher die Frage gestellt, ob wir es hier mit einer „Art interkulturelle[m] Anti-Bildungsroman" zu tun haben, einem „Desillusionsroman vor deutsch-chinesischer Kulisse" (Ostheimer/Li 2012, S. 203). Ostheimer und sein chinesischer Co-Autor Li offerieren aber vielmehr noch intertextuelle Referenzen, die den Roman als interkulturellen Dialog einzuordnen gestatten. Inwiefern Letzteres – das Interkulturell-Dialogische – Ersteres – den interkulturellen Anti-Bildungsroman – unterläuft, ja, ihn doch umwertet zu einem Lehrstück über interkulturelle Differenz und Verständigung, muss der Leser, die Leserin jedoch selbst entscheiden.

Sprache wird in Verbindung mit allen Lebensbereichen als vorrangiges Instrument von Welterfahrung und Wirklichkeitskonstitution verhandelt – gemäß der Wittgenstein'schen Gleichung: „Und eine Sprache vorstellen heißt, sich eine Lebensform vorstellen." (Wittgenstein 1963, S. 296, §19) In Roes' Jemenroman wurde dies gleichsam in eine Spieltheorie im wörtlichen Sinne umgesetzt und auch in seinem Chinaroman ist es nicht zufällig ein Rhetorikprofessor, der über die Gesetzmäßigkeiten und die Struktur der Sprachen forscht und sich mit Zeichentheorie beschäftigt. Für die Protagonisten beider Romane ist das Eintauchen in eine andere Kultur mit dem Erlernen der jeweiligen Sprache (und einiger Kulturtechniken) verbunden.

Paradigmatisch für die Problematik der Annäherung an das andere ist die Schilderung des Ankommens in Nanking; nicht nur rein physisch zeigt sich der Protagonist schon als aufs Äußerste strapazierter Europäer, wenn ihm sein morgendliches Frühstück nicht in gewohnter Form geboten wird. Alles wird zur Herausforderung, die eiskalt eingestellte Aircondition, die Undurchdringlichkeit asiatischer Gesichter etc. – Schwierigkeiten, „Zweifel, Niederlagen" (Fichte: Ketzerische Bemerkungen, S. 17) dürfen indes nicht ausgespart werden, so Fichte, will man das Fremde in seiner ganzen Komplexität darstellen. Das Subjekt konstituiert sich ebenso wie sein Gegenstand erst in der schwierigen Interaktion mit dem Gegenüber. „Wir können dem ethnozentrismus nicht entkommen" (Roes: Rub' al Khali, S. 225, klein im Orig.) – so klagte noch der autofiktionale Protagonist im Jemenroman; im Chinaroman entsteht hingegen der Eindruck, dass dies mit zunehmender Erreichbarkeit und scheinbarer Angleichung des Fremden nicht einfacher geworden ist.

Neben Fichtes Ethnopoetik kann Roes' Gesamtwerk sicher als dasjenige gelten, das die ethnographische Wende konsequent umgesetzt hat bzw. genauer: ihr vorgearbeitet hat. Bachmann-Medick führt Roes' „ethnographisch-fiktionalen Reiseroman" als „eine gleichsam kulturwissenschaftliche Reflexion im literarischen Gewand" an (Bachmann-Medick 1998, S. 466). Man kann seine Texte (und Filme) tatsächlich als eine poetische Anthropologie, eine mit literarischen Mitteln arbeitende Abhandlung vom Fremden verstehen, als eine jener innovativen Ethnographien, deren wesentliches Charakteristikum ihre hybride Verfasstheit ist: multivokal, selbstreflexiv und sich ihrer literarisch-rhetorischen Strategien höchst bewusst.

5.10.3 Postkoloniale Ausflüge in exotische Welten

Aus der auffällig zunehmenden Welle von Texten, welche sich mit ‚exotischen' Weltgegenden beschäftigen, ragt der **Afrikadiskurs** allein schon numerisch heraus. Seit den 1960er Jahren kann eine konstante Zunahme afrikabezogener Werke festgestellt werden (vgl. umfassend Göttsche 2013). Ob es sich dabei um den „Entwurf genuiner ‚Poetiken der Interkulturalität'" (Göttsche 2003, S. 164, der sich auf den Titel Uerlings 1997 bezieht) handelt oder ob – ebenfalls rein quantitativ gesehen – nicht doch das trivial-exotische Schema des ‚*dark continent*', dessen exotischer Schönheit, Tiere und Landschaften vorherrscht, ist je nach Genre extrem unterschiedlich. Bestseller wie Corinne Hofmanns autobiographisch-erotische Landnahmeerzählung *Die weiße Massai* (1995) entsprechen weder ästhetisch noch inhaltlich Uerlings Postulat, sind aber von enormer Breitenwirkung gewesen. In diesem Überblick sollen demgegenüber exemplarisch Werke vorgestellt werden, die in graduell unterschiedlichen Formen auf die postkolonialen Herausforderungen der Repräsentation des anderen reagieren. Urs Widmers *Im Kongo* (1996), Thomas Stangls *Der einzige Ort* (2004) und Arnold Stadlers *Ausflug nach Afrika* (2006) liefern mit Darstellungsformen der Groteske, der Parodie und postmodern-experimentellen Schreibverfahren ein umfassendes Spektrum interkultureller Poetiken. Zu nennen wären hier ferner Thomas von Steinaeckers *Schutzgebiet* (2009) und Alex Capus' Afrikaromane (*Munzinger Pascha*, 1997; *Eine Frage der Zeit*, 2007). In allen genannten Werken dominieren **Inversionsfiguren,** mit denen die gewohnten (auch interkulturellen, postkolonialen) Annäherungsmodi deutlich unterlaufen werden.

Widmers Groteske zeigt, wie oben ausführlicher dargestellt (vgl. Abschn. 4.5.2), wie sich ein Text auch widerständig zu allzu verfestigten **Klischees der postkolonialen Schreibverfahren** verhalten kann, etwa indem er das Phänomen der Mimikry auf die Spitze treibt und es damit hinterfragt. Im Grunde verschmilzt der Roman Freuds Metapher vom *dark continent* (die ja auf weibliche Sexualität gemünzt ist) und das Phänomen der Wiederkehr des Verdrängten im Unheimlichen. Wovor sich die Figuren des Romans im Dschungel wirklich fürchten, ist weniger der afrikanische „Dschungelgeist" (Widmer: Im Kongo, S. 111) als vielmehr das unheimlich gewordene Eigene.

Mit seinem 2004 in Wien erschienenen Debütroman **Der einzige Ort** über zwei Forschungsreisen nach Timbuktu Anfang des 19. Jahrhunderts partizipiert auch **Thomas Stangl** an Tendenzen, die den Afrikadiskurs in der deutschsprachigen Gegenwartsliteratur insgesamt prägen. Stangls solitäre Position erweist sich allerdings in der Souveränität, mit der er postkoloniale Theorien geschmeidig in ein eigenständiges ästhetisches Verfahren der Annäherung an divergente Kulturräume einpasst. So geht es in diesem innovativen Roman darum, einen ästhetischen Experimentalraum zu eröffnen, in dem eine bewusst vom Eigenen ausgehende Spurensuche zu *einer* möglichen Wahrheit des Reisens und der Forschung führen soll. Diese hat sehr viel weniger mit historischer Akkuratesse zu tun als mit der Ambition, die Extremerfahrungen der geschilderten Forschungsunternehmen als eine faktisch geschichtsmächtige Form der Annäherung an andere Kulturräume sprachradikal nachzuvollziehen, ohne sie a priori als protokolonialistisch zu denunzieren (vgl. zum Folgenden Holdenried 2016).

Stangls Roman lässt sich in eine längere Reihe **postmoderner historisierender Romane** der letzten Jahre einordnen, deren Gegenstand die europäische Entdeckungs-, Forschungs- sowie Kolonialgeschichte ist. Die Geschichte der Erforschung der Sahara und des Nigerbeckens sowie des eigentlichen Ziels Timbuktu im 19. Jahrhundert werden in ihm entfaltet. Die miteinander verschränkten Geschichten der beiden Forscher Alexander Gordon Laing und René Caillié werden mit der allgemeinen europäischen Entdeckungs- und Forschungsgeschichte sowie den Mythologemen der vorkolonialen Zeit versetzt. Im bewussten Gegensatz zu den vielen Reiseberichten und Abenteuerromanen, von denen im Text die Rede ist, unternimmt dieser Roman nach dem Ende des Abenteuerromans die paradoxe Anstrengung, eine Reise ohne Bewegung darzustellen. „[I]n der Reise ist keine Bewegung, das Festhängen ist die Reise" (Stangl: Der einzige Ort, S. 401), heißt es von Cailliés Reise(bericht) – dessen Muster der Autor in seinen mikroskopischen Exkursionen in das Unspektakuläre, gerade der Hindernisse, folgt: der Krankheiten und der Todesbedrohung, des Stillstands.

Koloniale Interessen und „kollektive Träume" (ebd., S. 275), die auch aus Kindheitssehnsüchten gespeist sein können (wie aus der Lektüre des *Robinson Crusoe*), schießen zusammen und bringen in bestimmten historischen Konstellationen Besessene wie Caillié und Laing hervor, die weniger als unterscheidbare Individuen denn als eine vektorielle Bewegung hin zu einem *einzigen Ort,* Timbuktu, erscheinen. Aus der eigenen Kindheit ausgeschlossen, wird Cailliés Raum derjenige sein, nach dem auch die europäischen Kolonialmächte suchen. Timbuktu galt, wie auch Atlantis oder El Dorado, als der Schlüssel zu sagenhaftem Reichtum. Unbeschreibliche Strapazen wurden erlitten, um den Ort im Süden der Sahara zu erreichen. Raum für interkulturelle Begegnungen ist in diesem Wettlauf nicht vorgesehen; der als Araber verkleidete Franzose benutzt diese Mimikry als Strategem, sie hat keine Auswirkungen auf sein Fremdverstehen (im Gegensatz etwa zu einer historischen Figur wie Carsten Niebuhr, der sich auf seiner Reise nach Arabien 1761–1767, arabisierte').

Die riesige Kluft zum Erwarteten, dessen Signalements für alle sagenhaften Orte ähnlich lauten (Opale, goldgekrönte Zinnen, prächtige Gebäude) und dem Vorgefundenen, wird von Stangl jedoch ebenso wenig betont, wie es die Reisenden taten. Laing gibt sich rasch mit einem „wachsende[n] Schatz an Zeichen" (ebd., S. 321) statt der erwarteten realen Reichtümer zufrieden. Die ‚Eroberung' Timbuktus vollzieht sich als wissenschaftsmächtige **Groteske:** Niemand bemerkt sie. Laing, den schottischen Offizier, adelt sie als „nachweislich" (Salentiny 1974, S. 252) ersten Europäer, dem es gelang, Timbuktu zu betreten. Analog zu dem sich unter den Vervielfältigungen seines Namens verbergenden ‚einzigen' Ort erzählt der Text vor allem vom Verlust europäischer Konstrukte der Selbstgewissheit. Die Grenzscheide zwischen Zivilisation und

Barbarei wird im Verlauf der Expeditionen ebenso löcherig wie die schottische Uniform, auf deren Tragen der Offizier Laing (im Gegensatz zu Caillié) bis zu seinem gewaltsamen Ende beharrt.

Stangls Roman operiert an der **Grenze zum Undarstellbaren,** das ein Analogon zum Unerreichbaren sagenhafter Orte bildet. Timbuktu als realer Ort, so viel wird klar, ist nicht das Ziel, denn nach der kolonialen Eroberung „[verschwindet] [die Stadt] wieder in ihrem Namen" (Stangl: Der einzige Ort, S. 400). Wie in einer rückwärts laufenden Filmaufnahme „verschließt sich das Land wieder […], unberührt und unbeschrieben" (ebd., S. 398). Vielleicht gewinnt Stangl seinen *einzigen Ort,* indem er seine Geschichten in der Schwebe hält. Einen Vorrang räumt der Roman keiner der verschiedenen Sichtweisen ein, weder der kolonialen, der anthropologischen, der autochthonen noch der postkolonialen. Am nächsten dürfte seiner ‚Wahrheit' das von Laing gedachte Paradoxon sein – am Ziel all seiner Sehnsüchte, mitten in Afrika, nach unermesslichen Strapazen heißt es: „Er denkt manchmal, er wäre gern in Afrika." (ebd., S. 373)

Arnold Stadlers *Ausflug nach Afrika* (2006) beginnt mit dem Kontrast zwischen Ferne und Dorf. Ganz ähnlich wie in seinem *Feuerland*-Roman (1992) wird darauf abgehoben, dass die Ferne in vielem als lediglich palmenbestandenes Spiegelbild des heimischen Hotzenwaldes erscheinen musste. Stadlers Ich-Erzähler berichtet von den zeitgenössisch geprägten Imaginationen des Fremden, von jenen anderen, wie sie von einem Pfarrer durch die „Lichtbilder" im „Herz-Jesu-Saal" (Stadler: Ausflug nach Afrika, S. 47) vorgeführt werden, um die Spendenbereitschaft für die Mission zu erhöhen. Das Fernweh richtet sich schließlich auf Afrika. Von Freiburg aus geht es los, über Lissabon nach Guinea-Bissau. Aber Lissabon ist schon die erste Enttäuschung, denn „Portugal und der Hotzenwald waren eben noch zu sehr miteinander verwandt" (ebd., S. 56). Die Palmen sind noch nicht die richtigen und das seelisch plagende Problem der mangelnden Körpergröße führt auch dort dazu, dass der Erzähler eine „Nebentischgröße" (ebd., S. 58) bleibt. Der heimliche Impuls, zu den Menschenfressern zu gehen, von denen die lichtbilddurchzogene Kindheit bestimmt war, um von ihnen endlich zu etwas Nützlichem transformiert zu werden, greift in Lissabon nicht und auch nicht in Afrika. Zwar ist der kleine „Freizeitkommunist[]" (ebd., S. 70) bald darauf in Afrika angekommen, die Palmen sind herrlich, aber: „Von Menschenfressern keine Spur, vorerst. Ich bin allerdings nicht überall hingekommen." (ebd., S. 71) Ist er zunächst froh, „von mir und zu Hause so weit weg [zu sein]" (ebd., S. 72), wird im Verlauf der Erzählhandlung rasch klar, dass er die Reise unter falschen Voraussetzungen angetreten hat. Tatsächlich endet der Ausflug nach Afrika mit einer vorhersehbaren Enttäuschung: Die Palmen sehen aus wie die im Fernsehen, „ja, es sah alles fast so wie zu Hause aus, nur Palmen anstelle der deutschen Linde … Ich hätte nun auch einmal weinen können." (ebd., S. 91)

Natürlich ist dies kein authentischer Reisebericht, sondern Literatur, die mit dem **antipodischen Verhältnis von Heimat und Ferne** spielt und diese parodistisch nivelliert. Dass die Literatur und andere Medien mitweben an der subjektiven Sehnsucht, dass die von ihnen genährten Bilder genauso wirklichkeitsmächtig sind wie die wirklich erlebten Bilder einer Reise, ist eine der zentralen Aussagen des Textes. Stadlers Werk ist von der oberschwäbischen Herkunft zutiefst geprägt, und insbesondere seine autobiographisch gefärbten Reiseerzählungen sind narrativ um die beiden Pole Heimat und Fremde in einer so intrikaten Weise angeordnet, wie man sie vielleicht noch bei Thomas Bernhard vermuten würde. Mit narrativen Strategien der Verharmlosung – wie sie um 1900 schon Kellermann in seinem Reiseband *Ein Spaziergang in Japan* angewendet hat – und der Inversion von stabilen Polen der Selbst- und Fremderfahrung wird die jeder Reise notwendig eingeschriebene Verfehlung zum zentralen Moment einer melancholischen Parodie und eben nicht zum Movens interkulturellen Ausgreifens über das Eigene.

Die hier zuletzt vorgestellten Texte sind mit Bedacht für diese Überblicksskizze gewählt worden, weil sie zeigen, dass man es sich literaturwissenschaftlich zu einfach macht, wenn man umstandslos jede Faszination des Fremden mit dem Verdacht protokolonialer Landnahme belegt. Die ästhetisch avancierteren Beispiele zeigen ohnehin, dass ‚Poetiken der Interkulturalität' eine erhebliche Eigendynamik besitzen. Monika Albrechts Einspruch gegen eine zu einfache Gleichsetzung von Abenteuer, ja auch Exotik mit Kolonialem ist nur zu berechtigt: „Es soll nicht behauptet werden, dass Kolonialismus und Abenteuer historisch keine Symbiosen eingegangen sind [...]. Es soll jedoch in Zweifel gezogen werden, dass der Drang nach ‚Freiheit in der Fremde' und nach ‚Abenteuer in der Wildnis' a priori mit ‚kolonialem Begehren' gleichzusetzen ist." (Albrecht 2014, S. 446) Mit Ernst Bloch als Gewährsmann verweist sie auf die „utopischen und subversiven Kräfte[] von Abenteuerphantasien" (ebd.). Bloch ging von einer anthropologischen Konstitution des ‚Ausgreifens' aus (in *Das Prinzip Hoffnung*, 1954), ohne dies sogleich als ‚kolonial' zu denunzieren. Grenzerkundungen, wie sie die hier versammelten Beispiele unternehmen, sind ureigenstes Terrain von Literatur.

Neben den genannten ästhetisch experimentellen Varianten solcher Explorationen wären einige weitere zu nennen, die in einer Art Erkundung der Ränder immer noch das versuchen, was schon die antiken Geschichtsschreiber antrieb. Liest man bspw. **Karl Markus Gauß'** Explorationen der Peripherien Europas, so kann man nicht umhin, die Fremdheit der Arbëresh und Aromunen als zeitgenössisches Pendant zu jenen ‚Erdrandsiedlern' zu sehen, von denen man im Altertum so wenig wusste. Seine Reiseessays (etwa *Die sterbenden Europäer,* 2001, oder *Die Hundeesser von Svinia,* 2004) zeigen in hybrider Form zwischen Reisebericht und Kulturgeschichte stehend, wie das Fremde dem so ‚vermessen' erscheinenden Europa inhärent ist und bleibt. Andere Versuche, in den Mikrokosmos des immer schon Bekannten einzudringen und dort zutage zu fördern, was man nur in der langsamen Bewegung zu erkennen vermag, sind die Reiseberichte Wolfgang Büschers – der in seinem Amerikabuch (*Hartland. Zu Fuß durch Amerika,* 2011) die Nord-Süd-Achse wählt, statt der Westroute zu folgen. Ein anderes Amerika ist das Ergebnis.

Ich möchte diese Projektskizze mit einem **Ausblick** beenden, der die neueste interkulturelle Literaturgeschichte tangiert. Die Frage nach dem *writing back* hat ja nicht nur Literaturwissenschaftler/innen beschäftigt, sondern auch Autor/innen. So ist die Frage, ob nur ‚die anderen' zurückschreiben dürfen, natürlich schon längst in Büchern, etwa in Sten Nadolnys *Selim oder die Gabe der Rede* (1990), behandelt worden. Und in Saša Stanišić' neuestem Buch *Herkunft* (2019) sowie in vielen anderen neueren interkulturellen Werken adressieren die Autor/innen summarisch Zuschreibungen, Festschreibungen und Stereotypen, mit denen sie bedacht werden. Doch ist insgesamt eine deutliche Bewegung weg von den ‚vorgeschriebenen' Themenreservoirs wie Heimweh, Leben zwischen den Kulturen, Auseinandersetzung mit der Herkunft zu beobachten. Jedenfalls bei Autor/innen, welche die Fragen nach der Herkunft für sich längst beantwortet haben: Sibylle Lewitscharoff, die deutsche Schriftstellerin mit schwäbisch-bulgarischen Wurzeln und Büchner-Preisträgerin, schreibt über Hans Blumenberg (2011), Julya Rabinowich, die österreichische Schriftstellerin mit jüdisch-russischen Wurzeln (s. Abschn. 6.3.2), über Alma Mahler-Werfel (*Krötenliebe,* 2016) und Saša Stanišić, der aus Bosnien-Herzegowina stammende deutschsprachige Schriftsteller, schreibt nicht nur über den Jugoslawienkrieg (*Wie der Soldat das Grammofon repariert,* 2006) und seine *Herkunft* (2019), sondern auch über ein brandenburgisches Dorf und seine Bewohner (*Vor dem Fest,* 2014). Mit der ‚Normalisierung' interkulturellen Schreibens geht paradoxerweise sein allmähliches Verschwinden einher, wie die (kurzzeitige) Einstellung des Chamisso-Preises durchaus zu Recht dokumentiert.

Allerdings kommt es durch **Flucht und Migration** erneut zu einem Schreiben über interkulturelle Erfahrungen in Deutschland. Hier schließt sich der Kreis von der Odyssee zu den Grenzübertritten des 21. Jahrhunderts. Die Fluchtproblematik mit Zwangsverortung (im ganz wörtlichen Sinne der Beschränkung des Bewegungsradius), der Reduktion auf den Status eines/einer Geflohenen und bürokratischer Regulierung aktualisiert Themen der interkulturellen Literatur nur einmal mehr. Alterität wird dadurch auch als Zwang problematisiert und als methodisches Konzept hinterfragt. Es wäre zu hoffen, dass über **Abbas Khiders** völlig misslungene, weil simplifizierende Behandlung des Fluchtthemas in *Ohrfeige* (2016) hinaus andere Werke den schmalen Grat zwischen dem Nomadischen als einer Form der Freiheit des modernen Menschen (wie sie Flusser beschrieben hat) und der Gewaltförmigkeit vieler Formen der Migration in interkultureller Eigenregie beschreiten.

Literatur

Albrecht, Monika: „‚Kolonialphantasien' im postkolonialen Deutschland. Zur kritischen Revision einer Denkfigur der deutschen Postkolonialen Studien". In: Gabriele Dürbeck/Axel Dunker (Hg.): *Postkoloniale Germanistik. Bestandsaufnahme, theoretische Perspektiven, Lektüren*. Bielefeld 2014, 417–455.

Anglade, Rene: „Eine Begegnung, die nicht stattfand: Heines ‚Der weiße Elefant'. Eine Interpretation". In: *Jahrbuch der deutschen Schillergesellschaft* 20 (1976), 464–491.
Anonym: „Mann finds U.S. Sole Peace Hope". In: *The New York Times* (22.2.1938), 13.
Arendt, Dieter: „Heinrich Heine. ‚Französische Maler' oder: Signaturen der Zukunft". In: *kritische berichte* 4 (1997), 39–51.
Armbrüster, Georg/Kohlstruck, Michael/Mühlberger, Sonja (Hg.): *Exil Shanghai. 1938–1947. Jüdisches Leben in der Emigration.* Teetz 2000.
Bachmann-Medick, Doris: „Weltsprache der Literatur". In: *Jahrbuch der Deutschen Schillergesellschaft* 42 (1998), 463–470.
Barner, Wilfried: *Lessing. Epoche – Werk – Wirkung.* München [5]1987.
Bausinger, Hermann: „Grenzenlos... Ein Blick auf den modernen Tourismus". In: Ders./Klaus Beyrer/Gottfried Korff (Hg.): *Reisekultur. Von der Pilgerfahrt zum modernen Tourismus.* München 1991, 343–353.
Bay, Hansjörg: „Germanistik und (Post-)Kolonialismus. Zur Diskussion um Kleists ‚Verlobung in St. Domingo'". In: Axel Dunker (Hg.): *(Post-)Kolonialismus und Deutsche Literatur. Impulse der angloamerikanischen Literatur- und Kulturtheorie.* Bielefeld 2005, 69–96.
Bay, Hansjörg/Struck, Wolfgang: „Postkoloniales Begehren". In: Gabriele Dürbeck/Axel Dunker (Hg.): *Postkoloniale Germanistik. Bestandsaufnahme, theoretische Perspektiven, Lektüren.* Bielefeld 2014, 457–578.
Becker, Sabina: *Experiment Weimar. Eine Kulturgeschichte Deutschlands 1918–1933.* Darmstadt 2018.
Bhatti, Anil: „‚... zwischen zwei Welten schwebend ...'. Zu Goethes Fremdheitsexperiment im West-östlichen Divan" (2008), http://www.goethezeitportal.de/fileadmin/PDF/kk/df/postkoloniale_studien/bhatti_divan.pdf (16.02.2021).
Bhatti, Anil: „Der Orient als Experimentierfeld. Goethes ‚Divan' und der Aneignungsprozess kolonialen Wissens". In: *Goethe-Jahrbuch* 126 (2009), 115–128.
Biernat, Ulla: *„Ich bin nicht der erste Fremde hier". Zur deutschsprachigen Reiseliteratur nach 1945.* Würzburg 2004.
Blessin, Stefan: „Goethes ‚West-östlicher Divan' und die Entstehung der Weltliteratur". In: Ortrud Gutjahr (Hg.): *Westöstlicher und nordsüdlicher Divan: Goethe in interkultureller Perspektive.* Paderborn 2000, 59–71.
Bloch, Ernst: *Das Prinzip Hoffnung.* Berlin 1954.
Böckelmann, Frank: *Die Gelben, die Schwarzen, die Weißen.* Frankfurt a.M. 1998.
Bonsels, Waldemar: *Indienfahrt.* Frankfurt a.M. 1916.
Bosse, Anke: „Interkulturelle Balance statt ‚Clash of Cultures'. Zu Goethes West-östlichem Divan". In: *Etudes Germaniques* 60.2 (2005), 231–248.
Braese, Stephan: „Exil und Postkolonialismus". In: Claus Dieter Krohn/Lutz Winckler: *Exil, Entwurzelung, Hybridität.* München 2009, 1–19.
Brie, Friedrich: *Exotismus der Sinne. Eine Studie zur Psychologie der Romantik.* Heidelberg 1920.
Brinkmann, Rolf Dieter: *Rom, Blicke.* Hamburg 1979.
Brittnacher, Hans Richard: *Leben auf der Grenze. Klischee und Faszination des Zigeunerbildes in Literatur und Kunst.* Göttingen 2012.
Buchholz, Hartmut: „Die Kapitalen des Gedankens. Über Wolfgang Koeppens ‚Empfindsame Reisen'". In: Eckhart Oehlenschläger (Hg.): *Wolfgang Koeppen.* Frankfurt a.M. 1987, 141–157.
Büchner, Georg: „Lenz". In: Ders.: *Sämtliche Werke und Briefe.* Hg. von Werner R. Lehmann, Bd. 1. Hamburg 1967, 79–101.
Büscher, Wolfgang: *Hartland. Zu Fuß durch Amerika.* Berlin 2011.
Calhoon, Kenneth S.: „‚Die Judenbuche' und die Narbe des Odysseus. Zur Vorgeschichte des Realismus". In: Michael Neumann/Kerstin Stüssel (Hg.): *Magie der Geschichten. Weltverkehr, Literatur und Anthropologie in der zweiten Hälfte des 19. Jahrhunderts.* Konstanz 2011, 337–347.

Clement, Hans-Jörg: „Poetischer Realist statt Ecrivain engagé. Anmerkungen zur Ethnologie bei Hubert Fichte". In: Hartmut Böhme/Nikolaus Tiling (Hg.): *Leben, um eine Form der Darstellung zu erreichen. Studien zum Werk Hubert Fichtes.* Frankfurt a.M. 1991, 145–160.

Conrad, Sebastian: *Deutsche Kolonialgeschichte.* München 2008.

Dauthendey, Max: „Den Abendschnee am Hirayama sehen". In: Ders.: *Die acht Gesichter am Biwasee. Japanische Liebesgeschichten.* München 1911, 155–184.

Detering, Heinrich: „Kafkas Sätze (30). Ein Wunsch, der ins Leere geht" (2008), https://www.faz.net/aktuell/feuilleton/kafkas-saetze-30-ein-wunsch-der-ins-leere-geht-1666784.html (18.03.2021).

Döblin, Alfred: „Die deutsche Literatur (im Ausland seit 1933). Ein Dialog zwischen Politik und Kunst". In: Ders.: *Ausgewählte Werke in Einzelbänden.* Hg. von Anthony W. Riley/Christina Althen, Bd. 35, hg. von Erich Kleinschmidt. Olten/Freiburg i. Br. 1989, 316–364.

Dubiel, Jochen: „Manifestationen des ‚postkolonialen Blicks' in kultureller Hybridität". In: Axel Dunker (Hg.): *(Post-)Kolonialismus und Deutsche Literatur. Impulse der angloamerikanischen Literatur- und Kulturtheorie.* Bielefeld 2005, 45–68.

Dunker, Axel: „‚Durch die Wüste undsoweiter'. Orient, Orientalismus und der deutsche Kolonialismus der Phantasie". In: Ortrud Gutjahr/Stefan Hermes (Hg.): *Maskeraden des (Post)Kolonialismus. Verschattete Repräsentationen ‚der Anderen' in der deutschsprachigen Literatur und im Film.* Würzburg 2011, 173–196.

Dunker, Axel: „Orientalismus in der Literatur des 20. Jahrhunderts. Am Beispiel von Hugo von Hofmannsthal, Gottfried Benn, Franz Kafka, Friedrich Glauser, Hermann Hesse, Arno Schmidt und Hubert Fichte". In: Gabriele Dürbeck/Axel Dunker (Hg.): *Postkoloniale Germanistik. Bestandsaufnahme, theoretische Perspektiven, Lektüren.* Bielefeld 2014, 271–327.

Dürbeck, Gabriele: *Stereotype Paradiese. Ozeanismus in der deutschen Südseeliteratur 1815–1914.* Tübingen 2007.

Durzak, Manfred: „Max Dauthendeys ‚japanische Novellen' in Die acht Gesichter am Biwasee – Literarischer Exotismus oder schon interkulturelle Literatur?" In: *Arcadia. International Journal for Literary Studies* 45/1 (2010), 68–76.

Eckermann, Johann Peter: „Gespräche mit Goethe in den letzten Jahren seines Lebens". In: Goethe, Johann Wolfgang: *Sämtliche Werke nach Epochen seines Schaffens. Münchner Ausgabe.* Hg. von Karl Richter, Bd. 19, hg. von Heinz Schlaffer. Frankfurt a.M. 1999, 197.

Enzensberger, Magnus: „Eine Theorie des Tourismus (1958)". In: Ders.: *Einzelheiten I. Bewußtseins-Industrie.* Frankfurt a.M. ^{8}1973, 179–205.

Fendri, Mounir: *Halbmond, Kreuz und Schibboleth. Heinrich Heine und der islamische Orient.* Hamburg 1980.

Fichte, Hubert: *Ketzerische Bemerkungen für eine neue Wissenschaft vom Menschen.* Rede in der Frobenius-Gesellschaft, Frankfurt a. M., am 12. Januar 1977. Hamburg 2001.

Fontane, Theodor: „Unsere lyrische und epische Poesie seit 1848". In: Ders.: *Sämtliche Werke, literarische Essays und Studien.* Hg. von Edgar Groß, Bd. 21/1, hg. von Kurt Schreinert. München 1963, 7–33.

Forster, Georg: *Reise um die Welt.* Hg. und mit einem Nachw. von Gerhard Steiner. Frankfurt a.M. 2008.

Frank, Alexa: *Sanftes Gefühl und stille Tiefe der Seele. Herders Indien.* Würzburg 2009.

Goethe, Johann Wolfgang: „Der westöstliche Divan. Teil 1". In: Ders.: *Sämtliche Werke. Frankfurter Ausgabe.* Hg. von Friedmar Apel, Bd. 3/1, hg. von Hendrik Birus. Frankfurt a.M. 1999.

Gosetti-Ferencei, Jennifer Anna: *Exotic Spaces in German Modernism.* New York 2011.

Göttsche, Dirk: *Remembering Africa. The Rediscovery of Colonialism in Contemporary German Literature.* Rochester 2013.

Gauß, Karl-Markus: *Die sterbenden Europäer. Unterwegs zu den Sepharden von Sarajevo, Gottscheer Deutschen, Arbereshe, Sorben und AromunenI.* Wien 2001.

Gauß, Karl-Markus: *Die Hundeesser von Svinia.* Wien 2004.

Gretz, Daniela: „Das ‚innere Afrika' des Realismus: Wilhelm Raabes ‚Abu Telfan' (1867) und der zeitgenössische Afrika-Diskurs". In: Michael Neumann/Kerstin Stüssel (Hg.): *Magie der Geschichten. Weltverkehr, Literatur und Anthropologie in der zweiten Hälfte des 19. Jahrhunderts.* Konstanz 2011, 197–216.

Griep, Wolfgang (Hg.): *Reiseliteratur und Geographica in der Eutiner Landesbibliothek.* Bearb. von Susanne Luber, 2 Bde. Heide 1990.

Hamann, Christof: „Schwarze Gesichter im deutschen Mondschein: Zum Konzept des Barbarischen in Wilhelm Raabes ‚Abu Telfan'". In: Michael Hofmann (Hg.): *Deutschafrikanische Diskurse in Geschichte und Gegenwart. Literatur- und kulturwissenschaftliche Perspektiven.* Amsterdam 2012, 53–70.

Harth, Dietrich: „Nationalliteratur – ein Projekt der Moderne zwischen Mystifikation und politischer Integrationsrhetorik". In: Andreas Gardt (Hg.): *Nation und Sprache: die Diskussion ihres Verhältnisses in Geschichte und Gegenwart.* Berlin u.a. 2000, 349–381.

Hauptmann, Gerhart: „Der Schuß im Park". In: Ders.: *Sämtliche Werke.* Hg. von Hans-Egon Hass, Bd. 6. Frankfurt a. M./Berlin 1963, 425–466.

Heine, Heinrich: „Die romantische Schule". In: Ders.: *Historisch-kritische Gesamtausgabe der Werke. Düsseldorfer Ausgabe.* Hg. von Manfred Windfuhr, Bd. 8/1. Hamburg 1979, 13–45.

Heine, Heinrich: „Der weiße Elefant". In: Ders.: *Historisch-kritische Gesamtausgabe der Werke. Düsseldorfer Ausgabe.* Hg. von Manfred Windfuhr, Bd. 3/1. Hamburg 1992, 13–19.

Herder, Johann Gottfried: „Ideen zur Philosophie der Geschichte der Menschheit". In: Ders.: *Werke.* Hg. von Martin Bollacher, Bd. 6. Frankfurt a.M. 1989.

Hermes, Stefan/Kaufmann, Sebastian (Hg.): *Der ganze Mensch – Die ganze Menschheit. Völkerkundliche Anthropologie, Literatur und Ästhetik um 1800.* Berlin 2014.

Hermes, Stefan: *Figuren der Anderen. Völkerkundliche Anthropologie und Drama im Sturm und Drang.* Bielefeld 2021.

Hilt, Kerstin: „Exotismus an Leib und Leben. 29. August 1918: Auf Java stirbt der Schriftsteller Max Dauthendey". In: Alexander Honold/Klaus R. Scherpe (Hg.): *Mit Deutschland um die Welt. Eine Kulturgeschichte des Fremden in der Kolonialzeit.* Stuttgart/Weimar 2004, 496–504.

Hofmann, Michael/Patrut, Iulia-Karin: *Einführung in die interkulturelle Literatur.* Darmstadt 2015.

Hofmannsthal, Hugo von: „Reise im nördlichen Afrika". In: Ders.: *Gesammelte Werke.* Hg. von Bernd Scholler, Bd. 7. Frankfurt a.M. 1979, 641–657.

Hofmannsthal, Hugo von: „Briefe des Zurückgekehrten" (1907). In: Ders.: *Sämtliche Werke.* Hg. von Rudolf Hirsch, Bd. 31, hg. von Ellen Ritter. Frankfurt a.M. 1992, 151–174.

Hofmannsthal, Hugo von: „Gespräch zwischen einem jungen Europäer und einem japanischen Edelmann" (1902). In: Ders.: *Sämtliche Werke.* Hg. von Rudolf Hirsch, Bd. 31, hg. von Ellen Ritter. Frankfurt a.M. 1992, 40–44.

Holdenried, Michaela: *Künstliche Horizonte. Alterität in literarischen Repräsentationen Südamerikas.* Berlin 2004.

Holdenried, Michaela: „Vom ‚Volk ohne Raum' ins Land der Zukunft. Stefan Zweigs melancholische brasilianische Utopie". In: Isabel Hernández/Miguel Vedda (Hg.): *Deutsche in Lateinamerika.* Berlin 2011, 139–150.

Holdenried, Michaela: „Das alte Japan und die europäische Moderne. Versuche über den Exotismus (Bernhard Kellermann, Hugo von Hofmannsthal)". In: Barbara Beßlich/Dieter Martin (Hg.): *Schöpferische Restauration – Adaption und Transformation in der Klassischen Moderne. Festschrift für Achim Aurnhammer.* Würzburg 2014, 87–103.

Holdenried, Michaela: „Inszenierungsformen des status viatoris als Nichtwissenskunde. Thomas Stangls Timbuktu-Roman Der Einzige Ort". In: Irina Gradinari/Dorit Müller/Johannes Pause (Hg.): *Versteckt – Verirrt – Verschollen. Reisen und Nicht-Wissen.* Wiesbaden 2016, 199–211.

Holdenried, Michaela: „Eine Afrikanerin in Schlesien. Gerhart Hauptmanns Kriminalnovelle Der Schuß im Park (1939)". In: *Zeitschrift für interkulturelle Germanistik* 12/1 (2021), 89–102.

Honold, Alexander: „Kafkas vergleichende Völkerkunde: ‚Beim Bau der Chinesischen Mauer'". In: Axel Dunker (Hg.): *(Post-)Kolonialismus und deutsche Literatur. Impulse der anglo-amerikanischen Literatur- und Kulturtheorie.* Bielefeld 2005, 203–218.
Honold, Alexander/Scherpe, Klaus R. (Hg.): *Mit Deutschland um die Welt. Eine Kulturgeschichte des Fremden in der Kolonialzeit.* Stuttgart/Weimar 2004.
Honold, Alexander/Simons, Oliver (Hg.): *Kolonialismus als Kultur. Literatur, Medien, Wissenschaft in der deutschen Gründerzeit des Fremden.* Tübingen/Basel 2002.
Humboldt, Alexander von: *Die Wiederentdeckung der Neuen Welt.* Hg. und eingeleitet von Paul Kanut Schäfer. Berlin 1989.
Kafka, Franz: „Betrachtung" (1913). In: Ders.: *Drucke zu Lebzeiten.* Hg. von Wolf Kittler u.a. Frankfurt a.M. 1996, 7–40.
Kamath, Rekha: „Indien mit der Seele suchend. Deutsche Indienreisende der frühen Moderne". In: Alexander Honold u.a. (Hg.): *Das Fremde. Reiseerfahrungen, Schreibformen und kulturelles Wissen.* Bern u.a. 2000, 267–284.
Kehlmann, Daniel: „Die Zügel wegwerfen ohne Zügel". In: Christoph König/Glenn W. Most (Hg.): *Wunsch, Indianer zu werden. Versuche über einen Satz von Franz Kafka.* Göttingen 2019, 48–50.
Khider, Abbas: *Ohrfeige. Roman.* München 2016.
Kleist, Heinrich von: „Die Verlobung in St. Domingo". In: Ders.: *Sämtliche Werke und Briefe.* Hg. von Ilse-Mari Barth u.a., Bd. 3. Frankfurt a.M. 1990, 222–260.
Koeppen, Wolfgang: „An Ariel und den Tod denken. Warum ich reise". In: Ders.: *Gesammelte Werke.* Hg. von Marcel Reich-Ranicki, Bd. 5. Frankfurt a.M. 1986a, 279–282.
Koeppen, Wolfgang: „Landung in Eden". In: Ders.: *Gesammelte Werke.* Hg. von Marcel Reich-Ranicki, Bd. 4. Frankfurt a.M. 1986b, 274–276.
Koeppen, Wolfgang: „Neuer römischer Cicerone". In: Ders.: *Gesammelte Werke.* Hg. von Marcel Reich-Ranicki, Bd. 4. Frankfurt a.M. 1986c, 234–272.
Kolumbus, Christoph: *Bordbuch.* Frankfurt a. M./Leipzig 1992.
König, Christoph/Most, Glenn W. (Hg.): *Wunsch, Indianer zu werden. Versuche über einen Satz von Franz Kafka.* Göttingen 2019.
Köster, Thomas: *Bilderschrift Großstadt. Studien zum Werk Robert Müllers.* Paderborn 1995.
Kramer, Fritz: *Verkehrte Welten. Zur imaginären Ethnographie des 19. Jahrhunderts.* Frankfurt a.M. ²1981.
Krause, Robert: *Lebensgeschichten aus der Fremde. Autobiografien deutschsprachiger emigrierter SchriftstellerInnen als Beispiel literarischer Akkulturation nach 1933.* München 2010.
Kreutzer, Leo: „Goethes West-östlicher Divan. Projekt eines anderen Orientalismus". In: *Etudes Germaniques* 60/2 (2005), 249–264.
Kristeva, Julia: *Fremde sind wir uns selbst.* Frankfurt a.M. 1990 (frz. 1988).
Krobb, Florian: *Erkundungen im Überseeischen. Wilhelm Raabe und die Füllung der Welt.* Würzburg 2009.
Krobb, Florian: *Vorkoloniale Afrika-Penetrationen. Diskursive Vorstöße ins „Herz des großen Continents" in der deutschen Reiseliteratur (ca. 1850–1890).* Frankfurt a.M. 2017.
Kuhn, Kristina/Struck, Wolfgang: *Aus der Welt gefallen. Die Geographie der Verschollenen.* Paderborn 2019.
Lavater, Johann Caspar: *Physiognomische Fragmente.* Stuttgart 1984.
Lawson, Max u. a.: „Reward work, not wealth" (2018), https://oi-files-d8-prod.s3.eu-west-2.amazonaws.com/s3fs-public/file_attachments/bp-reward-work-not-wealth-220118-summ-en.pdf (30.09.2021).
Lessing, Gotthold Ephraim: „Nathan der Weise". In: Ders.: *Werke und Briefe.* Hg. von Wilfried Barner, Bd. 9, hg. von Klaus Bohnen/Arno Schilson. Frankfurt a.M. 1993, 483–666.
Lévi-Strauss, Claude: *Traurige Tropen.* Frankfurt a.M. 1982 (frz. 1955).
Lewitscharoff, Sibylle: *Blumenberg. Roman.* Berlin 2011.

Lubrich, Oliver: *Reisen ins Reich 1933–1945. Ausländische Autoren berichten aus Deutschland.* Frankfurt a.M. 2004.

Lubrich, Oliver: „Reisen in Diktaturen. Internationale Autoren im ‚Dritten Reich'". In: Michaela Holdenried/Alexander Honold/Stefan Hermes (Hg.): *Reiseliteratur der Moderne und Postmoderne.* Berlin 2017, 35–47.

Lubrich, Oliver: „Naturforschung als Landnahme. Mary Louise Pratts Humboldt. Eine Kritik der Kritik". In: Michaela Holdenried/Anna-Maria Post (Hg.): *Land in Sicht! Literarische Inszenierungen von Landnahmen und ihren Folgen.* Berlin 2021, 57–72.

Mann, Erika/Mann, Klaus: *Buch von der Riviera.* Hamburg 2019.

Mayer, Michael: *„Tropen gibt es nicht". Dekonstruktion des Exotismus.* Bielefeld 2010.

Menhennet, Alan: „Wieland as Armchair Traveller". In: *MLN* 99/3 (1984), 522–538.

Mühlmann, Wilhelm Emil (Hg.): *Geschichte der Anthropologie.* Wiesbaden ⁴1986.

Müller, Jan-Dirk: *Romane des 15. und 16. Jahrhunderts.* Frankfurt a.M. 1990.

Müller, Robert: „Tropen. Der Mythos der Reise". In: Ders.: *Werkausgabe in Einzelbänden.* Hg. von Günther Helmes, Bd. 1. Paderborn 1990.

Müller, Robert: „Das Inselmädchen". In: Ders.: *Werkausgabe in Einzelbänden.* Hg. von Günter Helmes, Bd. 8, hg. von Wolfgang Reif. Paderborn 1994.

Nadolny, Sten: *Selim oder die Gabe der Rede. Roman.* München 1990

Neumann, Michael/Stüssel, Kerstin: „Einführung. ‚The Ethnographer's Magic'. Realismus zwischen Weltverkehr und Schwellenkunde". In: Dies. (Hg.): *Magie der Geschichten. Weltverkehr, Literatur und Anthropologie in der zweiten Hälfte des 19. Jahrhunderts.* Konstanz 2011, 9–25.

Ostheimer, Michael/Li, Shuangzhi: „Ortswechsel des Schreibens. Gegenwartsliterarische Beispiele für deutsch-chinesische Rezeptionsprozesse". In: Ernest W. B. Hess-Lüttich/Corinna Albrecht/Andrea Bogner (Hg.): *Re-Visionen. Kulturwissenschaftliche Herausforderungen interkultureller Germanistik.* Frankfurt a.M. 2012, 195–208.

Patrut, Iulia-Karin: „‚Zigeuner' und Juden bei Wilhelm Raabe". In: Dies./Herbert Uerlings (Hg.): *„Zigeuner" und Nation. Repräsentation – Inklusion – Exklusion.* Frankfurt a.M. u.a. 2008, 169–199.

Pekar, Thomas: „Der Japan-Diskurs um 1900. Ein Skizzierungsversuch". In: Walter Gebhard (Hg.): *Ostasienrezeption zwischen Klischee und Innovation. Zur Begegnung zwischen Ost und West um 1900.* München 2000, 227–254.

Pekar, Thomas: „Exotik und Moderne bei Hugo von Hofmannsthal". In: Sabina Becker/Helmuth Kiesel (Hg.): *Literarische Moderne. Begriff und Phänomen.* Berlin/New York 2007, 129–143.

Polaschegg, Andrea: *Der andere Orientalismus. Regeln deutsch-morgenländischer Imagination im 19. Jahrhundert.* Berlin/New York 2005.

Popp, Valerie: *„Aber hier war alles anders ...". Amerikabilder der deutschsprachigen Exilliteratur nach 1939 in den USA.* Würzburg 2008.

Rabinowich, Julya: *Krötenliebe. Roman.* Wien 2016.

Reif, Wolfgang: *Zivilisationsflucht und literarische Wunschräume. Der exotistische Roman im ersten Viertel des 20. Jahrhunderts.* Stuttgart 1975.

Reif, Wolfgang: „Exotismus im Reisebericht des frühen 20. Jahrhunderts". In: Peter J. Brenner (Hg.): *Der Reisebericht. Die Entwicklung einer Gattung in der deutschen Literatur.* Frankfurt a.M. 1989, 434–462.

Reif, Wolfgang: „Nachwort". In: Ders. (Hg.): *Robert Müller: Das Inselmädchen.* Paderborn 1994, 71–93.

Ridder, Klaus: „Werktyp, Übersetzungsintention und Gebrauchsfunktion. Jean de Mandevilles Reiseerzählung in deutscher Übersetzung Ottos von Diemeringen". In: Xenja von Ertzdorff-Kupffer u.a. (Hg.): *Reisen und Reiseliteratur im Mittelalter und in der Frühen Neuzeit.* Amsterdam u.a. 1992, 357–388.

Roes, Michael: *Rub' al Khali.* Frankfurt a.M. 1996.

Roes, Michael: „Glücksgefühle. Wie weit kann man sich entfernen? Ein Interview von Elisabeth von Thadden". In: *Zeitreise ins Glück*. Sonderbeilage „Reisen" zur ZEIT-Ausgabe Nr. 12 (14.3.2002).
Roes, Michael: *Die fünf Farben Schwarz*. Berlin 2009.
Salentiny, Fernand: „Art. Laing, Alexander Gordon". In: Ders. (Hg.): *Das Lexikon der Seefahrer und Entdecker*. Tübingen/Basel 1974, S. 152.
Sander, Gabriele: „‚Chinesischer Roman'. Die drei Sprünge des Wang-lun" (1915). In: Sabina Becker (Hg.): *Döblin-Handbuch. Leben – Werk – Wirkung*. Stuttgart 2016, 41–50.
Scherpe, Klaus R.: „Die Wahrnehmung des Fremden 1914/17. Ein Vortrag zur Frage der Interpretation im kulturellen und medialen Zusammenhang". In: *Weimarer Beiträge. Zeitschrift für Literaturwissenschaft, Ästhetik und Kulturwissenschaften* 39.4 (1993), 485–498.
Schlegel Friedrich: „Gespräch über die Poesie". In: Ders.: *Charakteristiken und Kritiken*. Hg. von Hans Eichner, Bd. 1. Paderborn 1967, 284–351.
Schlegel, Friedrich: „131. Brief an Ludwig Tieck, 15. September 1803". In: Ders.: *Kritische Friedrich-Schlegel-Ausgabe*. Hg. von Ernst Behler, Bd. 26/1, hg. von Hans Dierkes. Paderborn 2018, 130–132.
Schlesier, Renate: „Verdichtete Reiseberichte. Zur Geschichte des Homo Viator". In: Gerhard Neumann/Sigrid Weigel (Hg.): *Lesbarkeit der Kultur. Literaturwissenschaften zwischen Kulturtechnik und Ethnographie*. München 2000, 133–148.
Schmitz, Florian: *Der Orient in Diskursen des Mittelalters und im „Willehalm" Wolframs von Eschenbach*. Berlin u.a. 2018.
Schwarz, Thomas: „‚Die Tropen bin ich!' Der exotistische Diskurs der Jahrhundertwende". In: *Tropische Tropen – Exotismus* 32 (1995), 11–21.
Schwagmeier, Uwe: „‚Alle Künste, die Falkenauge in seinen besten Momenten geübt'. Der ‚Kolonialismus der Phantasie' und der Wunsch, Indianer zu werden: Theodor Fontane und James Fenimore Cooper". In: Axel Dunker (Hg.): *(Post-)Kolonialismus und Deutsche Literatur. Impulse der angloamerikanischen Literatur- und Kulturtheorie*. Bielefeld 2005, 119–146.
Segalen, Victor: *Die Ästhetik des Diversen. Versuch über den Exotismus*. Frankfurt a.M. 1994 (frz. 1978).
Sharma, Anandita: „Zur ‚hinduistischen' Rezeption von Goethes Faust (Teil 1)". In: Jochen Golz/Adrian Hsia (Hg.): *Orient und Okzident. Zur Faustrezeption in nicht christlichen Kulturen*. Köln/Weimar/Wien 2008, 103–110.
Simo, David: „Interkulturalität und Intertextualität oder ethnographische Erfahrung und Polyglosie" [sic]. In: Hartmut Böhme/Nikolaus Tiling (Hg.): *Leben, um eine Form der Darstellung zu erreichen. Studien zum Werk Hubert Fichtes*. Frankfurt a.M. 1991, 127–144.
Soltani, Zakariae: *Orientalische Spiegelungen. Alteritätskonstruktionen in der deutschsprachigen Literatur am Beispiel des Orients vom Spätmittelalter bis zur Klassischen Moderne*. Berlin/Münster 2016.
Sprengel, Peter: *Gerhart Hauptmann. Bürgerlichkeit und großer Traum. Eine Biographie*. München 2012.
Stadler, Arnold: *Feuerland*. Salzburg/Wien 1992.
Stadler, Arnold: *Ausflug nach Afrika*. Köln 2006.
Stangl, Thomas: *Der einzige Ort*. Wien 2004.
Stanišić, Saša: *Wie der Soldat das Grammofon repariert. Roman*. München 2006.
Stanišić, Saša: *Vor dem Fest. Roman*. München 2014.
Stanišić, Saša: *Herkunft. Roman*. München 2019.
Struck, Wolfgang: *Die Eroberung der Phantasie. Kolonialismus, Literatur und Film zwischen deutschem Kaiserreich und Weimarer Republik*. Göttingen 2010.
Teutscher Merkur 23 (1778), 148 f., http://ds.ub.uni-bielefeld.de/viewer/image/1951387_023/159/#topDocAnchor (23.03.2021).
Todorov, Tzvetan: *Die Eroberung Amerikas. Das Problem des Anderen*. Frankfurt a.M. 1985 (frz. 1982).

Tyler, Stephen A.: *Das Unaussprechliche. Ethnographie, Diskurs und Rhetorik in der postmodernen Welt.* München 1991 (engl. 1987).
Uerlings, Herbert: *Poetiken der Interkulturalität. Haiti bei Kleist, Seghers, Müller, Buch und Fichte.* Tübingen 1997.
van Laak, Dirk: „‚Ist je ein Reich, das es nicht gab, so gut verwaltet worden?' Der imaginäre Ausbau der imperialen Infrastruktur in Deutschland nach 1918". In: Birthe Kundrus (Hg.): *Phantasiereiche. Zur Kulturgeschichte des deutschen Kolonialismus.* Frankfurt a.M. u.a. 2003, 71–90.
von zur Mühlen, Patrik (Hg.): „Entwurzelung und Fremdheitserlebnis im Exilland Bolivien". In: Claus-Dieter Krohn u. a.: *Exil, Entwurzelung, Hybridität.* München 2009, 74–85.
Widmer, Urs: *Im Kongo.* Frankfurt a.M. 2004 (Erstausgabe 1996).
Wikipedia: „Gerhart Hauptmann" (2021), https://de.wikipedia.org/wiki/Gerhart_Hauptmann (1.2.2021).
Wittgenstein, Ludwig: *Schriften 1: Tractatus logico-philosophicus.* Frankfurt a.M. 1963.
Wunderli, Peter: „Marco Polo und der Ferne Osten. Zwischen ‚Wahrheit' und ‚Dichtung'". In: Ders. (Hg.): *Reisen in reale und mythische Ferne. Reiseliteratur in Mittelalter und Renaissance.* Düsseldorf 1993, 124–196.
Zantop, Susanne: *Kolonialphantasien im vorkolonialen Deutschland (1770–1870).* Berlin 1999.
Zelinsky, Hartmut: *Brahman und Basilisk. Hugo von Hofmannsthals poetisches System und sein lyrisches Drama ‚Der Kaiser und die Hexe'.* München 1974.
Zenk, Volker: *Innere Forschungsreisen. Literarischer Exotismus in Deutschland zu Beginn des 20. Jahrhunderts.* Oldenburg 2003.
Zilcosky, John: *Kafka's Travels. Exoticism, Colonialism, and the Traffic of Writing.* New York 2003.
Zimmermann, Bernhard: Das Fremde als Gefahr und Herausforderung in der griechischen Literatur. In: *Internationales Jahrbuch für Hermeneutik* 6 (2007), 23–38.
Zweig, Stefan: *Brasilien. Ein Land der Zukunft.* Frankfurt a.M. 1997.

Interkulturelle Literatur der Gegenwart in Einzeldarstellungen

6

6.1 Einleitung

6.1.1 Moderne Gesellschaften im Umbruch?

Deutschland ist mittlerweile und anerkanntermaßen ein Einwanderungsland. Zunehmende **Mobilitäts- und Migrationserfahrungen** prägen das Leben eines wachsenden Teils der Bevölkerung – dem Statistischen Bundesamt zufolge hatte im Jahr 2018 jede vierte Person in Deutschland einen Migrationshintergrund, wovon 52 % die deutsche Staatsangehörigkeit besitzen (vgl. die Pressemitteilung des Statistischen Bundesamtes Nr. 314 vom 21. August 2019). Nicht nur Migration, auch Transmigration – also „die dauerhafte Beheimatung in zwei oder mehreren Ländern" (vgl. Hofmann/Patrut 2015, S. 105) – gehört zur Normalität von Globalisierung.

Die gegenwärtige **gesellschaftliche Atmosphäre in Deutschland** erweist sich angesichts der Hybridisierung durch Migration als ungute Gemengelage von Ressentiments und Sorge um den gesellschaftlichen Konsens. Diese Atmosphäre wird vielfach durch Bedrohungsszenarien befeuert, wie sie etwa die AfD gezielt aufbaut und steuert; sie ist aber auch durch den Niederschlag dessen geprägt, was Waldenfels ‚strukturelle Fremdheit' genannt hat (s. Abschn. 3.1), als ein weitverbreitetes Bedrohungsgefühl gegenüber Zuwanderer/innen und gegenüber Hybridisierung als Verlust klarer Zugehörigkeiten. Diskussionen um die Thesen Thilo Sarrazins (*Deutschland schafft sich ab,* 2010) oder die rechtsextremen Tendenzen nicht nur der AfD kreisen um ähnliche Befunde: Dass Hybridisierung ein enormes Furchtpotenzial bildet und die Forderung nach Rückkehr zu vermeintlich ‚Unvermischtem' in Bezug auf Nation gefährlich (und oft geplant) nahe an den Jargon der Nazis heranreicht, ja häufig identisch mit diesem ist, hat Heinrich Detering pointierend in einer kleinen Schrift zur *Rhetorik der parlamentarischen Rechten* (2019) offengelegt – ein Befund, der das Spiel mit einem gerade noch rechtskonformen „System der Zweideutigkeit" (ebd., S. 15) durch klare Zitatanalysen als im Kern faschistisch entlarvt. Die Zunahme von Hassreden im Netz, die schließlich auch in mörderische Gewalt umschlagen, wie der Fall des Mordes an dem Kasseler Regierungspräsidenten Walter Lübcke zeigt, das dadurch hervorgerufene Gefühl der Einschüchterung (vgl. Thurm 2019) sowie die allgemeine Richtlinienlosigkeit der Politik werden vielfach als eine Folge der Zunahme von Zuwanderung seit dem Herbst 2015 empfunden, deren politische Handlungslinien noch heute Anlass zur Diskussion geben.

Migration und ihre gesellschaftlichen sowie individuellen Folgen sind zentrale Themen der interkulturellen Literatur. Die Spannung, die das Gefühl einer **Zerrissenheit zwischen (familiärer) Herkunft und Einwanderungsland** erzeugt, hat die Migrationsliteratur von Anbeginn an reflektiert. So schreibt etwa Zafer Şenocak in seinem Gedicht *Doppelmann* (1985) „ich habe meine Füße auf zwei Planeten/wenn sie sich in Bewegung setzen/zerren sie mich mit/ich falle" (Şenocak: Übergang, S. 147). Zerrissenheit sollte – im Anschluss an Homi Bhabhas grundsätzlich positive Sichtweise der Hybridisierung und des Dritten Raumes (s. Abschn. 3.3) – nicht per se als anachronistischer Gefühlshaushalt in einer modernen globalisierten Welt diffamiert werden, wie es auch in Teilen der Literaturwissenschaft der Fall ist. Wichtig für die Interkulturelle Literaturwissenschaft ist es vielmehr, solche Problematiken und Negativanzeigen nicht zu unterschlagen, sondern sie gezielt zu untersuchen, etwa indem man die Linien zwischen der frühen ‚Gastarbeiterliteratur' (vor allem in der Lyrik), in welcher Motive des Heimatverlusts und der Nichtzugehörigkeit besonders häufig vorkommen, hin zu neueren Werken über Flucht und Vertreibung verlängert und so eine Art **historisches Psychogramm der Migration** erhält. In Sherko Fatahs *Das dunkle Schiff* (2008) etwa wird den Beweggründen für eine islamistische Radikalisierung nachgespürt und in Abbas Khiders Roman *Ohrfeige* (2016) erzwingt ein Asylbewerber mit unkonventionellen Mitteln, dass seine Fluchtgeschichte, die niemand hören wollte, endlich angehört wird.

Die Verschiebungen gesellschaftlicher Gefüge durch den ‚Flüchtlingsstrom' können hier nur in diesen wenigen Linien angedeutet werden. Sie sind aber als **Hintergrundfolie** mitzudenken, wenn es um **Kontextualisierungen neuester Literatur** geht.

6.1.2 Literatur im Umbruch?

Literatur reagiert auf all diese Veränderungen manchmal seismographisch, manchmal antizipierend, manchmal zögerlich mit Verschiebungen innerhalb des literarischen Feldes. Produktion und Rezeption der interkulturellen Literatur sind davon ganz unmittelbar betroffen.

Ein wesentlicher Prüfstein für das **Verhältnis von ‚nationaler' zu interkultureller Literatur** ist die **Vergabe von Preisen** (vgl. Weissmann 2017). So fehlt die Erwähnung der Vergabe des Bachmann-Preises 1991 an Emine Özdamar in kaum einer Veröffentlichung zu der Autorin, weil es die erste Preisvergabe an eine Autorin mit anderer Muttersprache als der deutschen war. Damit sind Zäsuren erkennbar, die zu einer Neuordnung des literarischen Feldes und des literarischen Marktes führen. Wenn nun von ‚Einwanderung' in die deutsche Literatur, etwa im Falle der Büchner-Preisträgerin von 2019, Terézia Mora, die Rede ist (vgl. Jandl 2018), so weist dies einmal mehr auf Aspekte von Zuwanderung und Integration hin. Ein spannender Fall der Preisvergabepolitik ist der **Chamisso-Preis** (1985–2017), den der Linguist Harald Weinrich mit Unterstützung der Robert Bosch Stiftung ins Leben gerufen hatte. Zeit seines Bestehens waren die Debatten um die Auslobung eines Preises nur für „herausragende auf Deutsch schreibende Autoren, deren Werk von einem Kulturwechsel geprägt ist" (https://www.bosch-stiftung.de/de/projekt/adelbert-von-chamisso-preis-der-robert-bosch-stiftung) von tiefer Ambiguität geprägt; viele der ausgezeichneten Autor/innen empfanden die Exklusivität zugleich als Ausgrenzung, ja als Ghettoisierung.

Unbestreitbar aber ist, dass für viele der Preisträger/innen sich erst dadurch überhaupt eine Tür zum deutschen literarischen Markt öffnete. 2016 wurden zwei gebürtige Deutsche, Uljana Wolf und Esther Kinsky, ausgezeichnet, womit man allgemein eine „Definitionskrise" verbunden sah (vgl. Hillgruber 2017). Dies führte schließlich zur Abschaffung des Preises – weil dieser sein Ziel erreicht habe (zur Debatte um den Chamisso-Preis s. Abschn. 3.4). Vergleicht man den ersten und den letzten Preisträger, den türkischen Autor Aras Ören und den irakischstämmigen Abbas Khider, so zeigen sich nicht nur unterschiedliche Themen in deren Werken, sondern auch ein unterschiedliches Selbstverständnis: Abbas Khider, so seine Wikipedia-Seite, „ist ein in Deutschland lebender deutsch-irakischer Schriftsteller" (https://de.wikipedia.org/wiki/Abbas_Khider), wohingegen Aras Ören „ein in Deutschland lebender türkischstämmiger Schriftsteller" sei (https://de.wikipedia.org/wiki/Aras_Ören) – wird beim Jüngeren die Bindestrichexistenz betont, steht beim Älteren noch die Herkunft im Fokus. Abbas Khiders Werke, die er auf Deutsch verfasst – einer Sprache, die ihm laut eigener Aussage eine gewisse Distanz zu den Inhalten seiner Texte ermöglicht (vgl. Khider 2012) –, handeln von Flucht, Exil und der Zerstörung der Identität. Für Aras Ören, der auf Türkisch schrieb und dessen Werke übersetzt wurden, waren hingegen Themen wie das Werben um Akzeptanz und die empfundene Fremdheit in einer unbekannten Umgebung von zentraler Bedeutung (etwa in seinem bekanntesten Werk *Was will Niyazi in der Naunynstraße,* 1973).

Die Literaturkritikerin Iris Radisch befürwortete die Abschaffung des Chamisso-Preises vorbehaltlos mit der These, die deutsche Literatur sei inzwischen so „internationalisiert", dass er schon deshalb überflüssig geworden sei (vgl. Radisch 2016). Und Feridun Zaimoglu, selbst einst Preisträger und Mitglied der letzten Jury, stimmte dem zu, wenn auch nicht vorbehaltlos (vgl. Karkowsky 2016). Er plädierte für einen Alternativpreis, denn Preisgelder seien für die Autor/innen wichtig. Mittlerweile gibt es einen solchen Alternativpreis – den Chamisso-Preis/Hellerau (s. hierzu Abschn. 3.4).

Den wichtigsten deutschen Literaturpreis, den Büchner-Preis, haben allerdings allein im zweiten Jahrzehnt des neuen Jahrtausends auch zwei ‚Kulturwechslerinnen' erhalten: 2012 Sibylle Lewitscharoff und 2019 die in Ungarn geborene Terézia Mora. Schon ein paar Streiflichter aus den Feuilletons lassen erkennen, dass es unterschiedliche Positionen bezüglich der beiden interkulturellen Autorinnen gibt. Während bei Lewitscharoff vor allem ihre ästhetischen Verdienste hervorgehoben werden, ist es bei Mora zwar einerseits durchaus ihre Vielstimmigkeit, welche als ästhetische Qualität betont wird, doch zugleich auch ihre ‚Einwanderung' in die deutsche Literatur. Nuancierungen betreffen also eine gewissermaßen **nähere oder fernere Interkulturalität:** Während Lewitscharoff, in Stuttgart als Tochter eines Bulgaren und einer Deutschen geboren, tendenziell eher als ‚schwäbische' Schriftstellerin gewertet wird, gilt für Mora – als Angehörige einer deutschsprachigen Minderheit in Ungarn geboren – immer noch die Herkunft als ein für bemerkenswert erachtetes Kriterium.

Redet man also von ‚Normalisierung' – gelegentlich auch von ‚Internationalisierung' (wie Radisch) oder Tendenzen zur Weltliteratur (s. Abschn. 3.5) –, so stellt sich zwingend die Frage, weshalb überhaupt noch **interkulturelle Literatur von ‚deutscher' unterschieden** werden sollte – allerdings nicht in dem Sinne der gewollten Fortschreibung einer Abgrenzung über das geopolitische Merkmal Herkunft, wie es Teile des rechtsextremen Lagers gutheißen, ja fordern (vgl. AFD Sächsische Schweiz – Osterzgebirge 2016), sondern aus grundsätzlich literaturwissenschaftlichen Überlegungen heraus.

Ein **literarisches Beispiel** mag erklären, inwiefern es sinnvoll erscheint, diese Unterscheidung wenigstens heuristisch (und eben nicht normativ) weiter zu verwenden. Für das **Gebiet des Familienromans** konnte man bis 2005 immer wieder Stimmen vernehmen, welche dessen Niedergang als Gattung beschworen, ja, analog dem Verfall der Familie in Thomas Manns *Buddenbrooks* (2002), ihn als generisches Merkmal festgeschrieben sahen. Mit Arno Geigers *Es geht uns gut* erhielt 2005 ein Familienroman den Deutschen Buchpreis und seither erschien eine Fülle von Familien-/Generationenromanen auf der literarischen Bühne. Doch auch als Melinda Nadj Abonji 2010 den Preis erhielt (für ihren Roman *Tauben fliegen auf*), war die Forschung immer noch ausschließlich mit dem ‚deutschen' Familienroman beschäftigt. Die Fokussierung auf die Bewältigung der deutschen Vergangenheit, Kanalisierungen (und Einengungen) der Diskussion durch die Aleida-Assmann-Thesen bezüglich der generischen Entwicklungen von der Väterliteratur zu einer Generationenliteratur (vgl. Assmann 2007) und nicht zuletzt eine Wahrnehmungseinschränkung führten dazu, dass die Gattung Familienroman ‚deutsch' blieb. Erst als Familie als interkulturelles Thema von höchster Bedeutsamkeit erfasst wurde (vgl. Holdenried/Willms 2012), nahmen sich Literaturwissenschaftler/innen des interkulturellen Familienromans an – wenngleich etwa bei Martin Hielscher bereits mit einem wiederum stereotypisierenden Zugriff auf die „archaischen Familienstrukturen" (Hielscher 2010, S. 195) und eine angeblich durch „teppichhaft [o]rnamentale[s]" (ebd., S. 200) Erzählen geprägte Struktur.

Entwicklungstendenzen lassen sich also klarer erkennen, wenn man innerhalb des Gesamtfeldes interkultureller Literatur Literaturströmungen genauer beobachtet, etwa von der türkischen ‚Gastarbeiterliteratur' in Deutschland hin zur deutsch-türkischen Literatur, oder die Gewichtsverschiebungen innerhalb des Feldes von der deutsch-türkischen zur deutsch-osteuropäischen Literatur zur

Kenntnis nimmt und diese *turns* zu deuten sucht. Thematische Zentren ändern sich ebenfalls, von der Auseinandersetzung mit Herkunft und Ankunft hin zu globaleren Themen der Transmigration, der Vertreibung und Flucht – denn die Gründe für Migration ändern sich ja ebenfalls. Absolut unabdingbar aber dürfte vor allem eins sein: dass Literatur interkultureller Autor/innen nicht über einen Kamm geschoren wird; es gilt vielmehr – trotz eines gemeinsamen ‚Markers' interkultureller Provenienz – das Augenmerk auf eine große **Vielfalt ausgesprochen unterschiedlicher Schreibweisen** zu richten.

Das inzwischen auch für Expert/innen kaum noch überschaubare Feld interkultureller Literatur, einer ‚Literatur ohne festen Wohnsitz', so der Titel eines von Wolfgang Asholt herausgegebenen Bandes (vgl. Asholt 2010, s. Abschn. 4.5), bedarf der Einzelanalyse, um den sehr diversen Schreibweisen gerecht zu werden. Dabei wird es sich insgesamt um **temporäre Diagnosen** handeln, denn die interkulturelle Literatur wird nolens volens in den deutschsprachigen Kanon einfließen – Forderungen zur Aufrechterhaltung der Abgrenzung zielen auf nichts anderes als auf Ghettoisierung; Distinktionsmerkmale wie fremd klingende Namen oder auch die von manchen Autor/innen zur Schau getragene (und durchaus auf den Markt schielende) Selbstethnisierung sollten kein Kriterium der Beurteilung literarischer Qualität sein. Interkulturelle Literaturwissenschaft sollte sich vielmehr als besondere Form der **Aufmerksamkeitslenkung auf ästhetische Strukturen** einer aus vielfältigen Quellen gespeisten Diversität verstehen. Sie sollte umgekehrt aber auch keineswegs in einer Art positiven Diskriminierung interkulturelle Werke mit dem Bonus des Besonderen versehen.

Ob das Ausblenden von (familiärer) **Herkunft** überhaupt wünschenswert ist, dürfte eine offene Frage sein, die etwa Saša Stanišić in seinem Buch mit ebendiesem Titel (2019) aufgegriffen hat (s. Abschn. 4.5). Genau deshalb lesen wir ja Literatur, die uns andere Erinnerungsräume zugänglich macht und in der andere Formen des Erinnerns gepflegt werden. Problematisch wird das Beharren auf Herkunft dann, wenn es zu poetologischen Einengungen kommt, wie etwa derjenigen, für interkulturelle Autor/innen gebe es ein besonders zu befolgendes Authentizitätsgebot oder das Gebot, bestimmte, insbesondere autobiographische Schreibweisen zu privilegieren. Dass interkulturelle Literatur mehr kann als ‚deutsche' Stereotypen zu bedienen, etwa über das phantastisch-märchenhafte Erzählvermögen ‚des' Orients (und an manchen Stereotypen sind Erzähler/innen wie Rafik Schami nicht unschuldig), zeigen gerade die **avancierteren interkulturellen Schreibweisen.** Yoko Tawada etwa, um nur ein markantes Beispiel zu nennen, hat sich als sehr eigenständige innovative Stimme jenseits eines vermeintlichen Mainstreams interkultureller Literatur Gehör verschafft, mit virtuosen Einlassungen auf ihr Material, die deutsche (und japanische) Sprache, mit der Rezeption surrealistischer Artistik und sprachphilosophischer Traditionslinien (s. Abschn. 6.5).

Nicht nur durch die genannten Verengungen gerät die Mannigfaltigkeit oftmals aus dem Blick; es sind ferner insbesondere **zwei Prämissen der Interkulturellen Literaturwissenschaft,** die ebenfalls kanonisierend wirken: Die erste Prämisse geht von einer ‚Minderheitenliteratur' aus, deren markantes Kennzeichen eine aus kultureller Differenz erwachsende Fremdheit ist. Damit wird ein **Zwei-Kulturen-Modell** perpetuiert, welches in der neueren Literatur längst als obsolet markiert und subvertiert wurde (vgl. etwa den Schelmenroman *Selam Berlin* (2003) von Yadé Kara, s. Abschn. 6.2). Für das Aufeinandertreffen dieser als different (wenn nicht unvereinbar) markierten Kulturen gibt es verschiedene Beschreibungsmodelle, die in Varianten tradiert werden: Von Samuel Huntingtons *Clash of Civilizations* (1996) bis zu Thilo Sarrazins Weltanschauungsextremismus (vgl. Sarrazin 2010) führt eine Linie; von Mary Louise Pratts *contact zones* (vgl. Pratt 1992) bzw. Homi Bhabhas Drittem Raum (vgl. Bhabha 2000; s. Abschn. 4.4) führt eine weitere hin zu den neueren Überlegungen von Byung-Chul Han zur Hyperkulturalität (vgl. Han 2005; s. Abschn. 2.3). Eine dritte Linie bilden die kulturphilosophischen Ansätze von Julia Kristeva (vgl. Kristeva 1990) und Bernhard Waldenfels (zuletzt Waldenfels 2006; s. Abschn. 3.1) – Letzterer mit einem Skalierungsmodell von Fremdheit, das in jüngerer Zeit Andrea Leskovec für die Didaktik einer Germanistik im Ausland aufgegriffen hat (vgl. Leskovec 2009). All diesen Ansätzen (außer demjenigen Hans) ist bei ansonsten vorhandenen Unterschieden ihre antinomische Position bezüglich (zweier) Kulturen gemeinsam – kulturelle Überlagerungen, wie sie Alois Wierlacher in seinen ‚Kulturthemen' mitdachte (vgl. Wierlacher 1993 und 1996; s. Abschn. 2.1), und Konzepte von Interkulturalität im Sinne vorhandener Universalien treten in diesen Zwei-Kulturen-Modellen in den Hintergrund.

In einem wesentlich anderen Achsenschema von **Alterität** insistiert Norbert Mecklenburg auf der **Differenzqualität von Literatur** aufgrund ihrer ‚negatorischen' Qualitäten, mit anderen Worten: ihrer Alterität gegenüber der Alltagssprache, ihrer „Negation von Funktionalität" (Mecklenburg 1991, S. 23) – Mecklenburg verweist etwa auf die Appellstruktur und die Polysemie literarischer Werke, die den Text zum Lesenden hin offenhalten. Überlegungen, etwa von Dieter Heimböckel zu „Interkulturalitäts- als Nichtwissensforschung" (Heimböckel 2012, S. 35 ff.), greifen zwar auf ältere Ansätze zurück, projizieren sie aber auf eine gegenwärtige Forschungslandschaft: Gegen die inflationäre Ausweitung von „Interkulturalität" plädiert Heimböckel vehement für ein „Verstehen des Fremden nicht [als] dessen Annexion, sondern [als] ein Sicheinlassen – etwa im Sinne der Alteritätsphilosophie von Emmanuel Lévinas" (ebd. S. 38).

Die zweite problematische Prämisse in der Interkulturellen Literaturwissenschaft ist die eines mit der Migration verbundenen **Bildungsgefälles.** Zweifellos kann man für die Frühzeit der Einwanderung und für bestimmte Migrantengruppen auch heutzutage noch von einem solchen ausgehen, doch zeigt die neueste Entwicklung, dass Globalisierungsprozesse auch Auswirkungen auf Gattungs(re)formationen haben. So ist die idealtypische Auffassung des interkulturellen Bildungsromans als eines mit dem Topos der Reise verbundenen „Bildungsaufstiegs" (Gutjahr 2007, S. 69), wie sie Ortrud Gutjahr ausschließlich an deutsch-türkischen Beispielen gewonnen hat, aufgrund dieser auf spezifische Texte bezogenen Beobachtungen durchaus fragwürdig. Erst sprachliche Akkulturation führe nämlich zur Reflexionsfähigkeit – und zwar auf dem Hintergrund eines ‚Zwischen-zwei-Kulturen-Seins':

„Nicht selten wird erst in dieser neuen Sprache die Reflexion eigener kultureller Prägung möglich. Denn es geht nicht nur um das Erlernen der fremden Sprache, sondern auch um eine damit verbundene *kulturelle* Übersetzungsleistung und die Möglichkeit neuer Selbsterkundung und Welterschließung. Die Selbstsuche der Hauptfigur wird häufig durch eine scheinbar naive, den kulturellen Zusammenhang nicht kennende, pikareske Erzählperspektive geleitet." (ebd., S. 70, Hervorh. im Orig.)

Am Beispiel von Yadé Karas *Selam Berlin* (2003) sowie bereits an den Rezeptionsprämissen bezüglich Özdamars naiv erscheinender Protagonistin in *Die Brücke vom Goldenen Horn* (1998) lassen sich solche Grundannahmen überprüfen und richtigstellen (s. Abschn. 6.2).

Es ist für eine Einführung in den Gegenstand unmöglich, alle Facetten interkultureller Literatur zu berücksichtigen. So wäre die deutsch-jüdische Literatur ausdrücklich stärker zu berücksichtigen, ebenso die Literatur schwarzer Deutscher, welche in den letzten Jahren auch durch autobiographische Werke stärker in den Blick gerückt sind (etwa durch Hans-Jürgen Massaquoi: *Neger, Neger, Schornsteinfeger! Meine Kindheit in Deutschland* 1999, s. Abschn. 6.6.2), auf die hier wenigstens ein Streiflicht geworfen werden soll.

In den nächsten Jahren werden wir Zeug/innen erneuter Verschiebungen hin zu einer durch Flucht und Vertreibung geprägten Literatur der Migration werden. Ob auch für sie gilt, was selbst für eine Vielzahl anderer interkultureller Autor/innen noch fraglich sein dürfte: dass sie „vollkommen [...] im deutschen Literaturbetrieb angekommen sind" (Geschäftsführung der Robert Bosch Stiftung, lt. Hillgruber 2017) – und sie deshalb keiner besonderen Förderung mehr bedürfen, ist zum jetzigen Zeitpunkt nicht mehr als eine Hypothese.

Im Folgenden wird in Einzelfallanalysen das Spektrum interkultureller Gegenwartsliteratur exemplarisch dargestellt. Als weiterführende Ergänzungen sind die biographischen Kurzdarstellungen in Abschn. 6.7 gedacht, welche Schlaglichter auf weitere 100 Autor/innen werfen, die dazu anregen sollen, sich deren Werken zu widmen. Die Bindestrich-Angaben, etwa deutsch-türkisch, sind dabei wie in Carmine Chiellinos *Handbuch* (2000) zur raschen Orientierung gedacht, mit der auch Assonanzen zu den jeweiligen kulturellen Hintergründen ermöglicht werden.

6.2 Deutsch-türkische Literatur am Beispiel von Yadé Karas *Selam Berlin* (2003)

6.2.1 Entwicklungslinien deutsch-türkischer Literatur

Wenn oben betont wurde, dass interkulturelle Literatur eine enorme spektrale Ausdehnung hat, so tragen andererseits manche Forschungsansätze dazu bei, dass die ganze Weite des Referenzfeldes wieder eingeschränkt wird, etwa durch Michael Hofmann, der, die These Leslie Adelsons vom *turkish turn* (vgl. Adelson 2005) aufnehmend, zunächst in seinem Einführungsband (2006) und später in einem Band zur deutsch-türkischen Literaturwissenschaft (2013) ein neues komparatistisch-interkulturelles Forschungsfeld zu etablieren suchte. Mittels einer wenig einleuchtenden Analogisierung von postkolonialer und deutsch-türkischer Literatur (vgl. kritisch Günther 2002) wird anstelle des breiten Spektrums interkultureller Literatur, wie es schon Chiellinos *Handbuch* (2000) eindrucksvoll vor Augen geführt hat, ein starkes Majorat deutsch-türkischer Literatur etabliert. Solche Aufmerksamkeitslenkung führt zu Forschungsschneisen und damit zu einer Selffulfilling Prophecy. Wenn Karin Yeşilada noch 2007 kritisch eine Nichtwahrnehmung dieser Autor/innen vermerkt, kann davon – wie Neubauer zu Recht schon 2011 festhielt (vgl. Neubauer 2011, S. 321) – heute erst recht keine Rede mehr sein. Vielmehr ist von einer tatsächlichen **Blickverengung** auszugehen, wenn ‚die' – in sich keineswegs homogene – deutsch-türkische Literatur geradezu als Pars pro Toto für das gesamte Feld interkultureller Literatur inszeniert wird. Demgegenüber gilt es, immer wieder auf die große Mannigfaltigkeit interkulturellen Schreibens hinzuweisen.

Dass die deutsch-türkische Literatur eine herausragende Rolle spielt, soll indes gar nicht bestritten werden. Schon ein numerisch gewichtender Blick auf die Autor/innen des Feldes würde zeigen, dass es seit der Zuwanderung in den 1960er Jahren vor allem die Autor/innen aus der Türkei waren, welche sich literarisch mit der Fremde auseinandergesetzt haben. Nachlesen kann man die Entwicklung seit Beginn in Neubauers umfangreicher Dissertation (2011), bei Hofmann (2013) und in Hofmann/Patrut (2015). In kompakter Kürze informiert ein Aufsatz von Harald Tanzer (2004) über die verschiedenen Generationsabfolgen des literarischen Schaffens deutsch-türkischer Autor/innen. Ebenso hilfreich zur raschen Orientierung sind die Beiträge von Yüksel Kocadoru (2004) und Mediha Göbenli (2005).

Unterschieden wird gemeinhin eine **erste Generation** (die ‚Pioniere') von auf Türkisch schreibenden Zuwanderer/innen, deren Schreiben um die Migration kreisen. Themen und Motive wie Heimweh, Sehnsucht nach dem verlassenen Heimatland, Verstörung angesichts des Neuen, die oft empfundene Kälte Deutschlands bis hin zum Kulturschock werden in Literatur (und später im Film; s. Abschn. 4.5) artikuliert, oft in gedrängter lyrischer Form. Geschrieben wurde zunächst aufgrund sprachlicher Defizite auf Türkisch; Tanzer stellt heraus, dass dies aber auch insbesondere für die seit Ende der 1970er Jahre aus der Militärdiktatur emigrierten Schriftsteller/innen ein sprachpolitischer Ansatz war. Das Anschreiben gegen die Militärdiktatur sollte nicht nur auf Deutsch erfolgen; Türkisch sollte auch kulturell im Bewusstsein gehalten werden. Wichtig ist festzuhalten, dass es häufig nicht die zugewanderten ‚Gastarbeiter' waren, welche ihre Erfahrungen artikulierten, sondern türkische Intellektuelle für diese schrieben – eine nicht unproblematische Konstellation der Stellvertretung. Zu den Autor/innen dieser ersten Generation zählen Aras Ören, Güney Dal, Yüksel Pazarkaya, um nur die wichtigsten zu nennen.

Die jüngeren Autor/innen, die entweder als Kinder nach Deutschland kamen oder schon in Deutschland geboren sind, die sog. **Deutschtürken,** bilden die Generationskohorte von **auf Deutsch schreibenden Autor/innen,** welche die Migrationsproblematik bereits mit kritischer, oft ironischer oder provokativer

Akzentsetzung reflektieren. Zu dieser zweiten Generation werden die wohl bekanntesten Schriftsteller/innen Emine Özdamar, Feridun Zaimoglu und Zafer Şenocak gezählt.

Die **dritte Generation** ist laut Tanzer von einer größeren Selbstverständlichkeit bezüglich ihrer kulturellen Position gekennzeichnet. Die „erfahrene Alterität [ist] Teil des Selbstverständnisses geworden, auf dessen Grundlage Fremderfahrung als türkisch-deutsches Thema konstruiert wird und zwar sowohl von türkisch-stämmigen als auch von deutschen Autoren" (Tanzer 2004, S. 309). So werden etwa Sten Nadolnys *Selim oder Die Gabe der Rede* (1990) oder Barbara Frischmuths *Die Schrift des Freundes* (1998) als Beispiele einer interkulturellen Wechselbeziehung in der Literatur genannt. Nicht ganz einig sind sich die Forscher/innen bezüglich der Zugehörigkeiten einzelner Autor/innen wie Zaimoglu; aufgrund seines Alters ist er sicher eher – wie von Kocadoru vorgeschlagen – zur dritten Generation zu zählen, zusammen mit Selim Özdogan.

Gekennzeichnet ist das Verhältnis dieser Autor/innen zu Deutschland durch einen eher **ästhetisch-spielerischen, selbstbewussten, oft ironischen Umgang mit ihren kulturellen Kontexten** als durch einen Gestus der impliziten ‚Viktimisierung' (wie wir es für den Film der frühen Jahre sahen, s. Abschn. 4.5). Auf Zumutungen der gesellschaftlichen Diskriminierung, Nichtanerkennung und Abwertung reagieren Autor/innen wie Osman Engin mit einem in der Nähe des Kabaretts zu verortenden Humor, der jedoch eher harmlos zu nennen sein dürfte, auch wenn die Themen es nicht sind. Zaimoglu hingegen hat auf ähnliche Befunde mit seinem pamphletförmigen ‚Protokoll'-Band *Kanak Sprak: 24 Mißtöne vom Rande der Gesellschaft* (1995) reagiert, mit dem er nicht nur bekannt wurde, sondern auch das ‚Kanakische' als Sprache benachteiligter Randgruppen ästhetisch etablierte (vgl. ausführlich Neubauer 2011, S. 453–477; s. auch Abschn. 4.5). Die lodernde Sprachgewalt Zaimoglus, mit der er angeblich authentisches Material überformt hat, zeigt – ähnlich wie Rap und Hip-Hop – wie kreativ Hybridisierungen wirken können. Mit seiner Art der „Kontra-Stereotypisierung" (ebd., S. 465) des ‚Alemannen' werden Jargons der Randständigkeit in gewisser Weise literarisch geadelt; sie sind aber erzeugt von einem Autor, der das Code-Switching extrem kunstvoll beherrscht. Ob dies auch für seine Interviewten gilt, kann nicht überprüft werden, da das Material nach Angaben Zaimoglus vernichtet wurde. Humor, Ironie und beißende Satire sind Kennzeichen einer möglicherweise tatsächlich gewachsenen Normalität der gesellschaftlichen Hybridisierung – und es ist vielleicht kein Zufall, dass gerade die Humoristen unter den interkulturellen Autor/innen wie Osman Engin oder Wladimir Kaminer besonders erfolgreich sind. Der Einsatz humoresker, ironischer und satirischer Erzählweisen ist ein offenkundiges Kennzeichen einer Veränderung der interkulturellen Tonlage; ein weiteres Kennzeichen, wie bereits angeführt, ist schließlich eine wachsende Teilnahme interkultureller Autor/innen am literarischen Markt.

War es lange Zeit hervorstechendes Merkmal der Rezeption, den „sozialdokumentarischen Charakter" (ebd., S. 321) überzubetonen und gewissermaßen einen ethnographisch interessierten Blick auf das Erzählte zu werfen, so wird heute verstärkt die ästhetische Struktur in den Mittelpunkt der Analyse gestellt. Auch dies ist ein Indikator der Normalisierung.

6.2.2 Zur Rezeption des Werks von Emine Özdamar – zwischen Orientalisierung, Mimikry und theatralischer Inszenierung

Im Folgenden soll anhand von Emine Özdamars Werk zum einen unter dem Stichwort der Orientalisierung paradigmatisch auf **problematische Konstellationen der Rezeption** hingewiesen werden, zum anderen sollen einige Streiflichter auf nach wie vor vorhandene blinde Flecken in der ästhetischen Detailanalyse geworfen werden (vgl. ausführlicher Holdenried 2019).

Betrachtet man die von Kader Konuk untersuchte Rezeption von Özdamar, so kann man tatsächlich von einem Déjà-vu-Effekt ausgehen: Wie Konuk schon 1999 herausgearbeitet hat, erfolgte die Rezeption Özdamars von Anbeginn an in ‚orientalisierender Manier', eine Rezeption, an der jedoch – so Cornelia Zierau zehn Jahre später – die Autorin selbst nicht unschuldig gewesen sei (vgl. Zierau 2009, S. 96). Özdamars Werke seien „als Ausdruck einer authentischen kulturellen Identität" (Konuk 1999, S. 61) gelesen worden, wohingegen die Forschung im Gefolge Konuks in den folgenden Jahren verstärkt den Charakter der „inszenierte[n] Selbstdarstellung" (ebd., S. 67) hervorgehoben hat – eine Rezeptionslinie, welche in den letzten Jahren vermehrt das theatralische Sprechen bei Özdamar in den Blick genommen hat (etwa Gutjahr 2016). Inszenierung, die Betonung von (Ethno-)Maskerade und der autofiktionale Gehalt ihres Schreibens, also im Grunde Kategorien einer metapoetologischen Form der Rezeption, dominieren in den letzten Jahren zumindest in der Literaturwissenschaft; anders verhält es sich in der Literaturkritik. Ebenso wirkmächtig bleiben hingegen Deutungsansätze, welche in Özdamars Schreiben ein geradezu paradigmatisches „Modell ästhetisch-literarischer Hybridisierung" (Hofmann/Patrut 2015, S. 116) festschreiben wollen.

In den frühen Forschungsbeiträgen wurde zunächst fast dankbar auf Özdamars gewissermaßen kongeniale Umsetzung der Kernbestände Postkolonialer Studien verwiesen – auf das Wechselspiel von Naivität und Inszenierung, gedeutet mit einem erweiterten Mimikrymodell (etwa bei Breger 1999a, 1999b), oder auf die Ethno-Maskerade als nicht authentische, sondern inszenierte Darstellung des Fremden bei Konuk (1999, S. 66 f.; mit der interessanten These einer ‚Entnaturalisierung des Deutschen wie des Fremden'). Der Umgang mit Sprache, das sprachspielerische Wörtlich-Übersetzen, Bilder- und Metaphernreichtum, De-Automatisierung (oder De-Naturalisierung) von Sprache, Bi-, Poly-, Xenoglossie rückten rasch in den Blick.

Erstmals genauer hat sich jedoch erst David Martyn auf die **Funktionsweisen der Metaphern** bei Özdamar eingelassen und feststellen können, dass es sich bei

6.2 Deutsch-türkische Literatur

Özdamars ‚Übertragungen' nur auf den ersten Blick um „*wirkliche* ‚Metaphern'" (Martyn 2005, S. 733; Hervorh. im Orig.) handle, um ‚echte Fremde', bei genauerem Hinsehen sich aber genau dies als Konstruktion erweise. Neben dem ‚beleidigten Bahnhof' als Quasi-Übersetzung von ‚zerstörter (Anhalter) Bahnhof' (zerstört und beleidigt konvergieren im Türkischen) ist es der Gebrauch von ‚Zunge', welcher wohl als meistzitiertes Beispiel gelten kann. Sprache als *nil*/Zunge sei im Türkischen nicht metaphorisch, im Deutschen sei es Zunge als Sprache jedoch sehr wohl. Martyns Fazit: „Anstatt von einer Migration der Sprachbilder wäre es daher angemessener von ihrer *Ortlosigkeit* zu sprechen. Sie sind weder Türkisch noch Deutsch." (ebd., S. 734, Hervorh. im Orig.) Vielmehr „entstehen [sie] erst durch den Vorgang der ‚Übersetzung'. Der metaphorische Raum, den sie eröffnen, ist nicht verortbar." (ebd., S. 744) Statt Stuart Halls Imperativ einer politischen Positionierung zu folgen, so Wagner-Egelhaaf, sei Özdamars Sprechposition insgesamt ganz entschieden die einer „Figur des Dritten" (Wagner-Egelhaaf 2005, S. 760) – keine Ästhetik des Zwischenraums, sondern andere Orte würden mitdenkbar (vgl. ebd.). Eine ähnliche Denkfigur liegt wohl auch Myriam Geisers neuerer Untersuchung zu *Borderscapes* zugrunde, in welcher die Ambivalenz von Grenzräumen einmal mehr ausgelotet wird (vgl. Geiser 2017).

„[I]nterlinguale Kreuzungen" (Federmair 2012, S. 154) als eine besondere Form der ‚Deterritorialisierung' erwiesen sich, so Leopold Federmair, als ästhetisches Phänomen, indem das fehlerhafte Sprechen der Sprache etwas zurückgebe, was sie durch allzu automatisierte Geläufigkeit verliere. Ästhetische Verfahren der bewussten Verfremdung spielen sowohl produktions- wie rezeptionsästhetisch eine herausgehobene Rolle; insbesondere bei der **Untersuchung der produktionsästhetischen Einflussfaktoren** scheinen mir jedoch die Möglichkeiten weitergehender Untersuchung noch wenig ausgeschöpft.

So wird etwa die ‚Levitationsszene', also der Liebesakt zwischen der Protagonistin und ihrem spanischen Liebhaber in Paris (vgl. Özdamar: Die Brücke vom Goldenen Horn, S. 136 f.), häufig erwähnt, ausgedeutet als Bewusstseinsspaltung oder als surrealistische Phantasmagorie (etwa bei Sölçün 2002, S. 102 f.). Doch würde vielleicht die Nähe zu surrealistischen Bildwelten selbst eine weitere Dimension hinzufügen; nicht zuletzt die schwebenden Bildwelten Marc Chagalls scheinen mir hier klar mitassoziierbar. Das schwebende, die Szene von oben beobachtende Teil-Ich wäre dann wie bei Chagall nicht in erster Linie traumatisch zu deuten, sondern als Element einer künstlerischen Gleichzeitigkeit.

Zwei weitere Bereiche möchte ich noch herausgreifen, in denen besonders offenkundig analytischer Vertiefungsbedarf besteht: Der erste ist der der **Tropen.** Die ungewöhnlich bildreiche Sprache Özdamars, welche einen metaphorischen Raum erzeuge, wurde von Martyn mit Blick auf die Kultursemantik metaphorischen Sprechens betont (vgl. Martyn 2005). Erstaunlicherweise fehlen jedoch gerade zu den Metaphernbereichen, die in ganz auffälliger Weise Özdamars Schreiben durchziehen, nämlich zu den **Tiertropen,** umfassendere Studien. Breger bezieht sich lediglich auf den Affen als Mimikry-Generator (vgl. Breger 1999a,

S. 37 ff.), bei Federmair wird eher en passant auf „Animierung – Anthropomorphisierung […], Animalisierung" (Federmair 2012, S. 162) hingewiesen, im Kontext des Magischen Realismus bzw. einer Komik der Verfremdung. Insbesondere die Hühnergeschichte aus der *Brücke vom Goldenen Horn* muss in der Forschung als dennoch jeweils nur knapp gestreiftes Beispiel für satirische Verfremdung herhalten. Dass aber eine ganze Fauna tierischer Vergleiche das Werk durchzieht und damit eine Kulturtopographie ganz eigener Art geschaffen wird, ist bislang noch nicht Gegenstand von Studien geworden. In umfänglichem Ausmaß nutzt die Erzählerin Tiertropen, um eine Art von Exotik auszudrücken, die jedoch weniger mit einer sich entwickelnden Identität zu tun hat als mit einem Gefühl der Uneigentlichkeit, welches von der Fremde evoziert wird. Besonders für die Interkulturelle Literaturwissenschaft dürfte dieser über animalische Tropen ausgedrückte Grad von Uneigentlichkeit ergiebig sein. Tiermetaphern im Deutschen und Türkischen könnten kontrastiv untersucht, ihr Einsatz bei Özdamar damit unter konzeptionellen Gesichtspunkten erarbeitet werden.

Özdamar nutzt etwa die **Hühnermetapher** in anschaulich hyperbolischer Weise in der Darstellung der Studentenbewegung von 1968 – in konsistenter Übereinstimmung mit den damaligen Zeitungsschlagzeilen, die ihre Protagonistin als ‚surreal' verfremdete Kommunikationsstrategie einsetzt. „Berlin ein Hühnerstall. Die Politiker waren Hühnerstallbesitzer, und die Polizei rupfte den Hühnern die Federn." (Özdamar: Die Brücke vom Goldenen Horn, S. 157) Anstelle des Sezierens von Wörtern und Begriffen, wie sie in der Studentenbewegung im Schwange sind, verweist die Hühnermetaphorik in ihrer überdreht-repetitiven Struktur zurück auf die Sinnlosigkeit der Begriffs-Autopsien: „Man machte dauernd Autopsien der benutzten Wörter, dann gab es Autopsieberichte, die auch wieder Autopsien brauchten." (ebd., S. 160) Und schließlich geschieht eine Rückverwandlung von Huhn in Mensch angesichts der Erschießung von Benno Ohnesorg: „Die Polizei hatte ein Huhn erschossen, aber es lag ein Mensch da." (ebd., S. 170) Wie im Märchen Verwandlungen in Tiere geschehen, bewirkt die polizeiliche Gewalt hier gerade das Gegenteil. Wenig später im Romanverlauf wird die Hühnermetapher allerdings wiederaufgenommen, um die Distanz zwischen Daheimgebliebenen und weggegangener jugendlicher Protagonistin auszuloten: „Das Huhn, das viel herumspaziert, kehrt nach Hause zurück mit viel Scheiße unter seinen Füßen." (ebd., S. 179) Das variierende tropische Spiel wird durch Gewalt nur angehalten, nicht beendet.

Der zweite Bereich ist derjenige der **Xenoglossie** (s. hierzu auch Holdenried 2014). Esther Kilchmann greift für diese Entwicklung zur Anerkennung ästhetischer Eigenwertigkeit heterolingualer Literatur auf Roman Jakobsons Kategorie der ‚Poetizität' zurück, mit der sich die Widerstrebigkeit polyglossischer Texte genauer erklären lasse: Als Einspruch nämlich „gegen die ästhetische und sozio-kulturelle Norm der Monolingualität, […] [als] Mittel, um die automatisierte Beziehung zwischen Begriff und Zeichen auszuhebeln und so Bewusstsein für neue Realitäten zu befördern" (Kilchmann 2012, S. 117; s. Abschn. 4.5).

6.2 Deutsch-türkische Literatur

Die Forschung zu (literarischer) Mehrsprachigkeit, auch hier ist Kilchmann zuzustimmen, steckt in Deutschland indes noch in den Anfängen. Das Handbuch *Literatur und Mehrsprachigkeit* (2017), von Till Dembeck und Rolf Parr herausgegeben, weist auf noch zu füllende Forschungslücken hin. Besonders interessant finde ich jedoch eine Beobachtung Immacolata Amodeos, wie ich sie an Ilija Trojanow überprüft habe (vgl. Holdenried 2014) – ein Befund, welcher m. E. sehr gut auf Özdamar und andere übertragen werden kann (mit wesentlichen Differenzen in Bezug auf die ‚Selbstexotisierung'). In Amodeos kleiner Typologie der mannigfaltigen Phänotypen heterolingualen Schreibens findet sich der Typ „*9 Andersprachigkeit als ethnisches Kapital*" (Amodeo 2008, S. 119). Typ 9 funktioniert in Verbindung mit der Ausstellung seiner Gemachtheit bei Özdamar besonders gut: Ob zuerst das Huhn oder das Ei war, sei hier zunächst dahingestellt – jedenfalls ist eine **Interdependenz zwischen Polyphonie und ‚ethnischem Kapital'** nicht von der Hand zu weisen. Mit anderen Worten: Migrationsautor/innen seien besonders dann erfolgreich, so Amodeo, wenn sie „auf ‚ethnisches Kapital' setzen, d. h. wenn sie in ihren literarischen Texten ihre kulturelle Besonderheit thematisch oder ästhetisch, d. h. nicht zuletzt sprachästhetisch, herausstellen" (Amadeo 2008, S. 119).

Nicht nur das Werk Özdamars selbst stellt **Hybridität** aus, indem es Einblicke in die synkretistische Wirkmächtigkeit vieler unterschiedlicher Kulturen in einer Person gibt (vgl. ihre Erzählungen *Mutterzunge, Großvaterzunge,* 1990), sondern Hybridität erscheint – gemäß der Auffassung Bachtins von den ‚Herstellungsverfahren' (vgl. Bachtin 1979, S. 244) – als eigens ‚gemachte' (vgl. zum Begriff der ‚gemachten Hybridität', den ich hier übernehme, Schenk 2008, S. 135). Bezogen auf Werke der Migrationsliteratur hält Klaus Schenk daher fest: „In dieser Hinsicht zeigen sich die Texte als polyphon und praktizieren eine Performanz ihrer kulturellen wie literarischen Polyphonie." (ebd., S. 136) Ohne Zweifel sind Özdamars Werke heterolingual, durch „textinterne Mehrsprachigkeit" (Kremnitz 2004, S. 16) gekennzeichnet. Dass es sich dabei um **‚inszenierte Hybridität'** handelt, ist nicht nur unvermeidlich, sondern absichtsvolles Verfahren. Dies ist in heterolingualer Literatur nicht anders als in ‚monolingualer'. Dass es in Özdamars Poetik mittels heterolingualer Sprachästhetik aber nicht um eine bloß sprachspielerische Ästhetik geht, sondern um die Bezugnahme auf politisch-soziale Bedingungen, ist das mindestens genauso Interessante.

Betont sei abschließend, dass die stets punktuell bleibenden Untersuchungen in einem weiteren Schritt wie bei anderen Autor/innen das Gesamtwerk zu berücksichtigen hätten: Das dramatische Werk Özdamars ist – wie übrigens auch dasjenige Tawadas – noch relativ wenig erforscht, was einer Tendenz der Interkulturellen Literaturwissenschaft zur Konzentration auf Prosawerke geschuldet ist. Der Hinweis auf die theatralische Dimension des Sprechens wurde recht früh schon von Deniz Göktürk gegeben (vgl. Göktürk 1999) und in jüngerer Zeit durch Ortrud Gutjahr wiederaufgegriffen (vgl. Gutjahr 2016). Sinnvoll erschiene es mir folglich, statt die Romane nach wie vor prävalent zu behandeln, sie gar als ‚autopoetologische' Genesis der Epikerin Özdamar zu verstehen, vermehrt auch andere Gattungen in den Blick zu nehmen.

6.2.3 Yadé Karas Roman *Selam Berlin* (2003) als Fusion verschiedener Erzählmodelle (Familien-, Adoleszenz-, Wende-, Pop-, Schelmenroman)

Yadé Kara (geboren 1965) gehört zu den oben als dritte Generation bezeichneten Autor/innen, in deren Texten sich nicht mehr die Klage über das Zerrissensein zwischen zwei Kulturen findet, sondern eher die humoristische Befragung eines Mehrwerts interkultureller Kompetenz (zum Folgenden vgl. Holdenried 2012).

Zum Inhalt des Romans
Der aus der Ich-Perspektive Hasans erzählte Roman beginnt in Istanbul mit dem Berliner Mauerfall in den türkischen Nachrichten: Hasan, in einer verborgenen Ecke des Wohnzimmers mit einer heftigen Masturbation beschäftigt – ein intertextueller Verweis auf Thomas Brussigs *Helden wie wir* (1995) –, merkt am schockierten Verhalten seiner Eltern, dass etwas Außergewöhnliches passiert sein muss. „Wie starre Janitscharen im Topkapi-Palast von Istanbul saßen meine Eltern immer noch vor dem Fernseher. [...] Tot? dachte ich." (Kara: Selam Berlin, S. 6) Dass von da an nichts mehr wie vorher ist, hängt einerseits mit dem Zusammenbruch der Weltordnung des Kalten Krieges zusammen, andererseits mit demjenigen der Familienordnung, denn durch den Mauerfall ist das Familiengeheimnis nicht länger verborgen zu halten: Der Vater, ‚Baba', entpuppt sich als nicht nur beruflicher Pendler zwischen Istanbul und Berlin, sondern auch als amouröser Pendler zwischen Ost- und Westberlin. Er hält sich zumeist in Berlin auf, wo er ein Reisebüro betreibt, wohingegen seine türkische Ehefrau und die Kinder die meiste Zeit in Istanbul verbringen – Hasan und sein Bruder Ediz machen dort an der deutschen Schule ihr Abitur und die Mutter schätzt Berlin nicht sonderlich. In Berlin wiederum unterhält Baba seit zwei Jahrzehnten eine Zweitfamilie mit Rosa Marx [sic] und dem Sohn Adem im Ostteil der Stadt. Nachdem das Geheimnis des Vaters aufgeflogen ist, verlässt ihn seine türkische Ehefrau mit einem Eklat. Hasan bleibt in Berlin, distanziert sich aber vom Vater, zieht aus der ‚Mauerwohnung' aus und sucht seinen eigenen Weg, der ihn in eine Schöneberger Drei-Mädel-WG führt, eine Rolle in einem Film finden lässt und in erotische Abenteuer treibt.

Selam Berlin als Wenderoman – Mauerfall, Familienzerfall
Karas Roman ist als **erster türkisch-deutscher Wenderoman** einzuordnen (vgl. Fachinger 2007, S. 247). Der Blick vom Bosporus auf den Mauerfall erscheint als ein von außen kommender; doch wird sehr rasch deutlich, dass die ganze Familie in die Geschehnisse involviert ist. Die äußere Dynamik stößt die innerfamiliäre an, die ohnehin schon durch die ‚interkulturelle' Konstellation der

6.2 Deutsch-türkische Literatur

Ehe mit erheblichem Konfliktpotenzial belastet ist: „Wo sollen wir leben? In Berlin oder Istanbul? Meine Eltern waren ein Nord-Süd-Gefälle. Ediz und ich standen dazwischen und mußten Position beziehen. Wir entschieden uns für New York." (Kara: Selam Berlin, S. 10) Die Mutter stammt aus wohlhabendem Istanbuler Bürgertum, der anatolische Vater kommt zum Studium nach Berlin. Eine ‚neutrale' Position, wie sie sich Hasan und Ediz im Streit der Eltern sichern wollen, kann es nicht geben – eine dritte Position ist immer schon affiziert vom und verwoben in das Globalisierungsgeschehen.

Berlin wird im Roman nicht nur abstrakt geschichtlich gesehen, sondern als veränderter Lebens- und Erfahrungsraum jedes Einzelnen. Hasan begreift, dass Geschichte nicht ‚Müll' ist, sondern Werte und Identitäten beeinflusst: Als die Mauer abgerissen wird – „So als wäre gerade die Müllabfuhr dagewesen und hätte alles mitgenommen, den Mist von dreißig, vierzig Jahren" (ebd., S. 305) –, merkt Hasan, dass ‚seine' Mauer auch ein Symbol für Kreativität und Selbstverwirklichung bedeutete: die Möglichkeit, Spuren zu hinterlassen.

Anders als in vielen Popromanen verweisen die In-out-Kategorien über das bloß Modische hinaus auf diese **lebensbestimmenden Prägungen geschichtlicher Verläufe,** in deren Strudel die Protagonist/innen geraten. „Zeitschichten", so hat Reinhart Koselleck es formuliert, bezeichnen zeitliche Phänomene „verschiedener Dauer und unterschiedlicher Herkunft" (Koselleck 2000, S. 9), also eine ‚Gleichzeitigkeit des Ungleichzeitigen'. Diese Zeitschichten interferieren aber zwischen den Generationen, es bilden sich unterschiedliche temporale Referenzsysteme aus. Mit dem Erfahrungsraum Istanbul – dem ‚alten' Istanbul – ist die Identität beider Eltern verbunden, mit dem Erfahrungsraum ‚altes' Kreuzberg diejenige Hasans. Eine Verbindung ergibt sich durch die Einsicht, dass beide – durch ihre Liberalität und Lebensfreude vergleichbaren, aber in unterschiedlichen Zeitschichten situierten – Erfahrungsräume verschwunden sind.

Der Mauerfall wirkt dynamisierend: Babas sorgfältig gegeneinander abgeschottete Lebenssphären sind in dieser Weise nicht mehr aufrechtzuerhalten – ein **Zerfall der beiden Welten** setzt ein. Hasan hingegen genießt zunächst die „Berlin-Party" – „ein Weltgeschehen, und ich war mit dabei" (Kara: Selam Berlin, S. 45) –, bis er merkt, dass das Verschwinden der Mauer nicht nur seinen alten Kinderspielplatz beseitigt, sondern auch die damit verbundenen Erinnerungen und ein Lebensgefühl – das des alten SO 36, des Kreuzbergs im Schatten der Mauer, das gerade dadurch zu einem Brouillon aus kreativer Energie und Überlebenskünstlertum geworden war. Nicht nur scheint nach dem Fall der Mauer im zu vereinigenden Deutschland noch weniger Raum für Interkulturalität vorhanden zu sein, vielmehr scheint die Berliner Liberalität insgesamt zu schwinden:

> „In der deutschen Schule Istanbul waren die Deutschen deutscher als die Deutschen hier in Berlin. [...] Für mich war es jedes Mal eine Erholung, in Berlin anzukommen, wo das alles nicht so verbittert ernst betrieben wurde. Dafür hielten die Türken hier so bitterernst fest an ihrem Türkischsein, daß es einem zuviel wurde." (ebd., S. 29)

Die jüngere Generation wohnt auch selbst nicht mehr im Kreuzberg der Eltern, Kreuzberg ist die familiäre Vergangenheit, von der man sich lösen will: „Es war jetzt der Ort, wo die Eltern wohnten." (ebd., S. 238) Damit aber wird eine über die Stadt bzw. den Kiez vermittelte Identität prekär. Gelang es Hasan bisher, seine Identität aus der Stadt zu beziehen – ‚"Türke?' bohrte Miss Metallic [eine Filmpartnerin Hasans, M. H.] weiter. Pause. ‚Berliner', antwortete ich knapp. Wir lachten" (ebd., S. 85) –, so gerät er in Schwierigkeiten, weil die innerstädtische Dynamik paradoxerweise Kreuzberg trotz seiner neuen Lage in der städtischen Mitte an den Rand drängt.

Der **generationelle Zusammenhang** wird aber nicht nur durch die gegenläufigen Zeitschichten (oder deren Wahrnehmung) gestört: Lange vorher ist die familiäre Vergangenheit schon abgeschnitten, museales Kabinett einer fernen Erinnerung. Es ist Leyla, Hasans Cousine und Vertraute, die sich durch ihre deutsche Mutter von ihren türkischen Wurzeln entfremdet fühlt und die deswegen die türkische Familienvergangenheit als repräsentative Ahnengalerie ausstellt:

> „In einer Ecke des Korridors hingen Schwarzweißfotografien. Samuel Beckett mit Falten. Daneben die Ahnengalerie. Generationen von Kazans blickten aus Filzmützen, Kopftüchern und Silberschmuck in die Kamera. Großonkel, Tanten und Urgroßväter aus Mersin am Mittelmeer hingen an dieser Charlottenburger Wand und blickten tief in mich hinein. Die Kazans." (ebd., S. 100)

Für Leyla, aufgewachsen in einer bikulturellen Familie, sind die Ahnen Sehnsuchtsobjekt; sie selbst ist die ‚Exotin', wenn sie Urlaub bei den Verwandten in der Türkei macht (vgl. ebd., S. 103). Leyla, Anglistikstudentin, ist für Hasan belustigenderweise auf der Suche nach der anatolisch geprägten Vergangenheit der Familie – diese Wurzeln möchte sie für sich reklamieren: ‚"Das sind uralte Wurzeln – Zivilisationen. Auf die kannst du stolz sein, kein Holocaust und Horror, kapiert?' ‚Und was ist jetzt?' wendete ich ein. ‚Militär, Mafia und Maschinengewehre. Nein, danke. Da ist mir Berlin mit seinem ganzen Mauertrubel viel lieber.'" (ebd., S. 168)

Während für die bikulturelle Leyla die Vergangenheit paradoxerweise Sehnsucht nach einer eindeutigen Identität erzeugt, sieht Hasan die Ahnen in einem anderen Licht: Urgroßvater und Großvater waren echte Osmanen, die sich nur widerwillig der Republik Atatürks beugten. Der neuen Wertordnung – „Ansehen durch Bildung und nicht mehr durch Waffe, Pferd und Mannesmut" (ebd., S. 66) – folgt der Vater, indem er nach Westen geht, um Maschinenbau zu studieren, mit gestrickten Wollstrümpfen und einem Amulett im Koffer. Für diesen Weg können die Großelterngenerationen keine Orientierung mehr geben, Baba ist auf sich gestellt. Damit aber bricht auch der Generationenzusammenhang ab, die Schrumpfung auf das Zwei-Generationen-Modell birgt ein Konfliktpotenzial für die darauffolgende Generation Hasans. Einzig ein magisches Objekt, das Amulett der Großmutter, mit Suren aus dem Koran in arabischer Schrift, steht noch für den Traditionszusammenhang ein.

Einen innertextuellen Reflex auf die Ahnengalerie Leylas stellt Hasans Reaktion auf den **Zusammenbruch der Familie** dar: Er arbeitet sich am Familienarchiv ab, indem er alte Fotos fotokopiert und neu zusammensetzt. „Eine Collage. Einige Polaroids fielen heraus. Aufnahmen von Familienfeiern,

Beschneidungsfest. […] Scharfe Zeitsplitter. Es war eine Zeit, wo wir alle zusammen waren; eine Familie waren; glücklich waren." (ebd., S. 162) Vor dem Mauerfall, so suggerieren es das Familienalbum und die Tableaus, in denen die Familie abgebildet wird, war diese Familie ‚glücklich‘, eine ‚normale‘ Familie mit Vater, Mutter, Kindern. Die Zwei-Welten-Teilung in Osten und Westen hat für Baba eine ebenso stabile Ordnung erzeugt wie für die im Schatten der Mauer eingerichteten Berliner insgesamt. Mit ihrem Fall gerät diese Ordnung ins Wanken. Dass der Vater, der seine Söhne vor den Berliner Gefährdungen, Drogenkonsum oder Homosexualität, bewahren will und sie deshalb auf die deutsche Schule Istanbul schickt, selbst eine Doppelmoral pflegt, erweist die Stabilität allerdings als eine nur scheinbare. Der Mauerfall, so wird offenkundig, beschleunigt lediglich die Korrosionsprozesse, die lange vorher schon eingesetzt hatten: **Korrosionen der familiären und gesellschaftlichen Werte sowie der Identitäten.** Das Familienalbum zeigt nur eine oberflächliche Wahrheit, denn die Familie ist durch die Pendelei selten als ganze zusammen. Zwar wird dieses Hin und Her routiniert betrieben, doch abgesehen von den Sommerferien „hatten wir keinen Alltag, keine Routine und keine gemeinsamen Abende mit unserem Vater. Es war alles transit in unserem Leben. Doch das sollte sich ändern. Ich wollte kein Pendler mehr sein." (ebd., S. 17)

Die **Suche nach einer festen Zugehörigkeit, nach Heimat,** ist es, die Hasan nach Berlin gehen lässt. Die Stadt empfindet er als Laboratorium seiner Möglichkeiten – gleichzeitig wird sie zum Ort des intergenerationellen Konfliktes, in dem es, analog zur ‚deutschen‘ Väterliteratur, um mehr als persönliche Abrechnungen geht. In der Auseinandersetzung zeigt sich aber zugleich die Nähe zwischen Vater und Sohn: Wie Hasan selbst bezieht auch sein Vater seine Werte aus verschiedenen, zum Teil unvereinbar erscheinenden Zusammenhängen: „Wenn es ums Essen ging, war Baba Osmane, wenn es um Politik ging, Marxist, und wenn es ums Geschäft ging, dann war Baba Kapitalist. Er hatte von allem etwas, wie die Hindus. Viele Götter, viele Möglichkeiten." (ebd., S. 118)

Erzählmodelle in *Selam Berlin* – Habitus, Humor, Hybridisierung
Schon von Dagmar Leupold wurde in ihrer Laudatio auf Kara anlässlich der Verleihung des Adelbert-von-Chamisso-Förderpreises auf das **pikareske Schema des Romans** verwiesen (vgl. Leupold 2004, S. 497). Präzisierend hat Fachinger betont, dass das Schweifen und Vagieren aus hormonellen Gründen und aus Neugier, das unzuverlässige Erzählen zusammen mit dem Humor des Außenseiters Hasan zwar tatsächlich als einen modernen Picaro erscheinen lassen, dieser aber im Gegensatz zu seinen literarischen Vorbildern (*Lazarillo de Tormes* [ca. 1552], Mateo Alemáns *Guzmán de Alfarache* [1599], Hans Jakob Christoffel von Grimmelshausens *Simplicissimus* [1668/69], Christian Reuters *Schelmuffsky* [1696/97]) nicht nur von Station zu Station stolpernd die sozialen Veränderungen am eigenen Leib erfährt, ohne sich jedoch selbst weiterzuentwickeln. Vielmehr sei Hasan gezwungen, seine Werte und Orientierungen zu überdenken (vgl. Fachinger

2007, S. 247). Es gilt hier, die verwendeten Erzählmodelle und ihre variierende Verwendung genauer zu bestimmen.

Den **Habitus** einer ganzen Generation borgt der Held sich aus dem Hedonismus der Popliteratur. Es sind Äußerlichkeiten, insbesondere die **Mode,** die helfen, Leute ‚abzuchecken': „Ich blickte prüfend in die Menge und versuchte Ostler von Westlern zu unterscheiden. Mein heimliches Spiel." (Kara: Selam Berlin, S. 78) Die „Kombinatmode" entlarvt den Ostler, die Mode der 1970er Jahre – Koteletten, gelbe Hemden, hohe Absätze – findet Hasan „HÄÄÄSSLICH!" (ebd., S. 208). An die zeitlos sportliche Eleganz von Redford, Leylas schwarzem Freund, reicht Hasan nie heran (vgl. ebd., S. 109). Obwohl man als Leser/in meint, einem langen und sorgfältigen Auswahlprozess vor dem Spiegel beizuwohnen, zieht Hasan eigentlich immer das Gleiche an: Levi's 501 und schwarzen Rollkragenpulli. Über Mode werden (erotische) Signale gesendet; Babas Vorbereitung auf seinen Besuch im Café Keese (mit Damenwahl) gleicht einem ausgetüftelten Ritual. Vor dem Spiegel probt er – im schwarzen Nadelstreifenanzug und mit Drei Wetter Taft im Haar – sein Verführerlächeln. „Es wirkte." (ebd., S. 71) Im Vergleich der Generationen scheint ein nur durch die Zeitschichten getrenntes Gemeinsames auf: die Lust am Leben und an der Sexualität. Doch das Spiel mit den modischen Signalen hat für Hasans Vater klare, heterosexuell markierte Grenzen: Als er an Hasan einen Ohrstecker entdeckt (und Kajal am Auge) rastet der Vater aus und bezichtigt ihn der Homosexualität. „‚Es ist nur Mode, Trend, nichts anderes', erklärte ich ruhig. ‚Ich scheiß auf diese Mode, diese Jugend, dieses Land'" (ebd., S. 64), schreit der Vater und gibt damit zu erkennen, dass das performative Liebäugeln mit der sexuellen Transgression nicht seine Welt ist. Im Gegensatz zum Poproman ist Mode hier ein Thema, aber es wird genauso wenig überbewertet wie alle anderen Themen, an erster Stelle die Sexualität.

Habitus wird nicht nur an der Mode, sondern auch an der **Sprache** deutlich. Ein Einfluss der Kanaksta-Sprache, wie sie durch Feridun Zaimoglus *Kanak Sprak* (1995) salonfähig wurde (s. Abschn. 4.5), ist zwar vorhanden – eine weitere Verbindung zum Gauner-Rotwelsch des Picaro –, doch legt Hasan sehr viel Wert auf gepflegtes Deutsch. Sprachliche Vielfalt kennzeichnet seine Codes, **Code-Switching** gehört zu seinem Arsenal sprachlicher Mimikry. Am Filmset bspw. gibt er überzeugend den „Spielotheken-Türken", nachdem der Filmemacher Wolf ihn zuvor vertraulich gefragt hat, wie es denn so sei, „zwischen den Kulturen, Sprachen hin- und hergerissen zu sein. Das muß hart sein. Andere Werte, Vorstellungen, Traditionen …" (Kara: Selam Berlin, S. 221 f.). Authentische Kommunikation findet allein in der Peergroup statt, wohingegen die Familie ein Ort der Kommunikationsstörungen ist, wenn nicht gänzlich geschwiegen wird. Hasans Versuche, mit dem Vater zu reden oder die Mutter in der Türkei aus einer Telefonzelle anzurufen (vgl. ebd., S. 165) – worin eine deutliche intertextuelle Referenz auf die Rolle der Telefonzelle in Emine Özdamars *Die Brücke vom Goldenen Horn* (1998) zu erkennen ist, die dort die potenzielle Verbindung zu den Eltern in der Türkei repräsentiert –, enden erfolglos. Zwischen Souveränität der Geste und *mimic man* droht Hasan die Gefahr des Identitätsverlusts; doch macht der Roman ähnlich wie Zaimoglus *Kanak Sprak* (1995) die ungeheure Bandbreite des Registers sichtbar, wie sie der Elterngeneration schon aufgrund ihrer sprachlichen Einschränkung nicht zur Verfügung stand.

Weitere narrative Anleihen macht Kara beim **Film**. Erzähltechnisch vom Film geborgt sind etwa die Tableaus, *stills,* in denen typische Familienkonstellationen gezeigt werden. Schon der Auftakt mit den Eltern vor dem Fernseher ist ein solches Bild. Eingefroren, wie tot halten sie Händchen (vgl. Kara: Selam Berlin, S. 6). Ebenso filmisch erscheint das rituelle, aber interkulturell inszenierte Weihnachtsfest: „Im Wohnzimmer war der Tisch gedeckt, wie in der Reklame für Jacobs Krönung." (ebd., S. 132) „Das einzig Moslemische bei dieser Feier waren die Geschenke. Es gab keine." (ebd., S. 134)

Kara verbindet, so kann zusammengefasst werden, in ihrem Roman verschiedene Erzählmodelle zu etwas Neuem. Gemeinsames **Bindeglied ist der Humor:** Der Poproman wird auf die Ebene des Schelmenromans gebracht, damit aber wird der Sarkasmus in empathischen Humor transferiert. In der überzeichnenden Art des Lustspiels wird zudem das Motiv der Eifersucht gestaltet, von der Tragödie borgt sich Kara den Bruderzwist, der aber ein blindes Motiv bleibt. Jedes angespielte Erzählmodell wird jedoch wieder unterlaufen: Der Picaro ist ein sehr genauer Beobachter lebensweltlicher ‚Milljöhs', die Suche nach einer transnationalen hybriden Identität ist ein ironisch verhandeltes Thema. Im Gegensatz zum Poproman geht es um die Aufrechterhaltung von Werten, für die es aber keine Vorbilder in der Generation der Eltern mehr zu geben scheint. „‚Glaubst du an die Liebe?' [fragt Hasan seine Cousine Leyla, M. H.] Bei diesem Thema konnte nichts schief gehen" (ebd., S. 378) – eine höchst ironische Bemerkung angesichts der familiären Zerwürfnisse und der eigenen Liebesdesaster.

Wohin es führt, wenn die Konzepte, etwa die vom *Clash of Civilizations,* über tatsächliche menschliche Begegnungen triumphieren, zeigt Kara am Vorstellungsgespräch mit der Frauen-WG: Nach verständnisinniger Unterhaltung auf Augenhöhe will die WG Hasans „Wort, daß du keine Familienbesuche mit acht Kindern, Grillparties auf dem Balkon oder Hammelschlachten in der Badewanne veranstaltest!" (ebd., S. 201) Wie auswechselbar die intellektuellen Moden sind, bringt der Filmemacher Wolf auf den Punkt, indem er sein neues Projekt begründet: „Die Juden bestimmen jetzt die Richtung. Die Türken sind nicht integrierbar, nee, die sind noch zu anatolisch in den Köpfen. Außerdem ist die Türkenthematik schon ausgelutscht. […] [D]iese Juden aus Riga haben Pep, die sind westlich im Kopf." (ebd., S. 373) Über alle fortschrittlichen Lippenbekenntnisse siegt letztlich doch die Vorstellung von der Überlegenheit einer westlichen ‚Leitkultur'.

Karas Roman ist einer der wenigen, die den Distinktionsgewinn einer **Position im Dazwischen** erzählerisch lustvoll umsetzt. *Selam Berlin* hat einen jungen Protagonisten, der seinen eigenen Weg explizit als Kreuzberger sucht, regionaler Identität also den Vorrang vor nationaler gibt. Schilderungen urbaner Jugendkultur, Konflikte mit der Herkunft und speziell mit den Eltern, das Umgehen mit der Sexualität gehören zu den **Genreattributen des Jugendromans.** Was die besonderen, interkulturell zu bestimmenden Entwicklungsmomente in Yadé Karas Roman ausmacht, sind die Positionierungen der Figuren zum ‚Zwischenreich' der Kulturen, dem positiv markierten *in-between* Homi Bhabhas (s. Abschn. 4.5) wie auch dem negativ konnotierten ‚Dazwischen', gegen das Leslie Adelson ihr Manifest geschrieben hat (vgl. Adelson 2005). Eine „cultural fable" (ebd., S. 4 f.) sei es, sich den/die Migrant/in als einen zwischen zwei Welten zerriebenen Menschen vorzustellen (vgl. dazu auch Vlasta 2009). Das Pendeln zwischen zwei Welten führt bei Hasan nicht zu einer binären oder gar zerrissenen Identität. Im Gegenteil. Fast scheint es, als habe Hasan Adelsons Manifest unterschrieben:

> „Ich glaube, Wolf hatte die irrige Annahme von zwei Kulturen, die aufeinanderprallen. Und so einer wie ich mußte ja dazwischen zerrieben werden. Eigentlich hatte ich alles von beidem. Von Ost und West, von deutsch und türkisch […]. Sie sahen in mir immer einen Problemfall. […] Piss off! Ich war so, wie ich war. […] Ich war wie ein Flummiball, sprang zwischen Osten und Westen hin und her, ha." (Kara: Selam Berlin, S. 223)

Entgegen dem Zwei-Welten-Spagat der früheren Zuwanderer sind die gebildeten Protagonisten bei Kara freier in ihren Entscheidungen. Doch macht Karas Roman gleichermaßen deutlich, dass mit dem Schwinden der Berliner Liberalität auch den Wahlmöglichkeiten engere Grenzen gesetzt werden. Zwar ist es Hasans Entscheidung, nicht mehr ‚pendeln' zu wollen, doch findet seine Flanerie ihr Ende an den Übergriffen durch Neonazis, die ihn schließlich doch – wie seinen Vater – zum Rückzug in das türkische Kernland Kreuzberg zwingen (und im Fortsetzungsroman *Café Cyprus,* 2008, nach London führen). Die durch den Fall der Mauer beschleunigte Familiendynamik bildet den Motor für die Suche nach alternativen Identitätsentwürfen – nicht nur bei Hasan. Er setzt sich ab von seinem Vater, sucht jedoch schließlich wieder das Gespräch mit ihm. Doch geht es nicht um einen intendierten Bruch, sondern um unabhängige Lebensentwürfe in einem transkulturellen Rahmen. Dazu gehören Selbstinszenierungen, versuchsweise Selbstdefinitionen, nicht über nationale, sondern über urbane Zugehörigkeiten und die **Bejahung kultureller Hybridität:** in den Paarbeziehungen sowie in Bezug auf die eigene Identität.

6.3 Ungarisch-schweizerische Literatur am Beispiel von Melinda Nadj Abonjis *Tauben fliegen auf* (2010) und weitere Beispiele des interkulturellen Familienromans

6.3.1 Melinda Nadj Abonjis Familienroman *Tauben fliegen auf* (2010)

Im Folgenden soll Melinda Nadj Abonjis Roman, für den sie sowohl den Deutschen als auch den Schweizer Buchpreis erhielt, als ein herausragendes Beispiel für den interkulturellen Familienroman vorgestellt werden. Weitere Beispiele folgen unter Abschn. 6.3.2 und 6.3.3 (ausführlichere Darstellungen in Holdenried 2021 sowie Holdenried 2017).

Ihr Roman, der recht polare Reaktionen hervorrief (vgl. Hansen/Klein/Nehr 2014, S. 209–210) ist aber auch ein Beispiel für interkulturelle **deutschsprachige**

Literatur in der Schweiz. Moser hat in einem Artikel zu Florescu sowohl die Rezeptionserwartung an ‚Deutschsprachige Migrationsliteratur in der Schweiz' (2016) – von traumatischen Erfahrungen berichten und/oder exotisches Flair liefern – sehr pointiert benannt als auch Versuche der Deutung einer gewissen Vorliebe für diese Literatur unternommen, wie sie sich etwa in der Vergabe des Schweizer Buchpreises zeigt. Gleich drei Mal in Folge wurde der Preis, den es erst seit 2008 gibt, an interkulturelle Autor/innen vergeben. Im Anschluss an Corina Caduff macht Moser verschiedene Faktoren dafür geltend, etwa die Schweiz-als-Sonderfall-These (ähnlich wie auch Österreich), wodurch es gewissermaßen zu einem Solidarisierungseffekt innerhalb der ‚kleinen Literaturen' komme – und damit zur Abgrenzung von der „dominanten deutschsprachigen deutschen Literatur" (Moser 2016, S. 179). Ein weiterer Faktor könne die Mehrsprachigkeit der Schweiz sein, mit der auch eine Sensibilisierung „für Sprach*en*" (ebd.; Hervorh. im Orig.) verbunden sei. Und schließlich sei der Bezug der Werke auf die Schweiz ein nicht zu unterschätzender Grund (vgl. ebd.). Ein von ihr eher implizit angeführtes Element dürfte die Öffnung über den Umweg Interkulturalität hin zur europäischen Literatur sein; andere Traditionslinien gelangen so in die Schweizer Literatur und perspektivieren diese neu.

Zum Inhalt des Romans
Familie Kocsis, zur ungarischsprachigen Minderheit in der Vojvodina in Serbien gehörig, wandert bereits in den 1970er Jahren in die Schweiz aus. Die beiden kleinen Töchter verbleiben in der Obhut der Großmutter, Mamika, und werden später nachgeholt. Der Familie gelingt der soziale Aufstieg gleichsam wie im Bilderbuch. In einer konservativen Kleinstadt am Zürichsee werden sie ‚eingebürgert' und können ein Café in bester Lage, die Cafeteria Mondial, erwerben. Ildiko, die Erzählerin, und ihre jüngere Schwester Nomi arbeiten im Familienbetrieb als ‚Serviertöchter'. In zweijährlichen Abständen reist die Familie jeweils in die alte Heimat, wo „sich nichts verändert [hat], gar nichts" (Nadj Abonji: Tauben fliegen auf, S. 6), wie der Vater illusionslos feststellt. Für Ildiko ist aber gerade diese Statik des Verlassenen das Ersehnte. Während sie ambivalente Gefühle für die Schweiz hegt, ist Mamikas Haus ein Ort der unverbrüchlichen Dauer in der Zeit, ein Hort der Zuneigung, der Wärme und Geborgenheit. Allerdings wird auch nicht unterschlagen, wie sehr die vermeintliche Idylle geprägt ist durch männliche Gewalt und patriarchale Autorität. Als schließlich der Krieg in Jugoslawien ausbricht, enden diese Ausfahrten und die Kocsis werden zu bloßen Zuschauern des Geschehens. Ildiko erlebt ihre Adoleszenz als **Hin- und-hergerissen-Sein** zwischen zwei Bezugspunkten, dem elterlichen Café und dem alternativen Club Wohlgroth. Intergenerationelle Spannungen erwachsen aus dem unbedingten Anpassungswillen der Eltern und den Ablösungswünschen der Töchter. Nach einer xenophoben Attacke auf das Café eskaliert der Konflikt, Ildiko verlässt daraufhin das Elternhaus und zieht in eine eigene kleine Wohnung.

Themen: Migration und Anpassung, Verlust und Identitätskrise, Xenophobie und die Suche nach einem Fixpunkt
Die elterliche Motivation, die Heimat zu verlassen, bleibt lange Zeit unverstanden, ja, die Migration wird – wie bei Julya Rabinowich (s. Abschn. 6.3.2) – als eine gewaltförmige Aktion der Eltern verstanden, welche die Töchter aus der geliebten Umgebung reißt. Dieses **Verlustempfinden** wird motivisch am Umgang mit den Toten und in den Friedhofsszenen deutlich. Beim ersten Besuch, der geschildert wird, ist der Friedhof in der Vojvodina als Ort des Gedenkens für die ausgewanderten Kinder bereits nur noch eine mit Steinplatten zugedeckte Gräberlandschaft von Unbekannten (vgl. Nadj Abonji: Tauben fliegen auf, S. 9 f.), denn die Ahnen haben sie nicht kennengelernt und mit manchen der jüngst Verstorbenen zuvor keinen lebendigen Kontakt mehr gehabt. Damit die Gräber trotz der Abwesenheit nicht verwahrlosen, werden sie mit Steinplatten verschlossen – ein tristes Symbol der Petrifizierung des Eingedenkens. Bühler-Dietrich hat die These aufgestellt, dass die Verluste (von Mamika, der Heimat – als der „Atmosphäre meiner Kindheit" [Nadj Abonji: Tauben fliegen auf, S. 19]), welche die Adoleszenz überschatten, nur durch das Wiedergewinnen einer aktiven Handlungsmacht, *agency,* austariert werden können (vgl. Bühler-Dietrich 2012, S. 3 f.). Deshalb gewinnt der eigene Ort Ildikos, eine kleine Wohnung an einer Autobahn, geradezu symbolische Kraft: Er spiegelt als randständiges Refugium das, was verlassen wurde, die Vojvodina, welche Gauss unter Rekurs auf einen donauschwäbischen Schriftsteller als „europäische Versuchsstation […], in der das Zusammenleben der Völker, Sprachen und Religionen mit ungewissem Ausgang erprobt wurde" (2010), charakterisiert.

In ihrem Haus leben viele Kulturen unter der Obhut einer ebenso resoluten wie warmherzigen Hausmeisterin friedlich zusammen. Und es ist diese **hybride Existenzform,** nach der sich Ildiko sehnt und die sie der monokulturell engstirnigen Kleinstadt entgegensetzt. Einen solchen extraterritorialen Ort hat sie zuvor vergeblich im Jugendclub gesucht. Wie sie aber aus der Retrospektive erkennt, fühlte sie sich dort „schutzlos", „am ganzen Körper angreifbar […], aber da war der drängende Wunsch, einen Ort zu haben, der mich definiert" (Nadj Abonji: Tauben fliegen auf, S. 190). Zu dieser schließlich erfolgreichen Suche gehört auch die ersatzweise Definition eines Gedenkortes, den sie und Nomi in einem Züricher Friedhof mit einem Gemeinschaftsgrab finden. Dort wird Allerheiligen die Bedeutung zurückgegeben, die es für die katholische Familie hat, nämlich der Toten zu gedenken (vgl. ebd., S. 315). Während der Vater am Ende des Romans Kaffee für seine Tochter kocht, erklärt er, dass sie sie „in nächster Zeit nicht besuchen […], das musst du verstehen" (ebd., S. 310). Doch steht zu vermuten, dass anders als bei einer verstoßenen Cousine in der Vojvodina der Kontakt nicht dauerhaft abgebrochen wird, sondern nur temporär.

Die **Konflikte zwischen Eltern und Töchtern** erwachsen nicht nur aus der unfreiwilligen Verpflanzung in eine oft feindselige, ja xenophobe Umgebung, sondern insbesondere aus dem elterlichen Verleugnen der eigenen Persönlichkeit. Alles wird dem Diktat der Arbeit unterstellt, das erste Wort, welches die Eltern bei ihrer Ankunft gelernt haben (vgl. ebd., S. 49). Die *„verdoppelte Transformations-*

anforderung" (King 2015, S. 150; Hervorh. im Orig.) trifft auf die Einwanderer Kocsis ebenso zu wie auf viele andere Familien. Die Mutter hält auch nach der xenophoben Attacke daran fest, dass sie in der Schweiz noch keine eigene Geschichte hätten. „Wir haben hier noch kein menschliches Schicksal, wir müssen es uns zuerst noch erarbeiten" (Nadj Abonji: Tauben fliegen auf, S. 290) – die Resonanz des Arbeitsbegriffs im Zusammenhang mit einer eigenen, persönlichen Vita macht die ganze Tragik der intergenerationellen „Verschiedenheit" (ebd., S. 299) greifbar. Mit Anfeindungen hat die Familie von Anbeginn zu kämpfen, und es sind die Töchter, die dies nicht mehr hinzunehmen gewillt sind. Dabei breitet der Roman die ganze Palette **xenophober Ablehnung** aus: von der Beschimpfung eines Nachbarn, alles verludere, „seit ihr hier seid" (ebd., S. 51), über die stereotypen Zuschreibungen der Cafébesucher, welche zwar nicht viel über den Balkan wissen, aber aus ihrem Halbwissen heraus doch den „*homo balcanicus*" (ebd., S. 108; Hervorh. im Orig.) definiert sehen als eine exotische Spezies Mensch, tendenziell fast fossilen Ursprungs, ja, im wilden Urzustand, denn er „hat die Aufklärung einfach noch nicht durchgemacht" (ebd.), bis hin zum direkt xenophoben Angriff. Das Beschmieren der Toilette des Café Mondial mit menschlichen Exkrementen empfindet Ildiko als klare „Kriegserklärung", aus purem „Hass" (ebd., S. 289). In diesen Zuschreibungen und Angriffen kann man, wie Kazmierczak mit Verweis auf Maria Todorovas Studie *Imagining the Balkans* (1997) ausführt, eine der Auswirkungen des **Balkanismus** sehen (vgl. Kazmierczak 2016, S. 224–226). Der Balkan ist zwar stereotypbeladen und exotisiert oder gar dämonisiert (und im Jugoslawienkrieg werden alle diese Zuschreibungen aktualisiert), andererseits jedoch komme ihm eine Brückenfunktion zu. Ildiko reagiert auf den als Kriegserklärung empfundenen xenophoben Anschlag in einer Art und Weise, welche man als poetische Botschaft sehen kann. Mit dem Sahnesprüher zeichnet sie Buchstaben auf den Dorfplatz, „schöne, weisse, schmackhafte, fehlerfreie Buchstaben aus Vollrahm" (Nadj Abonji: Tauben fliegen auf, S. 301) – welche es sind, erfährt die Leserin nicht. Es ist eine schon durch die Kontrastierung der Farbsymbolik (weiß/braun) visualisierte ‚unschuldige' Form des Gegenangriffs.

Das Café Mondial ist also trotz seines Namens gerade kein Dritter Raum, sondern ein Ort kleinbürgerlicher Ressentiments (und gelegentlicher Sympathien für die Fremden). Der **Zwang zur kulturellen Selbstdefinition** ist groß; die Besucher fordern diese wie selbstverständlich aus einer Warte scheinbarer Überlegenheit ein: „Dann sind Sie gar nicht vom Balkan? Nicht eigentlich, antwortete ich, aber doch irgendwie, dachte ich." (ebd., S. 241) In dieser zentralen Gesprächsszene verwendet Nadj Abonji das Mittel der Selbstadressierung als Ausdruck einer krisenhaften Spaltung. Zwischen Denken und Äußern-Können herrscht eine Kluft, und das vom Familienbetrieb erforderte Wohlverhalten der ‚Serviertöchter' führt zu einer fast schizophrenen Dissoziation, weit mehr jedenfalls als einer Rollenidentität zukäme. Wiederholt wird diese Selbstdistanz in der Formel „sie, die ich bin" (ebd., S. 242) manifest.

Wiederholung als Strukturelement prägt auch die Kapitelabfolge; in den ersten sechs Kapiteln alternieren die Schweiz als Handlungsort und die Urlaubsreisen zurück nach Serbien. In stark antipodischer Form kontrastieren die protestantische Kargheit der kühlen Schweiz mit den kulinarisch überbordenden, überhitzten Familienfesten in der Vojvodina (vgl. ebd., S. 34). Bei diesen Festen – „ein wirkliches Fest in einer flimmernden Hitze" (ebd., S. 31) – zeigt sich aber auch schon sehr klar der Riss, der durch die Migration entstanden ist; ein zunächst materielles Gefälle, das der Vater noch durch die ständig wechselnden und immer größeren Autos bewusst unterstreicht. Zum Migrationsgewinn gehören auch die schönen Kleider der Töchter, die den Einheimischen selbst bei einer Hochzeit die Schau stehlen, und so fällt denn auch sehr rasch das Wort „Schandfleck" für die Auswanderer: „Schandfleck und Festtagskleid, mit einem Mal gehört das unzertrennlich zusammen" (ebd., S. 36).

Form und Struktur
Der Roman bildet zunächst in den Anfangskapiteln das rastlose Hin und Her zwischen Schweiz und Serbien in seiner alternierenden Form ab (Tab. 6.1).

Diese auch durch fehlende Interpunktion unterstrichene **Erzählweise einer mobilen Existenz** wird noch verstärkt durch die *stream of consiousness*-Technik, durch Anakoluthe und extreme Hypotaxen. Insgesamt ergibt sich so der Eindruck von Atemlosigkeit und Unzugehörigkeit. Mit diesem gehetzten Tempo, das dennoch auch musikalische Rhythmik besitzt (vgl. Decock 2013, S. 123), wird eine erzählte Zeit zwischen etwa 1940 und 1993, dem Jahr der Emanzipation der Erzählerin aus einem „halbierten Leben" (Nadj Abonji: Tauben fliegen auf, S. 294), in dem sie sich nicht länger dem Leistungsethos der Eltern beugen will, mit dem sie „mundtot" (ebd.) gemacht wird, durchquert. Analepsen, in denen die traumatischen Geschichten von Papuci, Mamikas Mann, und von Miklós, ihrem Sohn, Vater der Erzählerin, von Großmutter Mamika als fehlende Puzzlesteine in die Familiengeschichte eingefügt werden, fungieren als Erklärungshilfen für die Enkeltöchter, welche vieles nicht verstehen können. Diese Leerstellen werden auch durch eine stark gestörte Kommunikation zwischen den Generationen, wie Maffli (2016) sie herausgestellt hat, weiter vergrößert. Im Familienverbund steht nur Mamika für eine direkte, nicht umwegige Kommunikation; sie ist „außerhalb der beschriebenen Kette von Verbergen und Verschweigen" (Nadj Abonji: Tauben fliegen auf, S. 139) situiert.

Zur Form gehört in gewisser Weise auch die den Roman prägende implizite und explizite **Mehrsprachigkeit.** Mit der Migration ist ein Sprachwechsel verbunden, der bei der jüngeren Nomi als Chance zu kreativer Sprachmischung begriffen wird, während die Eltern ihre Nichtbeherrschung des Deutschen als defizitär erfahren. Bei Mutter Rósza Kocsis ist dies mit einer körperlichen Reaktion verbunden: „[...] es sei unangenehm, ständig zu schwitzen, wenn man Deutsch spricht, und wahrscheinlich schwitze man so, weil man wisse, dass man falsch spreche, auch wenn man sich noch so Mühe gäbe" (ebd., S. 149). Ildiko hingegen sieht in den Fehlern der Eltern gerade „eine eigene Schönheit" (ebd.). Ähnlich wie bei Tawada (s. Abschn. 6.5) wird in dem Roman das Potenzial einer mehrsprachigen Fluidität erkannt und zu einer eigenen **Ästhetik des Hybriden** umgeformt, wenn man so will, zu einer Ästhetik des Fehlerhaften (vgl. Schmid

2012, S. 6). Formal ist das Schriftbild ebenfalls nicht homogen. Vielmehr stellen Kursivierungen, Großschreibungen, die Übernahme fremder Schriftsysteme, also **Mehrschriftlichkeit** (s. Abschn. 4.5), Aspekte einer performierten Mehrsprachigkeit als poetisches Verfahren dar. Neben der Auseinandersetzung mit und der Reflexion von sprachlichen Anpassungs- und Erkenntnisprozessen sowie von Widerstandsmomenten, auf die hier nur verwiesen sei, ist das **Übersetzen** ein weiteres wichtiges Thema des Romans. Auch hier ließe sich unter Rekurs auf Schleiermacher von zwei unterschiedlichen Strategien sprechen, von einer einbürgernden und einer verfremdenden Übersetzung (vgl. Schleiermacher: Über die verschiedenen Methoden des Übersetzens, 1838). Immer wieder werden indes Zweifel an jeder Form von Übersetzbarkeit geäußert: „Wenn nämlich bereits ein Wort keine Entsprechung findet, wie soll dann ein halbes Leben in der neuen Sprache erzählt werden?" (Nadj Abonji: Tauben fliegen auf, S. 165). Wie Schmid herausgearbeitet hat, hegt die Erzählerin Ildiko Zweifel daran, ob eine „Kontinuität des persönlichen Lebens und die Einheit des Individuums wiederhergestellt werden" kann, „[i]ndem die erste Lebenshälfte in die Sprache der zweiten übersetzt wird" (Schmid 2012, S. 14).

Erkennbar wirkt auch in Bezug auf den Umgang mit Sprache die den Roman stark beherrschende, seine Struktur bestimmende **Zweipoligkeit,** wie sie die Bewegungsmuster zwischen hier (Schweiz) und dort (Vojvodina), damals (Kindheit) und heute (1993) sichtbar machen. In gewisser Weise bestätigt damit der Roman durch diese zumindest anfänglich stark dichotome Struktur Muster und Stereotypen des Balkanismus, wie ihn Todorova erforscht hat. Feste, Schlägereien zwischen Brüdern, gleichzeitig Warmherzigkeit und Zuneigung bestimmen die vojvodinische Heimat. Dass sich dahinter eine männliche Geschichte der Gewalt und der Ausgrenzungen verbirgt, hat Kazmierczak in ihren Ausführungen zu geschlechtlicher und kultureller Alterität pointiert herausgearbeitet (vgl. 2016, bes. S. 201–228). Dies wird auch bei Nadj Abonji nicht verschwiegen, doch scheint insbesondere die Kernfamilie davon ausgenommen zu sein.

Tauben fliegen auf **als Beispiel für den interkulturellen Familienroman**
Tauben fliegen auf ist ein Generationenroman, in dem die Familie einerseits als Ort der Geborgenheit – „klingt das ungarische Wort für ‚Familie' für dich nicht wie ein warmes, schönes Essen, will ich Mutter fragen" (Nadj Abonji: Tauben fliegen auf, S. 46) –, andererseits aber als Ort gestörter Kommunikation gezeichnet wird. Ansätze zum intergenerationellen Gespräch bleiben stecken, nur mit der Schwester gelingt nach dem Tod von Mamika noch eine rückhaltlose Verständigung. Die Kinder werden unfreiwillig Zeugen elterlichen Streits (vgl. ebd., S. 48) und mit parabelhaftem Reden statt direkter Erklärungen weiter verunsichert. Dennoch wird der Versuch, Verschiedenheit zu verstehen, nicht aufgegeben; bezeichnenderweise fällt Ildiko in dieser Szene jedoch das ungarische Wort für „Verschiedenheit" (ebd., S. 299) nicht ein, wohl aber assoziiert sie damit Tod und Sterben.

Tab. 6.1 Schema des Romans nach Jenny Karolina Halle (unver. Seminararbeit)

Kapitel	Inhalt
Kap. 1: „Titos Sommer" (S. 5–43)	**Vojvodina, April 1980** – **Rückreise** (Auto: Chevrolet) – Hochzeit des Cousins
Kap. 2: „Die Familie Kocsis" (S. 44–65)	**Schweiz, Januar 1993** – Rückblende: Schweiz, 1992 ➔ Zusage – 03.01.1993: Eröffnung der ‚Cafeteria Mondial'
Kap. 3: „Grenzpolizisten, Trauerweiden" (S. 66–84)	**Vojvodina, August 1984** – **2. Rückreise** (Auto: Mercedes-Benz) – Kennenlernen der Halbschwester Janka – *Geschichte Mamikas* (S. 75 ff.): Jugend und erste Frau von Vater Miklós
Kap. 4: „Wörter wie" (S. 85–110)	**Schweiz, Februar/März 1993** – Neue Besetzung in Cafeteria – Gespräch über Kriegsausbruch (1991) – Zwischenzeitlicher, verheimlichter Abbruch des Studiums – Gespräch mit Vater über Schweizer Ausländerpolitik
Kap. 5: „Himmlisch" (S. 111–132)	**Vojvodina, 1986** – **3. Rückreise** (Auto: weißer Mercedes) – Besuch Tante Icus: Besuch der in unterem Milieu lebenden Cousine – *Geschichte der Mutter* (S. 125 ff.): erste Beziehung und Streit mit ihrem Vater
Kap. 6: „Welten" (S. 133–161)	**Schweiz, April 1993** – Ildiko und Nomi bei Party in besetzter ehemaliger Fabrik (mit Mark und Dave) – Rückblick 1987: Einbürgerungsprüfung der Eltern – Gespräch mit Dragana über Veränderungen seit Kriegsausbruch; Angst vor Eskalation auch in der Vojvodina
Kap. 7: „Juli" (S. 162–178)	**Vojvodina, April 1989** – **5. Rückreise** (Auto: silbergrauer Mercedes), nur Ildiko und Vater – Beerdigung Mamikas – Rückblick 1978 (I): Abfahrt von Ildiko und Nomi
Kap. 8: „Dalibor" (S. 179–198)	**Schweiz, Mai 1993** – Ildikos Beginn der Liebe zu ‚Flüchter' Dalibor
Kap. 9: „Wir" (S. 199–217)	**Schweiz, Juli 1993** – 50. Geburtstag der Mutter – *Geschichte der Mutter* (S. 208 ff.): Probleme der Großmutter mit ihrem Mann wegen drittem Kind Rósza – Rückblick 1978 (II): Fahrt von Heimatdorf nach Belgrad
Kap. 10: „Real big" (S. 218–244)	**Schweiz, Sommer 1993** – Verliebtheit – Cousin Béla wird in jugoslawische Volksarmee eingezogen – Fremdenfeindliches ‚Gerede' der Cafébesucher

(Fortsetzung)

6.3 Ungarisch-schweizerische Literatur

Tab. 6.1 (Fortsetzung)

Kapitel	Inhalt
Kap. 11: „Mamika und Papuci" (S. 245–261)	**Vojvodina, Sommer 1988** – 4. Rückreise – Abklappern der Verwandten in wenigen Tagen – *Geschichte Mamikas* (S. 248 ff.): Großvater Papucis Schicksal
Kap. 12: „Die Liebe. Das Meer. Der Fluss" (S. 262–277)	**Schweiz, Ende Sommer/Anfang Herbst 1993** – Rückblick: Bélas Einzug – Ende der Beziehung zu Dalibor nach einem halben Jahr – Rückblick 1978 (III): Weg in die Schweiz mit dem Zug und Ankunft bei Eltern
Kap. 13: „Hände in der Luft" (S. 278–301)	**Schweiz, Herbst 1993** – Fremdenfeindlichkeits-Eklat auf Toilette in Cafeteria – Rückblick: Abstimmung über Einbürgerung im Gemeindehaus – Hinnahme vs. Widerstand
Kap. 14: „November" (S. 302–315)	**Schweiz, November 1993** – Neue Wohnung an West-Tangente – Rückblick: Auszug vor drei Wochen – Allerheiligen: Besuch von Nomi (Friedhof, Gemeinschaftsgrab)

Auch bei Nadj Abonji geht es um das zwangsweise ‚Ineinanderrücken' der Generationen, um die Opfer, die die Migration kostet, und den hohen Preis für ein Leben in Sicherheit. Die persönliche Krise in der Adoleszenz steht in enger Interdependenz mit den sehr unterschiedlichen Bewältigungsmustern der Generationen. Was für jede Adoleszenzphase gilt, ist hier mit den Anforderungen vonseiten der Eltern auf intrikate Weise verkoppelt: etwas Ungenanntes wiedergutzumachen, für alles erlittene Unheil der Eltern und Vorfahren gewissermaßen mit verdoppelten Anstrengungen einzustehen – wofür die Kinder jedoch nichts können und wogegen sie sich schließlich zur Wehr setzen.

6.3.2 Julya Rabinowichs *Spaltkopf* (2008) als weitere Variante des interkulturellen Familienromans

Zum Inhalt des Romans

Mischka, die autodiegetische Protagonistin, ist in Leningrad geboren und wird, wie ihre Autorin, mit sieben Jahren nach Wien „umgetopft" – wie es Rabinowich in ihrem Lebenslauf auf ihrer Homepage nennt. Erzählt wird die Geschichte der Emigration als ein „langwieriger Prozess, der widersprüchlich, nämlich abrupt, beginnt, wie der Ausbruch einer Krankheit" (Rabinowich: Spaltkopf, S. 39) und zum Zerbrechen der Familie in der Fremde führt. Spannungsvoll wird die Geschichte um das **Familiengeheimnis** herum organisiert: die jüdische Identität der Großmutter Ada. Der Vater geht zurück nach Russland und stirbt dort, die jüngere Schwester, schon in Österreich geboren, bleibt stumm, Mischka durchlebt eine heftige Adoleszenzphase, geht eine Behelfsehe ein und wird Mutter einer Tochter. Sie tritt eine Reise zurück nach Russland an, konfrontiert sich mit dem Verschwiegenen und erkennt schließlich den ‚Spaltkopf', ein unheimliches Wesen, das eine „vampirische Containerfigur des Abgespaltenen" (Ekelund 2015, S. 200) verkörpert. Durch das Sichtbarwerden bzw. das Gesehenwerden verliert der Spaltkopf seine Macht und die Geburt der eigenen Tochter wird als Restitution einer matriarchal geprägten Familie empfunden.

Form und Struktur
Es handelt sich bei Rabinowichs Text nicht um eine Autobiographie, sondern um ein autobiographisch fundiertes Familiennarrativ. Der Roman ist fragmentarisch angelegt, diskontinuierlich, durch Zeitsprünge gekennzeichnet, tendenziell jedoch eine Entwicklungsgeschichte wiedergebend. Er ist biperspektivisch angelegt, assoziativ und verrätselt. So sind die **formelhaften Wiederholungen** – „Die Zahl ist das Wort und das Wort ist das Wissen und das Wissen ist Macht" (Rabinowich: Spaltkopf, S. 97) – zunächst völlig unverständlich, ebenso wie das häufig wiederholte „Igor. Nicht Israil" (z. B. ebd., S. 20). Mit der formelhaften Wiederholung gibt das ständige Kreisen um Leerstellen der familiären Überlieferung den Rhythmus der Erzählung vor. Was zunächst ein Rätsel darstellt und damit, wie Krenz-Dewe (2018, S. 74) im Rekurs auf Jacques Hassoun herausgearbeitet hat, dem Kind eine Selbstverortung unmöglich macht, löst sich in dem Augenblick auf, als das Geheimnis gelüftet ist, drei als die entscheidende Zahl erkannt wird (vgl. Rabinowich: Spaltkopf, S. 151). Die letzte Szene zeigt denn auch in einer die Spiegelmetapher nutzenden Überblendung den Spaltkopf, der seine Macht verliert, wenn man ihn erblickt: „Aus dem spiegelnden Fensterglas blickt mich ein seltsames Gesicht an. Halslos, gasförmig, flächig und viel größer als mein eigenes, das ich durch es hindurchscheinen sehe. Ich erkenne ihn sofort. Der Spaltkopf." (ebd., S. 185)

Rabinowichs *Spaltkopf* kann mit seiner Rekonstitution einer **matrilinearen ‚Dreifaltigkeit'** als Generationenroman der besonderen Art gewertet werden. Nicht nur wird die weibliche Linie als der eigentliche ‚Normalfall' betont – „Familie, wie es sich gehört" (ebd., S. 160) –, sondern der Prozess der Emigration als eine Geschichte des Verlustes geschildert, welche dennoch in einen Selbstheilungsprozess münden kann. Hat Mischka als Angehörige der zweiten Generation noch die volle Last des ‚Vorläufigen' zu tragen – „Vorläufig muss ich mich gedulden, bis ich eine eigene Wohnung habe. Eine eigene Persönlichkeit. Ein eigenes Leben" (ebd., S. 162) –, steht ihre Tochter auf sicherem Grund: „Ihr Schritt ist sicher. Das ist auch mein Verdienst, auf den ich stolz bin. Ich habe ihr den Boden unter den Füßen geschenkt. Die Wurzeln, die mir nicht sprießen wollen." (ebd., S. 164) Man kann also durchaus von Resilienz – also Selbstheilung – durch doppelte Schöpfung, den Schreibprozess einerseits, die Geburt der Tochter andererseits, sprechen.

6.3.3 Katja Petrowskajas *Vielleicht Esther* (2014) als weitere Variante des interkulturellen Familienromans

Zum Inhalt des Romans
Die „Geschichten", so der Untertitel des Werks, kreisen zum einen um die Recherche nach der verlorenen Familiengeschichte (Kap. 1 und 3) sowie um die verschiedenen Akteure dieser Geschichte: die Großmutter Rosa (Kap. 2), den durch die Familienverdammung aus dem Familiengedächtnis getilgten Großonkel Judas Stern, einen Attentäter (Kap. 4), die Urgroßmutter, „vielleicht" Esther (Kap. 5), und den lange Zeit verschollenen Großvater (Deduschka, Kap. 6). Die autodiegetische Erzählerin begibt sich auf Reisen zur Spurensuche, nach Warschau, nach Auschwitz (das nur unter seinem polnischen Namen Oświęcim genannt wird) und unter der Chiffre „Das Tor", nach Mauthausen, um von dort aus den Todesmarsch der ungarischen Juden nachzuvollziehen. Mit den Personen verbunden sind die Geschichten und die ‚große' Geschichte, wobei deutlich **andere Akzente als im ‚deutschen' Familienroman** gesetzt werden. Nicht nur sind es die Gedenkorte der ehemaligen Konzentrations- und Vernichtungslager, in denen der Großvater war, sondern es ist insbesondere Babij Jar, der Ort eines Massakers an den Kiewer Juden (allein in Babij Jar waren es 34.000, in ganz Kiew waren es wohl Hunderttausende nicht nur jüdische Ermordete), dessen zu gedenken in der Sowjetunion lange Zeit unterdrückt wurde, galt es doch primär, den heroischen Kampf der sowjetischen Armee in Stein zu meißeln.

Form und Struktur
Fragmentarisch wie die Familiengeschichte fokussieren die Geschichten auf Personen und Orte. Die Suche ist als netzförmige Struktur angelegt, und es ist ein beeindruckendes Bild für die vielfache Überschreibung des Erinnerten, wenn Großmutter Rosa, allmählich blind werdend, ihre „Memoiren" auf den immer gleichen Blättern übereinanderschreibt (Petrowskaja: Vielleicht Esther, S. 61). Diese eher **labyrinthische resp. palimpsestartige Anlage** kennzeichnet auch die Rekonstruktionsarbeit. Dokumentarische Archivarbeit und metahistoriographische Reflexion kreuzen sich, verbinden sich zu einem hybriden Amalgam aus familiärer, kollektiver und kultureller Gedächtnisarbeit. Immer wieder wird der Wille zur „historischen[n] Wahrhaftigkeit" (ebd., S. 196) erklärt, im selben Atemzug aber durch erzählerische Degradation infrage gestellt. Ob Anna wegen des Grabes ihres Ehemannes in Kiew blieb, wie zuerst behauptet, wird als Begründung immer ungewisser, ein memoriales *fading* findet statt: „[…] und eigentlich wisse sie [die befragte Mutter, M. H.] nicht genau, warum" (ebd., S. 197).

Das Changieren zwischen Wahrhaftigkeitswillen einerseits und dem Wissen um die fiktiven Anteile der Erinnerung andererseits bestimmt die Anlage der Geschichten insgesamt. So sind Traumsequenzen (vgl. ebd., S. 243–245) ebenso dazu angetan, den illusionären Charakter der Erinnerung zu unterstreichen, wie sie andererseits auf das verloren gegangene, nur noch im Unbewussten archivierte

Wissen verweisen – „das Wissen war verlorengegangen, und es stand nicht in meiner Kraft, es zurückzuholen" (ebd., S. 137).

Anders als bei Rabinowich und Nadj Abonji findet bei Petrowskaja intergenerationale Kommunikation statt. Zwar ist auch hier die Rückgewinnung der Vergangenheit ein ebenso mühseliges Unterfangen wie die Entmachtung des Familiengespenstes bei Rabinowich, doch scheint die Protagonistin in ihrer Expedition durch ein fast undurchdringliches Labyrinth sicher geleitet zu werden durch den Ariadnefaden der familiären Verbindung.

Überlieferung als gelungene, wie Jacques Hassoun sie definiert, nämlich als lebendige Weitergabe einer „Befähigung, zu leben" (Hassoun 2003, S. 76) an die nächste Generation statt petrifizierter Tradition, kommt in den drei hier behandelten Werken auf unterschiedliche Weise zum Ausdruck: bei Rabinowich im Bild der auf sicherem Grund stehenden Tochter, bei Nadj Abonji im Bild des Gedenkens an die Toten an einem selbst gewählten Ort, bei Petrowskaja im Bild einer alten Dame, die sich in Luft auflöst, einer poetisch verschmitzten Mnemosyne-Figur, mit der die ‚Geschichten' enden.

6.3.4 Zum Einfluss interkulturellen Erzählens von Familiengeschichten auf die Gattung des Familienromans

Lange Zeit wurde der interkulturelle Familienroman nicht in den Blick genommen (zur Unterscheidung der Begrifflichkeiten ‚Familien-'/‚Generationenroman' siehe Grugger/Holzner 2021). Maßgeblich waren die Gattungsvorgaben, dass der Familienroman sich mit der (deutschen) Vergangenheit beschäftige, dass es ein genealogisches Modell der Überlieferung gebe (oder aber dessen explizite Infragestellung) und dass sich in den neueren Generationenromanen eher empathisch-verstehende Annäherungen an die Familiengeschichte zeigen würden als in der Abrechnungsliteratur der 1970er Jahre, den sog. Väterbüchern. Insbesondere Aleida Assmann hat mit solchen reduktionistischen Einengungen zu einem sehr verkürzenden Blick auf die Gattungsgeschichte beigetragen (vgl. Assmann 2009).

Die interkulturellen Familienromane stellen in vielfacher Hinsicht ein Korrektiv dar, sind sie doch Teil einer Gesamtentwicklung der Gattung. Hier soll, sehr pointiert, nur auf einige Aspekte hingewiesen werden, wie sie in den vorangestellten Analysen augenfällig wurden:

1. Die narrativen Verfahren des interkulturellen Familienomans bilden ein wichtiges **Korrektiv** für die Gattungstypologie. Nicht nur traditionelle Formen mündlicher Erzähltraditionen, sondern ursprünglich aus anderen Nationalliteraturen stammende Erzählformen finden sich ebenso wie avantgardistische europäische und außereuropäische Formen des Erzählens; sie lassen sich keinesfalls auf ornamenthaftes, exotisches Erzählen festlegen.

2. **Hybride Erzählstrategien** entstehen insbesondere durch autofiktionale Erweiterungen, wie die drei genannten Beispiele gezeigt haben. Damit ist

indes gerade keine Festschreibung auf ‚Autobiographizität' verbunden, wie sie häufig als Gattungsvorschrift für interkulturelle Literatur erscheint, sondern eine Überschreitung konventionell gesetzt erscheinender Gattungsgrenzen des Generationenromans.

3. Interkulturelle Familienromane bilden **kein Subgenre des ‚deutschen' Familienromans,** vielmehr zeigen sich auch in ihnen ein ähnliches thematisches Reservoir und ähnliche strukturelle Innovationen. Die Auseinandersetzung mit gewaltgeprägter Vergangenheit spielt in einer von Migration (oder Vertreibung) geprägten Familiengeschichte eine wesentliche Rolle. Diese führt im interkulturellen Familienroman häufig zu einem Abbrechen der Generationenkette und entsprechenden Rekonstruktionsversuchen. Die kulturelle Gedächtnislandschaft wird über andere Spuren der Verlusterfahrung gesamteuropäisch ausgeweitet.

6.4 Deutsch-rumänische Literatur am Beispiel von Herta Müllers *Reisende auf einem Bein* (1989)

6.4.1 Zur Einordnung des Werks in die Migrationsliteratur

Wenn es in Herta Müllers Prosaband *Reisende auf einem Bein* anlässlich der Befragung der nach Deutschland übergesiedelten Protagonistin durch den Bundesnachrichtendienst heißt: „Keine Rubrik hätte mich beschreiben können, dachte Irene" (Müller: Reisende auf einem Bein, S. 29), so trifft diese **Einordnungsresistenz** auch für das Werk der Nobelpreisträgerin Herta Müller zu. Zumindest in den Anfängen ihrer Rezeption in Deutschland hat sie, wie Todorow sehr richtig konstatiert, eine „Sonderrolle" (Todorow 2004, S. 32) inne. Ihre Werke werden nicht nur zu diesem Zeitpunkt, sondern bis heute entweder mit Emigrationsliteratur in Verbindung gebracht (vgl. Schulte 1997, S. 58), als Exilliteratur gelesen – so bei Binder, die von einer „expliziten[n] literarische[n] Auseinandersetzung Müllers mit der Erfahrung des Exils" (Binder 2013, S. 470) spricht – oder als (Trans-)Migrationsliteratur (vgl. Hofmann/Patrut 2015, S. 83). Alle diese Einordnungen haben jeweils sinnvolle Argumente für sich, manche allerdings zeugen von einer gewissen Schieflage, etwa wenn Müller mit Emigranten aus Nazideutschland verglichen wird (vgl. Schulte 1997, S. 58). Wenn man indes für einen erweiterten Exilbegriff plädiert, so wäre auch bei Müller von einer Exilierung aus einer Diktatur zu sprechen, so das Plädoyer Binders (vgl. Binder 2013, S. 464).

Den **spektralen Charakter der rumäniendeutschen Literatur** reflektiert Patrut, wenn sie von einem „vielschichtigen Übergang von einer immer schon von Transfers und Migrationen geprägten Minderheitenliteratur mit einem elitären Selbstverständnis zu einer deutschsprachigen Literatur der europäischen Transmigration" (Hofmann/Patrut 2015, S. 87) spricht. Gemeint ist damit eine lange Zeit elitäre Positionierung der rumäniendeutschen Literatur innerhalb der rumänischen Literaturlandschaft. Bei Autor/innen wie Herta Müller aber entwickelt sich aus der klaren Distanz zu einem solchen Selbstverständnis heraus eine Spielart der Migrationsliteratur, welche von „Erfahrungen der Transmigration sowie kultureller Hybridität" (ebd., S. 93) geprägt ist. Durch eine solche Herauslösung aus traditionellen kulturellen Kontexten wird Literatur **doppelt heimatlos** – als der Literatur in der Heimat Rumänien entfremdete ebenso wie der neuen Heimat Deutschland fremd gegenüberstehende.

In der neueren Forschung wird aufgrund der „Strukturanalogien mit der ‚kolonialen Amnesie' Deutschlands gegenüber der eigenen kolonialen Vergangenheit" (ebd., S. 83) für eine **Perspektivierung des Werks durch die Postkolonialen Studien** argumentiert. Begrifflichkeiten wie ‚*othering*' (bei Kazmierczak 2016, S. 102), ‚*splitting*' (bei Binder 2013, S. 467), ‚Mimikry', ‚subalternes Sprechen' (bei Kazmierczak 2016, S. 154) und ihre Implikationen werden angewendet, um ein sperriges, sich gängigen Einordnungen widersetzendes Schreiben mithilfe postkolonialer Kategorien verorten zu können. Diese interpretatorisch-analytischen Anleihen können sinnvoll sein, allerdings – so meine Bedenken – können sie auch **Pseudo-Strukturanalogien** erzeugen. Ohne Zweifel sind die Texte von Erfahrungen des Fremd-gemacht-Werdens durchzogen, sie geben ein gespaltenes Bewusstsein wieder und reflektieren Versuche von Anpassung bzw. „Täuschung" (Müller: Reisende auf einem Bein, S. 27; Näheres dazu s. unten).

Manche der Begrifflichkeiten wie ‚*othering*', ‚*splitting*' sind jedoch bspw. im Zusammenhang mit **Traumatheorien** gänzlich anders zu lesen. Seit Längerem schon werden traumatheoretische Annäherungen an das Müller'sche Schreiben in Anwendung gebracht (vgl. Haines 2002; Schulte 2015) – Kongruenzen von traumatischen Spaltungsphänomenen und postkolonial oft positiver gedachten ‚Inszenierungen' sind daher nicht aus dem Blick zu verlieren bzw. allererst in den Blick zu nehmen und hinsichtlich ihrer Schlüssigkeit zu befragen, will man sie entweder in den einen oder den anderen Kontext – Trauma oder ‚Inszenierung' – einordnen. Ob es sich etwa, um ein Beispiel zu nennen, bei der leitmotivischen Aufspaltung der Figur Irene in ein Ich und ‚die andere Irene' lediglich um eine literarische Inszenierung von Widersprüchlichem handelt oder um eine traumatische Doppelung, muss am Text belegt werden können.

Reisende auf einem Bein ist als erstes Werk nach der Übersiedlung Müllers in den Westen, nach Berlin, entstanden. Eke konstatiert in seiner zusammenfassenden Auswertung der Rezeption, dass nach der Hermetik der Vorgängerbände eine „Rückkehr zum Erzählen" und eine stärkere „Zugänglichkeit der Bildersprache" (Eke 1991, S. 123) begrüßt wurde; ja, dass Müller mit diesem Band, ihrer **ersten ‚„westdeutsche[n]' Erzählung"**, „endgültig im bundesdeutschen Literaturbetrieb angekommen" (ebd., S. 125) sei. Man könnte etwas ironisch zugespitzt auch formulieren, dass die Erfahrungswelt Müllers nun endlich kongruent mit derjenigen der ‚westdeutschen' Rezipient/innen geworden ist – offensichtlich eine zwingende Voraussetzung für verstärkte Rezeption und das Auflösen des Hermetikverdikts.

Es ist auch dasjenige Werk, in dem das **Prinzip der Collagen** ekphrastisch entwickelt und zuallererst beschrieben wird, wie die Collagen – bevor sie noch zur künstlerisch eigenständigen Ausdrucksform im späteren Werk Müllers weiterentwickelt wurden – sich aus lebensgeschichtlichen, ‚autofiktionalen' Zusammenhängen entwickelt haben. Anhand von *Reisende auf einem Bein* lassen sich auch poetologische Selbstaussagen, wie sie Müller in ihren zahlreichen Essaybänden entworfen hat (zur Rolle der Essays vgl. Blioumi 2014), in ihrem Entstehungsprozess beobachten: So ist das **autoreferenzielle Schreiben** ein dem Werk eigentümlicher, ihn von Grund auf bestimmender Zug, ebenso wie der ‚**fremde Blick**', der nicht der Migrationsliteratur per se eigne, wie die Autorin klarstellt, sondern dezidiert als Entfremdung dem Vertrauten gegenüber bezeichnet wird: „Er kommt aus den vertrauten Dingen, deren Selbstverständlichkeit einem genommen wird." (Müller: Der König verneigt sich und tötet, S. 147) Damit wendet sich Müller explizit gegen die Vereinfachungen auch der Literaturwissenschaft, die den ‚fremden Blick' als Folge der Migration, nicht aber als eine mögliche Ursache verstanden wissen wollte. Im Grunde haben wir hier eine Umschreibung dessen, was Freud als das ‚Unheimliche' so schlüssig aus dem Eigenen hergeleitet hat: als das Vertraute, das man von sich abspaltet und ‚fremd' macht (vgl. Freud: Das Unheimliche, 1990).

Ebenso impliziert die **Fokussierung auf das Detail,** die ‚erfundene Wahrnehmung' sowohl das kreative, angstreduzierende Moment der Übersteigerung wie das Moment der Täuschung – von Kind auf, so Müller in ihrem Essay *Der Teufel sitzt im Spiegel. Wie Wahrnehmung sich erfindet* (1991) sei der Wunsch, zur banatschwäbischen Gemeinschaft dazuzugehören, mit Täuschung verbunden gewesen: „Das Täuschen war die Arbeit meiner Kindheit." (Müller: Der Teufel sitzt im Spiegel, S. 13) Detailvergrößerung als literarisches Mittel und Sich-verbergen-Müssen stehen in einem existenziellen Zusammenhang von Fremdsein und Zugehörigkeitswunsch. In keiner Umgebung gelingt das Dazugehören, doch scheint es Irene so, als ob sie ‚im anderen Land' wenigstens verstanden habe, „was die Menschen so kaputtmacht. Die Gründe lagen auf der Hand." (Müller: Reisende auf einem Bein, S. 138) Im Westen hingegen fehlen ihr Urteilskriterien; sie kann sich nicht erklären, weshalb es hier ebenso nur verfehlte Lebensentwürfe zu geben scheint. „Ich weiß, es gibt Gründe. Ich kann sie nicht sehn. Es tut weh, täglich die Gründe nicht zu sehn." (ebd., S. 139) Die Oberfläche – einer Wohlstandsgesellschaft – vermag die zugewanderte Rumäniendeutsche trotz einer verbindenden Sprache nicht zu durchbrechen, die Gründe für Entfremdung sind andere als die ‚zu Hause', ihr nicht zugänglich.

6.4.2 *Reisende auf einem Bein* als Ankunftsliteratur

Mit dem Verlassen des ‚anderen Landes', das im Text nie genauer spezifiziert wird, aber erkennbar das Rumänien der Ceaușescu-Diktatur meint, ist auch ein Wechsel von der ländlichen Umgebung in die Stadt (Berlin) verbunden; in der Rezeption führte dies zur Veränderung der Rezeptionskategorien, etwa der Verortung im Rahmen des ‚Stadtromans' oder der Rahmung durch **Kulturkritik am westlichen Lebensstil:** Konsum, Mode, Medien spielen eine nicht unerhebliche Rolle in *Reisende auf einem Bein,* sind sie doch Indikatoren einer Ankunft im antipodischen anderen des Sozialismus. Der ‚fremde Blick' wird nun auf dessen Strukturen geworfen, gefiltert durch das Bewusstsein der Protagonistin Irene. Doch verbindet der Erzähltext – den man aufgrund seiner Länge auch einen Kurzroman nennen könnte – die Ankunft zunächst mit einer verstörenden **Nähe zum ‚anderen Land':** Das Gespräch mit dem BND erinnert an Verhöre durch die Securitate, den rumänischen Geheimdienst; und unter die Oberfläche einer westlichen Demokratie dringend betreffen die *flashbacks* einer traumatisierten Existenz nicht nur die Verfolgung in der gerade verlassenen Diktatur, sondern verweisen ebenso verstörend auf die NS-Geschichte, deren Nachwirken schon die Erstlingswerke Müllers im anderen Kontext rumäniendeutscher Familien- und Dorfgeschichten situierten, etwa im Erzählband *Niederungen* (1982/84).

In einer unscheinbaren Episode wirkt das narrative Verfahren, scheinbar Harmloses wie das Abschleifen eines dunkelbraunen Fußbodens mit den Schrecken der NS-Vergangenheit zu versetzen, tiefgründiger als in den Halluzinationen der Protagonistin. Es sind zwei Polen, Schwarzarbeiter, die den Fußboden abschleifen, von Angst und der Gefahr, entdeckt zu werden, geplagt. Paradoxerweise hält der Text fest, dass sich auch nach drei Tagen nichts verändert habe – lediglich die Flecken seien immer größer geworden: „Waren am dritten Abend so groß wie das Zimmer." (Müller: Reisende auf einem Bein, S. 48) Die Metonymien liegen nahe: Vom Dunkelbraun des Fußbodens zur dunklen Geschichte – die Farbe Braun kehrt leitmotivisch wieder –, von den Schwarzarbeitern zum Zwangsarbeiter, von den herumliegenden Schuhen zu den Schuhbergen der KZs. Und es ist dieser **Erzählkontext einer verborgenen Geschichte,** der leitmotivisch immer wieder aufgegriffen wird.

Der Wechsel der Rezeptionskategorien hängt, wie angedeutet, mit dem Wechsel zur Stadt als Erfahrungsraum zusammen. In verschiedenen Forschungsbeiträgen (etwa Harnisch 1997; Haines/Littler 2004; Bozzi 2006) wurde im Rekurs auf Rosi Braidottis Arbeiten die Hauptfigur **Irene als Stadtnomadin** und im Rückgriff auf Walter Benjamin als Flaneurin markiert. Man kann hier überdies eine forschungsgeschichtliche Verbindung zu der im Rahmen von zunehmenden Migrationsbewegungen zu sehenden Rezeption der Vilém Flusser'schen Nomadologie ziehen. Ebenso wie bei Homi Bhabha und dessen Aufwertungen des Migrantischen als hybrider Lebensform findet sich auch bei Flusser, selbst Exilant in Brasilien, eine Positivierung des Nomadischen als eines globalen Phänomens. Selten einmal wird hingegen, wie bei Harnisch, „die Position des Transitorischen" (Harnisch 1997, S. 518) in ihrer ganzen Ambivalenz erfasst. Anstatt diese durchaus problematischen Positionen der Verbindung von Nomadismus und Autonomie der weiblichen Protagonistin infrage zu stellen, geht etwa Haines in ihrer ansonsten verdienstvollen Untersuchung zu Traumastrukturen gar so weit, den „nomadic lifestyle, caught between cultures […] more alive with possibilities"

6.4 Deutsch-rumänische Literatur

(Haines 2002, S. 281) zu sehen und damit als Antidot gegen das Trauma. Durch das Akzeptieren des Nomadischen gelinge es Irene, wieder handlungsfähig zu werden – „ability to exert agency" (ebd., S. 280). Statt die extrem zwanghaften Momente einer Bewegung, das Getriebensein Irenes, in den Mittelpunkt zu stellen, werden Momente der ‚*agency*', also der Selbstermächtigung, hervorgehoben. An dieser Stelle zeigt sich im Detail, wie dem Text übergestülpte Deutungselemente postkolonialer Herkunft zur Fehllektüre führen.

Im Zusammenhang mit forschungstheoretischen Aufwertungen des Raums sind Arbeiten zu sehen, in welchen besonderes Augenmerk auf **Orte des Transits,** auf *Nicht-Orte* im Sinne des Ethnologen Marc Augé (frz. *Non-Lieux,* 1992) geworfen wird. Den Zusammenhang von Traumastrukturen und Weiblichkeitskonzeptionen zu ergründen, haben sich jüngst erschienene Forschungsarbeiten zum Ziel gesetzt (vgl. die Dissertationen von Schulte 2015 und Kazmierczak 2016).

Die in der Rezeption vermerkte **Rückkehr zum Erzählen** wurde, wie bemerkt, als Aufbrechen der hermetischen Darstellungsweise früherer Werke und deren bildlicher Statik empfunden. In der Tat ist in *Reisende auf einem Bein* ein Erzählgerüst vorhanden, eine Fabel, welche die Ankunft der rumäniendeutschen Aussiedlerin Irene in Westdeutschland kurz vor dem Mauerfall, ihre Liebesbeziehungen zu verschiedenen Männern und ihr Dasein in Berlin schildert. Flughäfen, Bahnhöfe, Asylanten- und Übergangsheime, Großstadtstraßen und U-Bahnen, fremde Städte und Ruderalflächen urbaner Vernachlässigung sind Stationen des Transitorischen und Momentaufnahmen eines migrantischen Lebens. Für dieses stehen in leitmotivischer Prägnanz **Dingsymbole** wie Schuhe, Koffer, Gästebetten. Doch ebenso wenig wie sich dieses Beiwerk eines Lebens im Transit zu einem harmonischen Ganzen fügen kann, ist die Fabel in eine einsträngige Geschichte auflösbar. Ihr Organisationsprinzip ist vielmehr das der Zersplitterung, der Momentaufnahme und des vergrößerten Details. Das **Collagenprinzip** wird hier narrativ wirksam und poetologisch grundiert – es wird selbst „**metatextuelles Prinzip** der gesamten Anlage" (Schulte 1997, S. 55; Hervorh. M. H.). Nicht zufällig hat sich die Collage später zu einer bevorzugten künstlerischen Ausdrucksform der Autorin entwickelt.

Karl Schulte u. a. haben die Collage mit surrealistischen Verfahren verglichen – im „Prinzip der maximal heterogenen Fügung" (ebd., S. 56) ähnelt der Text den Bildwerken; im Gegensatz zu den Vorgängern Francis Picabia, Max Ernst u. a. jedoch werden die harten Fügungen im Text Müllers nicht automatisiert und damit ‚surrealisiert', sondern mit einem **Geflecht von Leitthemen** verbunden: mit Identitätsdissoziation (der Spaltung in sich und eine ‚andere Irene'), falschen Lebensläufen, versäumtem Leben, dem Altern. Über diese legt sich ein **Gespinst metatextueller Verweisungen** – auf das Reisen als Lebensreise, auf das Sich-Verfehlen, das Unterwegssein im transzendentalen Sinn. Auf diese Weise gelingt es, im Text narrative Strukturen des Autobiographischen mithilfe künstlerischer Ausdrucksformen der Moderne zu verfremden.

6.4.3 Collagen, Ansichtskarten, Briefe – Medien der (Un-)Erzählbarkeit

Wurde in der Forschungsliteratur zum einen der Konnex der Erzählung mit dem ‚männlichen' Genre Stadtroman hergestellt, in dessen Domäne Müller mit der Gestaltung weiblicher nomadischer Subjektivität einbreche (vgl. Kazmierczak 2016, S. 145 f. mit Verweis auf Kublitz-Kramer 1994 und Harnisch 1997), oder die Nähe-Distanz-Beziehung zum Entwicklungsroman hervorgehoben, indem die Entwicklungslosigkeit Irenes als Autonomie überbetont wird (vgl. Doppler 1991, S. 105), oder wurde literaturpsychologisch die ‚fluide Identität' gleichermaßen als Kennzeichen einer Poetologie der Moderne wie als psychische Folge traumatischer Erfahrungen vermerkt, so gilt es, im Anschluss an Almut Todorow insbesondere die **Funktion der Collage** als Substitut eines unmöglichen Schweigens hervorzuheben. Die Collage, so Todorow, sei das poetische Paradigma des **Nicht-erzählen-Könnens** inkomparabler Erfahrungen; in der Collage träfen sich die Accessoires klandestinen Lebens im Widerstand mit den neuen Elementen westlichen Lebens (vgl. Todorow 2004). Sie liest die Bildtexte dementsprechend als Kassiber, d. h. eine geheim gehaltene Mitteilung eines Gefangenen an einen anderen, ebenso wie als Widerstandsmomente: „Die Bruchstückhaftigkeit und Verschlossenheit des Sinns ist Zeichen jener ‚Komplizenschaft' gegen das Verstehen und den fertigen Sinn der verwendeten Wörter und Sätze." (ebd., S. 44)

Dies ist jedoch nur *eine* mögliche Deutung. Zwar ist die Collage Substitut des Verschwiegenen, doch verweist sie zugleich überdeutlich auf die wiedergegebene zerschnittene Wirklichkeit und fordert zur Korrektur auf. Die Collage entsteht zunächst aus einer Ansichtskarte, die jedoch nicht gesendet, sondern zum Ausgangspunkt eines ‚fremden Gebildes' wird: „So fremd war das Gebilde, daß es auf alles zutraf. Sich ständig bewegte." (Müller: Reisende auf einem Bein, S. 50) Allein die Zusammenfügung von Fotos aus Zeitungen, einer medial vermittelten Wirklichkeit, die mit der Protagonistin nur oberflächlich betrachtet nichts zu tun zu haben scheint, und die untergründige Irritation, die von dem auf Packpapier geklebten Gebilde ausgeht, ist bereits ein Kommentar zur Lebenssituation Irenes.

Die **Leere,** die leitmotivisch den gesamten Text grundiert – und mit plakativen Hinweisen auf gestohlene Straßenbauschilder mit der Aufschrift „Gefahr ins Leere zu stürzen" (ebd., S. 90) fast parodistisch pointiert wird –, ist der Hauptgegenstand des ‚Gebildes': „Die Hauptperson war ein Gegenstand: das aufgerissne [sic] Tor, vor dem Kopfsteinpflaster ins Leere führte." (ebd., S. 50) Man kann den gesamten Erzähltext von dieser Leere her deuten – und es ist ein Detail, das in der Forschung zwar bemerkt, aber lediglich in den Kontext von Politik, Macht und Gewalt eingeordnet wurde, welches diese Lesart stützt und eine konsistentere Deutung gerade von der angeblich so ‚surrealen' Collage herleiten lässt: Es ist das ikonisch gewordene Foto des toten Politikers Barschel, das „nicht ins Gebilde" (ebd., S. 51) passt. An dieser Stelle offenbart der Text sein **beunruhigendes Zentrum: den Suizid und seine Abwehr.** Irene versucht die sie extrem irritierende Aufnahme aus einer Zeitung loszuwerden, das ausgeschnittene

Foto verfolgt sie jedoch weiter, bis sie es in einem Papierkorb ‚entsorgt' (vgl. ebd., S. 52) – doch danach begegnet es ihr in vervielfältigter Form bei einem Freund, dem bisexuellen Thomas, der sich narzisstisch mit dem Toten identifiziert (vgl. ebd., S. 72 f.). Im Gespräch mit ihm geht es um **verfehltes Leben,** ein weiteres der zentralen Leitthemen der Erzählung. „[I]ch kenne nur falsche Lebensläufe" (ebd., S. 56), bemerkt sie, wie zu sich selbst gesprochen, gegenüber einem Sachbearbeiter, und Thomas' Kommentar zu einem Leben ohne Entwurf betrifft sein eigenes prekäres Dasein mehr als die Gestrandeten Berlins, auf die er ihn gemünzt hat (vgl. ebd., S. 137). In einem Augenblick zugespitzter Krisenhaftigkeit benennt Irene schließlich ihr Gefühl, „[d]aß sie in irgendeinem Augenblick, der entscheidend gewesen sein mußte, alles versäumt hatte" (ebd., S. 120). Die intertextuellen Verweise bringen diese Krisenhaftigkeit zum Ausdruck: Wie Büchners Lenz geht sie auf dem Kopf, steht auf ihrem eigenen Schädel, will nicht, dass ihre Zehen zu ihr gehören.

Liest man die Erzählung so als **Psychogramm einer existenziellen Krise,** so ergeben die Collagen-Partien einen kommentierenden Sinn. Von der Ansichtskarte an Franz bleibt nach der Zerschneidung lediglich ein Bildelement übrig – ein Mann –, das sie schließlich als Verkörperung des Unpassenden, Falschen, Nichtdazugehörigen an ihren Liebhaber Franz schickt, dem sie ursprünglich in den Westen gefolgt war. Was scheinbar auf den Ausschnitt bezogen ist, wird zum Kommentar der Liebesbeziehung: „Es war wie danach." (ebd., S. 49) Das Prinzip der harten Fügungen trifft auch auf die Inkongruenz der Wahrnehmungen und damit die Fremdheit zwischen den Liebespartnern zu: „Das eine ist mein Bild, das andere ist dein Bild, sagte Irene. Dazwischen gibt es nichts." (ebd., S. 92) Übertragbar ist diese Inkompatibilität auf (fast) alle Beziehungen Irenes; Nicht-Teilhabe und Einsamkeit bestimmen ihr Leben. Sie wird zur Buchhalterin eines nur halb gelebten Lebens: „Stille Mappen in fremden Regalen." (ebd., S. 84)

Gegen das Ende der Erzählung brechen jedoch Elemente ein, welche die Einsinnigkeit des Collagierten aufbrechen. So korrigiert ein in ihre Wohnung gekommener Bettler das Bild: Er kenne die Straße gut – „[d]ein Bild ist richtungsverkehrt" (ebd., S. 156). An dieser und anderen Stellen wird mit **Antagonismen und Gegenläufigkeiten** gespielt. Auch das Gespräch mit den Bauarbeitern lässt sich als Andeutung einer Perspektivenänderung lesen. Hat sich Irene lange als ‚Beobachterin' gefühlt – „ihr Leben [war] zu Beobachtungen geronnen […]. Die Beobachtungen machten sie handlungsunfähig" (Müller: Reisende auf einem Bein, S. 147) –, so wird klar, dass sie, ungewollt, im Austausch mit anderen lebt, selbst beobachtet, damit aber auch wahrgenommen wird.

Ist die Collage selbstreferenziell, so benötigen **Ansichtskarten** unabdingbar eine/n Empfänger/in. ‚Einheimische' schreiben keine Ansichtskarten – doch Irene nutzt diese Vehikel touristischer Zeugenschaft als Mitteilungsform. Das Sender-Adressaten-Modell des Briefes invertiert die Ansichtskarte zum **monologischen Medium:** „Eigentlich will ich gar nicht, daß du mir schreibst" (ebd., S. 16), steht auf der ersten Ansichtskarte an Franz. Ansichtskarten stehen im Zusammenhang mit Reisen an fremde Orte und als ein Medium touristischer Entfernung werden sie in der Erzählung auch genutzt: Irene drückt damit ihre Fremdheit den Städten gegenüber aus, die sie ‚durchquert' oder in denen sie sogar lebt. Als „Ausländerin im Ausland" (ebd., S. 65) ist sie im Westen nicht zu Hause. Doch ist die Ansichtskarte über diese recht eindeutige Botschaft hinaus durchaus mehrdeutig: Sie ist als Reflexionsmedium nicht einer bestimmten Liebesbeziehung, sondern einer ganz und gar ungerichteten Sehnsucht nach dem anderen zu lesen.

Aufgehoben wird die Ambivalenz der Sehnsucht nach Teilhabe und dem Entzug, welche die Karten lediglich widerspiegeln, in einem dritten Medium: dem **Brief**. Zwar sind auch die Briefe von Dana, einer ‚aus dem anderen Land' schreibenden Freundin, nicht ‚authentisch', da durch die Zensur hindurchgegangen; doch erreichen sie trotz ihrer Kontaminierung durch die fremde Lektüre der Zensoren und trotz der Einseitigkeit (nur Danas Briefe werden erwähnt) die Adressatin auf einer Gefühlsebene, die den anderen Medien nicht zugesprochen wird. Im letzten Kapitel ist von einem weiteren Brief die Rede: Die beantragte Staatsbürgerschaft wird Irene schließlich gewährt. Gleichsam überschrieben wird diese Mitteilung durch einen weiteren Brief Danas, in dem vom Suizid eines Bekannten erzählt wird. Es scheint dieser Brief zu sein, welcher die ‚Selbstadressierung' von Irene befördert, wie gefährdet und fragil auch immer diese sein mag. Ihre letzte Ansichtskarte schreibt sie an sich selbst – als „Taubenmörderin" (ebd., S. 174), die mit einer Feder, so könnte man dies deuten, zugleich ihr eigenes Leben erschreibt, wie sie anderes Leben tötet.

Das Ende transportiert eine individuelle Erfahrung extremer **Heimatlosigkeit** auf das Niveau einer allgemein menschlichen Erfahrung. Das Leben wird mit einer Zugreise verglichen, auf der Begegnungen eher zufällig stattfinden, jeder auf sich geworfen ist – und dennoch auch in aller Entfremdung Verbundenheit besteht durch diese Erfahrung des Gestrandetseins:

> „Und Menschen im Abteil, die zustiegen. Die aßen und schliefen. Die nichts von sich preisgaben. Die ausstiegen an großen Bahnhöfen, unschlüssig dastanden, eine Weile im Lärm. Die zögernd, zwischen Wartenden hindurch, in die Städte gingen. [...] An Schaufenstern vorbeigingen, ohne hineinzusehen. Wie Gestrandete am Ufer fremder Flüsse auf nassen Bänken saßen. [...] Menschen, die nicht mehr wußten, ob sie nun in diesen Städten Reisende in dünnen Schuhen waren. Oder Bewohner mit Handgepäck." (ebd., S. 176)

Liest man *Reisende auf einem Bein* als **Dokument extremer Selbstgefährdung,** so wird diese zuletzt in einem voluntativen Akt umgedeutet: „Irene weigerte sich, an Abschied zu denken" (ebd., S. 176), lautet der letzte Satz mit seiner Bejahung eines Lebens im Transitorischen und der affirmativen Feststellung, einer der „Bewohner mit Handgepäck" (ebd.) sein zu wollen und zu bleiben.

6.5 Deutsch-japanische Literatur am Beispiel von Yoko Tawadas Werk

Die folgenden Ausführungen zu Yoko Tawada wurden in Vorform bereits veröffentlicht (vgl. Holdenried 2012).

6.5.1 Zu Tawadas Werk

1979 reist Yoko Tawada mit der transsibirischen Eisenbahn via Moskau nach Deutschland: So beginnt der ‚(Gründungs-)Mythos' einer Autorin, welche mit ihrem Werk immer schon eine **eigenständige Position** zur und innerhalb der interkulturellen Literatur einnahm. Insbesondere eine Werkkonstante, nämlich die Orientierung an avantgardistischen Schreibweisen, hat ihr die Aufmerksamkeit einer literarisch interessierten Öffentlichkeit gesichert. Dabei umfasst das konstant anwachsende Werk nicht nur Prosa, Lyrik und Dramen, sondern auch literaturüberschreitende Formate (etwa die CD *diagonal* mit Klavierbegleitung durch Aki Takase, 2002).

Ihr Text *Wo Europa anfängt* (1991) ist der erzählerische Versuch, die zahlreichen Passagen, die von Japan gen Westen, nach Moskau, führten, zu beschreiben. Die **Auseinandersetzung mit standortgebundenen Perspektiven,** für die das Kürzel ‚Moskau' steht – Moskau liegt für eine Japanerin eben im Westen, während der mitreisende Franzose es weit jenseits Europas im Osten verortet wissen will –, ist das Signet einer Autorin, deren Werk mit einem aus dem Japanischen ins Deutsche übertragenen Debüt einsetzt (*Nur da wo du bist, da ist nichts,* 1987) und sich in sprachlichen Traversen immer mehr der Wahlheimat Deutschland annähert.

Auch die **Preise,** die Tawada erhalten hat, machen diese Wanderbewegung anschaulich: vom Hamburger Förderpreis für Literatur (1990) über den japanischen Literaturpreis Gunzô-Shinjin-Bungaku-Shô (1991) und ein Jahr später den angesehensten japanischen Literaturpreis Akutagawa (1992), den Adelbert-von-Chamisso-Preis (1996), die Goethe-Medaille (2005), dem Yomiuri-Literaturpreis (2012), den Kleist-Preis (2016) bis hin zum National Book Award for Translated Literature im Jahr 2018 für die Übersetzung ihres Romanes *Sendbo-o-te (The Emissary).* Sämtliche Werke Tawadas sind bisher in bibliophiler Ausstattung im Tübinger Konkursbuch-Verlag erschienen, die ursprünglich japanischen Texte wurden von Peter Pörtner übersetzt. Die Veröffentlichungen in chronologischer Reihenfolge zu ordnen ist schwierig: Japanische Texte, ins Deutsche übertragene japanische Texte, schließlich auf Deutsch geschriebene Texte und Mehrfachveröffentlichungen machen die Bibliographie unübersichtlich. Unübersichtlichkeit ist aber vielleicht nur ein anderer Begriff für eine aus zahlreichen *shifting*-Bewegungen und Transformationen hervorgegangene **migrierende Literatur.** Im Jahr 2000 erschien schließlich ihre von Sigrid Weigel betreute Dissertation über *Spielzeug und Sprachmagie in der europäischen Literatur. Eine ethnologische Poetologie.*

Wo Europa anfängt (1991) ist nicht der erste veröffentlichte Text, steht aber lebenschronologisch für den Aufbruch der Autorin nach Westen. In der Erzählung sind bereits sämtliche **Elemente** präfiguriert, **die das Schreiben Tawadas unverwechselbar machen:** der Perspektivismus nicht nur als literarisches Verfahren, sondern als Wahrnehmungskoordinate, die erzählerische Integration poetologischer Fragen, das Angebot eines ‚autobiographischen Paktes' (Lejeune 1994;

frz. 1975), der aber vonseiten der Autorin nicht eingelöst, sondern in der Schwebe gehalten wird, die Realitätstranszendierung über Mythen und Märchen. Überschreitung und hyperbolisches Erzählen, das den Bereich des Wahrscheinlichen in der Schlussszene der Erzählung in die Vision der Ankunft und der Geburt aufhebt, sind generelle Merkzeichen der literarischen Produktionsästhetik Tawadas.

Verwandlung geschieht nicht nur im Spiel mit den autobiographischen Fiktionen – so die von der Großmutter übernommene Vorstellung, dass das fremde Wasser Bauchschmerzen verursache und synonym mit Reisen zu verstehen sei: „Reisen hieß für meine Großmutter, fremdes Wasser zu trinken" (Tawada: Wo Europa anfängt, S. 66) –, sondern auch mit den europäisch-jüdischen Mythen (der Mauerfall, die Trompeten von Jericho, der Turm von Babel) und insbesondere mit dem abendländischen Zentralmythos Schrift, den Tawada zusammen denkt mit dem Sündenfall: In der Babylon-Vision speit der Feuervogel (der aus einer von der Großmutter überkommenen japanischen Legende in den eurasiatischen Mythos eingewandert ist) „flammende Buchstaben" (ebd., S. 87), die zusammengesetzt das Wort ‚Moskau' ergeben. „Moskau war für mich die Stadt gewesen, in der man nie ankommt." (ebd., S. 75) Die Protagonistin kommt schließlich doch in Moskau an, erlebt dort aber sofort ihre europäische Wiedergeburt, für die die ‚fremde Frucht', der Apfel steht: Wer die verbotene Frucht isst, verliert die Gewissheiten der Heimat: „Es wurde still und kalt. [...] Ich bemerkte, dass ich mitten in Europa stand." (ebd., S. 87) Bemerkenswert keck, dass eine ‚exotische' Autorin die Verkörperung abendländischer Genesis in ihren Ankunftsmythos integriert. Der Apfel ist für sie eine exotische Frucht.

In dieser Erzählung lässt sich paradigmatisch die Bewegungsrichtung eines Schreibens erkennen, das zwar zunächst anlassgebunden, wie es scheint, von der Reise strukturiert ist, sich jedoch in **Abschweifungen, Umkehrbewegungen und unerwarteten Reflexionen** von der Struktur einer Reisebeschreibung wegbewegt. Im Text wie auf der Reise selbst werden sämtliche erlernten Verhaltensweisen unterminiert. Das reisende Ich beginnt an sich zu zweifeln: „Hatten meine Eltern wirklich immer von Moskau erzählt? Auf dem Schiff fängt jeder an zu lügen." (ebd., S. 69) Aus diesen Zweifeln rettet sich die Reisende ins Schreiben einer Autobiographie: „Auf dem Schiff fängt jeder an, eine kleine Autobiographie zusammenzustellen, als ob man sonst vergäße, wer man ist." (ebd.) Die metaphorische Verbindung von Lebensgeschichte und Reise zur Lebensreise erscheint hier sinnfällig. Doch wäre Tawada nicht die **subversive Autorin,** die sie ist, wenn sie nicht auch diese in der Gattung Autobiographie liegenden Sicherungsanker wieder lichten würde: Schon aus der syntaktischen Gleichsetzung zwischen den zwei oben genannten Sätzen ist eine Affinität von Autobiographie und Lüge zu erkennen. Und statt die Reisebeschreibung *nach* der Reise, das Tagebuch *währenddessen* und die Autobiographie *mit einigem Abstand* zu schreiben, werden hier nicht nur die logischen Reihungen vertauscht, sondern die Autobiographie als das ohnehin fragwürdige Unternehmen der Selbstvergewisserung wird zudem durchsetzt von Märchenelementen, Traumberichten und Briefen.

6.5.2 ‚Migrationsliteratur': Das Problem der Fremdheit oder *Tintenfisch auf Reisen* (1994)

Tawadas Schreiben ist wesentlich vielfältiger als das lange Zeit der ‚Migrationsliteratur' kategorial verordnete authentische Schreiben unter der Flagge ‚Akkulturationserfahrungen'; selbst unter Etikettierungen wie ‚Weltliteratur' ist ihr Werk nur hilfsweise unterzubringen. Andere Kategorien müssen Anwendung finden, die Tawada selbst deutlich markiert hat und die (spätestens) seit Sigrid Weigels Laudatio zum Chamisso-Preis eigentlich gängige Interpretationskategorien darstellen sollten: „**Übersetzungen, Transfers,** [...] **Metamorphosen und Konversionen**" (Weigel 1996, S. 373, Hervorh. im Orig.).

Im Folgenden möchte ich diese Kategorientafel noch etwas erweitern: Tawadas Erzählgestus widerstrebt dem von nicht deutschen Autor/innen lange eingeforderten autobiographisch fundierten Realismus. Er ist vielmehr innovativ auch durch den **intertextuellen Bezug** zur europäischen Literatur und Theorie; er ist bestimmt durch **Mimikry,** eine Form von **Sprachmagie,** die einen scheinbar naiven Blickwinkel bezieht. Exotik ist vornehmlich die einer aus der Distanz betrachteten Sprache und gelegentlich die der (deutschen oder japanischen) Sitten – Erotik ist die andere Seite dieser Medaille, aber sie hat nichts mit der Erotik ‚importierter Frauen' zu tun, einem Thema, das sich im Frühwerk häufig findet und auch noch in *Das nackte Auge* (2004) den Erzählplot bestimmt. Doch auch hier setzt Tawada nicht in erster Linie auf sozialkritische Akzente (obwohl man diese durchaus bemerken kann), sondern auf **dialogisches Unterwandern von Positionen.**

Die Reduzierung interkultureller Literatur auf autobiographische (Opfer-)Narrative hat Tawada in ironischen Szenen gekontert. In der ‚Geschichte' *Fersenlos* aus dem Band *Tintenfisch auf Reisen* (1996) wird das Statement einer deutschen Lehrerin zu ‚importierten unterwürfigen Frauen aus Entwicklungsländern' unter der Hand zum Autorinnenkommentar, mit dem die Fremdwahrnehmung der ‚kritischen' europäischen Intelligenz auf das zurückgeführt wird, was sie im Kern oft ist: Selbstgefälligkeit und Besserwisserei. Der fremden Frau werden in dieser Erzählung stereotype Attribute zugewiesen: Sie ist arm, ungebildet, geldgierig und zur Liebe nicht fähig (und deshalb auch zu Recht verfügbares Objekt). Nicht zufällig ist es eine Lehrerin, der dieses (Vor-)Urteil in den Mund gelegt wird; in einem weiteren Sinn kann der ironische Subtext übertragen werden auf die Vermessenheit ‚anderer' Literatur gegenüber. Tawada beharrt gegenüber solchen Pauschalierungen stets auf dem **genaueren Blick dem/der Einzelnen gegenüber** und weist deutlich auf klischierte Fremdbilder hin.

Sprachkritik und **Spracherneuerung** in Sprachspiel und experimentellem Schreiben sind bei Tawada insofern nicht auf ‚weibliches' Schreiben zu reduzieren, auch wenn Schreiben einen kontinuierlichen Akt des Selbstentwurfs für die Autorin darstellt. Dennoch handelt es sich um nichts weniger als ‚autobiographische Enthüllungsliteratur', sondern um den Entwurf einer **Poetologie des Schreibens,** das sich selbst erprobt.

6.5.3 Metamorphosen: *Verwandlungen*. *Tübinger Poetik-Vorlesungen* (1998)

„Ich habe mein Gesicht noch nicht fertig geschrieben." (Tawada: Verwandlungen, S. 50) Dieser Satz findet sich in einer der drei Tübinger Poetik-Vorlesungen mit dem Titel *Verwandlungen*, in denen es um die Körperlichkeit der Sprache und um sinnliche Wahrnehmungen des Fremden und der eigenen Person in der Fremde geht. **Stimme, Schrift und Gesicht bilden eine Trias des fließenden Übergangs:** Die Poetik-Dozentin Tawada fragt sich, ob die Stimme ein Gesicht hat (vgl. ebd., S. 49), wie der Zusammenhang von Buchstaben/Schrift und Körper aussieht, und schreibt die europäische Physiognomik um, indem sie sie sprachspielerisch unterwandert. Für Tawada ist klar, dass es einen inneren Zusammenhang, eine Art Geheimsprache zwischen allen Wesen gibt, denen die Wissenschaft den Garaus gemacht hat (vgl. ebd., S. 13); es ist für sie unzweifelhaft, dass etwa der fremde Akzent eine Erinnerung an den Leib der Muttersprache in sich trägt, dass sich die eigene Zunge beim Sprechen einer fremden Sprache fremd anfühlt. So ist in Tawadas Band *Überseezungen* (2002) die Zunge leitmotivisch das Zentralorgan der Sprachaneignung.

Der Körper ist für sie eine Stätte skripturaler Einschreibungen und Reproduktionen – alle Buchstaben des Alphabets könnten auf der Haut entdeckt werden, auf den Leib geschrieben: „Ein Aus-der-Hand-Lesen im wörtlichen Sinn." (Tawada: Verwandlungen, S. 33) Auch in der oben angeführten Reiseerzählung wie in vielen folgenden Texten wird der **Zusammenhang von Körper und Schrift/Sprache** in einem bildhaften „Traumbericht" (Tawada: Wo Europa anfängt, S. 72) sinnfällig vorgeführt: Dort sieht die Reisende mit roter Schrift beschriebene Körper. Gerade das lateinische Alphabet hat für Tawada den Charakter einer allerdings unberechenbaren Naturschrift: Die Buchstaben sind sinnflüchtige „alphabetische Körper" (Tawada: Verwandlungen, S. 32) mit einer „unbeschränkte[n] Verwandlungsfähigkeit (im Gegensatz zu den japanischen Ideogrammen)" (Barthes: Das Reich der Zeichen, S. 135). Barthes hat die Struktur der ideographischen Zeichen für logisch nicht klassifizierbar erklärt. Im Gegensatz zur abgegrenzten phonetischen Ordnung des Alphabets sei ihr Kern Offenheit und nicht in erster Linie distinkte Singularität. Buchstaben, Körper, Zahlen gehen in Tawadas Wunderland der Schrift jedoch ineinander über: „Jeder Buchstabe ist wie der Rücken einer Person. Ein Autor, der glaubt, sein eigener Text müsste ihm bis zum letzten Buchstaben vertraut sein, täuscht sich: Wenn ein Buchstabe sich umdreht, wird ein fremdes Gesicht sichtbar." (Tawada: Verwandlung, S. 41) Hier wie an vielen anderen Stellen insistiert Tawada auf der Unberechenbarkeit und damit kreativitätserzeugenden Natur der Schrift (und Sprache). Dies darf sowohl als ein Plädoyer für die ‚Lüge' im außermoralischen Sinne, gleichsam als Erzählvermögen verstanden werden – in *Wo Europa anfängt* heißt es bewundernd: „Meine Mutter konnte gut lügen [...]" (Tawada: Wo Europa anfängt, S. 80) – als auch als Einspruch gegen sprachliche Monokulturen. Zu Recht weisen Marion Acker und Anne Fleig auf die damit verbundene „fundamentale Infragestellung des autobiographischen Aufrichtigkeitspostulates" (Acker/Fleig 2018, S. 29) hin. Damit verorte sich die Autorin schon früh in einem heute verstärkt geführten Diskurs der Mehrsprachigkeit, indem sie für eine „Infragestellung des monolingualen Paradigmas" (ebd. S. 31) votiere.

Tawadas **Theorie der Fazialität,** der Lektüre von Gesichtern, unterwandert die gewohnten physiognomischen Setzungen in radikaler Weise. Wenn sie sich auch auf Walter Benjamins Physiognomie-Konzept beruft, so geht sie doch noch wesentlich über dessen physiognomische Lektüren der Dingwelt hinaus, indem sie den Aspekt des Fremdbleibens betont. Gesichter sind wie Texte niemals bis ins Letzte zu entziffern, sichtbar ist nur ein jeweils flüchtiger Zustand des Gewordenseins. Je vertrauter ein Gesicht scheinbar wird, desto mehr zerfasert die Wahrnehmung: „Je öfter ich sie sah, desto weniger konnte ich sagen, wie sie wirklich aussah." (Tawada: Überseezungen, S. 119) Auch das eigene Gesicht bleibt fremd: Tawada spielt mit dem Wort ‚Gesicht', in dessen Zentrum sie fern jeder etymologischen Räson ‚ich' entdeckt. Ihr kommt die Idee, „dass das Gesicht die Perfektform des Verbs ‚ich' [!] sein könnte" (Tawada: Verwandlungen, S. 50). Das eigene Gesicht hat noch niemals jemand wirklich gesehen, es bleibt auf immer in der Verkehrung des Spiegelbilds verborgen.

Verwandlungen sind das Thema der Poetik-Vorlesungen, und Tawada scheut nicht davor zurück, sämtliche Bastionen abendländischer Gewissheiten wie Identitäten, Definitionen und auch den Körper als Träger von Zuschreibungen zu schleifen. Kein Zufall auch, dass es gerade das ‚Gesicht' eines Wassertiers ist, eines Fisches, mit dem ihre Reflexionen beginnen, ist Wasser doch *das* grenzenlos-unbestimmte Element (vgl. zur Wassermetaphorik bei Tawada Krauß 2002). Wo das Gesicht eines Fisches beginnt, ist eine für Europäer absurde Frage. In Tawadas Theorie (oder Mystik?) der Verwandlung von allem in alles ist das **Ineinanderübergehen** ohne harte Konturen jedoch zentral: „Mein Gesicht ist ein Skizzenbuch." (Tawada: Verwandlungen, S. 50) Fazialtheorie und die Theorie der alphabetischen Schrift haben den gemeinsamen Nenner der Unbestimmtheit, des ‚Sinnflüchtigen'. Verwandlungen treten an die Stelle von Festlegungen.

Verwandlungen und Metamorphosen bilden einen durchgängigen Referenzrahmen für Tawadas Werk. Dabei schreckt die Autorin auch nicht vor einer Überschreitung von tabuisierten Grenzen, etwa zum Tierreich, zurück, was 1992 zu der skandalisierten Auseinandersetzung um die Vergabe des Akutagawa-Preises für *Der Hundebräutigam* führte, in dem eine Menschenfrau und ein männlicher Hund eine Beziehung eingehen. Immer wieder überschreiten Figuren die ihnen zugewiesenen Räume und Seinsweisen und werden damit im Lotman'schen Sinne zu Akteuren. Handlung entsteht – sehr vereinfacht gesagt – im Lotman'schen Modell jeweils dadurch, dass eine Grenze zwischen „zwei disjunkte[n] Unterräume[n]", die eigentlich nicht übertretbar ist, vom Helden überschritten wird (vgl. Lotman 1973, S. 344).

Grenzüberschreitungen in jede denkbare Richtung sind also ein durchgängiges Kennzeichen von Tawadas Schreibweise, nicht nur bis hin zur Tierwelt, sondern auch zu den Toten (*Das Bad,* 1993). Märchen, Mythen, Legenden spielen eine wichtige Rolle in vielen ihrer Texte. Zu Recht hat aber schon Weigel in ihrer Laudatio betont, dass es sich keineswegs um das esoterische Murmeln der ‚fremden Frau' handelt, sondern um eine informierte, gleichsam ethnologische Perspektive (vgl. Weigel 1996, S. 374 f.). Es geht Tawada nicht darum, den Identitätsverlust als modische Attitüde durch eine esoterische Mixtur heilen zu wollen. Ihr Plädoyer gilt vielmehr positiv der Multifazialität, dem Übergang und der Überschreitung. Diese Art der ‚Schwellenkunde' mag auch asiatische, etwa buddhistische Wurzeln haben, die nächsten **Paten** aber sind Europäer: **Walter Benjamin** und **Roland Barthes** werden in mehreren Texten namentlich genannt oder zitiert. Benjamins Sprachmagie und seine physiognomischen Lektüren sowie Barthes' semiotisches Verfahren, insbesondere in *Das Reich der Zeichen* (1981; *L'empire des signes,* 1970), sind Tawadas eigenen dechiffrierenden Verfahren gegenüber den wiederkehrenden Mythen der Moderne am nächsten.

„Es kann gefährlich sein, einen Buchstaben in die Welt zu setzen [...]. [U]nzuverlässig, unberechenbar und überraschend ist jeder Buchstabe des Alphabets." (Tawada: Verwandlungen, S. 31) So schleicht sich in eine Geschichte von Baumgeistern ein Druckfehler ein, der aus den Baumgeistern „Baumeister" (ebd.) macht. In solchen Verselbstständigungen der Schrift sieht Tawada Unheimliches am Werk, das unter der Hand eine andere Wirklichkeit schafft – ähnlich wie in Benjamins *Berliner Kindheit um 1900* (1938) die ‚Mummerehlen' die Wahrnehmungskoordinaten des Kindes verschieben (vgl. Benjamin: Berliner Kindheit, S. 260 f.). Das Alphabet zu tilgen könnte also eine legitime Notwehrmaßnahme gegen solch geisterhafte Phänomene sein – statt Erleichterung über diese Möglichkeit zu empfinden, nutzt die Autorin jedoch wie ihre Protagonistinnen das Potenzial der Verwandlung kreativ.

Das Gesicht als Zeichen, die Schrift als Körper/Natur: Grundsätzlich ist die ganze Welt wie ein Buch zu lesen. In Tawadas semiotischen Lektüren und der **Zeichendeutung durch Zeichenverschiebung** scheinen Konzepte von den Romantikern bis Benjamin auf, aber im Gegensatz zur europäischen Tradition des Weltbuchs bleibt in ihrem Schreiben das leere Zentrum – das Zauberwort der Romantiker, Benjamins innerer Kern aller Sprachen – tatsächlich leer. Einerseits weil sich Dinge wie Schrift entziehen und ein Eigenleben führen, andererseits aber auch, weil bewusst und artifiziell über die Schrift **Mehrdeutigkeit** erst hergestellt wird. Im Schillern der Sprache, den Metamorphosen von Wort und Ding wird deutlich, dass es Tawada nicht mehr um ein (rein) kommunikatives Modell von Sprache geht (vgl. Gelzer 1998, S. 64; er sieht bei Tawada wie bei Barthes die „körperliche Bezugnahme auf Sprache [im] Vordergrund" [ebd.]): „In der Literatur beabsichtige ich wenigstens nicht, eine sinnvolle Botschaft zu vermitteln." (Tawada: Der Klang der Geister, S. 115) Anders als im Alltag fühlt sich literarisches Sprechen für Tawada tröstlicher an; selbst wenn die Botschaft nicht das Entscheidende ist, bildet literarische Sprache eine Art Netz. Das Fließen, die Zirkulation, das Plädoyer für eine Befreiung des Sinns (und der Signifikanten) scheint seine Ausführungsbestimmungen in Barthes' Deutungen japanischer

Kultur, exemplarisch des Haiku, zu haben: Der Einbruch des Sinns im Haiku wird dort positiv der ‚autoritären Sinnreligion' des Westens entgegengestellt (vgl. Barthes: Das Reich der Zeichen, S. 94 f.). Die entscheidende Frage – beim Haiku wie bei Tawadas Art der Literatur – ist: Wird hier wirklich Sinn negiert oder ist der Sinn nur anders zu deuten?

6.5.4 Konvergenz von Poetologie und Literatur

Die **Gefahren der metamorphotischen Zirkulationen** sind offensichtlich: eine Autonomisierung der Sprache, deren sprachspielerische gegenüber funktionalen Qualitäten favorisiert werden, der Hermetismus assoziativ wirkender Erkenntnissprünge und der Manierismus, den ein Verlassen diskursiven Konsenses mit sich bringt (etwa in den Pseudo-Etymologien, wie Ges-ICH-t). Wie entgeht Tawada solchen Tendenzen zum sprachspielerischen Hermetismus einer Privatsprache? In ihren erstaunten Bemerkungen zum Besitz von Kulturgütern hat die Autorin selbst einen wichtigen Hinweis geliefert: Sie würde nie auf die Idee kommen, von ‚unserem' Nō-Theater zu sprechen (vgl. Tawada: Der Klang der Geister, S. 117) und findet es wie viele Japaner keineswegs anstößig „die Kultur eurozentristisch zu betrachten. In ihren [der Japaner, M. H.] Augen ist die europäische Kultur kein Eigentum der Europäer, weil sie für die anderen leicht nachzuahmen ist." (Tawada: Eigentlich darf man es niemandem sagen, aber Europa gibt es nicht, S. 49) Nicht das Beherrschen einer (Fremd-)Sprache ist für Tawada von Bedeutung, sondern das Vermögen, Sprache, auch die eigene, die Muttersprache, aus eingefahrenen Konventionen zu befreien. Damit lenkt sie die Aufmerksamkeit auf das, was Mecklenburg die grundsätzliche poetische Alterität von Literatur genannt hat (vgl. Mecklenburg 1991).

Claudia Breger kristallisiert die **schöpferischen Verfahren der Nachahmung** in Tawadas Werk wie folgt heraus: In parodistischen Posen, im mimetischen Anschmiegen an die (europäischen) Diskurse, die sie eben dadurch zersetze, werde ‚Nachahmung der Nachahmung' zum literarischen Verfahren (vgl. Breger 1999b, bes. S. 189 f.). Obgleich die starke Verortung des Tawada'schen Werks im postkolonialen Kontext bei Breger m. E. ein Widerspruch zu ihrer eigenen These ist, so ist ihr sicher darin zuzustimmen, dass Tawada durch ihre „hyperbolische[n], diminutive[n], dissoziierende[n] und verrückende[n] Wiederholungen" (ebd., S. 191) und ihre Art der parodistischen Grenzverwirrungen zu einer ‚**Ästhetik des Performativen'** gelangt.

Das Zirkulationsprinzip gilt auch, was die Bewegung des eigenen Werks angeht: zum einen in den intertextuellen Bezugnahmen (wenn z. B. eine Protagonistin, die Autorin ist, mit einer Figur aus einem ihrer Texte spricht), zum anderen in der Entwicklung des Werks. Vorsichtig könnte man davon ausgehen, dass die **Gattungsvielfalt** – Lyrik, Drama, Kurzroman – in der, wie subvertiert auch immer, doch stets noch Bezüge zur Gattungskonvention erkennbar sind, in den letzten Jahren **immer mehr durch die Performance ersetzt** wurden: Hörspiele, Theaterstücke mit musikalischer Begleitung und Tawadas Teilnahme an einem Reiseprojekt namens *Odyssee* weisen in diese Richtung (ebenso wie spielerische Invektiven in den Werken, etwa der Hass auf das Wort ‚Roman' in *Ein Gast,* 1993). Auf der symbolischen Überfahrt der (fiktiven) Japanerin nach Europa wird dieses Spiel mit den Gattungen, wie erwähnt, präfiguriert: Der Reisebericht wird *vor* der Überfahrt geschrieben, „damit ich während der Reise etwas daraus zitieren konnte. Denn als Reisende war ich oft sprachlos" (Tawada: Wo Europa anfängt, S. 70), das Tagebuch *danach.* Erst durch ihre eigenwillig subvertierte Verwendung scheint schließlich die Kongruenz von Gattung und Erfahrung erreichbar. Dass auch das Spiel mit den Gattungen konsequent aus einer an Transformationen interessierten Literaturauffassung resultiert, dürfte einleuchten. Die Gattungsvielfalt im Werk der Autorin hängt mit ihrem metamorphotischen Literaturbegriff eng zusammen. Dieser hat immer auch etwas mit dialogischer Intertextualität zu tun: So werden etwa in *Abenteuer der deutschen Grammatik* (2010) zwei Gedichte von Ernst Jandl in Ideogramme übersetzt und damit einerseits verfremdet, andererseits wird den Gedichten Jandls durch diese Art der über-see-zenden (*Über*see*zungen* heißt ein Prosaband, 2002) Verfremdung neue, ihnen jedoch affine Dimensionen hinzugewonnen (vgl. *TIK. Nach Ernst Jandl* und *MusikMaschineLärm. Nach Ernst Jandl,* ebd. S. 51 f.; zu Jandl-Referenzen bei Tawada siehe Liu 2020).

Tawadas Schreibweise, die wie der ‚Heftklammerentferner' – ein magisches Objekt in einem ihrer Texte (vgl. Tawada: Von der Muttersprache zur Sprachmutter, S. 14 f.) – Worte von Gedanken trennt, mithin „die Ausdrucksebene der Sprache in den Vordergrund stellt" (Gelzer 1998, S. 93), wirkt aber nicht in erster Linie wegen ihres sprachexperimentellen Charakters innovativ. Obgleich ich, anders als Gelzer, sehr wohl „aleatorische Elemente" (ebd.) in ihren Texten sehe. Dennoch ist insgesamt weniger von einem ‚dekontextualisierenden Schreiben' auszugehen als von **Verfremdung durch das Herstellen unerwarteter Ähnlichkeiten.** Vielmehr scheint das Neuartige in der spezifischen Verbindung poetologischer und sprachtheoretischer Konzepte mit der Werkästhetik zu liegen, einer Werkästhetik, die vielleicht doch mehr ‚Asiatisches' hat als in allen bisher vorliegenden Arbeiten zu Tawada festgestellt (vgl. Liu 2020, S. 48–93). Fern von jeglichem Realismus, und sei es der magischste, sind Koinzidenzen mit der von Barthes festgehaltenen **Charakteristik japanischer Literatur** nicht von der Hand zu weisen: „Während unsere Kunst alles daransetzt, den Romangestalten ‚Leben' und ‚Wirklichkeit' zu verordnen, […] hält [das Japanische, M. H.] sie in der Qualität von Zeichen, die von ihrem referenziellen Alibi *par excellence,* dem der lebenden Sache, abgeschnitten sind." (Barthes: Das Reich der Zeichen, S. 21; Hervorh. im Orig.) Kritisch wäre zu fragen, ob solche Verschränkungen einer sprachspielerisch-theoretischen Poetologie mit einer eher zeichenhaften Literatur wirklich noch unter ‚Literatur' zu subsumieren sind, oder anders: ob Poetologie auf Dauer Literatur ersetzen kann? Für Tawada ist die **Verbindung von ästhetischer Praxis und essayistischer Reflexion** jedenfalls unverzichtbar.

6.5.5 Mimikry und Alterität – der Spiegel als Identitätskontrolle im Werk Tawadas

Identitätserwerb ist bei Tawada ein **Verlustgeschäft:** Schon im Zwang, sich als Ich zu benennen, der in der Schule beginnt („Das Ich zerbrach mir in Teile mit großen Abständen dazwischen" [Tawada: Das Bad, S. 16]), wird dies offenkundig, ebenso in der transkulturellen Assimilation, die nichts anderes als einen Prozess der Signifikation darstellt, in dem die unbekannte X durch die klischierte Japanerin ersetzt wird. Die Zumutungen einer fixen Identität sind immer wieder Thema in Tawadas Werk: Lebenslauf und Steuererklärungen sind die wesentlichen Selbstauskünfte einer Person. In der das Werk durchziehenden **Spiegelmetaphorik** wird die Ambivalenz des Personwerdens reflektiert: In dem frühen Text *Bilderrätsel ohne Bilder* (aus dem Band *Nur da wo du bist, da ist nichts*, 1987) beschreibt der Liebhaber der Protagonistin, K., sein Gefühl, ihr gegenüber vor einem leeren Spiegel zu stehen: „Ich habe das seltsame Gefühl, vor einem Spiegel zu stehen, der nichts reflektiert." (Tawada: Bilderrätsel ohne Bilder, S. 31) In *Bad* (1993) ist der Spiegel ein Geschenk der Mutter, die ihrer Tochter vorwirft, dass sie sich auf einmal so leichthin ‚ich' nennen könne und sich damit von ihr ablöse; in *Ein Gast* (1993) stellt sich ein Buch als Spiegel heraus und in der Erzählung *Der Faltenmann vom Sumida-Fluß* (1996), einer *éducation sentimentale,* bricht im Spiegel unter dem alten ein neues Gesicht hervor: „Da zog sich der Spiegel einen Augenblick lang zusammen, und seine Oberfläche bekam Falten. Und auch das Gesicht Umewakas, das sich darin spiegelte, bekam Falten." (Tawada: Der Faltenmann vom Sumida-Fluß, S. 155).

Im Gegensatz zum photographischen Porträt, das eine Gestalt fixieren will, ist der Spiegel ein ambivalentes Instrument der **Identitätsgenerierung:** So hängt in Tawadas Kurzroman *Das Bad* (1993) neben dem Spiegel eine Porträtaufnahme der Protagonistin, der sie sich jeden Tag aufs Neue mit Schminke wieder anzugleichen versucht (vgl. Tawada: Das Bad, S. 1). Ohne das daneben gehängte Porträt wäre der Spiegel zu nichts nütze; er dient lediglich als Katalysator einer mimetischen Konfiguration, der Anähnelung an das Erwartete. Dem einmal festgehaltenen Identitätsbeweis kann man sich nur durch die künstliche Retusche mimetisch wieder annähern. Der Spiegel als Identitätsgenerator einerseits, als Leerstelle andererseits: Folgt man Barthes, so werden in dieser Gegensätzlichkeit zwei unterschiedliche Identitätskonzepte sichtbar:

> „Im Westen ist der Spiegel ein in seinem Wesen narzißtischer Gegenstand: Der Mensch denkt den Spiegel allein als etwas, worin man sich selbst betrachtet. Im Osten dagegen scheint der Spiegel leer zu sein, ja, er ist gar Symbol für die Leere der Symbole. [...] Der Spiegel faßt nichts anderes als andere Spiegel, und diese unendliche Spiegelung ist die Leere schlechthin (die bekanntlich die Form ist)." (Barthes: Das Reich der Zeichen, S. 109)

Genauso radikal wie gängige nationale und kulturelle Zuschreibungen werden die Automatismen der Konjunktionen durchtrennt: Erotik reimt sich bei Tawada nicht auf Exotik, jedenfalls nicht auf die des Versandhandels mit Exotinnen. Erotik, wo sie nicht gestörte Geschlechterbeziehungen ohnehin zum gefährdeten Gut werden lässt, ist so polymorph-pervers, wie man sie sich nur denken kann. Besonders in den *Tintenfisch*-Geschichten wird klar, so die Rezension von Elke Brüns, „daß Lust über mindestens so viele Kanäle verfügt wie der Tintenfisch über Fortbewegungswerkzeuge" (Brüns 1995).

Im *Faltenmann,* einer Geschichte, die in den Tokyoter Rotlichtbezirken spielt, gleicht die erotische Suche, Annäherung und das Umwegige daran jener Bewegung, die Barthes als Topographie der asiatischen Stadt vorgefunden hat: Das Zentrum Tokyos, so Barthes, sei leer – oder besser: Es ist das Verbotene, der Wohnsitz des Kaisers nämlich. Gezwungen, auf Umwegen zum Ziel zu kommen, ist diese Art der Topographie zugleich eine Einübung in das **Imaginäre** (das in Tawadas Werk das Erotische wie die Poetologie insgesamt bestimmt): „Auf diese [umwegige, M. H.] Weise […] entfaltet sich das Imaginäre zirkulär über Umwege und Rückwege um ein leeres Subjekt." (Barthes: Das Reich der Zeichen, S. 50)

6.5.6 Intertextualität und Übersetzung: *Das Tor des Übersetzers* (1996)

„Theorie, Poetik und Praxis sind bei Yoko Tawada […] nicht klar voneinander zu trennen", stellt Gelzer zu ihrer „singulären Sprachprogrammatik" (1999, S. 67) fest. Die Autorin bewege sich „in einem experimentellen Raum zwischen den beiden Sprachen und den literarischen Gattungen" (ebd.). Dass bei der Herstellung künstlicher Fremdheit und den Metamorphosen der Sprache in einem durchaus buchstäblichen Sinn **Zweisprachigkeit und bikulturelle Erfahrung Conditio sine qua non** sind, steht außer Frage. Diese Art der Bipolarität zwischen Beobachtung und Teilhabe erst erlaubt es, die Alterität von Sprache neu zu entdecken, anstatt in ihren Konventionen gefangen zu bleiben.

„Alles Mimetische der Sprache ist […] eine fundierte Intention, die überhaupt nur an etwas Fremdem, eben dem Semiotischen, Mitteilenden der Sprache als ihrem Fundus in Erscheinung treten kann." (Benjamin: Lehre vom Ähnlichen, S. 206) In Benjamins *Lehre vom Ähnlichen* hat Tawada eine der eigenen kongeniale Sprachauffassung vorgefunden – die Zahl der **Benjamin-Referenzen** in ihrem Werk ist Legion. Fremdheit im potenzierten Sinn der Entfernung von der erst zu erlernenden Sprache ist das Pfund, mit dem sie wuchert, wenn sie gerade in dieser jenes „Archiv unsinnlicher Ähnlichkeiten" (ebd.) entbindet, das ihrer Welt- und Sprachauffassung inhärent scheint. Diese Magie der Korrespondenzen, der Ähnlichkeiten und der Geheimsprache zwischen Mikro- und Makrokosmos hat in Benjamin (und sicher in den Romantikern, besonders in E.T.A. Hoffmann) einen europäischen Verbündeten gefunden.

In ihrem Essay *Das Tor des Übersetzers oder Celan liest Japanisch* (2000) entwickelt Tawada eine höchst **gewagte Theorie der Übersetzung,** die mit Benjamins *Die Aufgabe des Übersetzers* (1923) im Dialog steht. Im Gegensatz zu den „Menschen, die behaupten, daß ‚gute' Literatur eigentlich unübersetzbar sei" (Tawada: Das Tor des Übersetzers, S. 121), nimmt Tawada wie Benjamin einen inneren Kern aller Sprachen an, der allein Korrespondenzen zwischen so entfernten Sprachen wie Japanisch und Deutsch gestattet. In verblüffenden Textanalysen, die um das japanische Radikal ‚Tor' aus einigen übersetzten Gedichten Celans kreisen, belegt sie ihre Vermutung, „daß Celans Gedichte ins Japanische hineinblicken. Der Dichter muß den Blick der Übersetzung, der aus der Zukunft auf den Originaltext geworfen wird, gespürt haben." (ebd., S. 126) Und weiter: „Es ist eine schöne Vorstellung, daß etwas durch die Übersetzung erwachen kann." (ebd., S. 133) Die Korrespondenzen zwischen Tawadas Buchstabenmagie und Benjamins Auffassung von Sprache als höchster **Verwendung des mimetischen Vermögens** liegen auf der Hand.

Ohne dem hier im Detail nachgehen zu können, soll ein Verdachtsmoment geäußert werden, das die Ähnlichkeitslehre Benjamins rückbindet an Barthes' *Reich der Zeichen:* Meine Vermutung lautet, dass bei aller Nähe doch ein entscheidender Unterschied aus der japanischen Schriftgebundenheit erwächst. Während Benjamins ‚innerer Kern aller Sprachen' etwas zutiefst Mythisches meint (vgl. zum Konzept der ‚reinen' Sprache als Gottesoffenbarung und heiliger Text Menninghaus 1980), scheint mir Tawadas innerer Kern eigentümlich leer – oder besser: an die Form, an das Schriftzeichen, die Grapheme und ihre Gestalt gebunden. Barthes hat diese Bewegung der sprachlichen Äußerung im Japanischen beschrieben als eine Art „Ausbluten des Subjekts in eine bis zur völligen Leere parzellierte, partikularisierte und zerstreute Sprache" (Barthes: Das Reich der Zeichen, S. 20). Andererseits muss eingeräumt werden, dass es viele andere Belege gibt, in denen Tawada die Korrespondenzen so weit treibt, dass ihre dahinfließenden **Assoziationsströme** sie etwa das Durchfahren des Gotthardtunnels mit dem Eindringen in einen männlichen Körper vergleichen lassen. Eine Kluft, in die die Wörter stürzen – und der im Schreiben von Frauen unerhörte Wunsch, in den Körper des Mannes einzudringen, um die Kluft zu überbrücken. Gendergrenzen sind ebenso wie alle anderen Begrenzungen Anlass und Grund für transformatorische Anstrengungen – aber: Ist Tawadas Schreiben deshalb ‚weiblich'?

6.5.7 Poetologie der Transgression

„Bei manchen Menschen ist die Frage nach der Herkunft die einzige erotische Frage" (Tawada: Opium für Ovid, S. 90) – bei Tawada sicher nicht. In ihrem Essay *Die Mineralogie der Liebe* (2000) schneidet eine Pubertierende aus einem Fotoband eine menschliche Gestalt heraus: „Man konnte nicht mehr sagen, ob das ein männliches oder ein weibliches Wesen war. [...] Das war die Menschengestalt aus Sand, die später meine Identifikationsfigur wurde." (Tawada: Mineralogie, S. 83) Denn im Ausschnitt erscheint der Sand der übernächsten Seite. Dieser Akt kann symbolisch für den Umgang mit Zuschreibungen gesehen werden: ein Loch, ausgeschnitten aus der heteronormativen Ordnung des Bildes und der Schrift, aufgelöst in die hybride zerrinnende, leere Form.

Schreiben bleibt von Tawadas ‚frühem' Werk mit seinen stärker autofiktionalen Ausgestaltungen bis hin zu den neuesten experimentellen Gattungsüberschreitungen **kontinuierlicher Selbstkommentar**. In diesen fließen theoretische Versatzstücke aus allen postmodernen (feministischen, postkolonialen, subjekttheoretischen) Diskursen ein, werden aber „in einer Geste der literarischen Dissimulation" (Krauß 2002, S. 61) sofort wieder zum Verschwinden gebracht. Der Diskurspolizei entwischt Tawada in ihren immer performativer werdenden Metamorphosen.

Barthes' Ausführungen zum japanischen Figurentheater Bunraku weisen erstaunliche Ähnlichkeiten mit dieser Entwicklung der Werkästhetik auf: „Der *Bunraku* [...] trennt die Handlung von der Geste: er zeigt die Geste, er lässt die Handlung sehen, er stellt zugleich Kunst und Arbeit vor und belässt beidem die eigene Schrift." (Barthes: Das Reich der Zeichen, S. 71) Überschreitung der Gattungsgrenzen, Ausstellung des performativen Gehalts und Einbeziehung der Poetologie in die literarische Produktionsästhetik selbst gehören untrennbar zusammen: In ihrer Fluchtlinie erscheint die erschriebene Differenz des Textes in seiner ganzen Unabschließbarkeit – als eine **Poetologie der Transgression**.

6.6 Afro-deutsche Literatur am Beispiel von May Ayim und Sharon Dodua Otoo

6.6.1 Bezeichnet werden vs. Selbstbenennungen: afrodeutsch

Vorbemerkung
Anders als in den vorangegangenen Bindestrich-Bezeichnungen sind mit den in diesem Abschnitt verwendeten Benennungen rassistische Konnotationen oder die Reaktionen auf diese verbunden. Der Sprachgebrauch und die Bezeichnungsproblematik haben hier also noch tiefgreifendere Aspekte von Benennungspolitiken zu berücksichtigen. Eine persönliche Vorbemerkung dazu soll meine Position verdeutlichen.

Sehr klar hat die Diskussion um Benennungen schwarzer Menschen in Kinderbüchern gezeigt, dass wir weit entfernt von einem selbstverständlichen Umgang mit anderen auch in so harmlos erscheinenden Gattungen wie dem Kinderbuch oder Abzählreimen sind. Tatsächlich dürften Titel wie ‚Negerkönig' (in Lindgrens *Pippi Langstrumpf*) unser kindliches Begreifen maßgeblich beeinflusst haben und tun es bis ins Erwachsenenalter. Insofern ist der Wunsch nach ‚Sprachreinigung' im Kontext von Rassismus und rassistischem *othering* ein sehr verständlicher. Mir geht es im Folgenden keineswegs um die absolut berechtigten Forderungen von Minderheiten nach einem anderen Sprachgebrauch, sondern um die oft absurde

Formen annehmenden, sich überbietenden Versuche in akademischen Texten, sich nur ja politisch korrekt auszudrücken.

Wie die Geschichte aller Sprachreinigungsbemühungen zeigt, waren es immer autoritäre und eben oft genug auch nationalistische Bewegungen, welche in Abgrenzung von anderen Nationen den Einfluss etwa des Französischen zurückdrängen wollten. Und auch in Bezug auf das N-Wort scheint mir nichts gewonnen, wenn in historischer Rückwendung nun das *Wort* getilgt wird, nicht aber die dahinterstehende Gesinnung. Dazu bedarf es allererst der kritischen Auseinandersetzung, einer anhaltenden Schärfung von Sensibilität, der vermehrten Aufmerksamkeit für den so scheinbar selbstverständlichen Gebrauch abwertender Bezeichnungen – es bedarf aber keiner wiederum ideologischen Verbotspraktiken (dazu ein lesenswerter Artikel von Traughber 2020/21). Die Vielzahl mittlerweile existierender, zum Teil konkurrierender ‚politisch korrekter' Benennungen dürfte vor allem aufmerksamkeitsschärfende Funktion haben. Eine **überstrapazierte Benennungspolitik** kann nicht die Lösung des Rassismus- oder Genderproblems sein – allenfalls ein durch Auseinandersetzungen geprägter, aber nicht durch Verdikte geprägter Umgang mit Sprache. Ich persönlich halte es vielmehr mit einer Position wie derjenigen von Hannah Wettig, die in einem Sonderheft von *Analyse und Kritik* zu Critical Whiteness geäußert hat, dass Benennungsvorschriften „mehr Rassismen, Klassismen und Sexismen [schafft], als sie zu bekämpfen vorgibt" (Wettig 2013, S. 23). Tatsächlich, so Wettig unter Bezug auf Ayşe Arslanoğlu, schaffe dies nur „‚Merkaufgaben für Streber_innen, die auf diesem Ticket dann Karriere machen'" (ebd.). Und der etwas saloppen Bemerkung Sharon Dodua Otoos, der Bachmann-Preisträgerin von 2016, folgend, scheint es auch mir sinnvoll, „Sprache wie eine Post-it-Note zu verwenden: als ständige Erinnerung daran, dass wir alle die Aufgabe haben, gegen Diskriminierung anzugehen. Und dass wir bei uns selber anfangen müssen." (Otoo 2013, S. 25) Schwarze Identitätspolitik schließt dies allemal nicht aus.

Noch klarer hat sich Toni Morrison gegen eine totalisierende Auffassung afroamerikanischer Ansätze ausgesprochen: „Ich möchte nicht die eine Hierarchie verändern, um eine andere zu errichten. [...] [E]ine dominierende eurozentrische Wissenschaft, *ersetzt* durch eine dominierende afrozentrische Wissenschaft." (Morrison 1994, S. 29; Hervorh. im Orig.) Wie ihr scheint auch mir vor allem das **Wissen über das Entstehen (und Funktionieren) von Dominanzen** – und dazu gehören Benennungspraktiken ganz klar – erweiterungsbedürftig. Die Reaktionen gegen polizeiliche (und staatliche) Willkür und Gewalt (nicht nur) in den USA haben gezeigt, dass Benennungen und vor allem Selbstbenennungen aktiver Teil einer solchen Gegenwehr sind und sein müssen.

Rassistische Benennungspraktiken und Gegenbewegungen

In einem Artikel zu antirassistischen Bezeichnungen geht Tigran Petrosyan auf die vor allem in den USA gebräuchlichen, seit den rassistischen Polizeiübergriffen und der Black-Lives-Matter-Bewegung verstärkt verwendeten Selbstbezeichnungen PoC oder BIPoC (Black Indigenous and People of Color) ein.

Damit sei keine Hautfarbe gemeint, sondern je spezifische Rassismuserfahrungen. In Deutschland seien diese Bezeichnungen jedoch noch nicht eingebürgert (vgl. Petrosyan 2020).

Es mutet in der Tat seltsam verspätet an, dass erst 1984 eine Gruppe von Seminarteilnehmerinnen in Berlin anlässlich eines Vortrags von Audre Lorde den **Begriff ‚afro-deutsch'** prägte, verstanden als Sammelbegriff für eine nicht homogene Gruppe von „bi-ethnischen schwarzdeutschen" Menschen (Kamta 2012, S. 151). Erst im Zuge dieser Begriffsfindung, so Michelle Wright, sei es auch möglich geworden, ein **Konternarrativ** zum vorherrschenden Narrativ des ‚Mischlings' zu entwickeln (vgl. Wright 2003).

Bezeichnungen wie ‚Mischlinge' gehören in einen eindeutig rassistischen Diskurs, welcher mit biologistischen Theorien aus der Erblehre argumentierend ‚Hybride' innerhalb einer nationalen Einheit als schädlich betrachtet, in vorgeblich milderen Varianten sie als nicht zum ‚Volkskörper' gehörend ausschließt. Im Kolonialismus galt die Verbindung mit Indigenen als extrem schädlich, da sie die weiße Dominanz untergrub – ungeachtet dessen war es für weiße männliche Kolonisatoren aber selbstverständlicher Teil ihrer privilegierten Position, dass (schwarze) Frauen ihnen als Sexsklavinnen zur Verfügung standen. Während für Afro-Deutsche hierzulande lange Zeit nur abwertende Begrifflichkeiten gebräuchlich waren, hat sich in den USA lange schon ein Diskurs um Benennungspraktiken entwickelt, welcher immer auch ein Diskurs über politische Macht ist. Schon 2003 hielt Michelle Wright fest, dass es sich bei den Selbstbenennungen nicht nur um ein anderes Vokabular handele, sondern dass es um Prozesse der Selbstverständigung gehe, in denen übergangsweise Bezeichnungen erprobt und wieder verworfen oder durch andere ersetzt werden. So wäre die Verwendung von *Black German* oder *Afro-European* eine Ausweitung über den binationalen oder biethnischen Rahmen hinaus in Richtung eines diasporischen Schwarzen Bewusstseins (vgl. Wright 2003).

Anders als in den Schriften der Nobelpreisträgerin Toni Morrison, in denen von einer steten und unhintergehbaren Existenz des afrikanischen anderen in den USA ausgegangen wird – „[e]xplizit oder implizit prägt die afrikanistische Präsenz auf zwingende und unausweichliche Art die Textur der amerikanischen Literatur" (Morrison 1994, S. 75) –, geht Wright mit einigem Recht für Deutschland von einer anderen Situation aus – der einer **Black Diaspora** im Sinne Paul Gilroys. Paul Gilroys Theorem des *Black Atlantic* entwickelt eine transnationale Perspektive auf Schwarze Präsenz, wie sie seit der gewaltsamen Migration von Schwarzen durch die ‚*middle passage*' zum globalen Geschehen gehört (vgl. Gilroy 1993; dazu Düvel 2009).

Aufgrund der relativ kurzen Kolonialgeschichte und damit „unlike Britain, France and the United States, the ‚German Black' is read as an Other-from-Within, but an Other-from-*Without*" (Wright 2003, S. 298; Hervorh. im Orig.). Dass es sich dabei keineswegs um eine harmlosere Variante rassistischen Ausschlusses handelte, wird deutlich, wenn man Dirk Göttsches Nachvollzug der ‚*African Diaspora*' in den deutschsprachigen Ländern liest. Etwas verkürzend

6.6 Afro-deutsche Literatur

(weil viele Diskurse über Rassen ausblendend) hebt Göttsche hervor, dass rassistisches *othering* – abgesehen von den Rassetheorien seit Kant und Blumenbach – erst Ende des 19. Jahrhunderts durch den Übergang vom *ius solis* zum *ius sanguinis* zementiert wird: Nicht Geburt, sondern ‚blutmäßige' Abstammung wird für Bürgerrechte entscheidend (vgl. Göttsche 2013, S. 238).

Bemerkenswert ist, dass erst in jüngerer Zeit die immer schon vorhandene Anwesenheit von Schwarzen im akademischen Diskurs eine Rolle spielt – etwa in Studien zu ‚Besatzungskindern' im Nachkriegsdeutschland (vgl. Lemke Munizde Faria 2002) – und auch in der Rekonstruktion einer **Historie afro-deutscher Beziehungen** (vgl. Aitken u. a. 2013). Wurde das Vorhandensein afro-deutscher Menschen nach dem Zweiten Weltkrieg durch Schwarze ‚Besatzungskinder' offenkundig, so war sie doch zuvor schon existent, spätestens seit den Kreuzzügen, wenn auch nicht im gleichen Maße sichtbar und numerisch deutlich schwächer. Publikationen wie der Band *Farbe bekennen. Afro-deutsche Frauen auf den Spuren ihrer Geschichte* (1986), von May Ayim (vormals Opitz), Katharina Oguntoye und Dagmar Schultz herausgegeben, wurden wegweisend für eine Verständigung der afro-deutschen Community, ebenso wie das spätere Konzept einer *Black Diaspora,* eines *Black Atlantic* zur Positionierung und zur Entwicklung eines eigenständigen Narrativs beitragen konnte.

Zum einen initiierten also einzelne Personen wie die Schriftstellerin und Aktivistin Audre Lorde solche Bewusstwerdungsprozesse, welche sich auch in **neuen Selbstbezeichnungen** niederschlugen. In Wechselwirkung damit waren es Theoreme der Cultural Studies wie dasjenige Gilroys, welche es nun erlaubten, sich als Teil einer translokalen Community zu sehen, eben des *Black Atlantic.* Für Deutschland muss die Besonderheit hervorgehoben werden, dass es maßgeblich eine von Frauen getragene Bewegung war – wie auch die Gründung des bis heute bestehenden Vereins ADEFRA (Schwarze Frauen in Deutschland, seit 1992) zeigt –, welche sich auch als literarisch engagiert erwies. Ein von Beginn an stark **aktivistisches Engagement** wurde gestützt durch persönliche transatlantische Beziehungen wie die zu Audre Lorde. Die ‚Gründungsakte' afro-deutscher Selbstergreifung muten, wie erwähnt, fast anekdotisch an: Bei einem Seminar Lordes an der Freien Universität Berlin wurde ‚afro-deutsch' als Begriff ‚erfunden', weil es keinen passenden Begriff gab (vgl. Kamta 2012, S. 151).

Durch die zunehmenden Fluchtbewegungen seit den 2010er Jahren wurden Migration und Flucht zu einem stark diskutierten Thema in Deutschland. Nicht nur die Boote im Mittelmeer riefen die Existenz von Schwarzen Geflohenen in medialer Dauerpräsenz ins Bewusstsein, auch die akademische Öffentlichkeit und die Literatur entdeckte in den letzten Jahrzehnten Spuren Schwarzen Lebens in Deutschland. Dass diese im kulturellen Gedächtnis nicht komplett verloren gingen, lässt sich etwa daran zeigen, dass schon vor der akademischen biographischen Aufarbeitung des Lebens von **Wilhelm Anton Amo,** dem ersten Schwarzen Philosophen in Deutschland, durch Ottmar Ette (2014) die Aktivistin May Ayim seinen Namen in einem Gedicht erwähnte, in dem es um die *Black*

Community ging (*community*, in Ayim: *Blues in schwarz weiss*, S. 99 f.). Ayim wird von Ette jedoch nicht erwähnt, weder im Namensregister noch im Glossar.

6.6.2 Remapping Black Germany

Remapping ist eine in den Postkolonialen Studien entstandene Strategie der Neuvermessung allzu bekannter Kontexte oder auch räumlicher Konzepte. Sara Lennox' Buch mit dem Titel *Remapping Black Germany* (2016) fasst die gegenwärtigen Bemühungen um eine Aufarbeitung Schwarzer, untrennbar mit der Geschichte der Sklaverei verbundener Geschichte pointiert zusammen. Herbert Uerlings ist wohl zuzustimmen, dass diese Geschichte eine „weitgehende Ausblendung [im, M. H.] Bewusstsein der deutschen Öffentlichkeit" erfahren habe (Uerlings 2021, S. 151) – analog zur Ausblendung des deutschen Kolonialismus über lange Zeiträume (s. Abschn. 4.4). Uerlings zufolge gilt für beides eine ähnliche ‚interventionistische' Legitimationsstrategie, welche auf Historiker wie Egon Flaig (2009) zurückzuführen sei. Im Fall der Sklaverei behaupte Flaig eine „humanitäre" Intervention vonseiten des Westens – zur Beendigung innerafrikanischen Sklavenhandels (vgl. Flaig 2009, S. 210 ff.)! Damit wendet Flaig sich gegen Stimmen, für die „der humanitäre Interventionismus ein bloßer Vorwand für imperialistische Expansion" (ebd., S. 214) war.

Um die Positionierung Afrikas auf der deutschen Erinnerungslandkarte verdient gemacht hat sich seit Langem Dirk Göttsche, der in seiner umfassenden Studie zu *Remembering Africa* (2013) ähnlich wie Wright von einem diasporischen Konzept des *remapping* ausgeht. Peter Martins *Schwarze Teufel, edle Mohren* (1993) ist ebenfalls ein wichtiges Überblickswerk zu einer verzerrt-antinomischen Wahrnehmung **Schwarzer in der Bewusstseinsgeschichte Deutschlands.** In den USA sind deutlich mehr Werke zu *Black Germany* entstanden, zu erwähnen wäre etwa noch der fast sieben Jahrhunderte afro-deutschen Kulturkontakt umspannende Band *Germany and the Black Diaspora* (Honeck 2013) sowie Tina Campts *Other Germans* (2004).

Erst seit den 1990er Jahren existiert also ein kritisches wissenschaftliches Interesse an *Black Germany* – nicht nur dürften zu dieser verstärkten Aufmerksamkeitslenkung die erwähnten aktivistischen Publikationen (bspw. *Farbe bekennen*, 1986) beigetragen haben, sondern auch und insbesondere in jüngerer Zeit **autobiographische Veröffentlichungen** von Schwarzen Deutschen, etwa Hans-Jürgen Massaquois Bestseller *Neger, Neger, Schornsteinfeger!* (1999), der später auch verfilmt wurde. 2017 erschien Ijoma Mangolds Autobiographie *Das deutsche Krokodil*, das dem Thema sicher weitere Aufmerksamkeit sichert. Denn der Literaturkritiker und stellvertretende Feuilletonchef der *Zeit* hat eine durchaus ungewöhnliche Autobiographie geschrieben – Rassismus spielt in seiner Lebensgeschichte nach eigenem Bekunden kaum eine Rolle. Formal und inhaltlich andere Wege geht Olivia Wenzel in ihrer Autobiographie *1000 Serpentinen Angst* (2020).

6.6 Afro-deutsche Literatur 237

Zur **fiktionalen Behandlung** des Themas „Schwarze" in der deutschsprachigen Literatur nennt Göttsche einige wenige Beispiele aus Deutschland, Österreich und der Schweiz. Neben den von ihm erwähnten Autoren Dieter Kühn und Max Blaeulich, ·Urs Widmer, Alex Capus, Christian Kracht und Lukas Hartmann wäre auch auf Ilija Trojanows Roman *Der Weltensammler* (2006) hinzuweisen, in welchem dem ehemaligen sansibarischen Sklaven Sidi Mubarak Bombay eine tragende Rolle zukommt – in einem allerdings eher problematisch fürsprecherischen Ton (vgl. Holdenried 2014).

6.6.3 May Ayims aktivistische Poesie *Blues in schwarz weiss* (1995)

Der Zeitkontext der 1980er Jahre legt es nahe, Ayims Schreiben in den Kontext von Verständigungsliteratur einzuordnen – eine Art des Schreibens, in der von Missständen Betroffene andere durch das Erzählen ihrer Geschichte anzusprechen versuchen. Ayims Fall ist jedoch etwas anders gelagert: Um die Lebensgeschichte der bei Pflegeeltern aufgewachsenen afro-deutschen Aktivistin hat sich eine Art Gründungsmythos gebildet; es ist die immer wieder betonte psychosoziale Disposition einer zerrissenen Identität, welche wohl zu einer Rezeption beigetragen hat, in der Lyrik und Leben als kongruent verstanden wurden. Die eigene Biographie bis hin zu Krankheit und Suizid spielt eine große Rolle bei der Beschäftigung mit Ayim und so gibt es kaum Studien zur **Literarizität ihrer Gedichte**.

Ansatzweise hat sich Michelle Wright dazu geäußert, indem sie auf den „ventriloquism" (Wright 2003, S. 303), also die Bauchrednerei, als literarästhetische Strategie von Ayims Gedichten hingewiesen hat. Ihre These, dass Ayim die bislang (bis 2003) Einzige gewesen sei, die den ‚Kulturkontakt' fiktional gestaltet habe (vgl. ebd., S. 299), ist aufgrund der engen Verflechtung von Lyrik und Leben eher wenig überzeugend – auch wenn neuere Veröffentlichungen explizit auf literarische Strategien hinweisen: So weist Gezen (2016) auf die Integration afrikanischer Erzähltradition, die Adinkra-Symbolsprache sowie insbesondere die Verwendung der Blues-Ästhetik, also **rhythmisch-musikalischer Elemente** einer (Bühnen-)Performance, hin, ebenso werden Oralität und Interaktion mit dem Publikum hervorgehoben (etwa bei Godefridi 2016). Schestokat (1999) betont die afrikanische Vortragstradition als Folie der Gedichte, insofern die Zuhörer/innen in afrikanischen Kulturen „gerade auf Fragen antworten, Worte wiederholen oder Partei ergreifen" (ebd.). Zu den **Themen der Gedichte** Ayims – Rassismuserfahrungen, soziale Ungerechtigkeit, fehlende Akzeptanz afro-deutscher Existenz, aber auch Liebe, Abschiednehmen und die Suche nach Wurzeln – passt eine solch dialogische Responsivität; daneben gibt es aber auch Beispiele asymmetrischer Gesprächskonstellationen, die in Gedichten wie den folgenden zur literarischen Struktur werden. Betrachtet man allein die schriftliche Form, so nimmt dies etwas von der besonderen Verfasstheit ihrer Lyrik; vorstellbar, wenn auch spekulativ, wäre, dass Ayim sich durchaus weiter in Richtung Rap oder andere Arten des Sprechgesangs entwickelt hätte. Seit 2003 sind im Übrigen vermehrt auch literarische Stimmen afro-deutscher Provenienz zu verzeichnen; Wrights Hinweis auf die **Pionierqualität** von Ayims Lyrik bleibt aber wichtig.

Besonders signifikant für die angesprochene Art eines ungleichen Dialogs sind ihre Gedichte *afro-deutsch I* (in Ayim: Blues ins schwarz weiss, S. 18 f.) und *afro-deutsch II* (ebd., S. 25).

afro-deutsch I

Sie sind afro-deutsch?
... ah, ich verstehe: afrikanisch und deutsch.
Ist ja 'ne interessante Mischung!
Wissen Sie, manche, die denken ja immer noch,
    die Mulatten, die würden's nicht
    so weit bringen
    wie die Weißen

Ich glaube das nicht.
Ich meine, bei entsprechender Erziehung ...
Sie haben ja echt Glück, daß Sie
hier aufgewachsen sind
Bei deutschen Eltern sogar. Schau an!

Wollen Sie denn mal zurück?
Wie, Sie waren noch nie in der Heimat vom Papa?
Ist ja traurig ... Also, wenn Se mich fragen:
So 'ne Herkunft, das prägt eben doch ganz schön.
Ich z.B., ich bin aus Westfalen,
und ich finde,
da gehör ich auch hin ...

Ach Menschenskind! Dat ganze Elend der Welt!
    Sei'n Se froh,
    daß Se nich im Busch geblieben sind.
    Da wär'n Se heute nich so weit!
Ich meine, Sie sind ja wirklich ein
intelligentes Mädchen.
    Wenn Se fleißig sind mit Studieren,
    können Se ja Ihren Leuten
    in Afrika helfen: Dafür
    sind Se doch prädestiniert,
    auf Sie hör'n die doch bestimmt,
    während unsereins –
    ist ja so'n Kulturgefälle ...

Wie meinen Sie das? Hier was machen.
Was woll'n Se denn hier schon machen?
Ok., ok., es ist nicht alles eitel Sonnenschein.
Aber ich finde, jeder sollte erst mal
vor seiner eigenen Tür fegen.

6.6 Afro-deutsche Literatur

Hier liegt der interessante Fall vor, dass das lyrische Ich gar nicht im Mittelpunkt steht, ja, noch nicht einmal direkt im Text erscheint; tatsächlich steht im Vordergrund ein vermutlich weißes, aus Westfalen stammendes Ich, das Fragen an eine Afro-Deutsche stellt. Wright hat in ihrem Essay klar herausgehoben, dass Schwarze Deutsche als nicht zugehörig betrachtet werden *(others from without)*, gleichgültig, ob sie in Deutschland geboren, seit Langem hier ansässig oder vor Kurzem erst eingewandert sind. So wird im Gedicht das völlige Unverständnis darüber, warum das hochnotpeinlich befragte Gegenüber denn nicht ‚zurückwill‘, in den ‚Busch‘, sehr deutlich. Da „Sie" (oft „Se") ja eine gute Ausbildung genossen habe, könne sie doch „Ihren Leuten" helfen, die nicht das Glück gehabt hätten, bei deutschen Pflegeeltern aufzuwachsen und der Segnungen der Zivilisation teilhaft zu werden. Dabei wird durch eine Rhetorik des vorgeblich Dialogischen herausgearbeitet, wie einseitig die Kommunikation verläuft: Die Einwände des Schwarzen Gegenübers werden nur indirekt aufgegriffen, man kann sie nur erahnen – sie sind also von vornherein nicht als gleichwertig sichtbar. Die vielen scheinbar positiven Zuschreibungen („Ich meine, Sie sind ja wirklich ein intelligentes Mädchen") entpuppen sich als im Kern ebenso rassistisch wie die anderen genannten, ‚zitierten‘ Vorurteile. Denn die afro-deutsche Frau sei nur deshalb so weit gekommen, weil sie das Glück gehabt habe, „[b]ei deutschen Eltern" aufzuwachsen – und eben nicht im „Busch". Die Dichotomie Wilde vs. Zivilisation schwingt unüberhörbar mit; zumal auf die zugewiesene Herkunft entweder nur pejorativ („Busch") oder als vage Ganzheit (Afrika) verwiesen wird. Gegen diese ideologische Zwangsverortung des anderen wird das Positivum einer klar umgrenzten Heimat „Westfalen" gesetzt – mit dem Marker ‚Afrika‘ hingegen wird eine räumliche Disparität aufgerufen, in der das angesprochene Gegenüber nur verschwinden kann (und soll).

In *afro-deutsch II* (ebd., S. 25) wird die gleiche lyrische Strategie angewendet, diesmal aber wird die Auslassung graphisch markiert, durch Auslassungszeichen.

afro-deutsch II

… hm, verstehe.
Kannst ja froh sein, daß de keine Türkin bist, wa?
Ich meine: ist ja entsetzlich,
diese Ausländerhetze,
      kriegste denn davon auch manchmal was ab?

„…"

Na ja, aber *die* Probleme habe ich auch.
Ich finde, man kann nicht alles
auf die Hautfarbe schieben,
und als Frau hat man's nirgendwo einfach.
Z.B. 'ne Freundin von mir:
      die ist ziemlich dick,
      was die für Probleme hat!

> Also dagegen wirkst du relativ relaxed.
> Ich finde überhaupt,
> > daß die Schwarzen sich noch so 'ne natürliche
> > Lebenseinstellung bewahrt haben.
> Während hier: ist doch alles ziemlich kaputt.
> Ich glaube, ich wäre froh, wenn ich du wäre.
> > Auf die deutsche Geschichte kann man
> > Ja wirklich nicht stolz sein,
> > und so schwarz bist Du ja auch gar nicht.

Wie in *afro-deutsch I* scheint auch hier das fragende Ich alle Antworten schon zu kennen – ein Einsprache ist sinnlos. Und während in *afro-deutsch I* der fragende Sprecher sich von anderen rassistischen Einstellungen distanziert, um sie im Gang der Rede und (unterschlagenen) Gegenrede nur umso deutlicher zu bestätigen, gipfelt *afro-deutsch II* in einer Pointe: Mit einem ermunternden Einsatz – „Kannst ja froh sein, daß de keine Türkin bist, wa?" – wird zum einen auf die ausländerfeindlichen Anschläge nach der Wiedervereinigung in der BRD verwiesen, zum anderen aber eine deutlich diskriminierende Unterteilung vorgenommen, in der „Schwarzsein" gleichsam als Privileg erscheint. Der ganze Gang dieser Pseudo-Positivierung wird durch den Schlussvers „und so schwarz bist Du ja auch gar nicht" indes aufs Schärfste dekonstruiert.

Ayim hat mit ihren Gedichten – über deren literarische Qualität man sich durchaus streiten kann – durch aktivistische Strategien der Entlarvung rassistischen Denkens dazu beigetragen, nicht nur innerhalb der *Black Community* eine Sensibilisierung für die Konsequenzen eines binären „nationalist understanding of the subject and Other" zu schaffen (Wright 2003, S. 303).

6.6.4 Streiflicht: Sichtbarkeit und literarischer Kanon

Die Frage nach einer eigenständigen afro-deutschen Literatur stellt sich schon deshalb, weil politischer Aktivismus eben nicht mit literarischer Produktivität oder gar Qualität gleichzusetzen ist. Die bislang genannten Beispiele zeigen, dass afro-deutsche Literatur – anders als die anderen genannten Beispiele dieses Kapitels – insgesamt weniger sichtbar im literarischen Feld ist. Zwar wurde 2016 der Bachmann-Preis an **Sharon Dodua Otoo** für ihre Erzählung *Herr Gröttrup setzt sich hin* verliehen, doch hat diese bisher nur ein ausgesprochen schmales literarisches Œuvre vorzuweisen. Dazu zählen der Novellenband *die dinge, die ich denke, während ich höflich lächle* (2013) und der Roman *Adas Raum* (2021).

Herr Gröttrup setzt sich hin ist eine Geschichte, in der es um einen zwangsneurotischen Rentner geht, Ex-Ingenieur, der in morgendlicher Routine auf sein exakt hart gekochtes Ei wartet, das sich aber in seltsamer Anthropomorphisierung weigert, hart zu werden. Damit aber gerät die Weltordnung Gröttrups aus den Fugen. An diesem slapstickhaft, aber eben nicht gut erzählten Ereignis macht die Autorin stereotype Vorstellungen deutscher Philister fest, wie es sie möglicherweise bei Loriot gibt (worauf in den Feuilletons auch abgehoben wurde).

Darin eingewoben werden pseudophilosophische Betrachtungen über Sprache – „dass ihr Lebenden ausschließlich mittels eines Gefängnisses namens Sprache kommuniziert" (Otoo: Herr Gröttrup setzt sich hin, S. 8). Wie eine solche Erzählung zur Bereicherung deutschsprachiger Literatur beitragen soll, bleibt über die zurückhaltenden bis positiven Reaktionen der Feuilletons hinaus – „eine eigenwillige Stimme" (Hillgruber 2017) – eine offene Frage. Sichtbarkeit allein jedenfalls genügt nicht dafür.

Es bleibt also abzuwarten, wie sich das Feld in den nächsten Jahren entwickeln wird; vielversprechende neue Werke sind in den letzten beiden Jahren jedenfalls auf dem Buchmarkt erschienen und haben entsprechende Aufmerksamkeit erfahren – auch hier einmal mehr durch Preise: Jackie Thomaes *Brüder* war 2019 für den Deutschen Buchpreis nominiert und Olivia Wenzels *1000 Serpentinen Angst* stand 2020 auf der Longlist für den Deutschen Buchpreis; beide erhielten jeweils andere Preise für ihre Werke.

6.7 Auswahlliste weiterer Autor/innen der interkulturellen deutschsprachigen Gegenwartsliteratur in biographischen Kurzdarstellungen

ALBANISCH-DEUTSCH

Anila Wilms (*1971): Als DAAD-Stipendiatin 1994 von Tirana nach Berlin gekommen, seitdem dort als freie Schriftstellerin tätig; Debütroman *Das albanische Öl oder Mord auf der Straße des Nordens* (2012) – zunächst auf Albanisch 2007 veröffentlicht, dann ins Deutsche übertragen.

ALBANISCH-ÖSTERREICHISCH

Ilir Ferra (*1974): Geboren in Durrës, Studium in Wien; Erzählung *Halber Atem* (2008), Roman *Rauchschatten* (2010); Chamisso-Förderpreis 2012.

ALBANISCH-SCHWEIZERISCH

Francesco Micieli (*1956): Geboren als Angehöriger der albanischen Minderheit in Italien, heute freier Schriftsteller in Bern; 2002 Chamisso-Förderpreis; 2011 Chamisso-Poetikdozentur in Dresden; 2012 Erzählung *Schwazzenbach*, zuletzt Erzählung *Hundert Tage mit meiner Grossmutter* (2016).

ARGENTINISCH-DEUTSCH

María Cecilia Barbetta (*1972): Besuchte die deutsche Schule in Buenos Aires und zog 1991 nach Berlin; schreibt in deutscher Sprache; u. a. Alfred-Döblin-Preis und Chamisso-Preis/Hellerau für ihren zweiten Roman *Nachtleuchten* (2018), der auch auf der Shortlist für den Deutschen Buchpreis stand.

ASERBAIDSCHANISCH-DEUTSCH

Olga Grjasnowa (*1984): Geboren in Baku, aufgewachsen in Hessen; 2010 Abschluss am Deutschen Literaturinstitut Leipzig; diverse Stipendien und Preise, u. a. Chamisso-Förderpreis 2015; 2012 Romandebüt *Der Russe ist einer, der Birken liebt*, zuletzt Roman *Gott ist nicht schüchtern* (2017).

BOSNISCH-DEUTSCH

Saša Stanišić (*1978): 2005 Teilnahme am Bachmann-Preis mit autobiographisch gefärbter Erzählung *Was wir im Keller spielten* ...; 2006 Debütroman *Wie der Soldat das Grammofon repariert* (vielfach übersetzt); 2014 Preis der Leipziger Buchmesse für den zweiten Roman *Vor dem Fest;* 2019 Deutscher Buchpreis für *Herkunft*.

BULGARISCH-DEUTSCH

Sibylle Lewitscharoff (*1954): In Stuttgart geboren und aufgewachsen; Studium in Berlin, Verfasserin von Romanen, Hörspielen, Radiofeatures und Essays; Ingeborg-Bachmann-Preis für den Roman *Pong* (1998), Preis der Leipziger Buchmesse für *Apostoloff* (2009) und Georg-Büchner-Preis (2013).

Angelika Schrobsdorff (*1927, †2016): Geboren in Freiburg und Flucht nach Bulgarien, nach Kriegsende Aufenthalte in München, Jerusalem, Paris und Berlin; Werke u. a. *Die Reise nach Sofia* (1986) und *„Du bist nicht so wie andere Mütter"* (1992).

Tzveta Sofronieva (*1963): Vielseitig tätig u. a. als Dichterin, Essayistin und Herausgeberin, schreibt auf Deutsch, Englisch und Bulgarisch; auf Deutsch erschienen u. a. *Gefangen im Licht* (1999, zweisprachig) und *Diese Stadt kann auch weiß sein* (2010); Chamisso-Förderpreis 2010; lebt in Berlin.

Ilija Trojanow (*1965): In den 1990er Jahren zunächst Sach- und Reisebücher über Afrika; 1996 Debütroman *Die Welt ist groß und Rettung lauert überall*, 2006 Roman *Der Weltensammler,* 2017 *Macht und Widerstand,* 2020 *Die doppelte Spur;* mit dem Preis der Leipziger Buchmesse ausgezeichnet, auch Finalist beim Deutschen Buchpreis.

BULGARISCH-ÖSTERREICHISCH

Dimitré Dinev (*1968): 1990 über die ‚Grüne Grenze' nach Österreich gekommen; seit 1991 Drehbücher, Erzählungen, Theaterstücke und Essays; große

Resonanz auf Familienroman *Engelszungen* 2003; Auszeichnungen u. a. Preis „Schreiben zwischen den Kulturen" (2000), Chamisso-Förderpreis (2005).

CHINESISCH-DEUTSCH

Lingyuan Luo (*1963): Lebt seit 1990 in Berlin, veröffentlicht seit 1992 in Zeitschriften und Anthologien in China; Auszeichnung mit dem Chamisso-Förderpreis 2007 für den Erzählband *Du fliegst jetzt für meinen Sohn aus dem fünften Stock!* (2005); Romane u. a. *Die chinesische Delegation* (2007) und *Wie eine Chinesin schwanger wird* (2009).

Que Du Luu (*1973): In Saigon geboren, chinesischer Abstammung; Flucht nach Deutschland 1977; Studium der Germanistik und Geschichte; Nominierungen und Literaturpreise wie Adelbert-von-Chamisso-Förderpreis 2007 und Kranichsteiner Jugendliteratur-Stipendium 2017; veröffentlichte die Romane *Totalschaden* (2006), *Vielleicht will ich alles* (2011) und *Im Jahr des Affen* (2016).

GEORGISCH-DEUTSCH

Nino Haratischwili (*1983): Bis 2003 Studium der Filmregie in ihrer Geburtsstadt Tiflis; Leitung der zweisprachigen Theatergruppe „Fliedertheater"; Regiestudium in Hamburg; verfasst Prosatexte und Theaterstücke in deutscher Sprache, u. a. *Die Katze und der General* (2018); gemeinsam mit Philip Löhle Autorenpreis des Heidelberger Stückemarktes (2009).

Nora Pfeffer (*1919, †2012): Geboren in Tiflis, Studium der Germanistik und Anglistik; Deportation nach Sibirien, ab 1956 ebendort Dozentin für Fremdsprachen, 1992 Übersiedlung nach Deutschland; verfasste Gedichte und Kinderbücher.

GHANAISCH-BRITISCH

Sharon Dodua Otoo (*1972): In London geboren, Aktivistin und Autorin, lebt in Berlin; Herausgeberin der Buchreihe *Witnessed*, Novellen *die dinge, die ich denke, während ich höflich lächle* (dt. 2013); Ingeborg-Bachmann-Preis 2016 für den Text *Herr Gröttrup setzt sich hin;* 2021 erster Roman *Adas Raum*.

GHANAISCH-DEUTSCH

May Ayim (*1960, †1996): In Münster aufgewachsen, Aktivistin in der afrodeutschen Bewegung; Trägerin des ersten „Schwarzen Deutschen Internationalen Panafrikanischen Literaturpreises" (2004); Lyrikerin (z. B. *Nachtgesang*, 1997); Suizid nach Diagnose Multiple Sklerose.

Amma Darko (*1955): Beantragte nach dem Studium in Kumasi 1981 politisches Asyl und siedelte nach Deutschland über, Rückkehr nach Ghana 1988; thematisiert in ihren Werken das kritische Verhältnis von „Erster" und „Dritter Welt"; u. a. *Der verkaufte Traum* (dt. 1991), *Die Gesichtslosen* (dt. 2003), *Between Two Worlds* (2015).

GUINEISCH-DEUTSCH

Jackie Thomae (*1972): Geboren in Halle, arbeitet als Schriftstellerin und Journalistin; Debütroman *Momente der Klarheit* (2015); ihr zweiter Roman *Brüder* (2019) stand auf der Shortlist des Deutschen Buchpreises und sie erhielt 2020 den Düsseldorfer Literaturpreis.

IRAKISCH-DEUTSCH

Hussain Al-Mozany (*1954, †2016): Flucht in den Libanon, 1980 Übersiedlung nach Deutschland; Studium in Münster und Kairo, lebte als freiberuflicher Übersetzer, Schriftsteller und Journalist in Köln; Chamisso-Förderpreis (2003) und Chamisso-Poetikdozentur an der TU Dresden (2009).

Sherko Fatah (*1964): In Ostberlin geboren, kurdische Vorfahren; 2015 Chamisso-Preis für *Der letzte Ort;* durchgängiges Thema Gewalt im kurdischen Grenzgebiet und deren Folgen; Aspekte-Literaturpreis für den ersten Roman *Im Grenzland* (2001); *Das dunkle Schiff* (2008) für Preis der Leipziger Buchmesse nominiert.

Abbas Khider (*1974): 1996 Flucht aus dem Irak, 2000 Asyl in Deutschland; Romane u. a. *Der falsche Inder* (2008), *Die Orangen des Präsidenten* (2011), *Brief in die Auberginenrepublik* (2013), *Ohrfeige* (2016), *Der Palast der Miserablen* (2020); behandelt Unterdrückung der Freiheit in den Ländern des Nahen Ostens und Fluchtbewegungen nach Deutschland und Westeuropa.

IRANISCH-DEUTSCH

Shida Bazyar (*1988): Tochter iranischer Eltern, in Hermeskeil geboren; für ihren Debütroman *Nachts ist es leise in Teheran* (2016) u. a. mit dem Ulla-Hahn-Autorenpreis (2016) und dem Uwe-Johnson-Förderpreis (2017) ausgezeichnet.

Navid Kermani (*1967): Schriftsteller, Publizist, habilitierter Orientalist; u. a. 2015 Friedenspreis des Deutschen Buchhandels, 2020 Friedrich-Hölderlin-Preis der Stadt Bad Homburg, 2021 Ehrenpreis des österreichischen Buchhandels für Toleranz in Denken und Handeln; Romane u. a. *Dein Name* (2011), *Große Liebe* (2014) und *Sozusagen Paris* (2016); Essayistik u. a. *Zwischen Koran und Kafka. West-östliche Erkundungen* (2014), *Entlang den Gräben* (2018).

6.7 Auswahlliste weiterer Autor/innen

Sudabeh Mohafez (*1963): In Teheran geboren, wuchs dreisprachig auf, 1979 Übersiedlung nach Deutschland; erhielt 2006 den Chamisso-Förderpreis; Werke u. a. *Wüstenhimmel, Sternenland* (2004), *Gespräch in Meeresnähe* (2005); lebt als freie Autorin in Berlin und Lissabon.

SAID (*1947, †2021): Lyrik und Prosa über Liebe und Exil; 2000–2002 Präsident des deutschen P.E.N.-Zentrums; 2002 Chamisso-Preis, 2006 Goethe-Medaille, 2014 Bundesverdienstkreuz; Veröffentlichungen: u. a. *Ich und der Schah. Die Beichte des Ayatollah* (1987), *Liebesgedichte* (1989), *Ich und der Islam* (2005), *Psalmen* (2007), *Das Haus, das uns bewohnt* (2009), *flüstern gegen die wölfe* (2021).

ITALIENISCH-DEUTSCH

Franco Biondi (*1947): Seit 1965 in Deutschland; u. a. Lyriker (*Ode an die Fremde*, 1995), Romancier (*Karussellkinder*, 2007), Novellist (*Abschied der zerschellten Jahre*, 1984) mit kontinuierlichem Thema der Bikulturalität.

JAPANISCH-DEUTSCH

Yōko Tawada (*1960): Veröffentlicht in deutscher und japanischer Sprache Essays, Prosa, Lyrik, Theaterstücke und Hörspiele; Preise u. a. Akutagawa-Preis (1993), Chamisso-Preis (1996), Villa-Aurora-Stipendium (1997), Goethe-Medaille (2005), Kleist-Preis (2016), Carl-Zuckmayer-Medaille (2018), Asahi-Preis (2019).

JUGOSLAWISCH-ÖSTERREICHISCH

Dževad Karahasan (*1953): In Duvno/Jugoslawien geboren; arbeitet als Erzähler, Dramatiker und Essayist in Graz und Sarajevo; Romane u. a. *Schahrijârs Ring* (1997), *Sara und Serafina* (2000), Der Trost des Nachthimmels (2016); 2004 Auszeichnung mit dem Leipziger Buchpreis zur Europäischen Verständigung für den Essayband *Das Buch der Gärten* (2002), Goethe-Preis der Stadt Frankfurt a.M. (2020).

KASACHISCH-DEUTSCH

Eleonora Hummel (*1970): Lebt seit 1982 in Dresden; Veröffentlichungen in Zeitschriften; Werke u. a. *Die Fische von Berlin* (2005), *Die Venus im Fenster* (2009) und *In guten Händen, in einem schönen Land* (2013); u. a. Chamisso-Förderpreis (2006) und zahlreiche Stipendien.

KOREANISCH-ÖSTERREICHISCH

Anna Kim (*1977): 1979 Übersiedlung nach Deutschland, lebt seit 1984 in Wien; Debütroman *Die Bilderspur* (2004), weitere u. a. *Anatomie einer Nacht*

(2012) und *Die große Heimkehr* (2017); u. a. Elias-Canetti-Stipendium (2009) und Literaturpreis der Europäischen Union (2012).

Sohn Young Aufgewachsen in Seoul, Studium der Musik und Bildenden Kunst in Deutschland, Österreich und der Schweiz; arbeitet als freischaffende Künstlerin in Wien. Trägerin des exil-literaturpreises (2005), wurde für ihr literarisches Debüt *Leimkind* (2007) mit der Buchprämie des österreichischen Bundesministeriums für Bildung, Wissenschaft und Forschung ausgezeichnet.

KOSOVARISCH-SCHWEIZERISCH

Meral Kureyshi (*1983): Lebt seit 1992 in Bern; Studium am Schweizerischen Literaturinstitut in Biel, Gründerin des Lyrikateliers Bern; mit dem autobiographisch eingefärbten Debütroman *Elefanten im Garten* (2015) für den Schweizer Buchpreis nominiert.

KROATISCH-DEUTSCH

Marica Bodrožić (*1973): Lyrische Prosa und prosaische Lyrik, u. a. in *Sterne erben, Sterne färben. Meine Ankunft in Wörtern. Autobiografische Prosa* (2007); auch als Übersetzerin, Essayistin, Dokumentarfilmerin tätig; Literaturpreis der Europäischen Union (2013), Initiativpreis Deutsche Sprache (2008).

Nicol Ljubić (*1971): Aufgewachsen in Schweden, Griechenland, Russland und Deutschland; Arbeit als freier Journalist und Autor, u. a. Theodor-Wolff-Preis für Reportagen; Chamisso-Förderpreis (2011) für *Meeresstille* (Roman, 2010) und vertreten auf der Longlist zum Deutschen Buchpreis; Werke u. a. *Als wäre es Liebe* (2012), *Ein Mensch brennt* (2017).

Irena Vrkljan (*1930, †2021): Geboren in Belgrad und aufgewachsen in Zagreb; Studium in Berlin, arbeitete dort und in Zagreb als freie Schriftstellerin; zahlreiche Auszeichnungen und Preise in Kroatien; Werke u. a. *Marina, im Gegenlicht* (1988), *Buch über Dora* (1992) und *Vor roter Wand* (1994).

KURDISCH-DEUTSCH

Ronya Othmann (*1993): Kurdisch-jesidische Wurzeln; Ausbildung in München und Biel, Studium in Leipzig; Journalistin und Schriftstellerin, verfasst Lyrik, Prosa und Essays; Mitherausgeberin der Lyrikanthologie *Ansicht der leuchtenden Wurzeln von unten* (2017); 2019 Ingeborg-Bachmann-Preis (Publikumspreis) für den Text *Vierundsiebzig,* nominiert für den aspekte-Literaturpreis für ihren Debütroman *Die Sommer* (2020).

Cemile Sahin (*1990): Flucht ihrer kurdischen Vorfahren nach Deutschland, Studium in London und Berlin; arbeitet als bildende Künstlerin, Kolumnistin und Schriftstellerin; Werke *TAXI* (2019) und *Alle Hunde sterben* (2020); Verleihung der Alfred-Döblin-Medaille 2020 u. a. für ihren Debütroman.

Karosh Taha (*1987): In Zaxo (Autonome Region Kurdistan) geboren, lebt sie seit 1997 im Ruhrgebiet; studierte Englisch und Geschichte und arbeitet zunächst als Lehrerin. 2018 erschien ihr Debütroman *Beschreibung einer Krabbenwanderung,* 2020 *Im Bauch der Königin.* Sie wurde mit mehreren Preisen und Stipendien ausgezeichnet, u. a. Förderpreis des Landes NRW, dem Hohenemser Literaturpreis und 2021 der Alfred-Döblin-Medaille.

LUXEMBURGISCH-DEUTSCH

Jean Krier (*1949; †2013): Studium der Germanistik und Anglistik in Freiburg; 2006 Debüt *Bretonische Inseln;* 2011 Chamisso-Preis für Lyrikband *Herzens Lust Spiele* (für „deutschsprachig[e] Wortteppiche, die er subtil mit französischen Einsprengseln spickt", so die Jury).

MAROKKANISCH-DEUTSCH

Abdellatif Belfellah (*1954): Geboren in Asfi, Studium in Rabat und Paris, wo er 1978–88 lebte; Übersiedlung nach Deutschland; seit 1991 Veröffentlichung in Zeitschriften und Anthologien, u. a. *Ich habe eine fremde Sprache gewählt* 1998, im gleichen Jahr erhielt er den Chamisso-Förderpreis.

MONGOLISCH-DEUTSCH

Galsan Tschinag (*1944): Zum Germanistikstudium aus der Mongolei nach Leipzig gekommen; 1992 Chamisso-Preis, 2002 Bundesverdienstkreuz; Werke u. a. Romane *Der Mann, die Frau, das Schaf, das Kind* (2013) und *Die Rückkehr* (2008), Erzählungen u. a. *Auf der großen blauen Straße* (2007).

NIGERIANISCH-DEUTSCH

Elias O. Dunu (*1961): Schreibt seit 1995 Gedichte und afrikanische Märchen- und Tiergeschichten, thematisiert die Umweltzerstörung und Menschenrechtsverletzungen in Nigeria; Werke u. a. *Inner Slums/Herznebel* (1995) und *Naked Landscapes – Poems in seven Tableaus* (1998).

POLNISCH-DEUTSCH

Artur Becker (*1968): Debüt 1984 mit einem polnischen Gedichtband, publiziert seit 1989 ausschließlich auf Deutsch; 2009 Chamisso-Preis; bekannteste

Werke u. a. Roman *Der Dadjsee* (1997), Novelle *Die Zeit der Stinte* (2006), Essayband *Kosmopolen. Auf der Suche nach einem europäischen Zuhause* (2016).

Gabriel Laub (*1928, †1998): Aufgewachsen in Krakau, Studium der Journalistik in Prag, 1968 Übersiedlung nach Hamburg; Verfasser von Aphorismen und satirischen Kurzgeschichten; wurde u. a. mit dem Preis des Internationalen Kurzgeschichtenkolloquiums der Stadt Arnsberg (1971) und dem Irmgard-Heilmann-Preis (1991) ausgezeichnet.

Matthias Nawrat (*1979): Umsiedlung nach Bamberg 1989, Studium in Freiburg und Heidelberg; seit 2009 am Schweizerischen Literaturinstitut in Biel, Wissenschaftsjournalist und Kulturkritiker; u. a. Chamisso-Förderpreis; Werke u. a. *Wir zwei allein* (2012), *Unternehmer* (2014) und *Der traurige Gast* (2019).

Polnisch-Österreichisch

Radek Knapp (*1964): Lebt als freier Schriftsteller in Wien und in der Nähe seiner Geburtsstadt Warschau; 1994 aspekte-Literaturpreis für den Erzählband *Franio,* 2001 Chamisso-Förderpreis; u. a. *Der Gipfeldieb* (2015), *Der Mann, der Luft zum Frühstück aß* (2017).

Rumänisch-Deutsch

Herta Müller (*1953): Zweisprachig aufgewachsen; 1987 Ausreise nach Deutschland; seit 1995 Mitglied der Deutschen Akademie für Sprache und Dichtung, seit 2016 Mitglied der Akademie der Künste Berlin; 2009 Nobelpreis, 2021 Jacob-Grimm-Preis Deutsche Sprache; Werke u. a. *Niederungen* (1982/84), *Reisende auf einem Bein* (1989), *Atemschaukel* (2009).

Oskar Pastior (*1927, †2006): 1968 Flucht über Wien und München nach Westberlin; 2001 Peter-Huchel-Preis, 2002 Erich-Fried-Preis, 2006 Georg-Büchner-Preis; wichtige Lyrikbände u. a. *Offne Worte* (1964), *Gimpelschneise durch die Winterreisetexte von Wilhelm Müller* (1997), *Ein Molekül Tinnitus* (2002).

Dana Ranga (*1964): 1987 von Bukarest nach Deutschland gekommen; Studium in Berlin, wo sie als freie Schriftstellerin lebt; mehrere Filme und Veröffentlichungen in Zeitschriften, Gedichtbände *Wasserbuch* (2011) und *Hauthaus* (2016).

Rumänisch-Schweizerisch

Cătălin Dorian Florescu (*1967): Seit 1982 in Zürich; Ausbildung zum Psychologen; seit 2001 freier Schriftsteller; Schweizer Buchpreis 2011 für Roman *Jacob beschließt zu lieben;* 2012 Eichendorff-Literaturpreis.

Dana Grigorcea (*1979): Arbeit als Journalistin (Kurier/Wien, Deutsche Welle, arte); 2002 Reiseerzählungen aus Israel; 2011 Debütroman *Baba Rada;* 2015 Teilnahme am Bachmann-Preis, 2016 Kinderbuch *Mond aus!*.

RUSSISCH-DEUTSCH

Alina Bronsky (*1978): Anfang der 1990er Jahre nach Deutschland ausgewandert; Debütroman *Scherbenpark* (2009) 2013 verfilmt; jeweils vertreten auf der Longlist zum Deutschen Buchpreis mit den Romanen *Die schärfsten Gerichte der tatarischen Küche* (2010) und *Baba Dunjas letzte Liebe* (2015).

Nelly Däs (*1930, †2021): Geboren in Friedenthal/Ukraine, 1943 Flucht nach Deutschland; Werke u. a. *Das Mädchen vom Fährhaus* (1988), *Schicksalsjahre in Sibirien* (1989), *Der Zug in die Freiheit* (1987); 1982 Verleihung des Bundesverdienstkreuzes am Bande.

Wladimir Kaminer (*1967): Seit 1990 in Berlin; mit den auf dem Buchmarkt sehr erfolgreichen Erzählbänden *Militärmusik* und *Russendisko* über Deutschland hinaus bekannt, knapp drei Millionen Bücher verkauft; *Russendisko* 2012 auch verfilmt.

Olga Martynowa (*1962): Veröffentlicht seit 1990 Lyrik und Prosa in russischer und deutscher Sprache; auch als Übersetzerin tätig; 2012 Bachmann-Preis für *Ich werden sagen: „Hi!"*; Roman *Sogar Papageien überleben uns* (2010) auf der Longlist zum Deutschen Buchpreis.

Sasha Marianna Salzmann (*1985): Geboren in Wolgograd, Familie emigrierte 1995 als jüdische Kontingentflüchtlinge nach Deutschland; Studium in Hildesheim und Berlin; arbeitet als Dramatikerin, Essayistin, Kuratorin und Romanautorin; Preise u. a. Kleist-Förderpreis (2012), 2017 Nominierung für den Deutschen Buchpreis (Shortlist) und aspekte-Literaturpreis (Finalistin) sowie Verleihung des Mara-Cassens-Preises (2018) für ihren Debütroman *Außer sich* (2017).

Vladimir Vertlib (*1966): Studium in Wien und seit 1993 freier Schriftsteller, Verfasser von Romanen, Essays, Erzählungen und Artikeln; u. a. Romane *Zwischenstationen* (1999), *Mein erster Mörder* (2006), *Lucia Binar und die russische Seele* (2015); 2001 Chamisso-Förderpreis, 2006 Chamisso-Poetikdozentur in Dresden.

Nellja Veremej (*1963): 1994 nach Berlin gekommen; 2013 erster Roman *Berlin liegt im Osten,* damit auf der Longlist zum Deutschen Buchpreis; 2016 zweiter Roman *Nach dem Sturm;* 2014 Chamisso-Förderpreis und Hölderlin-Förderpreis der Stadt Homburg.

Natascha Wodin (*1945): Als Kind russischer Zwangsarbeiter in Nürnberg/Fürth geboren; verarbeitet in ihrem Schaffen die Themen Fremdheit und Entwurzelung; Werke u. a. *Die gläserne Stadt* (1983), *Sie kam aus Mariupol* (2017), wofür sie u. a. den Preis der Leipziger Buchmesse bekam; u. a. Hermann-Hesse-Preis (1984), Chamisso-Preis (1998), Alfred-Döblin-Preis (2015).

RUSSISCH-ÖSTERREICHISCH

Julya Rabinowich (*1970): Schriftstellerin, Dramatikerin, Malerin, Simultandolmetscherin; Romane u. a. *Die Erdfresserin* (2012), *Dazwischen: Ich* (2016) und *Krötenliebe* (2016); 2011 auf der Shortlist des Bachmann-Preises, 2017 Österreichischer Kinder- und Jugendbuchpreis.

SCHWEIZERISCH

Dante Andrea Franzetti (*1959, †2015): Arbeitete als Autor, Publizist und Dozent, verfasste Romane und Erzählungen, wurde durch den Roman *Der Grossvater* (1985) bekannt; u. a. Auszeichnung mit dem Adelbert-von-Chamisso-Preis (1994) und dem Schillerpreis der Zürcher Kantonalbank (2013).

SAMBISCH-DEUTSCH

Olivia Wenzel (*1985): Schriftstellerin, Dramaturgin und Musikerin, Studium der Kulturwissenschaften und ästhetischen Praxis in Hildesheim; Literaturpreis der Stadt Fulda und Nominierung für den aspekte-Literaturpreis für ihren Debütroman *1000 Serpentinen Angst* (2020).

SERBISCH-ÖSTERREICHISCH

Barbi Marković (*1980): Studium in Belgrad und Wien; 2009 erster Erfolg mit ihrem Debütroman *Ausgehen,* einem Bernhard-Remix-Roman; für *Superheldinnen* (2016), der teilweise auf Deutsch und auf Serbisch geschrieben ist, erhielt sie den Literaturpreis Alpha und 2017 den Adelbert-von-Chamisso Förderpreis.

SLOWAKISCH-ÖSTERREICHISCH

Susanne Gregor (*1981): Studium der Germanistik und Publizistik in Salzburg; 2011 erster Roman *Kein eigener Ort,* 2015 Roman *Territorien,* außerdem Bände mit Kurzgeschichten; 2010 Preisträgerin „Schreiben zwischen den Kulturen" in Österreich.

Magdalena Sadlon (*1956): Emigration nach Österreich 1968; nach Schauspielausbildung Arbeit am Theater und als Übersetzerin; für ihre Romane *Die wunderbaren Wege* (1999) und *Solange es schön ist* (2006) erhielt sie 2007 den Adelbert-von-Chamisso-Preis.

6.7 Auswahlliste weiterer Autor/innen

SLOWAKISCH-SCHWEIZERISCH

Ilma Rakusa (*1946): Literaturwissenschaftlerin, Übersetzerin und freie Schriftstellerin; 1998 Leipziger Buchpreis zur Europäischen Verständigung, 2003 Chamisso-Preis, 2009 Schweizer Buchpreis für Erinnerungen unter dem Titel *Mehr Meer*, 2017 Berliner Literaturpreis, 2019 Kleist-Preis.

SPANISCH-DEUTSCH

José Francisco Agüera Oliver (*1961): Sohn einer spanischen Gastarbeiterfamilie; Verfasser von Gedichten, Kurzprosa und Essays zu kulturpolitischen Themen; 2002 Gastprofessur am Massachusetts Institute of Technology (MIT), 2007 Chamisso-Poetikdozentur in Dresden; 1997 Chamisso-Preis, 2021 Heinrich-Böll-Preis.

SYRISCH-DEUTSCH

Luna Ali (*1993): Geboren in Aleppo, Studium in Hildesheim und Leipzig; Kuratorin des Kulturprogramms des Fuchsbau Festivals (seit 2012) und Auszeichnung beim auftakt festival 2017 für ihre szenischen Texte.

Adel Karasholi (*1936): 1961 Emigration in die DDR (Leipzig), Studium am Literaturinstitut Johannes R. Becher; Promotion über das Theater Brechts; Verfasser von Lyrik und Essays auf Deutsch und Arabisch, Übersetzer; 1992 Chamisso-Preis; Werke u. a. *Wie Seide aus Damaskus* (1968), *Daheim in der Fremde* (1984).

Rafik Schami (*1946): Seit 1977 Schriftsteller in deutscher Sprache, über eine Million Bücher verkauft; Nähe zur oralen Tradition des arabischen Geschichtenerzählens; vielfach mit Preisen und Stipendien ausgezeichnet; Werke u. a. *Eine Hand voll Sterne* (1987), *Das Geheimnis des Kalligraphen* (2006).

SYRISCH-ÖSTERREICHISCH

Luna Al-Mousli (*1990): Geboren in Melk und aufgewachsen in Damaskus, Übersiedlung nach Wien; arbeitet als Autorin, Grafikdesignerin und Impulsgeberin mehrerer Initiativen mit Schwerpunkt Bildung und Integration; Debüt mit *Eine Träne. Ein Lächeln* (2016); u. a. Österreichischer Kinder- und Jugendbuchpreis (2017).

TSCHECHISCH-DEUTSCH

Jan Faktor (*1951): Mit Roman *Georgs Sorgen um die Vergangenheit oder Im Reich des heiligen Hodensack-Bimbams von Prag* (2010) für Preis der Leipziger Buchmesse nominiert und auf der Shortlist für den Deutschen Buchpreis; 2005 Döblin-Preis für Romanmanuskript *Schornstein*.

Libuše Moníková (*1945, †1998): Seit 1981 freie Schriftstellerin in Deutschland, beeinflusst u. a. von Kafka, Borges und Arno Schmidt; 1989 Kafka-Preis, 1991 Chamisso-Preis, 1997 Verdienstkreuz am Bande der BRD; Romane u. a. *Prager Fenster* (1994) und *Schloß, Aleph, Wunschtorte* (1990).

TAMILISCH-DEUTSCH

Senthuran Varatharajah (*1984): Flucht von Sri Lanka nach Deutschland, Studium in Marburg, Berlin und London; u. a. Gewinner des Kranichsteiner Literaturförderpreises (2016) und des Adelbert-von-Chamisso Förderpreises (2017); Debütroman *Vor der Zunahme der Zeichen* (2016).

TSCHECHISCH-ÖSTERREICHISCH

Michael Stavarič (*1972): Zunächst als Journalist, dann als freier Schriftsteller tätig; Gedichte, Romane, Essays und Erzählungen, z. B. Roman *Königreich der Schatten* (2013), Essay *Der Autor als Sprachwanderer* (2016); 2012 Chamisso-Preis, zudem Preise für Kinder- und Jugendliteratur.

TÜRKISCH-DEUTSCH

Fatma Aydemir (*1986): Nachfahrin türkischer Gastarbeiter, Studium der Germanistik und Anglistik in Frankfurt a.M., arbeitet als Journalistin und Schriftstellerin; Mitherausgeberin von *Eure Heimat ist unser Albtraum* (2019); Preise u. a. Franz-Hessel-Preis (2017), Robert-Gernhardt-Preis (2020) und Klaus-Michael Kühne-Preis für ihren Debütroman *Ellbogen* (2017).

Nadire Y. Biskin (*1987): Enkeltochter türkischer Gastarbeiter, studierte Philosophie und Spanisch in ihrer Heimatstadt Berlin; verfasst journalistische und essayistische Texte, Lyrik und Prosa; Veröffentlichungen in verschiedenen Magazinen und Anthologien.

Zehra Çırak (*1960): 1987 erster Gedichtband *Flugfänger;* 2001 Chamisso-Preis; mit dem Gedicht *Fremde Flügel auf eigener Schulter* in der Anthologie *Jahrhundertgedächtnis – Deutsche Lyrik im zwanzigsten Jahrhundert* vertreten; neben Gedichtbänden auch Erzählungen, etwa *Der Geruch von Glück* (2011).

Güney Dal (*1944): Seit 1972 in Berlin; 1997 Chamisso-Preis; Roman *Europastraße 5* (1979), 1996 als *Alla turca* verfilmt; weitere Romane *Der enthaarte Affe* (1988), neu aufgelegt unter dem Titel *Janitscharenmusik* (1999) und *Teestunden am Ring* (1999).

Özlem Özgül Dündar (*1983): Studium der Literatur und Philosophie in Wuppertal, arbeitet als Schriftstellerin und Übersetzerin; zahlreiche Preise und

Stipendien, u. a. Rolf-Dieter-Brinkmann-Stipendium (2018) und Alfred-Müller-Felsenburg-Preis (2019); Werke u. a. *Gedanken zerren* (2018) und *FLEXEN. Flâneusen* schreiben Städte* (2019, Mitherausgeberin).

Dilek Güngör (*1972): Journalistin, Kolumnistin und Buchautorin. Ihr Roman *Vater und ich* (2021) stand auf der Longlist des Deutschen Buchpreises 2021; Werke u. a. *Das Geheimnis meiner türkischen Großmutter* (2007), *Ganz schön deutsch. Meine türkische Familie und ich* (2007) und *Ich bin Özlem* (2019).

Yadé Kara (*1965): Studium der Anglistik und Germanistik in Berlin; 2004 Chamisso-Förderpreis; Debütroman *Selam Berlin* (2003) mit dem Deutschen Bücherpreis ausgezeichnet; Nachfolgeroman *Café Cyprus* (2008).

Aras Ören (*1939): Seit 1969 in Berlin; 1983 Preis der Bayerischen Akademie der Schönen Künste, 1985 Chamisso-Preis; mit *Was will Niyazi in der Naunynstraße* (1973) literarischer Durchbruch, Fernsehverfilmung im selben Jahr; weitere Werke u. a. *Berlin Savignyplatz* (1995).

Emine Sevgi Özdamar (*1946): Seit 1965 (mit Unterbrechungen) in Deutschland, auch Schauspielerin und Theaterregisseurin; 1991 Bachmann-Preis, 1999 Chamisso-Preis, 2004 Kleist-Preis, 2009 Fontane-Preis; Werke u. a. *Das Leben ist eine Karawanserei* (1992), *Die Brücke vom Goldenen Horn* (1998), *Ein von Schatten begrenzter Raum* (2021).

Selim Özdoğan (*1971): Zweisprachig in Köln aufgewachsen; 1995 Debütroman *Es ist so einsam im Sattel, seit das Pferd tot ist,* seitdem zahlreiche Veröffentlichungen; 1996 Förderpreis des Landes Nordrhein-Westfalen, 1999 Chamisso-Preis.

Yüksel Pazarkaya (*1940): Geboren in İzmir, 1958 Übersiedlung nach Deutschland, Studium der Chemie, Germanistik und Philosophie; Übersetzer und Autor, verfasst Gedichte, Prosa und Kinderliteratur, teilweise auf Türkisch und Deutsch; Auszeichnungen u. a. Bundesverdienstkreuz am Bande (1986) und Chamisso-Preis (1989).

Zafer Şenocak (*1961): Seit 1970 in Deutschland (erst München, dann Berlin); 1998 Chamisso-Förderpreis; Werke u. a. *Das senkrechte Meer* (1991), *Atlas des tropischen Deutschland* (1992), *Gefährliche Verwandtschaft* (1998), *Das Land hinter den Buchstaben* (2006).

Feridun Zaimoğlu (*1964): Aufgewachsen in Berlin und München, seit 1985 in Kiel; Debüt mit *Kanak Sprak* (1995); Romane u. a. *Liebesmale, scharlachrot* (2000), *Leyla* (2006) und *Liebesbrand* (2008); Preise u. a. 2005 Chamisso-Preis und Stipendium an der Villa Massimo, 2016 Berliner Literaturpreis.

UKRAINISCH-DEUTSCH

Yevgeniy Breyger (*1989): Nach der Übersiedlung aus Charkiw Studium in Hildesheim, Leipzig und Frankfurt a.M.; arbeitet als Lyriker, Übersetzer und Herausgeber; u. a. mit dem Lyrikpreis München (2. Preis, 2018) ausgezeichnet; erster veröffentlichter Gedichtband *flüchtige monde* (2018).

Marjana Gaponenko (*1981): Schreibt seit 1996 auf Deutsch; mehrfach übersetzte Lyrikerin (u. a. Debütband *Wie tränenlose Ritter,* 2000, sowie *Tanz vor dem Gewitter,* 2001) und Romanautorin (*Annuschka Blume,* 2010); 2013 Chamisso-Preis.

Dmitrij Kapitelman (*1986): Geboren in Kiew, mit acht Jahren Übersiedlung nach Deutschland; Studium in Leipzig, Absolvent der Deutschen Journalistenschule München; arbeitet als Schriftsteller, Journalist und Musiker; Werke *Das Lächeln meines unsichtbaren Vaters* (2016) und *Eine Formalie in Kiew* (2021).

Katja Petrowskaja (*1970): Schriftstellerin und Journalistin, seit 2011 Kolumnistin in der Frankfurter Allgemeinen Sonntagszeitung („Die west-östliche Diva"); 2013 Bachmann-Preis für den Erzählband *Vielleicht Esther,* 2014 aspekte-Literaturpreis.

UNGARISCH-DEUTSCH

Akos Doma (*1963): Tätigkeit als Autor und Übersetzer; auf seinen Debütroman *Der Müßiggänger* (2001) folgten 2011 *Die allgemeine Tauglichkeit* und 2016 *Der Weg der Wünsche;* u. a. 2012 Adelbert-von-Chamisso-Förderpreis und 2014 Prager Literaturstipendium.

Zsuzsa Bánk (*1965): 2002 aspekte-Literaturpreis, 2003 Deutscher Bücherpreis, 2004 Chamisso-Preis; Romane u. a. *Die hellen Tage* (2011) und *Schlafen werden wir später* (2017), Erzählungen u. a. *Heißester Sommer* (2005) und *Schwarzwaldsepp. Auch eine Weihnachtsgeschichte* (2012), *Sterben im Sommer* (2020).

György Dalos (*1943): Schriftsteller und Historiker; 1995 Chamisso-Preis, 2010 Leipziger Buchpreis zur europäischen Verständigung, 2015 Bundesverdienstkreuz; Werke u. a. Romane *Seilschaften* (2003) und *Der Fall des Ökonomen* (2012), Erzählung *Die Balaton-Brigade* (2006).

Léda Forgó (*1973): Kam 1994 nach Deutschland und studierte u. a. Szenisches Schreiben in Berlin; erhielt 2008 für ihren ersten Roman *Der Körper meines Bruders* (2007) den Chamisso-Förderpreis; 2010 folgte *Vom Ausbleiben der Schönheit.*

Terézia Mora (*1971): Zweisprachig mit Ungarisch und Deutsch aufgewachsen, seit 1990 in Berlin, Ausbildung zur Drehbuchautorin; 2004 Preis der Leipziger Buchmesse für den Roman *Alle Tage,* 2010 Chamisso-Preis, 2013 Deutscher Buchpreis für den Roman *Das Ungeheuer,* 2018 Georg-Büchner-Preis, 2021 Brüder-Grimm-Poetikprofessur.

Ungarisch-Schweizerisch

Melinda Nadj Abonji (*1968): Familie aus der ungarischen Minderheit im ehemaligen Jugoslawien stammend, als Kind in die Schweiz gekommen; autobiographisch eingefärbter Roman *Tauben fliegen auf* (2010) mit dem Deutschen und dem Schweizer Buchpreis ausgezeichnet, 2018 Schillerpreis der Züricher Kantonalbank für *Schildkrötensalat* (2017).

Zsuzsanna Gahse (*1946): Schriftstellerin und Übersetzerin; 2006 Chamisso-Preis, 2009 Chamisso-Poetikdozentur, 2011 Aufnahme in Deutsche Akademie für Sprache und Dichtung Darmstadt, 2019 Gran Prix Literatur der Schweizer Literaturpreise; Werke u. a. *Instabile Texte* (2005), *Erzählinseln* (2009), *Südsudelbuch* (2012), *Andererseits* (2020).

US-Amerikanisch-Österreichisch

Ann Cotten (*1982): Kam mit fünf Jahren aus Iowa nach Wien; regelmäßig Auftritte bei Poetry Slams; 2007 erster Gedichtband *Fremdwörterbuchsonette;* auch als Germanistin und Literaturtheoretikerin tätig; 2020 Internationaler Literaturpreis – Haus der Kulturen der Welt, 2021 Gert-Jonke-Preis; Erzählband *Der schaudernde Fächer* (2013), Versepos *Verbannt!* (2016), zuletzt *Lyophilia* (2019).

Quellen
Diese Auswahlliste wurde unter Rückgriff auf mannigfache Quellen – Handbücher, Internet-Beiträge, Literaturpreisverleihungen, Feuilletonartikel, Einführungen in die Interkulturelle Literatur/wissenschaft etc. – erstellt. Da es sich um eine sehr ausführliche Autor/innenliste handelt, und es den Anmerkungsapparat deutlich überfrachtet hätte, haben wir auf die genauen Quellenkennzeichnungen zugunsten des Glossarischen verzichtet, zumal das Handbuch von Chiellino (2000), die Einführungen von Hofmann (2006), Hofmann/Patrut (2015) und Leskovec (2011) in der vorliegenden Einführung bereits kapitelweise bibliographisch erfasst sind. Zu nennen wären ferner als Quellen noch die Homepages des Goethe-Institutes, der Heinrich-Böll-Stiftung und der Bosch-Stiftung (Verleiherin des Chamisso-Preises bis 2017) in den jeweils aktuellen Versionen. Hinzuweisen wäre schließlich auf die Programme der Literaturhäuser (in Freiburg vormals das Literaturbüro, in dem von Hansjörg Bay sehr viele Reihen zum Thema organisiert wurden), sowie anderer Kulturträger wie das Haus der Kulturen der Welt in Berlin (HKW) mit seinem Internationalen Literaturpreis, denen man ebenfalls wichtige Hinweise auf die Konjunktur des Interkulturellen entnehmen kann.

Literatur

Acker, Marion/Fleig, Anne: „Die Aufrichtigkeit der Mehrsprachigkeit. Autofiktion, Autonarration oder das Konzept dialogischer Autorschaft bei Yoko Tawada". In: Sonja Arnold u.a. (Hg.): *Sich selbst erzählen. Autobiographie – Autofiktion – Autorschaft.* Kiel 2018, 19–36.
Adelson, Leslie: *The Turkish Turn in Contemporary German Literature. Toward a New Critical Grammar of Migration.* New York u.a. 2005.
Adelson, Leslie A.: „Against Between – Ein Manifest gegen das Dazwischen". In: Heinz-Ludwig Arnold (Hg.): *Literatur und Migration.* Text + Kritik-Sonderband. München 2006, 36–46.
AfD Sächsische Schweiz – Osterzgebirge: AfD Sachsen: Chamissopreis nach 2017 weiter vergeben! (2016). In: https://www.afd-soe.de/presse/pressemitteilungen/afd-sachsen-chamissopreis-nach-2017-weiter-vergeben.html (09.06.2021).
Aitken, Robbie John Macvicar u.a. (Hg.): *Black Germany. The Making and Unmaking of a Diaspora Community, 1884–1960.* Cambridge 2013.
Amodeo, Immacolata: „Über Sprachgrenzen hinweg. Für eine Ästhetik der literarischen Mehrsprachigkeit". In: Norina Procopan/René Scheppler (Hg.): *Dialoge über Grenzen. Beiträge zum 4. Konstanzer Europa-Kolloquium.* Klagenfurt u.a. 2008, 110–121.
Asholt, Wolfgang u.a. (Hg.): *Littérature(s) sans domicile fixe / Literatur(en) ohne festen Wohnsitz.* Tübingen 2010.
Assmann, Aleida: *Geschichte im Gedächtnis. Von der individuellen Erfahrung zur öffentlichen Inszenierung.* München 2007.
Assmann, Aleida: „Unbewältigte Erbschaften. Fakten und Fiktionen im zeitgenössischen Familienroman". In: Andreas Kraft/Mark Weißhaupt (Hg.): *Generationen. Erfahrung – Erzählung – Identität.* Konstanz 2009, 49–69.
Augé, Marc: *Nicht-Orte.* München ³2012 (frz. 1992).
Ayim, May: *Blues in schwarz weiss.* Berlin 1995.
Bachtin, Michail: *Die Ästhetik des Wortes.* Hg. und eingeleitet von Rainer Grübel. Frankfurt a.M. 1979.
Barthes, Roland: *Das Reich der Zeichen.* Frankfurt a.M. 1981 (frz. 1970).
Benjamin, Walter: „Die Aufgabe des Übersetzers" [1923]. In: Ders.: *Gesammelte Schriften.* Hg. von Rolf Tiedemann/Hermann Schweppenhäuser, Bd. IV, 1. Frankfurt a.M. 1972, 9–21.
Benjamin, Walter: „Berliner Kindheit um Neunzehnhundert" [1938]. In: Ders.: *Gesammelte Schriften.* Hg. von Rolf Tiedemann/Hermann Schweppenhäuser, Bd. IV, 1. Frankfurt a.M. 1972, 235–304.
Benjamin, Walter: „Lehre vom Ähnlichen" [1933]. In: Ders.: *Gesammelte Schriften.* Hg. von Rolf Tiedemann/Hermann Schweppenhäuser, Bd. II.1. Frankfurt a.M. 1977, 204–210.
Bhabha, Homi K.: *Die Verortung der Kultur.* Tübingen 2000 (engl. 1994).
Binder, Karin: „Herta Müller: *Reisende auf einem Bein*". In: Bettina Banasch/Gerhild Rochus (Hg.): *Handbuch der deutschsprachigen Exilliteratur. Von Heinrich Heine bis Herta Müller.* Berlin/Boston 2013, 464–470.
Blioumi, Aglaia: „Poetologie und Sprachlichkeit in Herta Müllers *Reisende auf einem Bein*". In: Gabrielle Rácz/Klaus Schenk (Hg.): *Erzählen und Erzähltheorie zwischen den Kulturen.* Würzburg 2014, 216–225.
Bozzi, Paola: „Irene in den Städten. Nomadische Subjekte im Werk Herta Müllers". In: *Temeswarer Beiträge zur Germanistik* 5 (2006), 185–202.
Breger, Claudia: „‚Meine Herren, spielt in meinem Gesicht ein Affe?' Strategien der Mimikry in Texten von Emine S. Özdamar und Yoko Tawada". In: Cathy S. Gelbin u.a. (Hg.): *AufBrüche. Kulturelle Produktionen von Migrantinnen, Schwarzen und jüdischen Frauen in Deutschland.* Königstein 1999a, 30–59.
Breger, Claudia: „Mimikry als Grenzverwirrung. Parodistische Posen bei Yoko Tawada". In: Claudia Benthien/Irmela Marei Krüger-Fürhoff (Hg.): *Über Grenzen. Limitation und Transgression in Literatur und Ästhetik.* Stuttgart/Weimar 1999b, 176–206.
Brüns, Elke: „Ein Fisch braucht ein Mountainbike" (1995), https://taz.de/Ein-Fisch-braucht-ein-Mountainbike/!1507244/ (08.05.2021).

Brussig, Thomas: *Helden wie wir*. Berlin 1995.
Bühler-Dietrich, Annette: „Verlusterfahrungen in den Romanen von Melinda Nadj Abonji und Saša Stanišić". In: *Germanica* 2012, 35–46.
Campt, Tina: *Other Germans. Black Germans and the politics of race, gender, and memory in the Third Reich*. Ann Arbor, Mich. 2004.
Chiellino, Carmine (Hg.): *Interkulturelle Literatur in Deutschland. Ein Handbuch*. Stuttgart/ Weimar 2000.
Decock, Sofie: „Sich Wohn- und Erzählraum schaffen. Zur Bewältigung von Alterität in Melinda Nadj Abonjis Roman *Tauben fliegen auf*". In: Inge Arteel (Hg.): *Alterität. Festschrift für Inge Arteel*. Tübingen 2013, 113–126.
Dembeck, Till/Parr, Rolf (Hg.): *Literatur und Mehrsprachigkeit. Ein Handbuch*. Tübingen 2017.
Detering, Heinrich: *Was heißt hier „wir"? Zur Rhetorik der parlamentarischen Rechten*. Ditzingen 2019.
Doppler, Bernhard: „Die Heimat ist das Exil. Eine Entwicklungsgestalt ohne Entwicklung. Zu *Reisende auf einem Bein*". In: Norbert Otto Eke (Hg.): *Die erfundene Wahrnehmung. Annäherung an Herta Müller*. Paderborn 1991, 95–106.
Düvel, Caroline: Paul Gilroy: „Schwarzer Atlantik und Diaspora". In: Andreas Hepp u.a. (Hg.): *Schlüsselwerke der Cultural Studies*. Wiesbaden 2009, 176–188.
Eke, Norbert Otto: „Herta Müllers Werke im Spiegel der Kritik (1982–1990)". In: Ders. (Hg.): *Die erfundene Wahrnehmung. Annäherungen an Herta Müller*. Paderborn 1991, 107–130.
Ekelund, Lena. „Nomadinnen in Österreich. Transnationale Heldinnen in Julya Rabinowichs Romanen ,Spaltkopf' und ,Die Erdfresserin'". In: Hermann Korte (Hg.): *Österreichische Gegenwartsliteratur*. München 2015, 198–207.
Ette, Ottmar: *Anton Wilhelm Amo. Philosophieren ohne festen Wohnsitz: Eine Philosophie der Aufklärung zwischen Europa und Afrika*. Berlin 2014.
Fachinger, Petra: „A new kind of creative energy. Yadé Kara's *Selam Berlin* and Fatih Akin's ,Kurz und Schmerzlos' and ,Gegen die Wand'". In: *German Life and Letters* 60.2 (2007), 243–260.
Fatah, Sherko: *Das dunkle Schiff*. Salzburg/Wien 2008.
Flaig, Egon: *Weltgeschichte der Sklaverei*. München 2009.
Federmair, Leopold: Der neue Diamant. Verfremdungseffekte bei E. S. Özdamar. In: *Arcadia* 47.1 (2012), 153–172.
Freud, Sigmund: „Das Unheimliche". In: Ders.: *Gesammelte Werke*. Hg. von Anna Freud u.a., Bd. XII. Frankfurt a.M. 1990, 229–268.
Frischmuth, Barbara: *Die Schrift des Freundes*. Salzburg/Wien 1998.
Gauss, Karl-Markus: „Melinda Nadj Abonji ,Tauben fliegen auf'. Verwehungen des Glücks". *Süddeutsche Zeitung* (05.10.2010).
Geiger, Arno: *Es geht uns gut*. München/Wien 2005.
Geiser, Myriam: „Borderscapes: Grenz-Erfahrungen und Grenz-Werte in Emine Sevgi Özdamars Prosa". In: *Études Germaniques* 72/3 (2017), 415–429.
Gelzer, Florian: „,Worte von Gedanken trennen'. Schreibweisen und Sprachprogrammatik bei Yoko Tawada (Lizenziatsarbeit)". Basel 1998.
Gelzer, Florian: „,Wenn ich spreche, bin ich nicht da'. Fremdwahrnehmung und Sprachprogrammatik bei Yoko Tawada". In: *Recherches Germaniques* 29 (1999), 67–93.
Gezen, Ela: „May Ayim und der Blues". In: *Monatshefte* 108.2 (2016), 247–258.
Gilroy, Paul: *The Black Atlantic. Modernity and Double Consciousness*. Cambridge, Mass. 1993.
Göbenli, Mediha: „,Migrantenliteratur' im Vergleich: Die deutsch-türkische und die indoenglische Literatur". In: *Arcadia* 40.2 (2005), 300–317.
Godefridi, Isabelle: *„Schwarz sein in Deutschland." Identitätssuche in der interkulturellen Literatur aus dem deutsch-afrikanischen Kulturraum*. Louvain-la-Neuve 2016.
Göktürk, Deniz: „Kennzeichen: weiblich/türkisch/deutsch. Beruf: Sozialarbeiterin/Schriftstellerin/Schauspielerin". In: Hiltrud Gnüg/Renate Möhrmann (Hg.): *Frauen Literatur Geschichte. Schreibende Frauen vom Mittelalter bis zur Gegenwart*. Stuttgart/Weimar 1999, 516–532.

Göttsche, Dirk: *Remembering Africa. The rediscovery of colonialism in contemporary German literature*. Rochester 2013.
Grugger, Helmut/Holzner, Johann (Hg.): *Der Familienroman. Der Generationenroman in Moderne und Gegenwart*. Berlin/Boston 2021.
Günther, Petra: „Die Kolonisierung der Migrantenliteratur". In: Christof Hamann/Cornelia Sieber (Hg.): *Räume der Hybridität. Postkoloniale Konzepte in Theorie und Literatur*. Hildesheim 2002, 151–159.
Gutjahr, Ortrud: *Einführung in den Bildungsroman*. Darmstadt 2007.
Gutjahr, Ortrud: „Inszenierungen eines Rollen-Ich. Emine Sevgi Özdamars theatrales Erzählverfahren". In: Yasemin Dayioglu-Yücel/Ortrud Gutjahr (Hg.): *Emine Sevgi Özdamar*. München 2016, 8–18.
Haines, Brigid: „,The unforgettable forgotten': The traces of trauma in Herta Müller's *Reisende auf einem Bein*". In: *German life and letters* 55/3 (2002), 266–281.
Haines, Brigid/Littler, Margaret: „Herta Müller: *Reisende auf einem Bein* (1989)". In: Dies. (Hg.): *Contemporary women›s writing in German. Changing the subject*. Oxford 2004, 99–117.
Han, Byung-Chul: *Hyperkulturalität. Kultur und Globalisierung*. Berlin 2005.
Hansen, Simon/Janin Klein/Patrick Nehr: „Erzählte Leben. Wie literarische Figuren ihre Identität durch Geschichten verändern (Melinda Nadj Abonji, Terézia Mora, Julia Franck)". In: Ingo Irsigler (Hg.): *Spiel, Satz und Sieg. Zehn Jahre Deutscher Buchpreis*. Berlin 2014, 207–232.
Harnisch, Antje: „,Ausländerin im Ausland'. Herta Müllers Reisende auf einem Bein". In: *Monatshefte für Deutschen Unterricht, Deutsche Sprache und Literatur* 89/4 (1997), 507–520.
Hassoun, Jacques: *Schmuggelpfade der Erinnerung. Muttersprache, Vaterwort und die Frage der kulturellen Überlieferung*. Frankfurt a.M. 2003 (frz. 1994).
Heimböckel, Dieter: „Interkulturalitäts- als Nichtwissensforschung". In: Franciszek Grucza (Hg.): *Akten des VII. Internationalen Germanistenkongresses Warschau 2010. ,Vielheit und Einheit der Germanistik weltweit'*, Bd. 12. Hg. von Ortrud Gutjahr und Eva Neuland. Frankfurt a.M. u.a. 2012, 35–39.
Hielscher, Martin: „Kontinuität und Bruch der Genealogie. Die Inszenierung archaischer Familienstrukturen im Roman der ,Migranten'". In: Simone Costagli/Matteo Galli (Hg.): *Deutsche Familienromane. Literarische Genealogien und internationaler Kontext*. München/Paderborn 2010, 195–206.
Hillgruber, Katrin: „Wegen Erfolgs eingestellt" (2017). In: *Der Tagesspiegel*, https://www.tagesspiegel.de/kultur/adelbert-von-chamisso-preis-wegen-erfolgs-eingestellt/19504162.html (09.06.2021).
Hofmann, Michael: *Interkulturelle Literaturwissenschaft. Eine Einführung*. Paderborn 2006.
Hofmann, Michael: *Deutsch-türkische Literaturwissenschaft*. Würzburg 2013.
Hofmann, Michael/Patrut, Iulia-Karin: *Einführung in die interkulturelle Literatur*. Darmstadt 2015.
Holdenried, Michaela: „Eine Poetik der Interkulturalität? Zur Transgression von Grenzen am Beispiel von Yoko Tawadas Schreibverfahren und Sprachprogrammatik". In: Ortrud Gutjahr (Hg.): *Yoko Tawada. Fremde Wasser. Vorlesungen und wissenschaftliche Beiträge*. Tübingen 2012, 151–167.
Holdenried, Michaela: „Zur Poetik des Törlü Gjuvetch. Polyglossie im postkolonialen Kontext am Beispiel von Ilija Trojanows Der Weltensammler". In: Weertje Willms/Evi Zemanek (Hg.): *Polyglotte Texte. Formen und Funktionen literarischer Mehrsprachigkeit von der Antike bis zur Moderne*. Berlin 2014, 259–274.
Holdenried, Michaela: „Zwischen Ablehnung und Akzeptanz. Familienkonstellationen in der deutschsprachigen Gegenwartsliteratur". In: *Familienaufstellung in Kinder- und Jugendliteratur und Medien. kjl&m extra* (2017), 37–53.
Holdenried, Michaela: „Emine Sevgi Özdamars Werk als Paradigma Interkultureller Literaturwissenschaft?". In: Bernard Banoun u.a. (Hg.): *Istanbul-Berlin. Interculturalité, histoire et écriture chez Emine Sevgi Özdamar*. Paris 2019, 19–35.
Holdenried, Michaela/Willms, Weertje (Hg.): *Die interkulturelle Familie. Literatur- und sozialwissenschaftliche Perspektiven*. Bielefeld 2012.

Honeck, Mischa u.a. (Hg.): *Germany and the black diaspora. Points of contact, 1250–1914.* New York u.a. 2013.
Huntington, Samuel: *The Clash of Civilizations and the Remaking of World Order.* New York 1996.
Jandl, Paul: „Die Schriftstellerin Terézia Mora ist in die deutsche Literatur eingewandert. Nun erhält sie den Büchnerpreis 2018" (2018). In: Neue Zürcher Zeitung, https://www.nzz.ch/feuilleton/terezia-mora-erhaelt-den-buechnerpreis-2018-ld.1400269 (09.06.2021).
Kamta, Florentin Saha: „Ideologie und Identifikation in der afrodeutschen Literatur". In: Michael Hofmann/Rita Morrien (Hg.): *Deutsch-afrikanische Diskurse in Geschichte und Gegenwart. Literatur- und kulturwissenschaftliche Perspektiven.* Amsterdam 2012, 151–169.
Kara, Yadé: *Selam Berlin.* Zürich 2003.
Kara, Yadé: *Café Cyprus.* Zürich 2008.
Karkowsky, Stephan : „Feridun Zaimoglu: ‚Schon ein bisschen traurig'" (2016), https://www.deutschlandfunkkultur.de/chamisso-preis-vor-dem-ende-feridun-zaimoglu-schon-ein.2156.de.html?dram:article_id=366381 (07.06.2021).
Kazmierczak, Madlen: *Fremde Frauen. Zur Figur der Migrantin aus (post)sozialistischen Ländern in der deutschsprachigen Gegenwartsliteratur.* Berlin 2016.
Khider, Abbas: „‚Die fremde Sprache bedeutet Freiheit'" (2012), https://www.eurozine.com/die-fremde-sprache-bedeutet-freiheit/ (9.5.2021).
Khider, Abbas: *Ohrfeige.* München 2016.
Kilchmann, Esther: „Poetik des fremden Wortes. Techniken und Topoi heterolingualer Gegenwartsliteratur". In: *Zeitschrift für interkulturelle Germanistik* 3/2 (2012), 109–129.
King, Vera: „Migration, Interkulturalität und Adoleszenz. Generationale Dynamiken am Beispiel des Romans *Tauben fliegen auf* von Melinda Nadj Abonji". In: Ortrud Gutjahr (Hg.): *Interkulturalität. Konstruktionen des Anderen.* Würzburg 2015, 141–161.
Kocadoru, Yüksel: „Die dritte Generation von türkischen Autoren in Deutschland: neue Wege, neue Themen". In: Manfred Durzak/Nilüfer Kuruyazıcı (Hg.): *Die andere deutsche Literatur. Istanbuler Vorträge.* In Zusammenarbeit mit Canan Şenöz Ayata. Würzburg 2004, 134–139.
Konuk, Kader: „‚Identitätssuche ist ein [sic!] private archäologische Graberei'. Emine Sevgi Özdamars inszeniertes Sprechen". In: Cathy S. Gelbin u.a. (Hg.): *AufBrüche. Kulturelle Prdouktionen von Migrantinnen, Schwarzen und jüdischen Frauen in Deutschland.* Königstein 1999, 60–74.
Koselleck, Reinhart: *Zeitschichten. Studien zur Historik.* Frankfurt a.M. 2000.
Krauß, Andrea: „‚Talisman'. ‚Tawadische Sprachtheorie'". In: Aglaia Blioumi (Hg.): *Migration und Interkulturalität in neueren literarischen Texten.* München 2002, 55–77.
Kremnitz, Georg: *Mehrsprachigkeit in der Literatur. Wie Autoren ihre Sprachen wählen. Aus der Sicht der Soziologie der Kommunikation.* Wien 2004.
Krenz-Dewe, Linda: „Zum wechselseitigen Verhältnis von Identitätskonstruktion und (brüchiger) Überlieferung in Julya Rabinowichs ‚Spaltkopf'". In: *Yearbook for European Jewish Literature Studies* 5 (2018), 67–85.
Kristeva, Julia: *Fremde sind wir uns selbst.* Frankfurt a.M. 1990 (frz. 1988).
Kublitz-Kramer, Maria: „Die Freiheit der Strasse. Zu Herta Müllers ‚Reisende auf einem Bein'". In: *Frauen in der Literaturwissenschaft. Rundbrief* 41 (April 1994), 5–8.
Lejeune, Philippe: *Der autobiographische Pakt.* Frankfurt a.M. 1994 (frz. 1975).
Lemke Muniz de Faria, Yara-Colette: *Zwischen Fürsorge und Ausgrenzung. Afrodeutsche „Besatzungskinder" im Nachkriegsdeutschland.* Berlin 2002.
Lennox, Sara: *Remapping Black Germany, New Perspectives on Afro-German History, Politics, and Culture.* Amherst/Boston 2016.
Leskovec, Andrea: *Fremdheit und Literatur. Alternativer hermeneutischer Ansatz für eine interkulturell ausgerichtete Literaturwissenschaft.* Berlin/Münster 2009.
Leskovec, Andrea: *Einführung in die interkulturelle Literaturwissenschaft.* Darmstadt 2011.
Leupold, Dagmar: „Unterwegs zwischen Türkisch, Berlinerisch und Deutsch. Laudatio auf Yadé Kara". In: *Jahrbuch der Bayerischen Akademie der Schönen Künste* 18 (2004), 497–502.
Liu, Jian: *Eine Poetik der Fremdheit. Zur Verarbeitung von China-Motiven in der deutschsprachigen Gegenwartsliteratur im 21. Jahrhundert.* Göttingen 2020.
Lotman, Jurij M.: *Die Struktur des künstlerischen Textes.* Frankfurt a.M. 1973.

Maffli, Stéphane: „,Ich möchte unsere Verschiedenheit verstehen'. Darstellungsformen intergenerationeller Kommunikation in Melinda Nadj Abonjis Migrationsroman ‚Tauben fliegen auf'". In: Goran Lovrić/Marijana Jeleč (Hg.): *Familie und Identität in der Gegenwartsliteratur*. Frankfurt a.M. u.a. 2016, 133–146.

Mangold, Ijoma: *Das deutsche Krokodil*. Reinbek bei Hamburg 2017.

Mann, Thomas: *Buddenbrooks*. Frankfurt a.M. [7]2002.

Martin, Peter: *Schwarze Teufel, edle Mohren*. Hamburg 1993.

Martyn, David: „,Schiffe der Wüste', ‚Schiffe des Meeres'. Topographien der Metapher bei Emine Sevgi Özdamar, Salim Alafenisch und Yoko Tawada". In: Hartmut Böhme (Hg.): *Topographien der Literatur. Deutsche Literatur im transnationalen Kontext*. Stuttgart/Weimar 2005, 724–744.

Massaquoi, Hans Jürgen: *Neger, Neger, Schornsteinfeger. Meine Kindheit in Deutschland*. Bern/München/Wien 1999.

Mecklenburg, Norbert: „Poetik der Alterität". In: Eijirō Iwasaki (Hg.): *Akten des VIII. internationalen Germanisten-Kongresses Tokyo 1990*: *Begegnungen mit dem ‚Fremden'. Grenzen – Traditionen – Vergleiche*, Bd. 6. München 1991, 20–26.

Menninghaus, Winfried: *Walter Benjamins Theorie der Sprachmagie*. Frankfurt a.M. 1980.

Morrison, Toni: *Im Dunkeln spielen. Weisse Kultur und literarische Imagination. Essays*. Reinbek bei Hamburg 1994 (engl. 1992).

Moser, Natalie: „Deutschsprachige Migrationsliteratur in der Schweiz? Zur Prosa von Cătălin Dorian Florescu". In: Raluca Radulescu/Christel Baltes-Löhr (Hg.): *Pluralität als Existenzmuster. Interdisziplinäre Perspektiven auf die deutschsprachige Migrationsliteratur*. Bielefeld 2016, 173–190.

Müller, Herta: *Niederungen*. Berlin 1984 (überarb. Fg. der EA von 1982).

Müller, Herta: *Reisende auf einem Bein*. Berlin 1989.

Müller, Herta: *Der Teufel sitzt im Spiegel. Wie Wahrnehmung sich erfindet*. Berlin 1991.

Müller, Herta: *Der König verneigt sich und tötet*. München 2003.

Müller-Michaels, Harro: „Fremde Blicke – Literatur von Eingewanderten". In: *German as a foreign language* 2014/2, 79–94.

Nadj Abonji, Melinda: *Tauben fliegen auf*. Salzburg [4]2010 (EA 2005).

Nadolny, Sten: *Selim oder die Gabe der Rede*. München u.a. 1990.

Neubauer, Jochen: *Türkische Deutsche, Kanakster und Deutschländer. Identität und Fremdwahrnehmung in Film und Literatur: Fatih Akın, Thomas Arslan, Emine Sevgi Özdamar, Zafer Şenocak und Feridun Zaimoğlu*. Würzburg 2011.

Oguntoye, Katharina (Hg.): *Farbe bekennen. Afro-deutsche Frauen auf den Spuren ihrer Geschichte*. Berlin 1986.

Ören, Aras: *Was will Niyazi in der in der Naunynstraße. Ein Poem*. Berlin 1973.

Otoo, Sharon Dodua: „Wer hat die Definitionsmacht? Durch die Wahl unserer Worte verändern wir die Realität". In: *analyse&kritik Sonderheft: Critical Whiteness. Debatte um antirassistische Politik und nicht diskriminierende Sprache* (2013), 24–25.

Otoo, Sharon Dodua: „Herr Gröttrupp setzt sich hin" (2016), https://files.orf.at/vietnam2/files/bachmannpreis/201619/herr_grttrup_setzt_sich_hin_sharon_dodua_otoo_439620.pdf (06.05.2021).

Otoo, Sharon Dodua: *die dinge, die ich denke, während ich höflich lächle*. Münster 2013.

Otoo, Sharon Dodua: *Adas Raum. Roman*. Frankfurt a.M. 2021.

Özdamar, Emine Sevgi: *Mutterzunge*. Berlin 1990.

Özdamar, Emine Sevgi: *Die Brücke vom Goldenen Horn*. Köln 1998.

Petrosyan, Tigran: „Antirassistische Sprache. Schwarz ist keine Farbe". In: *Die Tageszeitung* (21.8.2020).

Petrovskaja, Katja. *Vielleicht Esther*. Berlin 2014.

Pfahl-Traughber, Armin: Antiindividualismus und Antiuniversalismus als Konsequenzen: Die Gemeinsamkeiten von Identitätslinker und Identitätsrechter. In: *Perspektiven ds. Zeitschrift für Gesellschaftsanalyse und Reformpolitik* 37/2 (2020), 137–152.

Pfahl-Traughber, Armin: „Die Identitätslinke und ihre Positionen" (2020), https://hpd.de/artikel/identittaetslinke-und-ihre-positionen-18679#fn6 (14.10.2021).

Pfahl-Traughber, Armin: „Die antiaufklärerische Dimension linker Identitätspolitik" (17.03.2021), https://hans-albert-institut.de/die-antiaufklaererische-dimension-linker-identitaetspolitik (14.10.2021).
Pratt, Mary Louise: *Imperial Eyes. Travel Writing and Transculturation*. London 1992.
Rabinowich, Julya: *Spaltkopf*. Wien 2008.
Radisch, Iris: „Unprämierte Migrantenliteratur" (2016). In: *Die Zeit*, https://www.zeit.de/2016/40/chamisso-preis-literatur-protest-fluechtlinge (09.06.2021).
Robert Bosch Stiftung: Adelbert-von-Chamisso-Preis der Robert Bosch Stiftung. In: https://www.bosch-stiftung.de/de/projekt/adelbert-von-chamisso-preis-der-robert-bosch-stiftung (09.06.2021).
Sarrazin, Thilo: *Deutschland schafft sich ab. Wie wir unser Land aufs Spiel setzen*. München 2010.
Schenk, Klaus: „Verfahren der Vielfalt. Inszenierte Hybridität in der deutschsprachigen Migrationsliteratur der Gegenwart". In: Procopan, Norina/Scheppler, René (Hg.): *Dialoge über Grenzen. Beiträge zum 4. Konstanzer Europa-Kolloquium*. Klagenfurt u.a. 2008, 133–149.
Schestokat, Karin: „Bemerkungen zur Hybridität und zum Sprachgebrauch in ausgewählten Texten von May Ayim und Yoko Tawada". In: *Glossen* 8 (1999/3), http://www2.dickinson.edu/glossen/heft8/schestokat.html (29.4.2021).
Schleiermacher, Friedrich: „Über die verschiedenen Methoden des Übersetzens". In: Ders.: *Sämmtliche Werke*, 2. Band. Berlin 1838, 201–238.
Schmid, Katharina: *Mehrsprachigkeit und Sprachmischung*. Unveröff. Hausarbeit 2012.
Schulte, Karl: „‚Reisende auf einem Bein': Ein Mobile". In: Ralph Köhnen (Hg.): *Der Druck der Erfahrung treibt die Sprache in die Dichtung. Bildlichkeit in Texten Herta Müllers*. Frankfurt a.M. u.a. 1997, 53–62.
Schulte, Sanna: *Bilder der Erinnerung. Über Trauma und Erinnerung in der literarischen Konzeption von Herta Müllers* Reisende auf einem Bein *und* Atemschaukel. Würzburg 2015.
Şenocak, Zafer: Doppelmann (1985). In: Ders.: *Übergang: Ausgewählte Gedichte 1980–2005*. München 2005, 147.
Sölçün, Sargut: „Gespielte Naivität und ernsthafte Sinnlichkeit der Selbstbegegnung. Inszenierungen des Unterwegsseins in Emine Sevgi Özdamars Roman ‚Die Brücke vom Goldenen Horn'". In: Aglaia Blioumi (Hg.): *Migration und Interkulturalität in neueren literarischen Texten*. München 2002, 92–111.
Stanišić, Saša: *Herkunft*. München 2019.
Statistisches Bundesamt: Pressemitteilung Nr. 314 (21.8.2019), https://www.destatis.de/DE/Presse/Pressemitteilungen/2019/08/PD19_314_12511.html (2.12.2019).
Tanzer, Harald: „Deutsche Literatur türkischer Autoren". In: Klaus Schenk/Almut Todorow/Milan Tvrdík (Hg.): *Migrationsliteratur. Schreibweisen einer interkulturellen Moderne*. Tübingen 2004, 301–316.
Tawada, Yoko: *Nur da wo du bist, da ist nichts*. Tübingen 1987.
Tawada, Yoko: „Wo Europa anfängt". In: Dies.: *Wo Europa anfängt*. Tübingen 1991, 65–88.
Tawada, Yoko: *Das Bad*. Tübingen ³1993 (EA 1989).
Tawada, Yoko: *Ein Gast*. Tübingen 1993.
Tawada, Yoko: „Der Faltenmann vom Sumida-Fluß". In: Dies.: *Tintenfisch auf Reisen. 3 Geschichten*. Tübingen ²1996, 135–201.
Tawada, Yoko: „Der Hundebräutigam". In: Dies.: *Tintenfisch auf Reisen. 3 Geschichten*. Tübingen ²1996, 77–135.
Tawada, Yoko: „Fersenlos". In: Dies.: *Tintenfisch auf Reisen. 3 Geschichten*. Tübingen ²1996, 9–77.
Tawada, Yoko: *Talisman. Literarische Essays*. Tübingen 1996.
Tawada, Yoko: *Tintenfisch auf Reisen. 3 Geschichten*. Tübingen ²1996 (EA 1994).
Tawada, Yoko: „Bilderrätsel ohne Bilder". In: Dies.: *Nur da wo du bist, da ist nichts*. Tübingen ³1997, 7–55.
Tawada, Yoko: „Das Tor des Übersetzers oder Celan liest Japanisch". In: Dies.: *Talisman. Literarische Essays*. Tübingen ⁵2000, 121–134.
Tawada, Yoko: „Der Klang der Geister". In: Dies.: *Talisman. Literarische Essays*. Tübingen ⁵2000, 109–120.

Tawada, Yoko: „Die Mineralogie der Liebe". In: Dies.: *Talisman. Literarische Essays*. Tübingen ⁵2000, 81–90.
Tawada, Yoko: „Eigentlich darf man es niemandem sagen, aber Europa gibt es nicht". In: Dies.: *Talisman. Literarische Essays*. Tübingen ⁵2000, 45–51.
Tawada, Yoko: *Opium für Ovid*. Tübingen 2000.
Tawada, Yoko: *Spielzeug und Sprachmagie in der europäischen Literatur. Eine ethnologische Poetologie*. Tübingen 2000.
Tawada, Yoko: „Von der Muttersprache zur Sprachmutter". In: Dies.: *Talisman. Literarische Essays*. Tübingen ⁵2000, 9–15.
Tawada, Yoko: *Verwandlungen. Tübinger Poetik-Vorlesungen*. Tübingen ²2001 (EA 1998).
Tawada, Yoko: *Überseezungen*. Tübingen 2002.
Tawada, Yoko: *diagonal* (Hörbuch mit Aki Takase). Tübingen 2002.
Tawada, Yoko: *Das nackte Auge*. Tübingen 2004.
Trojanow, Ilija: *Der Weltensammler*. Frankfurt a.M. u.a. 2006.
Thurm, Frida: „Klingt stark, ist schwach" (2019). In: *Die Zeit*, https://www.zeit.de/politik/deutschland/2019-10/massnahmenpaket-rechtsextremismus-bundesregierung-kabinett-antisemitismus-praevention (09.06.2021).
Todorow, Almut: „,Das Streunen der gelebten Zeit'. Emine Sevgi Özdamar, Herta Müller, Yoko Tawada". In: Klaus Schenk (Hg.): *Migrationsliteratur. Schreibweisen einer interkulturellen Moderne*. Tübingen/Basel 2004, 25–50.
Uerlings, Herbert: „Landnahme und Sklaverei. Postkoloniale Perspektiven in Hans Christoph Buchs *Sansibar Blues*". In: Michaela Holdenried/Anna-Maria Post (Hg.): *„Land in Sicht!" Literarische Inszenierungen von Landnahmen und ihren Folgen*. Berlin 2021, 147–166.
Uysal-Ünalan, Saniye: *Interkulturelle Begegnungsräume. Neue Identitätskonstruktionen in der türkisch-deutschen Gegenwartsliteratur*. Würzburg 2013.
Vlasta, Sandra: „Das Ende des ‚Dazwischen'. Ausbildung von Identitäten in Texten von Imran Ayata, Yadé Kara und Feridun Zaimoglu". In: Helmut Schmitz (Hg.): *Von der nationalen zur internationalen Literatur. Transkulturelle deutschsprachige Literatur und Kultur im Zeitalter globaler Migration*. Amsterdam 2009, 101–116.
Wagner-Egelhaaf, Martina: „Verortungen. Räume und Orte in der transkulturellen Theoriedebatte und in der neuen türkisch-deutschen Literatur". In: Hartmut Böhme (Hg.): *Topographien der Literatur. Deutsche Literatur im transnationalen Kontext*. Stuttgart/Weimar 2005, 745–768.
Waldenfels, Bernhard: *Grundmotive einer Phänomenologie des Fremden*. Frankfurt a.M. 2006.
Weigel, Sigrid: „Laudatio auf Yoko Tawada". In: *Jahrbuch der Bayerischen Akademie der Schönen Künste* 10 (1996), 373–377.
Weissmann, Dirk: „Von Özdamar zu Petrowskaja und weiter. Interkulturelle Literatur und Literaturpreise im deutschsprachigen Raum unter besonderer Berücksichtigung des Ingeborg Bachmann-Preises". In: *Études Germaniques* 72/3 (2017), 337–352.
Wenzel, Olivia: *1000 Serpentinen Angst. Roman*. Frankfurt a.M. 2020.
Wettig, Hanna: „Nur für Eingeweihte. N-Wort, Sl*ts und Triggerwarnung – die neuen linken Sprachpraktiken schaffen vor allem eines: neue Ausschlüsse". In: *analyse&kritik Sonderheft: Critical Whiteness. Debatte um antirassistische Politik und nicht diskriminierende Sprache* (Herbst 2013), 22–23.
Wierlacher, Alois (Hg.): *Kulturthema Fremdheit. Leitbegriffe und Problemfelder kulturwissenschaftlicher Fremdheitsforschung*. München 1993.
Wierlacher, Alois (Hg.): *Kulturthema Toleranz. Zur Grundlegung einer interdisziplinären und interkulturellen Toleranzforschung*. München 1996.
Wikipedia: „Abbas Khider (2021)", https://de.wikipedia.org/wiki/Abbas_Khider (9.5.2021).
Wikipedia: „Aras Ören (2021)", https://de.wikipedia.org/wiki/Aras_Ören (9.5.2021).
Wright, Michelle: „Others-from-within from Without. Afro-German Subject Formation and the Challenge of a Counter-Discourse". In: *Callaloo* 26.2 (2003), 296–305.
Yeşilada, Karin: „Türkischdeutsche Literatur". In: Tayfun Demir (Hg.): *Türkischdeutsche Literatur. Chronik literarischer Wanderungen*. Duisburg 2008, 11–15.
Zaimoglu, Feridun: *Kanak Sprak. 24 Mißtöne vom Rande der Gesellschaft*. Hamburg 1995.
Zierau, Cornelia: *Wenn Wörter auf Wanderschaft gehen... Aspekte kultureller, nationaler und geschlechtsspezifischer Differenzen in deutschsprachiger Migrationsliteratur*. Tübingen 2009.

7 Ausblick und zukünftige Arbeitsfelder einer Interkulturellen Literaturwissenschaft

7.1 Entwicklungen und Perspektiven gegenwärtiger Interkultureller Literaturwissenschaft

Interkulturelle Literaturwissenschaft ist an mehreren Universitäten bereits curricular verankert, sei es als Masterstudiengang, sei es als Beifach zum Erwerb interkultureller Kompetenz. Andere Disziplinen integrieren Interkulturalität ebenfalls in ihre Lehrpläne. Interkulturalität ist also längst aus dem Stadium des Projekts, von dem Heimböckel und Weinberg noch 2014 sprachen, in das seiner eigenen „Fortschreibung" (Heimböckel/Weinberg 2014, S. 119) eingetreten. Umso wichtiger ist es, dass die theoretische Selbstverständigung weiter vorangetrieben wird. Denn ähnlich wie in den Postcolonial Studies werden mit der voranschreitenden Integration in akademischen Betrieb und Gesellschaft auch Stimmen laut, die zum Teil berechtigte Kritik an der Vagheit etwa der Terminologie oder auch an der Einsetzbarkeit interkultureller Paradigmen für die literaturwissenschaftliche Analyse äußern.

Das **Ziel** sollte sein, dass eine kulturwissenschaftlich und interkulturell ausgerichtete Germanistik tatsächlich, wie zu Beginn des *Cultural turns* gefordert (vgl. Abschn. 2.1 und 4.2), zu einem Leitbild für die Geisteswissenschaften wird. Kulturwissenschaftliche Globalparadigmen wie ‚Interkulturalität' müssen demnach sowohl als umfassendes Fundament für eine Bündelung von theoretischen Ansätzen dienen können als auch fachspezifisch als literaturwissenschaftliches Analyseinstrument einsetzbar sein.

Eine in sich kohärentere Theorie und Methodologie im Sinne einer Super-Theorie statt eines bislang eher als **„Methodenbaukasten"** (vgl. Engel 2001, S. 19 f., Hervorh. M.H.) fungierenden Ansatzes wird es wohl auch weiterhin nicht geben; schon Engel sah das Verschwinden monolithischer Methoden (wie ‚die' Sozialgeschichte der Literatur, ‚die' textimmanente Methode etc.), jedoch als Gewinn und nicht als Verlust. Man kann es durchaus so sehen: Der noch in den 1990er Jahren starke ethnomethodologische Theorieimport in die Literaturwissenschaft als „Fremdeforschung" (Scherpe/Honold 2001, S. 1; vgl. auch den SFB 511: Literatur und Anthropologie) war von begrenzter Dauer, nicht aber das, was Ortrud Gutjahr als besonders hervorzuhebende Leistung des interkulturellen Paradigmas beschrieb: die „Aufmerksamkeitsverlagerung bei Sprach-, Text- und Medienanalysen hin zu Alteritätskonstellationen, Fremdzuschreibungen, Formen der Liminalität, Akten der Transgression und Prozessen der Transformation" (Gutjahr 2012, S. 18).

Zur stärkeren Profilierung dürfte gerade die **Verständigung über Abgrenzungen** entschieden beitragen; wenn der Status quo der Methodendebatten dadurch geprägt ist, dass es keine Imagologie in ihrer bisherigen, ideologiekritischen Spielart, keine Hermeneutik im Sinne der Gadamer'schen ‚Horizontverschmelzung', überhaupt keine Hermeneutik mit ihrer Privilegierung eines möglichen Sinnverstehens von ‚Fremdkulturen', keine Inter-, sondern Transkulturalität geben sollte, dann läge es nahe, den Praxistest zu machen, einen Schritt zurückzutreten und eher auf „viele gemeinsame Schnittmengen" (ebd., S. 19) hinzuweisen. *Tertium datur* – weder im Kultur- noch im Textbegriff müssen Ausschließungskriterien für die Gegensetzung von Inter- und Transkulturalität liegen; worauf Norbert Mecklenburg (2008, S. 93) längst überzeugend hingewiesen hat.

Gerade hier sind **Anstöße aus der ‚Auslandsgermanistik'** mit ihrem über die ‚inlandsgermanistischen' theoretischen Animositäten hinausreichenden ‚schrägen Blick' – oder anders gesagt: mit Unerschrockenheit vor unfruchtbaren Theoriedebatten – sehr fruchtbar. Andrea Leskovec hat in ihrer Einführung einen solchen Integrationsvorschlag gemacht, der über das Waldenfels'sche handlungsorientierte Interkulturalitätskonzept einen „alternativen hermeneutischen Ansatz" birgt (Leskovec 2009, S. 8). Sehr kritisch wird der Verkürzung der interkulturellen Hermeneutik zur landeskundlichen Reduktion von Fremdheitsaspekten (oder auch dem Beharren auf Universalien, wie sie in den Wierlacher'schen ‚Kulturthemen' zum Ausdruck kamen) ein Konzept radikaler ästhetischer Fremdheit entgegengesetzt. Solche Verkürzungen von ‚Fremdheit' auf ‚kulturelle Fremdheit/ Alterität' dürften indes nicht nur in der ‚Auslandsgermanistik' durch viele Studien der letzten Jahre verabschiedet worden sein. Mehr als in den Anfangszeiten einer Beschäftigung mit ‚Migrationsliteratur' ist auch das Gespür für die **ästhetische Eigenqualität interkultureller Literatur** gewachsen, und zwar in dem Maße, wie diese selbst sich auch von den (auto-)biographischen Schreibweisen entfernte. Ein Roman wie Stanišić' *Herkunft* (2019) hat mit der ‚Heimwehliteratur' der Anfänge kaum mehr etwas gemein. Nicht nur in den Bereichen der fremdsprachlichen Literaturvermittlung hat sich demnach in den letzten Jahrzehnten bereits viel getan – auch die interkulturelle literarische Praxis hat sich entschieden gewandelt.

Die **Postkolonialen Studien** haben nicht nur die Interkulturelle Literaturwissenschaft beeinflusst, sie sind vielmehr ein so dominierender Teil davon, dass sie deren Außenwahrnehmung wie auch die Theorieentwicklung wesentlich mitbestimmen. Dies hat Vor- und Nachteile. Dass die Übertragbarkeit auf deutsche postkoloniale Verhältnisse ein erst im Ansatz sichtbares Problemfeld darstellt, wurde bereits angesprochen (s. Abschn. 4.4). Ferner krankt die praktische Verwendbarkeit nicht zuletzt auch an terminologischen Unschärfen, die zu einer kaum je präzisen, ja inflationären Verwendung der Kernbegrifflichkeiten wie ‚Hybridität', ‚Mimikry', ‚Dritter Raum' führen. Was hybride Identitäten in Texten (wie etwa Yadé Karas *Selam Berlin*, s. Abschn. 6.2) vorführen, wie sie narrativ organisiert sind, weshalb wir überhaupt von einem Konzept wie *cross cutting identities* ausgehen können – welche identitätstheoretische Fundierung es also dafür gibt –, muss in textanalytischer Genauigkeit und im Rückgriff auf einschlägige interkulturelle Konzepte der Sozialpsychologie gezeigt werden können (vgl. Straub 2019).

Dass generell mehr Vorsicht im Umgang mit Literatur, die sich mit der Fremde beschäftigt, angebracht ist, das sei hier nur noch einmal betont. Manches in neueren interkulturell-postkolonialen Studien als ‚protokolonialer Verdachtsfall' gehandelte Phänomen hat vielleicht ganz andere Antriebsmomente als das einer quasi-kolonialistischen Vereinnahmung; darauf wurde in Übereinstimmung mit Monika Albrechts **Mahnrufen** der letzten Jahre in Kap. 5 bereits hingewiesen. Universalistische Geltungsansprüche, wie Jean-François Bayart (2009) sie an den Postcolonial Studies kritisierte, sollten diesen doch eigentlich fremd sein – insofern sind die **stetige kritische Selbstreflexion** der eigenen theoretischen Reichweite und die anwendungsorientierte Praktikabilität in Bezug auf literarische Analysen unverzichtbar.

Von größter Bedeutung für das Gelingen institutioneller Dauereinbindung ist auch die **Kanonfrage.** Hofmann betonte in seiner Einführung zwar (2006, S. 8), dass ‚der' Kanon unter interkulturellen Aspekten einer ‚Re-Lektüre' unterworfen werden kann (und soll), doch führten die Auswahlkriterien, mit denen interkulturell ‚einschlägige' Texte nicht nur bei ihm, sondern in der Regel ausgewählt wurden, im Gegensatz zu dieser intendierten Ausweitung zu einem eher schmalen Kanon, wie an einigen der Sammelbände in den letzten zehn Jahren zu zeigen wäre.

Während es also eigentlich um eine **Erweiterung des deutschsprachigen Kanons** durch Interkulturalität gehen soll, bewirkte diese Selbstbeschränkung aufgrund thematischer Zentrierungen das Gegenteil. Themen wie Kulturbegegnungen, Exilerfahrungen, Migration und Erfahrungen der Diskriminierung, Gattungen wie Reiseliteratur und bestimmte Autor/innen standen lange Zeit im Zentrum einer sich erst organisierenden Interkulturellen Literaturwissenschaft. Ohne Joseph Conrads *Heart of Darkness* (1899), Kleists *Verlobung in St. Domingo* (1811), seit einiger Zeit Raabes Werk, Peter Altenbergs *Ashantee*-Skizzen (1897) schien keine Neusichtung des Kanons auszukommen. Dass diese Texte dann notwendig ‚überforscht' sind, hat inzwischen auch zu einer umwegigen Korpuserweiterung geführt, in der etwa Kafkas *Wunsch, Indianer zu werden* (1913), Eichendorffs *Eine Meerfahrt* (1836/1864), Döblins *Amazonas*-Trilogie (1935–1937), um nur einige zu nennen, Aufnahme gefunden haben. Dabei wird es jedoch ebenfalls nicht bleiben.

Unschwer ist der inhaltliche Referenzrahmen auch für diese intendierten Kanonerweiterungen zu erkennen: Zwar geht es nun auch um eine phantasmatische, exotistische, auf ‚Kolonialphantasien' rekurrierende, also mentalitätsgeschichtliche, psychoanalytisch orientierte Erweiterung der Textbasis, doch bleibt diese dem **Gegenstandsbereich Kulturbegegnung/Fremdes/Alterität** verhaftet, was in gewisser Weise auch naheliegend ist. Kanonkritik führt nicht notwendig zu einer Kanonerweiterung, sondern kann auch zu blickverengender Selbstbeschränkung werden.

Doch sind gerade in den letzten Jahren Studien erschienen, die den Horizont deutlich über diesen Fokus hinaus ausgedehnt haben; dazu trugen nicht nur Sonderforschungsbereiche wie in Trier (SFB 600: *Fremdheit und Armut. Wandel von Inklusions- und Exklusionsmechanismen von der Antike bis zur Gegenwart*, 2002–2012) und ihre thematischen Erweiterungen bei (vgl. die SFB 511: *Literatur und Anthropologie,* Konstanz 1996–2002; SFB 485: *Norm und Symbol. Die kulturelle Dimension sozialer und politischer Integration,* Konstanz 2000–2009; SFB 525: *Internationalität nationaler Literaturen,* Göttingen 1997–2001; SFB 1171: *Affective Societies – Dynamiken des Zusammenlebens in bewegten Welten,* seit 2015 an der FU und TU Berlin), sondern auch einzelne Studien, die Epochen und Gattungen für die interkulturelle Literaturgeschichte erschlossen haben, die nicht genuin zu deren Kernbereichen zählen, zuletzt etwa der Sturm und Drang bei Stefan Hermes (2021) oder auch Dorfgeschichten und Volkskalender des 19. Jahrhunderts bei Anna-Maria Post (i. E.).

Mit einem Blick auf die lange Zeit gängige **Zentralstellung deutschtürkischer Literatur** innerhalb der Interkulturellen Literaturwissenschaft möchte ich die Bestandsaufnahme der Entwicklungen und ihrer Desiderate abschließen. Hofmann hat mit seiner problematischen Analogisierung postkolonialer mit deutsch-türkischer Literatur dazu beigetragen, dass der interkulturelle Kanon in großem Maße durch deutsch-türkische Literatur repräsentiert zu sein schien; in der Außenwirkung wurde sie gerne auf dieses Segment verkürzt. Diese Ungleichgewichtigkeit unterschlägt indessen nicht nur die Weite des immer breiteren Spektrums interkultureller Literatur, sie zeigt auch, dass Forschungsschneisen etwas von einer Selffulfilling Prophecy haben: Wenn es schon einen *turkish turn* (Leslie Adelson) geben soll, so wird er auch entsprechend erforscht. Dadurch gerät aber genau die Mannigfaltigkeit aus dem Blick, die interkulturelle Literatur in Deutschland prägt (wie schon in Chiellinos Handbuch [2000] deutlich zu sehen war), sie engt ferner die Aufmerksamkeitslenkung auf ein paar wenige bekannte und anerkannte Autor/innen noch mehr ein.

Das Problem einer mit kategorialen Erfassungen arbeitenden Literaturwissenschaft besteht gerade darin, dass sie Autor/innen, zwischen denen es himmelweite Unterschiede gibt, unter einem Etikett zusammenfasst: *Die* deutsch-türkische Literatur gibt es nicht – selbst für Literaturwissenschaftler/innen ist die Anzahl von Autor/innen mit türkischem Hintergrund fast unüberschaubar geworden. Tatsächlich einem breiteren Publikum bekannt sind jedoch nur einige wenige von ihnen: Emine Sevgi Özdamar, Feridun Zaimoglu, der publizistisch sehr präsent ist, und in jüngerer Zeit Zafer Şenocak. Obgleich Leslie Adelsons These vom „turkish turn in contemporary German literature" (vgl. Adelson 2005) allzu plakativ ist, weil sie die Vielfalt der interkulturellen Literatur einengt auf eine numerisch starke Gruppe, erfasst sie doch eine Tendenz ganz richtig, die darin besteht, dass Autor/innen mit türkischem Hintergrund publizistisch präsenter waren als Autor/innen mit anderem Hintergrund und entsprechend von der Öffentlichkeit wahrgenommen wurden. Zu dieser verstärkten Wahrnehmung deutsch-türkischer Künstler/innen hat Fatih Akins Gewinn des Goldenen Bären bei der Berlinale 2004 sicherlich einen erheblichen Beitrag geleistet. Mittlerweile sind andere Gruppierungen ins mediale Aufmerksamkeitsfeld gerückt, vor allem **osteuropäische Autor/innen** (vgl. Aumüller/Willms 2020). Aumüller/Willms weisen in ihrer Einleitung darauf hin, dass diese Gruppe auch numerisch stärker geworden ist als die deutsch-türkische, was mit der insgesamt gestiegenen Anzahl von „slavischen Herkunftssprechern" zusammenhänge – diese „übersteigt mittlerweile auch den Anteil der türkischen Herkunftssprecher" (ebd., S. XI).

Es geht selbstredend auch bei interkulturellen Autor/innen um die **Besetzung eines Claims im Literaturmarkt.** Am Beispiel von zwei erfolgreichen Autor/innen – Yoko Tawada und Ilija Trojanow – kann man zeigen, was dies heute bedeuten kann: Beide verfügen über ein umfassendes theoretisches Wissen von Inter- und Transkulturalität, das sie zu völlig verschiedenen Zwecken einsetzen. Während Tawada als *poeta docta* in scheinbar naiver Weise alle ‚europäischen' Gewissheiten immer wieder infrage stellt, nutzt Trojanow sein Wissen in anderer Weise strategisch, indem er die rezeptiven Erwartungen an das, was interkulturelle Literatur sein soll, in vollem Umfang erfüllt, ja, übererfüllt. Dazu reicht bereits ein Blick auf die paratextuelle Gestaltung seiner Bücher, mit der biographischen Beglaubigung dessen, dass hier ein vielgereist-polyglotter Autor am Werk sei. Tawadas Paratexte enthalten zwar auch den Hinweis auf die lebensbestimmende Reise von Ost nach West, doch ist dieser deutlich metaphorisiert und gerade kein authentisches Biographem.

Eine **interkulturelle Rezeptionsforschung** hätte sich mit unterschiedlichen Transportwegen von Interkulturalität ins Innere des literarischen Feldes (oder des Kanons) zu befassen, wobei keine a priori auszuschließen wäre. Erfolgreich war immer schon diejenige ‚inter- oder transkulturelle' Literatur, die auf eine für das deutsche Publikum leicht konsumierbare Weise mit der sog. **Exotismus-Falle** umgeht, sei es, dass sie zwar wie Özdamar bestimmte (orientalistisch-exotistische) Erwartungen erfüllt, damit aber andere Inhalte transportiert (das Goldene Horn und andere exotische Versatzstücke kommen zwar vor, auch die farbig wirkende Sprache, doch wird gleichwertig die Situation der einsamen Ankunft und der Fremdheit ohne harmonisierende Verklärung dargestellt), sei es, dass sie mit der Exotismus-Falle spielt, ohne sie zuschnappen zu lassen.

Einer breiteren Publikumsgunst auch außerhalb der akademischen Leserschaft erfreuen sich mehr noch Autor/innen, die sich den **satirischen Clash of Civilizations** auf die Fahnen geschrieben haben; allerdings eher in der weichgespülten humoresken Version. Zu nennen wäre hier ein Autor wie Osman Engin, mit dem Helden Don Osman (*auf Tour,* 2007, über Urlaubsreisen, oder auch sein Krimi *Tote essen keinen Döner,* 2008). Dasselbe Erfolgskonzept hat auch Wladimir Kaminer bis an die Supermarktkassen gebracht.

Im Gegensatz zu diesen Autor/innen ohne großen literarischen Anspruch finden diejenigen Autor/innen am wenigsten Zuspruch, die sich bewusst mit der Exotismus-Falle auseinandersetzen, dabei aber entweder parodistisch-kritisch den Finger auf die Wunden des ‚*Clashs*' legen oder der Exotismus-Falle durch **experimentelle Schreibweisen** entgehen (wie eben Yoko Tawada, die eine eingeschworene, aber doch eher akademische Leser/innenschaft hat). Meines Erachtens sind dies die interessanteren Autor/innen, weil wir von ihnen am meisten über inter-/transkulturelle plurale Identitäten erfahren. Gerade deshalb aber ist ihr Werk auch anstrengender, weil es von uns als Leser/innen ebenfalls ständige Perspektivenwechsel verlangt.

Anstatt bestimmte Gruppierungen und einzelne Vertreter/innen interkultureller Literatur zu privilegieren sowie komplexitätsreduzierend einige wenige Texte und Autor/innen zu kanonisieren, hat die Interkulturelle Literaturwissenschaft in den letzten Jahren ein weiterentwickeltes textanalytisches Instrumentarium an der ganzen Breite des Feldes zu bewähren gesucht, anstatt es zu unifizieren. Anstelle der Identifizierung von scheinhomogenen Gruppen – *die* deutsch-türkische Literatur – sollte von einem umfassenden *intercultural turn* ausgegangen werden. Wobei es nicht darum gehen kann, alle interkulturellen Literaturgruppen durchzudeklinieren, vielmehr wäre bspw. nach Verbindungen mit anderer deutschsprachiger Literatur zu fragen – etwa in Bezug auf narrative Konstruktionen, Themenbereiche, Problemfelder –, also Einflussforschung im besten Sinne zu betreiben.

Um diese Bestandsaufnahme knapp zusammenzufassen und die **Desiderata** zu benennen:

1. Mit der Institutionalisierung von Interkulturalität in vielen Disziplinen, die noch zunehmen wird, muss die Interkulturelle Literaturwissenschaft ihr **Theorie- und Methodenarsenal noch weiterentwickeln.** Statt die Gegensätze unterschiedlicher Ansätze wie Trans- vs. Interkulturalität zu verabsolutieren, sollte an ihren Verbindungen gearbeitet werden (im Hinblick auf Transkulturalität scheinen die Veröffentlichungen der letzten Jahre im Übrigen deren geringere Akzeptanz zu bestätigen).
2. Präzisere Definitionen und Abklärung (bzw. Erweiterung) der Aufgabenfelder sollen dazu führen, eine Xenologie nicht als Supradisziplin zu etablieren, sondern diese stets mit Literaturwissenschaft rückzuvermitteln. Eine solche **kulturwissenschaftlich orientierte xenologisch ausgerichtete Literaturwissenschaft** ist in Einzelstudien bereits weiter gediehen. Eine zu verstärkende Interdisziplinarität – mit der Sozialpsychologie (etwa Straub, Welzer), mit der Ethnomethodologie, mit Interkultureller Philosophie (Fink-Eitel, Waldenfels) u. a. – sollte stets im Abgleich mit der konkreten literaturwissenschaftlichen Analyse erfolgen.
3. Die eigenständige Qualität der Literatur sollte niemals aus dem Blick geraten – vielmehr sind Ansätze weiterzuentwickeln, die gerade die spezifische Verfasstheit, die *Die Struktur des künstlerischen Textes* (Lotman 1973) aufzuschlüsseln

vermögen. Eine weiterzuentwickelnde **Interkulturelle Narratologie** wäre hierzu methodisch sinnvoll und wichtig.

7.2 Arbeitsfelder einer zukünftigen Interkulturellen Literaturwissenschaft

Betrachtet man das Themenspektrum neuerer Bände zur Interkulturalität, so zeigt sich, dass ‚Aspekte kultureller Pluralität' von den unterschiedlichsten disziplinären Perspektiven aus reflektiert werden. In Philosophiegeschichte, Bildungsethnologie, Erziehungswissenschaft und Entwicklungspsychologie wird zu Interkulturalität auch diachron geforscht (vgl. Rauh 2017). Festschriften verzeichnen „Interkulturelle Bewegungen in Literatur, Theater und Film" (Lempp/ Schmidt/Thiemann 2020), mit einem breiten Panorama von Cervantes und Shakespeare bis zum Planetenroman und zu Hinweisen auf interkulturelle Weiterungen. Der umfassende Band zur 2016 abgehaltenen Tagung der Gesellschaft für Interkulturelle Germanistik in Ústí nad Labem und Prag zeigt, in welcher Breite sich Interkulturalität als Forschungsparadigma bereits etabliert hat (vgl. Cornejo/Schiewer/Weinberg 2020). Die Themenfelder reichen hier von der ‚Chamisso-Literatur' – nach dem Chamisso-Preis – überschriebenen Sektion mit manch üblichen Verdächtigen wie Özdamar, aber auch neueren Werken Tawadas und ihrer Integration japanischer Zeichen in die deutschen Texte über eine Sektion zu Migration und Flucht, einer zu Identitäten und Kontexten zwischen Türkei, Wien, Afrika, Amerika, zwischen Koran und Kafka, Nibelungen und afrikanischen Märchen bis zu Mehrsprachigkeit und interkultureller Linguistik.

Manche der zukünftigen Arbeitsfelder wurden in der vorliegenden Einführung bereits benannt und im Ansatz skizziert. So dürfte **diachrone Interkulturalität** ein wichtiges Gebiet weiterer Forschungen sein und bleiben (vgl. dazu Wiegmann 2018). **Mehrsprachigkeit in der Literatur** ist ein relativ neuer Forschungszweig, zu dem seit 2017 auch ein Handbuch vorliegt (vgl. Dembeck/Parr 2017) und zu welchem zunehmend Bände erscheinen (zuletzt Siller/Vlasta 2020). Sprachbiographien sind oft schon bei einsprachigen Sprecher/innen durch Brüche geprägt, etwa zwischen dialektaler Sozialisation und schulisch-universitärer Normierung durch ‚Hochsprachigkeit', wie viel mehr noch bei mehrsprachigen Autor/innen im ‚Sprachexil'. Für die Literatur dieser Autor/innen kann dies nicht ohne Folgen bleiben; für Interkulturelle Literaturwissenschaft ist die wachsende Einsicht in Mehrsprachigkeit/Polyphonie daher ausgesprochen wichtig.

Ähnlichkeit als interkulturelles Paradigma wurde ebenfalls schon angesprochen, als Versuch, über die binären Konstellationen von Eigen- und Fremdkultur hinauszugelangen (vgl. Bhatti/Kimmich 2015). Dass ein ‚Ähnlichkeitsdenken' neue Perspektiven zu eröffnen vermag, ist unzweifelhaft. Dass es dazu jedoch über die „Evidenz für die Anschauung" (Maeda 2018, S. 7) hinaus weiterer Schärfungen des Begriffs – ein weiterer Vagheitsverdachtsfall im interkulturellen Feld – bedarf, ist ebenso klar. Doch vorläufig mag es genügen, mit

Bhatti/Kimmich „Ähnlichkeit [...] als universalistische, humanistische Perspektive zu verstehen und als ‚Suchbegriff' zu verwenden" (2015, S. 26).

Wissensforschung war in den letzten Jahren eine wichtige Domäne innerhalb der Germanistik; zahlreiche Bände zeugen von ihrer Ergiebigkeit. Nicht ausbleiben konnte die Forderung, auch das Nichtwissen miteinzubeziehen; im Forschungsumfeld des HKFZ Trier entstand der Band *Versteckt – Verirrt – Verschollen. Reisen und Nichtwissen* (Gradinari/Müller/Pause 2016). Schon 2012 hatte Dieter Heimböckel mit Verve die Forderung erhoben, **„Interkulturalitäts- als Nichtwissensforschung"** zu betreiben, weil es ins Zentrum der xenologischen Rahmung führe: „Im Nichtwissen über das Fremde generiert Interkulturalität ihr grenzüberschreitendes (und vielleicht auch provokatives) Potential." (Heimböckel 2012, S. 37; Hervorh. M.H.) Und zuletzt sei noch ein Feld benannt, das längst breiter ins Visier hätte genommen werden müssen – das möglicherweise aber auch den Spätfolgen des Wierlacher'schen Toleranzedikts zum Opfer fiel: Spätestens seit Huntington und dessen deutscher Variante Thilo Sarrazin müsste klar sein, dass auch die „ästhetische[] Präsentation von **Kulturkonflikten**" (Schmeling 2000, S. 9; Hervorhebung M.H.) zum genuin interkulturellen Aufgabengebiet gehört.

7.3 Praxisfelder

Es liegt in der Natur einer Einführung, dass hier nur angerissen werden kann, was mögliche Praxisfelder sein könnten, nachdem man einen MA in Interkultureller Literaturwissenschaft erworben hat. Ein Blick in Zeitungen und Zeitschriften von überregionaler Bedeutung kann jedoch einige Hinweise geben: Die *F.A.Z.* druckte 2014 einen ‚interkulturellen' Praxistest der Carl Duisberg Centren für Geschäftspartner (vgl. *F.A.Z.* 13./14.12.2014, C1). Ratgeber mit sehr sprechenden Titeln wie *Warum keiner die Chinesen versteht* (Himmelmann/Hungerbach 2008) oder *Die Axt im Chrysanthemenwald. 50 Wege sich in Japan zu blamieren* (Fels/ Fels 2008) sollen der Vermeidung interkultureller Fettnäpfe dienen. Das Land Baden-Württemberg gibt unter dem Titel *Interkultur für alle* einen *Praxisleitfaden für die Kulturarbeit* (2015) heraus, die Zeitschrift *Mondial* informiert seit 2012 über interkulturelle Perspektiven und die Bosch Stiftung finanzierte nicht nur den Chamisso-Preis, sondern auch eine Broschüre mit dem vielsagenden Titel *Chamisso – viele Kulturen – eine Sprache*. Und in Zeitschriften wie der ZIG *(Zeitschrift für interkulturelle Germanistik)* wird der *state of the art* interkultureller Forschung publiziert.

Arbeits- und Berufsbereiche sind entsprechend vielfältig: von der Mitarbeit an Zeitungen und Zeitschriften über Veranstaltungen und Ausstellungen in Literatur- und Kultureinrichtungen hin zur (über-)regionalen Kulturarbeit und zur Beratung im wirtschaftlichen Bereich. Manche Praxisfelder ergeben sich durch Zusammenarbeit von Institutionen wie Kirche und Hochschulen – so entsteht ganz aktuell etwa ein Zeitzeuginnen-Archiv mit Biographien von Migrantinnen, online angelegt von der Katholischen Hochschule Freiburg und der Hochschule Furtwangen University (www.heridea.de) –, aber auch durch Neuausrichtungen oder gar durch Gründung neuer Verlage wie etwa *Transcript,* der sich Interkulturalität mit einem enorm breiten Spektrum auf die Fahnen geschrieben hat.

Interkulturelle Kompetenz ist sicher einer der *emerging markets;* interkulturelles Training, interkulturelle Lesewettbewerbe, interkulturelles Urban Gardening etc. – der interkulturellen Praxis sind keine Grenzen gesetzt. Die Potenziale der Interkulturellen Literaturwissenschaft sind dementsprechend vielfältig und ihr Geltungsbereich noch keineswegs ausgeschritten. Dies gilt auch für die Berufsfelder, welche gegenwärtig entstanden sind und weiterhin neu entstehen werden.

Literatur

Adelson, Leslie: *The Turkish Turn in Contemporary German Literature. Toward a New Critical Grammar of Migration.* New York u.a. 2005.
Aumüller, Matthias/Willms, Weertje (Hg.): *Migration und Gegenwartsliteratur.* Paderborn 2020.
Bayart, Jean Fançois: „En finir avec les etudes postcoloniales". In: *Debat Paris* 154/2 (2009), 119–140.
Bhatti, Anil/Kimmich, Dorothee (Hg.): *Ähnlichkeit. Ein kulturtheoretisches Paradigma.* Konstanz 2015.
Chiellino, Carmine (Hg.): *Interkulturelle Literatur in Deutschland. Ein Handbuch.* Stuttgart/Weimar 2000.
Cornejo, Renata/Schiewer, Gesine Lenore/Weinberg, Manfred (Hg.): *Konzepte der Interkulturalität in der Germanistik weltweit.* Bielefeld 2020.
Dembeck, Till/Parr, Rolf (Hg.): *Literatur und Mehrsprachigkeit. Ein Handbuch.* Tübingen 2017.
Engel, Manfred: „Kulturwissenschaft/en – Literaturwissenschaft als Kulturwissenschaft – Kulturgeschichtliche Literaturwissenschaft". In: *KulturPoetik* 1 (2001), 8–36.
Fink-Eitel, Hinrich: *Die Philosophie und die Wilden. Über die Bedeutung des Fremden für die europäische Geistesgeschichte.* Hamburg 1994.
Fels, Kerstin/Fels, Andreas: *Die Axt im Chrysanthemenwald. 50 Wege sich in Japan zu blamieren.* Kaarst 2008.
Gradinari, Irina/Müller, Dorit/Pause, Johannes: *Versteckt – Verirrt – Verschollen. Reisen und Nicht-Wissen.* Wiesbaden 2016.
Gutjahr, Ortrud: „Interkulturalität als Forschungsparadigma und Herausforderung der Germanistik". In: Dies./Deniz Göktürk/Alexander Honold (Hg.): *Interkulturalität als Herausforderung und Forschungsparadigma der Literatur- und Medienwissenschaft.* Frankfurt a.M. u.a. 2012, 17–22.
Heimböckel, Dieter: „Interkulturalitäts- als Nichtwissensforschung". In: Ortrud Gutjahr/Deniz Göktürk/Alexander Honold (Hg.): *Interkulturalität als Herausforderung und Forschungsparadigma der Literatur- und Medienwissenschaft.* Frankfurt a.M. u.a. 2012, 35–39.
Heimböckel, Dieter/Weinberg, Manfred: „Interkulturalität als Projekt". In *Zeitschrift für interkulturelle Germanistik* 5/2 (2014), 119–144.
Hermes, Stefan: *Figuren der Anderen. Völkerkundliche Anthropologie und Drama im Sturm und Drang.* Bielefeld 2021.
Himmelmann, Hermann/Hungerbach, Jürgen: *Warum keiner die Chinesen versteht und wie man mit ihnen trotzdem Geschäfte macht.* München 2008.
Hofmann, Michael: *Interkulturelle Literaturwissenschaft. Eine Einführung.* Paderborn 2006.

Lempp, Felix/Schmidt, Jara/Thiemann, Jule (Hg.): *Fest – Spiel – Reise. Interkulturelle Bewegungen in Literatur, Theater und Film. Festschrift zu Ehren von Ortrud Gutjahr.* Würzburg 2020.

Leskovec, Andrea: *Fremdheit und Literatur. Alternativer hermeneutischer Ansatz für eine interkulturell ausgerichtete Literaturwissenschaft.* Berlin 2009.

Lotman, Jurij M.: *Die Struktur des künstlerischen Textes.* Frankfurt a.M. 1973.

Maeda, Ryozo: „Einleitung zum Sonderthema: Analogie – Ähnlichkeitsdenken in Literatur und Kultur". In: *Neue Beiträge zur Germanistik* 17/1 (2018), 7–14.

Mecklenburg, Norbert: *Das Mädchen aus der Fremde. Germanistik als interkulturelle Literaturwissenschaft.* München 2008.

Ministerium für Wissenschaft, Forschung und Kunst Baden-Württemberg (Hg.): *Interkultur für alle. Ein Praxisleitfaden für die Kulturarbeit.* Stuttgart 2015.

Post, Anna-Maria: „Der tiefe Blick ins innerste Leben des Volkes". Berthold Auerbach und die Völkerpsychologie, unveröffentlichtes Dissertationsmanuskript.

Rauh, Andreas (Hg.): *Fremdheit und Interkulturalität. Aspekte kultureller Pluralität.* Bielefeld 2017.

Scherpe, Klaus R./Honold, Alexander: „Auf dem Papier sind Indianer weiß, im Ritual die Weißen Farbig. Fremdheitsforschung in der Literaturwissenschaft". In: *Kakanienrevisited* (01.10.2011), http://www.kakanien-revisited.at/beitr/theorie/KScherpe1.pdf (20.03.2021).

Schmeling, Manfred: „Poetik der Hybridität – hybride Poetik? Zur ästhetischen Präsentation von Kulturkonflikten im multikulturellen Roman". In: *Komparatistik* (1999/2000), 9–17.

Siller, Barbara/Vlasta, Sandra (Hg.): *Literarische (Mehr)Sprachreflexionen.* Wien 2020.

Straub, Jürgen: *Die Macht negativer Affekte. Identität, kulturelle Unterschiede, interkulturelle Kompetenz.* Gießen 2019.

Waldenfels, Bernhard: *Topographie des Fremden.* Frankfurt a.M. ²1999.

Wiegmann, Eva (Hg.): *Diachrone Interkulturalität.* Heidelberg 2018.

Personenregister

A

Achebe, Chinua, 4, 14, 85
Acker, Marion, 224
Adelson, Leslie, 58, 59, 189, 202, 266
Ahmad, Ajiaz, 55
Aischylos, 123
Akin, Fatih, 7, 110–114, 267
Al-Mousli, Luna, 251
Al-Mozany, Hussain, 244
Albrecht, Corinna, 41
Albrecht, Monika, 74, 147, 148, 174, 265
Alemán, Mateo, 199
Ali, Luna, 251
Altenberg, Peter, 88, 144, 265
Amo, Wilhelm Anton, 235
Amodeo, Immacolata, 61, 195
Anderson, Benedict, 96
Anglade, René, 139, 140
Appadurai, Arjun, 82
Arnim, Achim von, 141
Arslan, Thomas, 111
Arslanoğlu, Ayşe, 233
Asenjieff, Elsa, 73
Ashcroft, Bill, 49, 50, 54
Asholt, Wolfgang, 187
Assmann, Aleida, 45, 186, 212
Assmann, Jan, 45
Ataman, Kutluğ, 112
Augé, Marc, 82, 217
Aumüller, Matthias, 267
Austen, Jane, 146
Aydemir, Fatma, 252
Ayim, May, 232, 235–238, 240, 243

B

Bachmann-Medick, Doris, 79–81, 170
Bachtin, Michail, 49, 104, 195
Bánk, Zsuzsa, 254

Barbetta, María Cecilia, 241
Barschel, Uwe, 218
Barthes, Roland, 224, 226, 228–232
Başer, Tevfik, 110
Bausinger, Hermann, 79
Bay, Hansjörg, 141, 142
Bayart, Jean-François, 265
Bazyar, Shida, 244
Beauvoir, Simone de, 38
Becker, Artur, 247
Becker, Lars, 111
Belfellah, Abdellatif, 247
Benhabib, Seyla, 48
Benjamin, Walter, 80, 86, 216, 225, 226, 230, 231
Benn, Gottfried, 157
Bergermann, Ulrike, 108
Bernhard, Thomas, 174
Bhabha, Homi, 6, 19, 22, 23, 36, 40, 46, 50, 54, 55, 63, 74, 80, 84, 86, 87, 97, 98, 184, 188, 201, 216
Bhatti, Anil, 48, 64, 134–136, 159, 269
Biernat, Ulla, 166
Binder, Karin, 213
Biondi, Franco, 56, 57, 245
Biskin, Nadire Y., 252
Bitterli, Urs, 93
Blaeulich, Max, 237
Blioumi, Aglaia, 61
Bloch, Ernst, 174
Blumenbach, Johann Friedrich, 235
Blumenberg, Hans, 175
Blumentrath, Hendrik, 13–15, 17, 45, 107
Boas, Franz, 82, 169
Boccaccio, Giovanni, 130
Böckelmann, Frank, 99, 148
Bodrožić, Marica, 246
Bogner, Andrea, 81

Bohm, Hark, 110
Bonsels, Waldemar, 152
Bosse, Anke, 133, 134
Bougainville, Louis Antoine de, 128
Bourgogne, Jean de, 124
Braese, Stephan, 160
Braidotti, Rosi, 216
Brecht, Bertolt, 109, 157
Breger, Claudia, 193, 227
Brentano, Clemens von, 141
Breyger, Yevgeniy, 254
Brie, Friedrich, 149
Brinkmann, Rolf Dieter, 165, 166
Brittnacher, Hans Richard, 141
Bronfen, Elisabeth, 22
Bronsky, Alina, 249
Brüns, Elke, 230
Brussig, Thomas, 196
Büchner, Georg, 90, 143, 219
Bühler-Dietrich, Annette, 204
Bülow, Bernhard von, 145
Burton, Richard, 106
Büscher, Wolfgang, 174
Butler, Judith, 40, 73

C
Caduff, Corina, 203
Caillié, René, 172, 173
Campe, Julius, 139
Campt, Tina, 236
Camus, Albert, 94
Capus, Alex, 88, 171, 237
Castro Varela, María do Mar, 54
Ceaușescu, Nicolae, 215
Celan, Paul, 231
Cervantes, Miguel de, 269
Chagall, Marc, 193
Chamisso, Adelbert von, 138
Chateaubriand, François-René de, 150
Chatwin, Bruce, 167
Chiellino, Carmine, 7, 60, 189, 190, 266
Chow, Rey, 99, 108
Clifford, James, 5, 79, 83
Conrad, Joseph, 4, 14, 52, 85, 102, 146, 164, 265
Cook, James, 129, 166
Cooper, James Fenimore, 53, 145
Cortés, Hernán, 87
Cotten, Ann, 255
Crapanzano, Vincent, 83
Çırak, Zehra, 252

D
Dal, Güney, 190, 252
Dalos, György, 254
Darko, Amma, 244
Darwin, Charles, 167
Däs, Nelly, 249
Dauthendey, Max, 151, 152, 155, 156
de las Casas, Bartolomé, 126
Delacroix, Eugène, 140
Deleuze, Gilles, 23, 46, 61
Dembeck, Till, 195
Derrida, Jacques, 15, 46, 50, 73, 108
Descartes, René, 43
Detering, Heinrich, 157, 183
Dhawan, Nikita, 54, 97
Diderot, Denis, 20, 128, 133
Dilthey, Wilhelm, 78
Dinev, Dimitré, 242
do Mar Castro Varela, María, 97
Döblin, Alfred, 14, 157, 159, 161, 265
Doma, Akos, 254
Dörr, Volker, 56, 58, 61, 62
Drewitz, Ingeborg, 166
Droste-Hülshoff, Annette, 145
Duala-M'bedy, Léopold-Joseph Bonny, 26
Dubiel, Jochen, 49, 51, 53, 98, 102, 103
Duerr, Hans Peter, 25
Dündar, Özlem Özgül, 252
Dunker, Axel, 14, 52–54, 88, 147, 153
Dunu, Elias O., 247
Dürbeck, Gabriele, 97
Durzak, Manfred, 89, 156

E
Eckermann, Johann Peter, 133
Edschmid, Kasimir, 150
Eichendorff, Joseph von, 265
Einstein, Carl, 14, 151, 157
Eke, Norbert Otto, 214
Elekes, Robert, 26
Elias, Norbert, 25
Engel, Manfred, 263
Engin, Osman, 191, 267
Enzensberger, Hans Magnus, 164, 165
Erdheim, Mario, 25, 81
Ernst, Max, 217
Esselborn, Karl, 16, 55, 56, 58
Ette, Ottmar, 235, 236
Euripides, 39, 40, 123

F

Fabian, Johannes, 92
Fachinger, Petra, 199
Faktor, Jan, 251
Fanon, Frantz, 84, 108
Fassbinder, Rainer Werner, 109, 110
Fatah, Sherko, 184, 244
Federmair, Leopold, 193, 194
Ferra, Ilir, 241
Fichte, Hubert, 169, 170
Fiedler, Leslie, 71, 72
Fink-Eitel, Hinrich, 25, 26, 268
Fischer, Michael, 83
Flaig, Egon, 236
Fleig, Anne, 224
Florack, Ruth, 96–99
Florescu, Cătălin Dorian, 203, 248
Flusser, Vilém, 61, 161, 175, 216
Fontane, Theodor, 88, 99, 142, 143, 145
Forgó, Léda, 254
Forster, Georg, 128, 129, 131, 137, 166
Foucault, Michel, 86
Francisci, Erasmus, 136
Franzetti, Dante Andrea, 250
Freud, Sigmund, 35, 40–42, 89, 101, 103, 171, 215
Freytag, Gustav, 142, 143
Frischmuth, Barbara, 191
Frühwald, Wolfgang, 78

G

Gadamer, Hans-Georg, 264
Gahse, Zsuzsanna, 255
Galeano, Eduardo, 84
Gaponenko, Marjana, 254
Gauß, Karl Markus, 174, 204
Geertz, Clifford, 24, 43, 79, 82, 83
Geiger, Arno, 186
Geiser, Myriam, 193
Gellert, Christian Fürchtegott, 130
Gelzer, Florian, 228, 230
Gezen, Ela, 237
Gilroy, Paul, 234, 235
Glasersfeld, Ernst von, 20
Göbenli, Mediha, 190
Goebbels, Joseph, 163
Goethe, Johann Wolfgang von, 2, 4, 6, 14, 62–65, 88, 132–141, 144, 154, 159
Goeze, Johann Melchior, 131
Göktürk, Deniz, 110, 195
Goll, Claire, 151
Gosetti-Ferencei, Jennifer, 147
Göttsche, Dirk, 88, 99, 102, 234–237

Goya, Francisco de, 139
Grass, Günter, 88, 152, 166
Greenblatt, Stephen, 26, 79, 87
Gregor, Susanne, 250
Grellmann, Heinrich Moritz, 140
Grigorcea, Dana, 249
Grimm, Hans, 49, 162
Grimmelshausen, Hans Jakob Christoffel von, 199
Grjasnowa, Olga, 242
Grossberg, Lawrence, 75–77
Gründler, Johann E., 136
Guattari, Félix, 61
Günderrode, Karoline von, 14
Güngör, Dilek, 253
Günther, Petra, 58, 59
Gutjahr, Ortrud, 14, 16, 112, 188, 195, 264

H

Habermas, Jürgen, 48
Hafis, 134
Haines, Brigid, 216
Hall, Stuart, 45, 46, 77, 193
Hamann, Christof, 88, 146
Hammer-Purgstall, Joseph von, 134, 138
Han, Byung-Chul, 21–24, 188
Hannerz, Ulf, 20
Haratischwili, Nino, 243
Harnisch, Antje, 216
Hartmann, Lukas, 237
Hassoun, Jacques, 210, 212
Hauptmann, Gerhart, 150, 162–164
Hauser, Kaspar, 44
Hearn, Lafcadio, 153
Heidegger, Martin, 22
Heidenreich, Nanna, 108
Heimböckel, Dieter, 188, 263, 270
Heimburg, Wilhelmine, 143
Heine, Heinrich, 135, 138–140, 142
Herder, Johann Gottfried, 18, 20, 42, 64, 65, 128–131, 133, 137, 140
Hermes, Stefan, 132, 266
Herodot, 122
Hesse, Hermann, 150
Hielscher, Martin, 186
Hilt, Kerstin, 156
Hoffmann, E.T.A., 230
Hofmann, Corinne, 171
Hofmann, Michael, 4, 13, 14, 16, 17, 57, 58, 64, 100, 141, 189, 190, 265, 266
Hofmannsthal, Hugo von, 153–155
Hoggart, Richard, 77
Hölderlin, Friedrich, 95, 135

Holitscher, Arthur, 152
Homer, 123
Hoppe, Felicitas, 168, 169
Huelsenbeck, Richard, 157
Hugo, Victor, 150
Humboldt, Alexander von, 86, 128, 129
Hummel, Eleonora, 245
Huntington, Samuel, 6, 29, 133, 188, 270
Husserl, Edmund, 27, 43
Hutcheon, Linda, 73

I

Ibsen, Henrik, 1
Ilf, Ilja, 168
Iyer, Pico, 37

J

Jabès, Edmond, 39
Jakobson, Roman, 104, 194
Jameson, Frederic, 71, 74
Jandl, Ernst, 228
Jauß, Hans Robert, 78
Jones, William, 137
Jünger, Ernst, 150

K

Kafka, Franz, 61, 88, 157–159, 168, 265, 269
Kamath, Rekka, 152
Kaminer, Wladimir, 100, 191, 249, 267
Kamper, Dietmar, 25
Kant, Immanuel, 44–46, 97, 235
Kapitelman, Dmitrij, 254
Kara, Yadé, 74, 188, 189, 196, 199, 201, 202, 253, 265
Karahasan, Dževad, 245
Karasholi, Adel, 251
Kazmierczak, Madlen, 205, 207
Kehlmann, Daniel, 158, 168
Kekilli, Sibel, 112, 113
Kellermann, Bernhard, 152, 153, 155, 174
Kermani, Navid, 2, 26, 244
Kessler, Harry Graf, 151
Keupp, Heiner, 45
Keyserling, Hermann Graf, 151, 152, 156
Khider, Abbas, 112, 175, 184, 185, 244
Kierkegaard, Søren, 159
Kilchmann, Esther, 104, 105, 194, 195
Kim, Anna, 245
Kimmerle, Heinz, 26
Kimmich, Dorothee, 270
Kinsky, Esther, 185

Kipling, Rudyard, 14, 52, 85
Kittler, Friedrich, 107
Kleist, Heinrich von, 88, 135, 141, 163, 265
Knapp, Radek, 248
Kocadoru, Yüksel, 190, 191
Koch, Lars, 101
Koeppen, Wolfgang, 164, 165
Kolumbus, Christopher, 124, 126
Konrád, György, 37
Konuk, Kader, 192
Koselleck, Reinhart, 78, 197
Kracht, Christian, 237
Krappmann, Lothar, 45
Krause, Robert, 161
Krechel, Ursula, 160
Krenz-Dewe, Linda, 210
Kreutzer, Leo, 14, 135
Krier, Jean, 247
Kristeva, Julia, 36, 39–42, 81, 122, 188
Krobb, Florian, 145
Kroeber, Alfred Louis, 169
Kroetz, Franz Xaver, 109
Kropotkin, Pjotr, 89, 90
Khan, Kublai, 123
Kühn, Dieter, 237
Kureyshi, Meral, 246
Kurtuluş, Mehmet, 112
Kutlucan, Hussi, 112

L

Labov, William, 76
Laing, Alexander Gordon, 172, 173
Lamping, Dieter, 62, 63
Lasker-Schüler, Else, 147
Laub, Gabriel, 248
Lavater, Johann Caspar, 130
Lejeune, Philippe, 61
Lemke Muniz de Faria, Yara-Colette, 235
Lennox, Sara, 236
Leontiy, Halyna, 100, 101
Leopold I., 127
Léry, Jean de, 126
Leskovec, Andrea, 17, 188, 264
Lessing, Gotthold Ephraim, 20, 125, 130–132
Leupold, Dagmar, 199
Levaillant, François, 51, 54
Lévinas, Emmanuel, 5, 26, 27, 150, 188
Lévi-Strauss, Claude, 22, 166
Lewitscharoff, Sibylle, 175, 185, 186, 242
Li, Shuangzhi, 170
Lindgren, Astrid, 232
Lindner, Rolf, 77
Lippmann, Walter, 96

Personenregister

Livingstone, David, 145
Ljubić, Nicol, 246
Lohenstein, Daniel Casper von, 127
Lorde, Audre, 234, 235
Loriot, 240
Loti, Pierre, 150
Lotman, Jurij, 225, 268
Lübcke, Walter, 184
Lubrich, Oliver, 129
Lucius-Hoene, Gabriele, 45
Luo, Lingyuan, 243
Lützeler, Paul Michael, 50, 63, 72–74, 87
Luu, Que Du, 243
Lyotard, Jean-François, 71–74

M
Mabe, Jacob Emmanuel, 26
Maffli, Stéphane, 206
Mahler-Werfel, Alma, 175
Malinche, 87
Malinowski, Bronislaw, 82, 168
Mandelslo, Johann Albrecht von, 136
Mandeville, Jean de, 123–125
Mangold, Ijoma, 236
Mann, Erika, 160
Mann, Klaus, 160
Mann, Thomas, 99, 160, 186
Marius, Benjamin, 22
Marković, Barbi, 250
Marlitt, Eugenie, 143
Martin, Peter, 236
Martyn, David, 192, 193
Martynowa, Olga, 249
Massaquoi, Hans-Jürgen, 189, 236
Maturana, Humberto, 20
May, Karl, 145
Mayer, Michael, 149
McLuhan, Marshall, 108
Mecklenburg, Norbert, 14, 16, 28, 37, 44, 48, 65, 96, 98, 99, 188, 227, 264
Mendelssohn, Moses, 131
Menhennet, Alan, 131
Merian, Maria Sibylla, 128
Merleau-Ponty, Maurice, 43
Micieli, Francesco, 241
Mittelstraß, Jürgen, 78
Moctezuma, 127
Mohafez, Sudabeh, 245
Mohanty, Jitendra N., 20
Moníková, Libuše, 252
Montagu, Lady Mary Wortley, 127
Montaigne, Michel de, 40, 126, 127
Montesquieu, Charles-Louis de Secondat, Baron de La Brède de, 57

Mora, Terézia, 57, 58, 185, 186, 255
Moritz, Karl Philipp, 131
Morrison, Toni, 233, 234
Moser, Natalie, 203
Müller, Herta, 2, 62, 213–218, 248
Müller, Robert, 148–150
Münkler, Marina, 125
Musil, Robert, 150, 156

N
Nadig, Maya, 81
Nadj Abonji, Melinda, 186, 202, 205, 207, 209, 212, 255
Nadolny, Sten, 62, 175, 191
Naipaul, Vidiadhar Surajprasad, 86
Nassehi, Armin, 26
Nawrat, Matthias, 248
Neubauer, Jochen, 111, 112, 190
Neumann, Michael, 144
Niebuhr, Carsten, 136, 172
Noshir, Shahbaz, 109
Novalis, 135, 136

O
Obeyesekere, Gananath, 84
Odorich von Pordenone, 124
Oguntoye, Katharina, 235
Ohnesorg, Benno, 194
Oliver, Jose Francisco Aguera, 251
Ören, Aras, 57, 185, 190, 253
Ostheimer, Michael, 170
Othmann, Ronya, 246
Otoo, Sharon Dodua, 232, 233, 240, 243
Özdamar, Emine, 105, 184, 189, 191–196, 200, 253, 266, 267, 269
Özdoğan, Selim, 191, 253

P
Paasche, Hans, 150
Parin, Paul, 81
Parin-Matthèy, Goldy, 81
Parr, Rolf, 195
Pascal, Blaise, 159
Pastior, Oskar, 248
Patrut, Iulia-Karin, 16, 57, 58, 64, 141, 190, 213
Paul, Jean, 135
Pazarkaya, Yüksel, 190, 253
Pekar, Thomas, 148, 153
Peters, Carl, 144, 163
Peters, Laura, 56
Petrosyan, Tigran, 233

Petrovskaja, Katja, 211
Petrow, Jewgeni, 168
Petrowskaja, Katja, 212, 254
Pfaffe Konrad, 125
Pfeffer, Nora, 243
Picabia, Francis, 217
Platen, August von, 52
Platon, 44, 122
Plessner, Helmut, 36
Polaschegg, Andrea, 134, 135
Polat, Ayşe, 111
Polo, Marco, 123, 124, 136
Popp, Valerie, 161
Pörtner, Peter, 221
Post, Anna-Maria, 266
Pratt, Mary Louise, 83, 84, 86, 129, 159, 188
Pufendorf, Samuel von, 18

R

Raabe, Wilhelm, 51–53, 88, 143–146, 265
Rabinowich, Julya, 175, 204, 209, 210, 212, 250
Radisch, Iris, 185, 186
Rakusa, Ilma, 251
Ranga, Dana, 248
Ransmayr, Christoph, 168
Reif, Wolfgang, 148, 149, 152
Reuter, Christian, 199
Riedel, Wolfgang, 81
Riefenstahl, Leni, 108
Roes, Michael, 169, 170
Roger, Abraham, 136
Rorty, Richard, 71
Rosenfeld, Max, 150
Rousseau, Jean-Jacques, 38
Rushdie, Salman, 4, 14

S

Sadlon, Magdalena, 250
Sahin, Cemile, 247
Sahlins, Marshall, 84
Said, 245
Said, Edward, 20, 36, 40, 47, 52, 54, 63, 79, 84–86, 97, 102, 123, 134, 146, 147
Salzmann, Sasha Marianna, 249
Şamdereli, Nesrin, 111
Sanders-Brahms, Helma, 110
Sarrazin, Thilo, 183, 188, 270
Saul, Anno, 112
Saussure, Ferdinand de, 46
Schäffter, Ortfried, 5, 25, 27
Schalansky, Judith, 168

Schami, Rafik, 56, 62, 187, 251
Schedel, Hartmann, 124
Schenk, Klaus, 195
Scherpe, Klaus R., 150
Schestokat, Karin, 237
Scheurmann, Erich, 57, 150
Schiller, Friedrich, 23, 132
Schirilla, Nausikaa, 28
Schlegel, August Wilhelm, 136–139
Schlegel, Friedrich, 135–139
Schleiermacher, Friedrich, 78, 207
Schlesier, Renate, 127
Schmeling, Manfred, 25, 105
Schmid, Katharina, 207
Schmiedel, Roland, 90
Schmitz-Emans, Monika, 106
Schrobsdorff, Angelika, 242
Schulte, Karl, 217
Schultz, Dagmar, 235
Schwarzenbach, Annemarie, 160
Sebald, W.G., 88
Seeßlen, Georg, 111
Segalen, Victor, 149, 150, 153–156
Seidel, Willy, 150
Şenocak, Zafer, 184, 191, 253, 266
Sepúlveda, Luis, 167
Serres, Michel, 20
Seyfried, Gerhard, 89
Shakespeare, William, 269
Sharma, Anandita, 138
Sieburg, Heinz, 105
Sofronieva, Tzveta, 242
Soltani, Zakariae, 125, 154
Sophokles, 123
Spivak, Gayatri Chakravorty, 54, 84, 87
Staden, Hans, 126
Stadler, Arnold, 166, 167, 171, 173, 174
Staiger, Emil, 79
Stangl, Thomas, 171–173
Stanišić, Saša, 107, 175, 187, 242, 264
Stanley, Henry Morton, 145
Stavarič, Michael, 252
Steinaecker, Thomas von, 171
Steinwachs, Burkhart, 78
Stinnes, Clärenore, 160
Stompe, Thomas, 28
Storm, Theodor, 144
Straub, Jürgen, 5, 15, 45, 268
Strindberg, August, 1
Struck, Wolfgang, 147
Stucken, Eduard, 150
Stüssel, Kerstin, 144
Sultan Ibrahim, 127

Personenregister

T
Taha, Karosh, 247
Takase, Aki, 221
Tanzer, Harald, 190, 191
Taussig, Michael, 87
Tawada, Yoko, 64, 104, 105, 187, 195, 206, 220–232, 245, 267–269
Taylor, Charles, 73
Teraokoa, Arlene Akiko, 58
Tesson, Sylvain, 2
Theroux, Paul, 168
Thomae, Jackie, 241, 244
Thüring von Ringoltingen, 125
Tiefenthaler, Joseph, 137
Timm, Uwe, 6, 14, 88–95, 98, 168
Todorov, Tzvetan, 84, 126
Todorova, Maria, 205, 207
Todorow, Almut, 213, 218
Toro, Alfonso de, 50
Trojanow, Ilija, 106, 107, 195, 237, 242, 267
Tschinag, Galsan, 247
Turner, Victor, 4
Tyler, Stephen, 83, 168

U
Uerlings, Herbert, 17, 171, 236
Ünel, Birol, 113

V
Varatharajah, Senthuran, 252
Vasco da Gama, 136
Veremej, Nellja, 249
Vertlib, Vladimir, 249
Vogel, Eduard, 145
von zur Mühlen, Patrik, 160
Vrkljan, Irena, 246

W
Wagner-Egelhaaf, Martina, 14, 193
Walburg, Myriam-Naomi, 104, 105
Waldenfels, Bernhard, 5, 17, 26, 27, 42, 43, 81, 87, 150, 168, 183, 188, 264, 268
Walser, Martin, 99
Wang, Ning, 63
Warburg, Aby, 79
Wassermann, Jakob, 150
Weber, Max, 147
Weigel, Sigrid, 221, 223, 226
Weinberg, Manfred, 263
Weinheber, Josef, 121
Weinrich, Harald, 59, 61, 185

Weir, Peter, 113
Welsch, Wolfgang, 15, 17–21, 56
Welser, 136
Welzer, Harald, 268
Wenzel, Olivia, 236, 241, 250
Wettig, Hannah, 233
White, Hayden, 81, 82
Widmer, Urs, 101, 102, 171, 237
Wieland, Christoph Martin, 131
Wierlacher, Alois, 3, 11–13, 15, 29, 30, 40–42, 78, 81, 188, 264, 270
Wilhelm von Boldensele, 124
Willemer, Marianne von, 134
Williams, Raymond, 76
Willms, Weertje, 267
Wilms, Anila, 241
Wimmer, Franz Martin, 25, 26
Wintersteiner, Werner, 11
Wittgenstein, Ludwig, 72, 170
Wodak, Ruth, 96
Wodin, Natascha, 250
Wolf, Uljana, 185
Wolfram von Eschenbach, 125
Wolzogen, Ernst von, 73
Wright, Michelle, 234, 236–239
Wulf, Christoph, 25

Y
Yasemin, Şamdereli, 111
Yavuz, Yüksel, 111
Yeşilada, Karin, 190
Young, Robert, 49, 54
Young, Sohn, 246
Yousefi, Hamid Reza, 26
Yupanqui, Atahualpa, 127

Z
Zaimoglu, Feridun, 58, 62, 104, 111, 113, 185, 191, 200, 253, 266
Zambon, Kate, 101
Zantop, Susanne M., 14, 84, 144, 146
Zelinsky, Hartmut, 153
Zeman, Mirna, 97
Zenk, Volker, 149, 156
Ziegenbalg, Bartholomäus, 136
Zierau, Cornelia, 192
Zigler und Kliphausen, Heinrich Anselm von, 136
Zilcosky, John, 158
Zimmermann, Bernhard, 123
Zweig, Stefan, 152, 160–162, 164

The manufacturer's authorised representative in the EU is Springer Nature Customer Service Centre GmbH, Europaplatz 3, 69115 Heidelberg, Germany. If you have any concerns regarding our products, please contact ProductSafety@springernature.com

Printed and bound by CPI Group (UK) Ltd, Croydon, CR0 4YY
25/03/2026
02078186-0013